착! 붙는 일본어

상용한자
2136

저자 **김지연**

시사일본어사

본서는 2010년 일본 문부과학성이 새로 지정한 新 상용한자 2,136자를 테마별로 나누어 모두 수록했습니다.

필자는 오랜 기간 일본어를 가르쳐 왔으며 현재도 시사일본어학원에서 일본유학시험 (EJU)반을 담당하고 있습니다. 일본어 학습 현장의 한가운데 서서 일본어를 배우는 학생들이 가장 어려워하는 부분은 무엇인지, 어떻게 하면 더 효율적으로 공부할 수 있는지를 고민해 왔습니다. 예전에 비해 요즘 학습자들은 다양한 매체와의 접촉을 통해 청해나 회화실력은 월등히 좋아진 반면, 한자 때문에 일본어 공부에 큰 장벽을 느끼고 있는 학습자들은 오히려 늘어만 가고 있습니다. 실제로 일본어를 가르치다 보면 한자가 다 없어져버렸으면 좋겠다고 농담 섞인 푸념을 늘어놓는 학생들도 종종 만나게 된답니다.

자격증 취득, 통번역, 유학 등 일본어를 공부하는 목적은 실로 다양하겠지만, 일본어에서 한자가 차지하는 비중은 너무나 크기 때문에 그 어떤 경우라도 한자를 정복하지 못한다면 일본어라는 언어 역시 극복할 수 없는 산으로 남아버릴 것입니다.

본서는 일본의 상용한자 2,136자를 N3~N5 수준의 초·중급편과 N1~N2 수준의 중·고급편의 한자로 나눈 후, 다시 테마별로 한자를 모아 배열했습니다. 그렇지 않아도 어려운 한자를 주먹구구식으로 순서 없이 공부하는 것보다는, 같은 테마를 가지고 있어 함께 쓰이기 쉬운 한자들을 주제별로 모아놓았기 때문에 보다 효율적으로 공부할 수 있습니다. 또한 연습문제를 수록하여 다시 한번 복습을 할 수 있도록 했습니다.

그리고 학습도우미 셀로판지를 이용하여 가리면서 한자읽기를 확인할 수 있도록 하였습니다. 또한 쓰기노트를 구성하여 직접 써보며 더욱 쉽게 한자를 외우며 학습할 수 있도록 하였습니다.

일본어 학습서들은 넘치도록 많지만, 정작 이렇게 기획단계부터 철저하게 "新 상용한자 2,136자"를 위한 책은 없다는 사실에 더 알찬 내용을 만들고자 고심했습니다. 부디 이 책을 통해 더 쉽게 한자에 다가가고, 일본어를 공부하는데 도움이 되길 바라겠습니다.

저자 김지연

목차

N3 · N4 · N5 한자

▶ 가족(家族かぞく)과 관련된 한자 10
▶ 인생(人生じんせい)과 관련된 한자 12
연습문제 14

▶ 집·건물(家いえ・建物たてもの)과 관련된 한자 16
▶ 장소(場所ばしょ)와 관련된 한자 19
연습문제 21

▶ 수(数かず)와 관련된 한자 23
▶ 요일·시간(曜日ようび・時間じかん)과 관련된 한자 26
연습문제 31

▶ 날씨·계절(天気てんき・季節きせつ)과 관련된 한자 33
연습문제 36

▶ 반대(反対はんたい)의 의미를 가진 한자 37
연습문제 45
독해실력 UP 47

▶ 위치·방향(位置いち・方向ほうこう)과 관련된 한자 48
▶ 순서(順序じゅんじょ)와 관련된 한자 52
연습문제 54

▶ 감정·사고(感情かんじょう・思考しこう)와 관련된 한자 56
▶ 감각(感覚かんかく)과 관련된 한자 61
연습문제 63

▶ 의견·평가(意見いけん・評価ひょうか)와 관련된 한자 64
연습문제 68

▶ 신체(身体しんたい)와 관련된 한자 70
연습문제 74

▶ 사람(人ひと)과 관련된 한자 75
▶ 성격·특징(性格せいかく・特徴とくちょう)과 관련된 한자 78
▶ 신분·계급(身分みぶん・階級かいきゅう)과 관련된 한자 80
연습문제 82
독해실력 UP 83

▶ 인간관계(人間関係にんげんかんけい)와 관련된 한자 84
연습문제 89

▶ 자세(姿勢しせい)와 관련된 한자 91
▶ 행동(行動こうどう)과 관련된 한자 93
연습문제 97

▶ 동물·벌레(動物どうぶつ・虫むし)와 관련된 한자 99
▶ 식물(植物しょくぶつ)과 관련된 한자 101
연습문제 103

▶ 광물·토지(鉱物こうぶつ・土地とち)와 관련된 한자 105
▶ 자연환경(自然環境しぜんかんきょう)과 관련된 한자 106
▶ 농업·어업(農業のうぎょう・漁業ぎょぎょう)과 관련된 한자 109
연습문제 111

▶ 지역·마을(地域ちいき・村むら)과 관련된 한자 113
▶ 사회·정치(社会しゃかい・政治せいじ)와 관련된 한자 115
연습문제 117
독해실력 UP 118

▶ 법·범죄(法ほう・犯罪はんざい)와 관련된 한자 119
▶ 전쟁·파괴(戦争せんそう・破壊はかい)와 관련된 한자 121
연습문제 123

▶ 회사·일(会社かいしゃ・仕事しごと)과 관련된 한자 125

연습문제 129

▶ 경제(経済けいざい)와 관련된 한자 131

연습문제 133

▶ 문화·예술(文化ぶんか・芸術げいじゅつ)과 관련된 한자 134

▶ 말·서적(言葉ことば・書物しょもつ)과 관련된 한자 136

연습문제 140

▶ 교통·이동(交通こうつう・移動いどう)과 관련된 한자 142

▶ 운송·배달(運送うんそう・配達はいたつ)과 관련된 한자 145

연습문제 146

독해실력 UP 148

▶ 학교·학문(学校がっこう・学問がくもん)과 관련된 한자 149

연습문제 154

▶ 일상생활(日常生活にちじょうせいかつ)과 관련된 한자 156

연습문제 160

▶ 음식·음료(食物たべもの・飲み物のみもの)와 관련된 한자 162

▶ 의복(衣服いふく)과 관련된 한자 165

▶ 취미(趣味しゅみ)와 관련된 한자 167

연습문제 168

▶ 병원·건강(病院びょういん・健康けんこう)과 관련된 한자 170

연습문제 172

▶ 상품·장사(商品しょうひん・商売しょうばい)와 관련된 한자 174

▶ 물건(品物しなもの)과 관련된 한자 176

연습문제 179

독해실력 UP 180

▶ 모양(形かたち)과 관련된 한자 181

▶ 색깔·빛(色いろ・光ひかり)과 관련된 한자 184

연습문제 186

▶ 상태(状態じょうたい)와 관련된 한자 188

연습문제 193

▶ 정도(程度ていど)와 관련된 한자 195

▶ 범위(範囲はんい)와 관련된 한자 199

연습문제 201

▶ 그 밖의 한자들 203

연습문제 206

독해실력 UP 207

N1 · N2 한자

▶ 가족(家族かぞく)과 관련된 한자 210

▶ 신분(身分みぶん)과 관련된 한자 212

▶ 생애(生涯しょうがい)와 관련된 한자 215

연습문제 217

▶ 신체(身体しんたい)와 관련된 한자 219

▶ 사람(人ひと)과 관련된 한자 224

연습문제 226

▶ 집·건물(家いえ・建物たてもの)과 관련된 한자 228

▶ 위치·방향(位置いち・方向ほうこう)과 관련된 한자 231

▶ 장소(場所ばしょ)와 관련된 한자 233

연습문제 234

▶ 수(数かず)와 관련된 한자 236

▶ 반대(反対はんたい)의 의미를 가진 한자 239

연습문제 241

목차

▶ 태도·자세(態度たいど・姿勢しせい)와 관련된 한자 243

연습문제 251

독해실력 UP 254

▶ 행위·행동(行為こうい・行動こうどう)과 관련된 한자 257

연습문제 263

▶ 정신·종교(精神せいしん・宗教しゅうきょう)와 관련된 한자 265

▶ 성격·특징(性格せいかく・特徴とくちょう)과 관련된 한자 268

연습문제 271

▶ 인간관계(人間関係にんげんかんけい)와 관련된 한자 273

▶ 존경·겸양(尊敬そんけい・謙譲けんじょう)과 관련된 한자 277

연습문제 279

▶ 감정·사고(感情かんじょう・思考しこう)와 관련된 한자 281

▶ 감각(感覚かんかく)과 관련된 한자 289

연습문제 291

▶ 의견·평가(意見いけん・評価ひょうか)와 관련된 한자 293

연습문제 298

독해실력 UP 300

▶ 시간(時間じかん)과 관련된 한자 304

▶ 날씨·기후(天気てんき・気候きこう)와 관련된 한자 307

연습문제 309

▶ 동물·벌레(動物どうぶつ・虫むし)와 관련된 한자 311

▶ 식물(植物しょくぶつ)과 관련된 한자 315

연습문제 318

▶ 광물·토지(鉱物こうぶつ・土地とち)와 관련된 한자 320

▶ 자연환경(自然環境しぜんかんきょう)과 관련된 한자 322

연습문제 327

▶ 농업·어업(農業のうぎょう・漁業ぎょぎょう)과 관련된 한자 329

▶ 지역(地域ちいき)과 관련된 한자 332

▶ 사회·정치(社会しゃかい・政治せいじ)와 관련된 한자 334

연습문제 337

▶ 전쟁·파괴(戦争せんそう・破壊はかい)와 관련된 한자 339

▶ 법률·범죄(法律ほうりつ・犯罪はんざい)와 관련된 한자 344

연습문제 349

독해실력 UP 351

▶ 회사·일(会社かいしゃ・仕事しごと)과 관련된 한자 355

▶ 경제·돈(経済けいざい・お金かね)과 관련된 한자 359

연습문제 361

▶ 문화·예술(文化ぶんか・芸術げいじゅつ)과 관련된 한자 363

▶ 말·서적(言葉ことば・書籍しょせき)과 관련된 한자 366

연습문제 370

▶ 교통·운송(交通こうつう・運送うんそう)과 관련된 한자 372

▶ 일상생활(日常生活にちじょうせいかつ)과 관련된 한자 374

연습문제 377

▶ 학교·교육(学校がっこう・教育きょういく)과 관련된 한자 379

▶ 과학(科学かがく)과 관련된 한자 383

연습문제 384

▶ 운동·스포츠(運動うんどう・スポーツ)와 관련된 한자 386
▶ 병·건강(病気びょうき・健康けんこう)과 관련된 한자 388

연습문제 391

독해실력 UP 392

▶ 의복(衣服いふく)과 관련된 한자 395
▶ 요리(料理りょうり)와 관련된 한자 398
▶ 청결·아름다움(清潔せいけつ・美しさうつくしさ)과 관련된 한자 403

연습문제 405

▶ 장사(商売しょうばい)와 관련된 한자 407
▶ 물건(品物しなもの)과 관련된 한자 408
▶ 범위(範囲はんい)와 관련된 한자 412

연습문제 415

▶ 모양(形かたち)과 관련된 한자 417
▶ 색(色いろ)과 관련된 한자 419
▶ 명암(明暗めいあん)과 관련된 한자 420

연습문제 422

▶ 정도(程度ていど)와 관련된 한자 424

연습문제 430

▶ 상태(状態じょうたい)와 관련된 한자 432

연습문제 443

▶ 지역·시대명(地域ちいき・時代名じだいめい)과 관련된 한자 445
▶ 그 밖의 한자들 447

독해실력 UP 450

▶ 연습문제 및 독해실력 UP 정답 454
▶ 색인 460

* 독해 지문 해석은 시사일본어사 홈페이지(www.sisabooks.com/jpn)에서 다운로드 받으실 수 있습니다.

착! 붙는 일본어

상용한자
2136

N3
·
N4
·
N5
한자

가족(家族)과 관련된 한자

0001 家 집 가

- 훈 家·家 집　家出 가출
  家　家賃 집세　家主 집주인　大家 집주인
- 음 か　家事 가사, 집안일　家族 가족　家庭 가정　画家 화가　作家 작가

0002 族 겨레 족

- 음 ぞく　貴族 귀족　家族 가족　種族 종족　民族 민족

0003 祖 조상 조

- 음 そ　祖先 조상　祖父 조부, 할아버지　祖母 조모, 할머니　先祖 선조

0004 父 아비 부

- 훈 父 아버지　父親 부친
- 음 ふ　父母 부모　祖父 조부, 할아버지
- 특 お父さん 아버지　伯父 백부(부모님의 손위 남자형제)　叔父 숙부(부모님의 남동생)

0005 母 어미 모

- 훈 母 어머니　母親 모친
- 음 ぼ　母語 모어　母校 모교　母国 모국　祖母 조모, 할머니
- 특 お母さん 어머니　伯母 백모(부모님의 손위 여자형제)　叔母 숙모(부모님의 여동생)

0006 夫 남편 부

- 훈 夫 남편
- 음 ふ　夫妻 부처, 부부　丈夫だ 튼튼하다, 건강하다　大丈夫だ 괜찮다
  ふう　夫婦 부부　工夫 궁리함, 고안

0007 婦 지어미 부

- 음 ふ　婦人 부인, 여성　主婦 주부　夫婦 부부

0008 妻 아내 처

- 훈 妻 아내
- 음 さい　夫妻 부처, 부부　良妻賢母 현모양처

0009

親
친할 친

- 훈 親 부모　　親子 부모자식
  親しい 친하다　親しい友達 친한 친구
  親しむ 친하게 지내다, 가까이 하다　本に親しむ 책을 가까이하다
- 음 しん　　親戚 친척　親切 친절　親密 친밀　両親 양친, 부모님

0010

子
아들 자

- 훈 子 아이　女の子 여자 아이　子供 어린이　親子 부모자식
- 음 し　　帽子 모자　男子 남자　女子 여자　調子 상태, 컨디션
  す　　様子 상황, 형편

0011

姉
손위 누이 자

- 훈 姉 누나, 언니
- 음 し　　姉妹 자매
- 特 お姉さん 누나, 언니

0012

妹
손아래 누이 매

- 훈 妹 여동생
- 음 まい　　姉妹 자매

0013

兄
형 형

- 훈 兄 형, 오빠
- 음 きょう　　兄弟 형제
  けい　　義兄 손위 처남, 형부, 동서
- 特 お兄さん 형, 오빠

0014

弟
아우 제

- 훈 弟 남동생
- 음 てい　　師弟 사제　　だい　兄弟 형제　　で　弟子 제자

0015

娘
아가씨 낭

- 훈 娘 딸　　小娘 어린 소녀, 계집애　一人娘 외동딸

0016

孫
손자 손

- 훈 孫 손자　　孫娘 손녀
- 음 そん　　子孫 자손

11

인생(人生)과 관련된 한자

0017

産
낳을 산

- 훈 産む 낳다　子供を産む 아이를 낳다
- 음 さん　産業 산업　産物 산물　財産 재산　出産 출산　不動産屋 부동산
- 特 お土産 여행이나 출장 등지에서 사 오는 선물

0018

誕
태어날 탄

- 음 たん　誕生 탄생　誕生日 생일

0019

生
날 생

- 훈 生かす 살리다, 활용하다　才能を生かす 재능을 살리다
  生きる 살다　生き物 생물　長生き 장수
  生ける 꽂다, 꽃꽂이하다　花瓶に花を生ける 꽃병에 꽃을 꽂다
  生む 낳다　よい結果を生む 좋은 결과를 낳다
  生まれる 태어나다　裕福な家に生まれた 유복한 집에 태어났다
  生やす 기르다　ひげを生やす 수염을 기르다
  生える 자라다, 나다　草が生える 풀이 나다
  生 날 것　生ビール 생맥주　生放送 생방송
  生 잡것이 섞이지 않음　生地 본바탕, 직물
- 음 せい　生活 생활　生産 생산　生物 생물　生命 생명　人生 인생　先生 선생님
  しょう　生涯 생애　一生 일생, 평생

유의어

<'낳다'는 産む? 生む?>

- 産む：아이·알을 낳다, 출산하다
  鶏が卵を産む 닭이 알을 낳다
  彼女は女の子を産んだ 그녀는 여자 아이를 낳았다

- 生む：아이·알을 낳다, 새로운 것을 만들어내다
  日本が生んだ天才画家 일본이 낳은 천재화가
  良い結果を生む 좋은 결과를 낳다

0020

婚
혼인할 혼

- 음 こん　婚約 약혼　結婚 결혼　再婚 재혼　新婚 신혼　離婚 이혼

0021

結
맺을 결

훈 結ぶ 묶다, 잇다, 맺다　靴紐を結ぶ 구두끈을 묶다

結び付く 이어지다, 연결되다　結び付ける 연결시키다

結う 매다, 묶다　髪を結う 머리를 묶다

음 けつ　結合 결합　結論 결론　団結 단결　結果 결과　結局 결국

0022

儀
거동 의

음 ぎ　儀式 의식　お辞儀 고개 숙여하는 인사　行儀 예절, 버릇　礼儀 예의

0023

式
법 식

음 しき　式場 식장　形式 형식　公式 공식　結婚式 결혼식　卒業式 졸업식

0024

暮
저물 모

훈 暮れる 해가지다, 저물다　日が暮れる 날이 저물다

暮らす 살다　幸せに暮らしている 행복하게 살고 있다

음 ぼ　お歳暮 연말 선물

0025

死
죽을 사

훈 死ぬ 죽다

음 し　死後 사후　死亡 사망　安楽死 안락사　必死 필사적

0026

祭
제사 제

훈 祭り 축제　雪祭り 눈축제

음 さい　祭日 제삿날　冠婚葬祭 관혼상제　前夜祭 전야제　文化祭 문화제

연습문제

1 보기의 가족 호칭을 보고, 윗사람과 아랫사람으로 구별해서 써 보세요.
발음과 의미도 함께 생각해 봅시다.

보기	母	妹	祖父	弟	姉	孫	父	親	兄	叔父	娘

1) 目上の人 (윗사람) _____

2) 目下の人 (아랫사람) _____

2 다음 ① ~ ③에는 같은 한자가 들어갑니다. 의미를 생각하며 써 봅시다.

예	(族)	① 貴□	② 民□	③ 家□

1) (　　　) 　　① □婦 　　② 工□ 　　③ 大丈□だ

2) (　　　) 　　① □賃 　　② □庭 　　③ 作□

3) (　　　) 　　① □切 　　② □戚 　　③ 両□

4) (　　　) 　　① 親□ 　　② 様□ 　　③ □供

3 밑줄 친 단어의 발음을 찾아 봅시다.

1) 誰もが幸せな人生を送りたいと思っている。
　① にんせい　　② にんしょう　　③ じんせい　　④ じんしょう

2) 売り上げを上げるために、いろんな工夫をしています。
　① くうふ　　② こうふう　　③ くふう　　④ こうふ

3) 妹から家族は元気だというＥメールをもらった。

① おとうと　　　② おば　　　　③ むすこ　　　④ いもうと

4) 昨日、兄と姉がけんかをしました。

① おっと　　　　② あね　　　　③ おじ　　　　④ あに

5) 祖母と一緒に散歩に行きました。

① そば　　　　　② そぶ　　　　③ そべ　　　　④ そぼ

6) 公務員試験の結果が出ました。

① けつきょく　　② けっきょく　　③ けつか　　　④ けっか

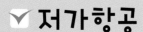 저가항공

低価航空（×）

格安航空（○）

집 · 건물(家 · 建物)과 관련된 한자

0027 建 세울 건

- 훈 建てる 세우다, 짓다 家を建てる 집을 짓다 建物 건물
  建つ 서다 ビルが建つ 빌딩이 서다
- 음 けん 建設 건설 建築 건축 再建 재건

0028 物 물건 물

- 훈 物 것, 물건 物語 이야기 物事 매사, 세상사
- 음 ぶつ 物理 물리 見物 구경 動物 동물 植物 식물 産物 산물 物価 물가
  もつ 作物 작물 書物 서적, 도서 荷物 짐

0029 住 살 주

- 훈 住む 살다, 거주하다 ソウルに住んでいる 서울에 살고 있다
  住まう 살다, 거주하다 住まい 사는 곳
- 음 じゅう 住居 주거 住所 주소 住民 주민 衣食住 의식주 居住 거주

0030 宅 집 택/댁

- 음 たく 宅配便 택배 先生のお宅 선생님 댁 住宅 주택

0031 戸 집 호

- 훈 戸 문 戸締り 문단속
- 음 こ 戸外 집 밖 戸籍 호적 一戸建て 단독 주택

0032 門 문 문

- 훈 門 문 門松 새해에 문 앞에 장식으로 세우는 소나무
- 음 もん 門 문 校門 교문 正門 정문 専門 전문 門限 통금

0033 畳 접을 첩

- 훈 畳む 개다, 여러 겹으로 접다 布団を畳む 이불을 개다 畳 다다미
- 음 じょう 畳 다다미를 세는 단위, 장 六畳間 다다미 6장의 방

0034 窓 창 창

- 훈 窓 창문 窓際 창가 窓口 창구
- 음 そう 同窓会 동창회

0035

庭
뜰 정

- 훈 庭 にわ 정원　庭木 にわき 정원수
- 음 てい　家庭 かてい 가정　校庭 こうてい 교정

0036

庫
창고 고

- 음 こ　金庫 きんこ 금고　車庫 しゃこ 차고　文庫 ぶんこ 문고　冷蔵庫 れいぞうこ 냉장고

0037

段
층계 단

- 음 だん　段落 だんらく 단락　階段 かいだん 계단　手段 しゅだん 수단

0038

柱
기둥 주

- 훈 柱 はしら 기둥　柱時計 はしらどけい 괘종시계
- 음 ちゅう　電柱 でんちゅう 전봇대

0039

棚
시렁 붕

- 훈 棚 たな 선반　網棚 あみだな (버스, 기차 안의) 그물 선반　本棚 ほんだな 책장

0040

設
베풀 설

- 훈 設ける もうける 마련하다, 설치하다　家族席を設ける かぞくせきをもうける 가족석을 마련하다
- 음 せつ　開設 かいせつ 개설　建設 けんせつ 건설　施設 しせつ 시설　設計 せっけい 설계　設置 せっち 설치

0041

備
갖출 비

- 훈 備える そなえる 갖추다, 비치하다, 대비하다　万一に備える まんいちにそなえる 만일에 대비하다
　備わる そなわる 갖추어지다, 구비되다　施設が備わる しせつがそなわる 시설이 갖추어지다
- 음 び　警備 けいび 경비　守備 しゅび 수비　準備 じゅんび 준비　整備 せいび 정비　設備 せつび 설비　予備 よび 예비

0042

構
얽을 구

- 훈 構える かまえる 차리다　店を構える みせをかまえる 가게를 차리다
　構う かまう 상관하다　行っても構わない いってもかまわない 가도 상관없다
- 음 こう　構成 こうせい 구성　構造 こうぞう 구조　結構 けっこう 훌륭함/꽤, 상당히/충분함
　結構な作品 けっこうなさくひん 훌륭한 작품　結構おもしろかった けっこうおもしろかった 꽤 재미있었다
　これで結構です これでけっこうです 이걸로 충분합니다

17

0043

造
지을 조

- 훈 造る 만들다　家を造る 집을 만들다
- 음 ぞう　改造 개조　人造 인조　製造 제조　創造 창조

0044

築
쌓을 축

- 훈 築く 짓다, 쌓다　城を築く 성을 짓다
- 음 ちく　構築 구축　建築 건축　新築 신축

장소(場所)와 관련된 한자

0045 場 장소 장

- 훈 場 장, 자리　社交の場 사교의 장　場合 경우　場所 장소　市場 시장　職場 직장
- 음 じょう　工場 공장　市場 시장　登場 등장　入場 입장　運動場 운동장
　　　　野球場 야구장　スキー場 스키장

유의어

<'시장'은 市場? 市場?>
- 市場 : 일상용품·식료품 등을 판매하는 곳, 마켓
- 市場 : 매매가 일어나는 장을 의미
　　　　株式市場 주식시장　金融市場 금융시장

0046 所 곳 소

- 훈 所 곳, 부분, 장소
- 음 しょ　所属 소속　所有 소유　住所 주소　役所 관공서　近所 근처, 이웃
　　　　研究所 연구소

0047 院 집 원

- 음 いん　院長 원장　学院 학원　入院 입원　退院 퇴원　病院 병원

0048 園 동산 원

- 음 えん　園芸 원예　公園 공원　遊園地 유원지　植物園 식물원　動物園 동물원

0049 局 구획 국

- 음 きょく　郵便局 우체국　薬局 약국　結局 결국

0050 館 집 관

- 음 かん　会館 회관　大使館 대사관　図書館 도서관　博物館 박물관
　　　　美術館 미술관　旅館 여관

0051 室 집 실	음 しつ	室内 실내　温室 온실　教室 교실　個室 개인실　寝室 침실　病室 병실

0052 屋 집 옥	훈 屋	屋台 노점상의 판매대　本屋 책방　花屋 꽃가게
	음 おく	屋外 옥외　屋上 옥상　家屋 가옥

칼럼 コラム

전철과 지하철

도쿄에는 JR전철(JR에서 운영-7개 노선)과 도쿄 메트로(東京メトロ ; 민간이 운영-9개 노선), 도에 (都営)지하철(도쿄 교통국이 운영-4개 노선)과 사철(私鉄 ; 민간기업이 운영-4개 노선)이 복잡하게 얽혀 달리고 있다. 기본 요금은 1~3구간이 130엔~160엔 정도이다. 주의할 점은 운영회사가 다른만큼 환승할 때마다 따로 표를 구매해야 한다. 또한, 전철의 경우 정차하는 역에 따라 3~4가지 종류가 있으니, 반드시 가는 목적지와 시간표를 확인하고 타야 한다. 모르는 경우에는 반드시 역무원이나 다른 사람에게 물어보자. 두 정거장 가는데 급행 타면 난감하니까.

1 「物」의 발음이 같은 단어끼리 묶어 봅시다.

> 物理　書物　見物　植物　作物　動物　産物　荷物

1) ぶつ : _____

2) もつ : _____

2 장소를 나타내는 한자를 보기에서 골라서 괄호 안에 써 넣어 봅시다.

> 보기　院　所　宅　場　園　館

1) 夫^{おっと}は研究^{けんきゅう} (　　　) で働^{はたら}いています。

2) あの博物^{はくぶつ} (　　　) は有名^{ゆうめい}で、観光客^{かんこうきゃく}がたくさん来^きます。

3) 彼氏^{かれし}とソラ植物^{しょくぶつ} (　　　) の前^{まえ}で会^あうことにしました。

4) 明日^{あした}、友達^{ともだち}とスキー (　　　) に行^いくつもりです。

3 밑줄 친 단어의 알맞은 한자를 찾아 봅시다.

1) とても幸^{しあわ}せな<u>かてい</u>で育^{そだ}ちました。
　① 家廷　　　② 過廷　　　③ 家庭　　　④ 過庭

2) 試験^{しけん}に<u>そなえて</u>、一生懸命勉強^{いっしょうけんめいべんきょう}してきた。
　① 設えて　　　② 準えて　　　③ 備えて　　　④ 構えて

3) この機械のこうぞうは単純だ。

① 構造   ② 講造   ③ 構告   ④ 講告

4) 田舎に家をたてて住みたい。

① 築てて   ② 健てて   ③ 畳てて   ④ 建てて

5) でんちゅうに車をぶつけてしまった。

① 雪柱   ② 電柱   ③ 電住   ④ 雪住

✔ 분리수거

ぶんべつしゅうきょ
分別収去 (✕)

ぶんべつしゅうしゅう
分別収集 (○)

수(数)과 관련된 한자

0053

一
한 일

훈 一つ 한 개　一人 한 사람　一口 한 입　一通り 대충, 대강

음 いち　一日 일일　一月 일월　一番 일 번, 가장　一応 일단　一日 하루

一生 평생　一緒 함께, 같이

특 一日 1일

0054

二
두 이

훈 二つ 두 개　二人 두 사람

음 に　二 이　二度と 두 번 다시

특 二日 2일　二十日 20일　二十歳 스무 살

0055

三
석 삼

훈 三つ 세 개　三日 3일

음 さん　三 삼　三月 3월　三角形 삼각형

0056

四
넉 사

훈 四つ 네 개　四日 4일　四 사　四十四 사십사　四時 네 시　四人 네 명

음 し　四 사　四月 4월　四角い 네모지다　四角形 사각형　四季 사계

0057

五
다섯 오

훈 五つ 다섯 개　五日 5일

음 ご　五 오　五月 5월　五人 다섯 명

0058

六
여섯 육

훈 六つ 여섯 개　六日 6일

음 ろく　六 육　六月 6월　六人 여섯 명

0059

七
일곱 칠

훈 七つ 일곱 개　七日 7일

음 しち　七 칠　七月十七日 7월 17일　七人 일곱 명

특 七夕 칠석

0060

八
여덟 팔

- 훈 八つ 여덟 개　　八日 8일　　八百屋 채소 가게
- 음 はち　　八 팔　　八月八日 8월 8일

0061

九
아홉 구

- 훈 九つ 구　　九日 9일
- 음 きゅう　　九 구　　九十 구십
- く　　九 구　　九月 9월　　九時 9시

0062

十
열 십

- 훈 十 열 개　　十日 10일
- 음 じゅう　　十 십　　十時 10시　　十分だ 충분하다
- じっ　　十分 10분(「じゅっぷん」으로도 읽음)

0063

百
일백 백

- 음 ひゃく　　百 백　　百人 백 명　　百科事典 백과사전

0064

千
일천 천

- 음 せん　　千 천　　千人 천 명

0065

万
일만 만

- 음 まん　　万一 만일　　一万円 만 엔　　万年筆 만년필
- ばん　　万歳 만세　　スポーツ万能 스포츠 만능

0066

億
억 억

- 음 おく　　億万長者 억만장자　　一億 일 억

0067

兆
조 조

- 훈 兆す 싹트다/징조가 보이다　　兆し 조짐, 징조
- 음 ちょう　　兆候 징후　　前兆 전조　　予兆 예조,전조　　2兆 2조

0068

計
셈할 계

- 훈 計る 재다　　脈拍数を計る 맥박수를 재다
  見計らう 적당한 시기를 가늠하다　　適当なときを見計らう 적당한 때를 보다
- 음 けい　　計画 계획　　計略 계략　　会計 회계　　家計 가계　　設計 설계

24

0069

号
부호 호

㊂ ごう　　　記号 기호　　信号 신호　　番号 번호

0070

算
셀 산

㊂ さん　　　算数 산수　　計算 계산　　予算 예산　　決算 결산　　暗算 암산
㊏ 算盤 주판, 셈

0071

数
셀 수

㊊ 数 수
　　数える 세다　　数を数える 수를 세다
㊂ すう　　　数学 수학　　数字 숫자　　回数 회수　　点数 점수　　人数 인원수

0072

月
달 월

훈	月 つき 달	月を見る 달을 보다　月見 달 구경　月日 세월　毎月 매달
음	がつ	一月 1월　正月 정월, 설
	げつ	月曜日 월요일　今月 이번 달　月末 월말

0073

火
불 화

훈	火 ひ 불	火を消す 불을 끄다　花火 불꽃
음	か	火曜日 화요일　火事 불, 화재　火災 화재　火山 화산

0074

水
물 수

훈	水 みず 물	水着 수영복　水気 물기
음	すい	水曜日 수요일　水泳 수영　海水浴 해수욕　地下水 지하수

0075

木
나무 목

훈	木 き 나무	木を植える 나무를 심다　植木 정원수
		木の葉 나뭇잎
음	もく	木曜日 목요일
	ぼく	土木 토목

0076

金
쇠 금

훈	金 かね 돈	お金を貯める 돈을 모으다　金持ち 부자
음	きん	金曜日 금요일　金額 금액　金融 금융
	ごん	黄金 황금

0077

土
흙 토

훈	土 つち 땅	母国の土を踏む 모국의 땅을 밟다
음	ど	土曜日 토요일　国土 국토　土壇場 막판
	と	土地 토지
特	お土産 (출장, 여행 등지에서 사오는) 선물	

0078

日
날 일

훈	日 ひ 해, 햇볕	日付 날짜　朝日 아침 해　生年月日 생년월일
	日 ~날, ~일	誕生日 생일　記念日 기념일
음	にち 일	日曜日 일요일　一日中 하루 종일　日中 대낮
	じつ	本日 오늘　当日 당일　平日 평일
特	昨日 어제　今日 오늘　明日 내일	

0079

曜 빛날 요

- 음 よう 　曜日 요일

0080

週 두를 주

- 음 しゅう 　週末 주말 　一週間 일주일 　今週 이번 주 　先週 지난 주 　来週 다음 주

0081

年 해 년(연)

- 훈 年 나이 　年を取る 나이를 먹다 　年上 연상 　年下 연하 　お年寄り 노인
- 음 ねん 　年末 연말 　年齢 연령 　1年生 1학년 　去年 작년 　来年 내년

0082

時 때 시

- 훈 時 때 　時々 때때로, 가끔
  　時計 시계
- 음 じ 　時間 시간 　時期 시기 　時刻 시각 　時代 시대 　同時 동시 　当時 당시

0083

秒 분초 초

- 음 びょう 　秒針 초침 　秒速 초속 　寸秒 촌각, 아주 짧은 시간

0084

間 사이 간

- 훈 間 사이 　この間 지난번, 요전
  　間 사이, 때, 방 　いつの間にか 어느 사이엔가 　間に合う 정해진 시간에 늦지 않다
  　　　　　　仲間 동료 　合間 틈, 짬 　居間 거실 　客間 객실
- 음 かん 　間隔 간격 　間接 간접 　空間 공간 　期間 기간 　年間 연간

0085

朝 아침 조

- 훈 朝 아침 　朝ご飯 아침밥 　朝寝坊 늦잠 　朝日 아침 해
- 음 ちょう 　朝刊 조간 　朝食 조식 　早朝 조조

0086

昼 낮 주

- 훈 昼 　昼ご飯 점심밥 　昼間 주간, 낮 　昼寝 낮잠
- 음 ちゅう 　昼食 중식 　昼夜 주야

0087 午 낮 오

음 ご | 午前 오전 　午後 오후 　正午 정오

0088 夜 밤 야

훈 夜 밤 　夜昼 밤과 낮, 주야
夜 밤 　夜が明ける 날이 밝다 　夜明け 새벽 　夜空 밤하늘 　夜中 한밤중
음 や | 夜間 야간 　夜景 야경 　夜光 야광 　深夜 심야 　徹夜 철야

0089 晩 저물 만

음 ばん | 晩 밤 　晩ご飯 저녁밥 　晩年 만년, 늘그막 　今晩 오늘 밤 　毎晩 매일 밤

0090 夕 저녁 석

훈 夕 저녁 　夕方 해질녘, 저녁때 　夕食 석식 　夕刊 석간 　夕日 석양
음 せき | 今夕 오늘 밤 　一朝一夕 일조일석

0091 頃 무렵 경

훈 頃 무렵, 시절 　子供の頃 어린 시절 　この頃 요즘 　近頃 최근, 근래

0092 昔 옛 석

훈 昔 옛날 　昔話 옛날 이야기
음 せき | 昔日 옛날
しゃく | 今昔 지금과 옛날

0093 過 지날 과

훈 過ち 잘못 　過ちを認める 잘못을 인정하다
過ごす 보내다, 지내다 　田舎で楽しい時を過ごす 시골에서 즐거운 시간을 보내다
過ぎる 통과하다, 지나다, 경과하다 　1年が過ぎた 1년이 지났다
음 か | 過去 과거 　過失 과실 　過剰 과잉 　過程 과정 　通過 통과

0094 去 갈 거

훈 去る 떠나다, 가다 　故郷を去る 고향을 떠나다
음 きょ | 去年 작년 　除去 제거 　撤去 철거
こ | 過去 과거

0095

昨 어제 작

- 음 さく 　　昨日 어제　昨年 작년
- 특 昨日 어제

(「昨日」는 「きのう」와 「さくじつ」 두 가지로 읽히는데, 「さくじつ」 쪽이 더 딱딱한 말투이다. 또한 '작년'이라는 단어에는 「去年·昨年」 두 가지가 쓰이는데, 「昨年」 쪽이 더 딱딱한 표현이 된다.)

0096

今 지금 금

- 훈 今 지금　今更 이제와서, 새삼　今にも 당장이라도　今や 지금은, 이제는
- 음 こん 　今後 금후, 이후　今月 이번 달　今週 이번 주　今年度 금년도
- 특 今日 오늘　今年 올해

0097

現 나타낼 현

- 훈 現す 나타내다, 드러내다　姿を現す 모습을 나타내다
　　現れる 나타나다　太陽が現れる 태양이 나타나다
- 음 げん 　現金 현금　現在 현재　現実 현실　現代 현대　表現 표현

0098

翌 다음 익

- 음 よく 　翌朝 다음 날 아침　翌日 다음 날　翌月 다음 달　翌年 다음 해

0099

毎 항상 매

- 음 まい 　毎朝 매일 아침　毎回 매회　毎日 매일　毎月 매달　毎年 매년

0100

常 항상 상

- 훈 常 항상　常に 언제나, 항상
- 음 じょう 　常識 상식　異常 이상　正常 정상　日常生活 일상생활　非常口 비상구
　　非常に 몹시, 매우

0101

永 길 영

- 훈 永い (시간에 한해서) 길다, 오래다
　　歴史に永くその名を残す 역사에 오래도록 그 이름을 남기다
- 음 えい 　永遠 영원

0102

久 오랠 구

- 훈 久しい 오래다, 오래되다　久しぶり 오랜만　お久しぶりです 오랜만입니다
- 음 きゅう 　永久 영구

0103 瞬 눈깜짝일 순

훈 瞬く 깜빡이다, 반짝이다　目を瞬く 눈을 깜빡이다
음 しゅん　瞬間 순간　一瞬 일순, 한 순간

0104 予 미리 예

음 よ　予感 예감　予算 예산　予習 예습　予想 예상　予定 예정　予防 예방
予約 예약

0105 将 장차 장

음 しょう　将棋 장기　将軍 장군　将来 장래

0106 期 기약할 기

음 き　期間 기간　期限 기한　期待 기대　期末 기말　時期 시기
ご　一期一会 일생에 한 번뿐인 만남　最期 임종

1 다음 숫자와 한자를 히라가나로 써 봅시다.

1) 1988年 4月 14日　_____

2) 2000年 9月 20日　_____

3) 1,206円　_____

4) 313-1582　_____

5) 二十歳　_____

2 다음을 한자로 써 보세요. 발음도 함께 생각해 봅시다.

1) ☐ — ☐ — ☐
　어제　　오늘　　내일

2) ☐ — ☐ — ☐
　작년　　올해　　내년

3) ☐ — ☐ — ☐
　아침　　점심　　저녁

4) ☐ — ☐ — ☐
　과거　　현재　　미래

3 「月」의 발음이 같은 단어끼리 묶어 봅시다.

> 月日   今月   三月   月末   月曜日   正月

1) がつ : _____

2) げつ : _____

3) つき : _____

4 밑줄 친 단어의 올바른 발음을 찾아 봅시다.

1) 出席者の人数を数えてみた。
　① じんすう　　② じんずう　　③ にんすう　　④ にんずう

2) 将来の夢は何ですか。
　① さいらい　　② しょうらい　　③ さいれい　　④ しょうれい

3) 朝食は決まった時間に食べます。
　① ちょうしょく　② ちゅうしょく　③ ちょうじき　④ ちゅうじき

4) そこの夜景はとても美しかった。
　① よけい　　　② やけい　　　③ よこう　　　④ やこう

5) 自分だけの空間がほしい。
　① くうかん　　② こうかん　　③ くうま　　　④ こうま

날씨 · 계절(天気_{てんき} · 季節_{きせつ})과 관련된 한자

0107

天
하늘 천

- 🔵 훈 あま 天 하늘　天下_{あまくだ}り 낙하산 인사　天_{あま}の川_{がわ} 은하수
- 🔵 음 てん 天気_{てんき} 날씨　天才_{てんさい} 천재　天国_{てんごく} 천국　天使_{てんし} 천사　天井_{てんじょう} 천정
　　　　天然資源_{てんねんしげん} 천연자원　楽天的_{らくてんてき} 낙천적

0108

気
기운 기

- 🔵 음 き 気 마음, 정신　気配_{きくば}り 배려　気付_{きづ}く 알아채다　気分_{きぶん} 기분　気持_{きも}ち 기분
　　　　気楽_{きらく} 홀가분함, 속편함　空気_{くうき} 공기
- 　　け 気配_{けはい} 기미, 낌새　寒気_{さむけ} 오한　水気_{みずけ} 물기　湿気_{しっけ} 습기

0109

暖
따뜻할 난

- 🔵 훈 あたた 暖_{あたた}かい 따뜻하다
　　　　暖_{あたた}める 따뜻하게 하다　部屋_{へや}を暖_{あたた}める 방을 따뜻하게 하다
　　　　暖_{あたた}まる 따뜻해지다　室内_{しつない}が暖_{あたた}まる 실내가 따뜻해지다
- 🔵 음 だん 暖房_{だんぼう} 난방

0110

暑
더울 서

- 🔵 훈 あつ 暑_{あつ}い 덥다　暑_{あつ}さ 더위　暑_{あつ}がり 더위를 잘 탐
- 🔵 음 しょ 暑中見舞_{しょちゅうみま}い 복중 문안인사　残暑_{ざんしょ} 늦더위

0111

涼
서늘할 량

- 🔵 훈 すず 涼_{すず}しい 선선하다
　　　　涼_{すず}む (더위를 피해) 선선한 바람을 쐬다　木陰_{こかげ}で涼_{すず}む 나무그늘에서 더위를 식히다
- 🔵 음 りょう 清涼_{せいりょう} 청량　納涼_{のうりょう} 납량

0112

寒
찰 한

- 🔵 훈 さむ 寒_{さむ}い 춥다　寒_{さむ}さ 추위　寒気_{さむけ}がする 오한이 나다
- 🔵 음 かん 寒波_{かんぱ} 한파　防寒_{ぼうかん} 방한

0113

春
봄 춘

- 🔵 훈 はる 春 봄　春風_{はるかぜ} 봄바람　春雨_{はるさめ} 봄비
- 🔵 음 しゅん 春夏秋冬_{しゅんかしゅうとう} 춘하추동　春分_{しゅんぶん} 춘분　青春_{せいしゅん} 청춘

0114 夏 여름 하

- 훈 夏 여름　　夏ばてする 더위를 먹다　夏服 하복　夏休み 여름방학, 여름휴가
- 음 か　　夏季 하계
- 　げ　　夏至 하지

0115 秋 가을 추

- 훈 秋 가을　　秋雨 가을비
- 음 しゅう　　秋分 추분

0116 冬 겨울 동

- 훈 冬 겨울　　冬休み 겨울방학, 겨울휴가
- 음 とう　　冬季 동계　冬季オリンピック 동계 올림픽　厳冬 엄동
- 　　　　暖冬 평년보다 따뜻한 겨울

0117 季 계절 계

- 음 き　　季刊誌 계간지　季候 계절과 날씨　四季 사계

0118 節 마디 절

- 훈 節 마디　　節目 단락, 고비
- 음 せつ　　節約 절약　季節 계절　調節 조절

0119 晴 맑을 청

- 훈 晴らす 마음을 개운하게 하다, 풀다　疑いを晴らす 의심을 풀다
- 　晴れる 맑다, 날이 개다　晴れ渡る 활짝 개다
- 음 せい　　快晴 쾌청

0120 曇 흐릴 담

- 훈 曇る 흐리다　　晴れのち曇り 맑음 후 흐림
- 음 どん　　曇天 흐린 날씨

0121 雨 비 우

- 훈 雨 비　　大雨 큰비, 폭우
- 　雨-　　雨具 우비　雨水 빗물　雨宿り 비를 피함
- 음 う　　雨天 우천　梅雨 장마 (「梅雨」라고도 읽음)

0122 雪 눈 설

- 훈 雪 눈　　雪合戦 눈싸움　雪だるま 눈사람　初雪 첫눈
- 음 せつ　　積雪 적설　除雪 제설
- 鳥 雪崩 눈사태

0123

風
바람 풍

- 훈 風 바람   風が吹く 바람이 불다
- 음 ふ   風呂 목욕, 목욕물, 목욕통   風呂敷 보자기   露天風呂 노천탕
- ふう   風速 풍속   風船 풍선   風力 풍력   強風 강풍   台風 태풍
- 특 風邪 감기   風邪薬 감기약

0124

吹
불 취

- 훈 吹く 불다   口笛を吹く 휘파람을 불다   吹雪 눈보라
- 음 すい   吹奏楽 취주악(목관악기, 금관악기 등의 관악기를 주제로 타악기를 곁들인 합주 음악)

0125

雲
구름 운

- 훈 雲 구름   雨雲 비구름
- 음 うん   風雲 풍운

0126

湿
축축할 습

- 훈 湿る 축축해지다, 습기차다(예외1그룹 동사)   湿った空気 습기찬 공기
- 음 しつ   湿度 습도   湿気 습기   湿布 찜질

0127

乾
마를 건

- 훈 乾かす 말리다   服を乾かす 옷을 말리다
- 乾く 마르다   洗濯物が乾く 빨래가 마르다
- 음 かん   乾杯 건배   乾燥 건조   乾電池 건전지

0128

冷
차가울 랭

- 훈 冷たい 차갑다   冷たい態度 차가운 태도
- 冷ます 식히다   お湯を冷ます 뜨거운 물을 식히다
- 冷める 식다   冷めないうちに、どうぞ 식기 전에 드세요
- 冷やす 차갑게 하다, 진정시키다   ビールを冷やす 맥주를 차갑게 하다
- 冷える 차가워지다, 쌀쌀해지다   今日はずいぶん冷えますね 오늘은 꽤 쌀쌀하네요
- 冷やかす 놀리다, 희롱하다   友達に冷やかされた 친구에게 놀림받았다
- 음 れい   冷却 냉각   冷静 냉정   冷蔵庫 냉장고

0129

凍
얼 동

- 훈 凍る 얼다   川が凍る 강이 얼다
- 凍える 추위로 인해 감각이 둔해지다   指が凍えてしまった 손가락이 얼어버렸다
- 음 とう   凍結 동결   凍死 동사   解凍 해동   冷凍 냉동

1 위 아래, 양 옆 두 칸씩 뜻이 통할 수 있는 한자를 채워 봅시다.

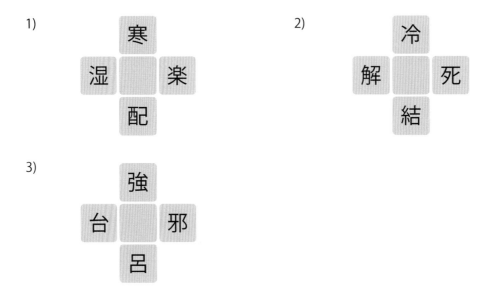

1)

```
        寒
    湿      楽
        配
```

2)

```
        冷
    解      死
        結
```

3)

```
        強
    台      邪
        呂
```

2 밑줄 친 단어의 올바른 한자를 찾아 봅시다.

1) ビールを<u>ひやして</u>おいた。
　① 令やして　　　② 氷やして　　　③ 涼やして　　　④ 冷やして

2) 天気予報によると、明日は強い風が<u>ふく</u>そうです。
　① 降く　　　　② 吹く　　　　③ 次く　　　　④ 噴く

3) 今日は<u>はれ</u>ていて、気持ちいいね。
　① 曇れて　　　② 雲れて　　　③ 青れて　　　④ 晴れて

4) 空気が<u>かわいて</u>、喉が痛い。
　① 熱いて　　　② 乾いて　　　③ 焼いて　　　④ 寒いて

5) 寒さで水道管が<u>こおって</u>しまった。
　① 凍って　　　② 東って　　　③ 湿って　　　④ 温って

반대(反対)의 의미를 가진 한자

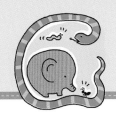

0130

大
클 대

- 훈 大きい 크다 　大いに 대단히 　大雨 폭우 　大型 대형 　大勢 여러 사람
- 음 たい 　　大会 대회 　大切だ 소중하다 　大量 대량
  　だい 　　大学 대학 　大小 대소 　大事だ 중요하다 　大都市 대도시

0131

小
작을 소

- 훈 小さい 작다
- 음 しょう 　　小学校 초등학교
  　こ 　　小雨 가랑비 　小型 소형 　小指 새끼 손가락

0132

多
많을 다

- 훈 多い 많다
- 음 た 　　多少 다소 　多数 다수 　多方面 다방면

0133

少
적을 소

- 훈 少ない 적다 　少なくとも 적어도
  　少し 조금 　少しも 조금도
- 음 しょう 　少年 소년 　少女 소녀 　少々 조금 　少量 소량

0134

長
길 장

- 훈 長い 길다 　長生き 장수 　長年 오랜 세월
- 음 ちょう 　長期 장기 　長所 장점 　延長 연장 　身長 신장, 키 　成長 성장

0135

短
짧을 단

- 훈 短い 짧다 　気が短い 성질이 급하다
- 음 たん 　短気 급한 성미 　短期 단기 　短所 단점

0136

重
무거울 중

- 훈 重い 무겁다 　重さ 무게 　重たい 무겁다, 묵직하다
  　重ねる 포개다, 거듭하다 　紙を2枚重ねる 종이를 두 장 포개다
  　　　　　　　　　　　　　失敗を重ねる 실패를 거듭하다
  　重なる 포개지다, 거듭되다 　紙が2枚重なっている 종이가 두 장 포개져 있다
  　　　　　　　　　　　　　悪いことが重なる 나쁜 일이 거듭되다
- 음 じゅう 　重視 중시 　重心 중심 　重点 중점 　重要 중요 　体重 체중
  　ちょう 　貴重 귀중함 　慎重 신중 　尊重 존중

0137

軽
가벼울 경

훈 軽い 가볍다

음 けい 　軽率 경솔함　軽蔑 경멸

0138

強
강할 강

훈 強い 세다, 강하다　風が強い 바람이 세다
　強める 세게 하다　火を強める 불을 세게 하다
　強まる 세지다　風が強まる 바람이 세지다
　強いる 강요하다　自分の考えを強いる 자신의 생각을 강요하다

음 きょう 　強化 강화　強大 강대　強烈 강렬　勉強 공부
　ごう 　強引 억지로 함, 밀어붙임　強盗 강도　強情 고집이 셈

0139

弱
약할 약

훈 弱い 약하다　風が弱い 바람이 약하다
　弱る 약해지다, 쇠약해지다　胃が弱る 위가 약해지다
　弱める 약하게 하다　火を弱める 불을 약하게 하다
　弱まる 약해지다　風が弱まる 바람이 약해지다

음 じゃく 　弱肉強食 약육강식　強弱 강약　衰弱 쇠약

0140

難
어려울 난

훈 難しい 어렵다, 힘들다

음 なん 　災難 재난　困難 곤란　盗難 도난　非難 비난　避難 피난

0141

易
쉬울 이 / 바꿀 역

훈 易しい 쉽다

음 い 　安易 안이함, 손쉬움　容易 용이, 손쉬움　難易度 난이도
　えき 　貿易 무역

0142

出
날 출

훈 出す 꺼내다　引き出し 서랍
　出る 나오다, 나가다　部屋を出る 방을 나오다　出口 출구　思い出 추억
　　　　　出会う (우연히) 만나다　出掛ける 나가다, 외출하다

음 しゅつ 　支出 지출　輸出 수출　出身 출신　出張 출장　出発 출발

0143

入
들 입

훈 入る 들어가다 (예외 1그룹 동사)　気に入る 마음에 들다　入り口 입구
　入れる 넣다　貯金箱にお金を入れる 저금통에 돈을 넣다
　入れ物 그릇, 용기　手入れ 손질　お茶を入れる 차를 끓이다
　入る 들어가다, 들어오다 (예외 1그룹 동사)　大学に入る 대학에 들어가다

음 にゅう 　入学 입학　入院 입원　入門 입문　導入 도입　輸入 수입

0144

有 있을 유

- 훈 有る 있다　　才能が有る 재능이 있다 (보통 히라가나로 쓰인다)
- 음 う　　有無 유무
- ゆう　　有益 유익　有効 유효　有名 유명　有料 유료　所有 소유

0145

無 없을 무

- 훈 無い 없다　　お金が無い 돈이 없다
- 음 む　　無責任 무책임　無駄 헛됨, 보람없음　無理 무리
- ぶ　　無愛想 무뚝뚝함, 상냥하지 않음　無事 무사　無難 무난

0146

遠 멀 원

- 훈 遠い 멀다　　学校から遠い 학교에서 멀다
- 遠ざける 멀리하다　酒を遠ざける 술을 멀리하다
- 遠ざかる 멀어지다　夢から遠ざかっていく 꿈에서 멀어져 가다
- 음 えん　　遠隔 원격　遠距離 원거리　遠慮 사양함, 삼가함　望遠鏡 망원경

0147

近 가까울 근

- 훈 近い 가깝다　近く 근처　近頃 요즘　近道 지름길
- 음 きん　　近郊 근교　近代 근대　近所 근처, 이웃　最近 최근

0148

高 높을 고

- 훈 高い 높다　　背が高い 키가 크다
- 高める 높이다　声を高める 목소리를 높이다
- 高まる 높아지다　関心が高まる 관심이 높아지다
- 음 こう　　高温 고온　高級 고급　高校 고등학교　高層ビル 고층빌딩　最高 최고

0149

低 낮을 저

- 훈 低い 낮다　　背が低い 키가 작다
- 低める 낮추다　声を低める 목소리를 낮추다
- 低まる 낮아지다　出生率が低まる 출생률이 낮아지다
- 음 てい　　低温 저온　低下 저하　高低 고저　最低 최저

0150

新 새로울 신

- 훈 新しい 새롭다
- 新た 새로움　新たな気持ち 새로운 마음
- 음 しん　　新型 신형　新製品 신제품　新鮮 신선　新聞 신문　最新 최신

0151

古 옛 고

- 훈 古い 낡다, 오래되다　古本屋 헌책방
- 음 こ　　古代 고대　古典 고전

0152 早 이를 조

훈 早い 이르다, 빠르다　早起き 일찍 일어남　早耳 소식통, 소문에 밝은 사람

早める 앞당기다, 빨리하다　日程を早める 일정을 앞당기다

早まる 앞당겨지다, 빨라지다　日程が早まる 일정이 앞당겨지다

음 そう　　早期 조기　早退 조퇴

さっ　　早速 즉시, 재빨리

0153 遅 늦을 지

훈 遅い 늦다　遅かれ早かれ 늦든 이르든, 머지않아 언젠가

遅れる 늦다, 지각하다　彼女は20分も遅れて来た 그녀는 20분이나 늦게 왔다

遅らせる 늦추다　出発を遅らせる 출발을 늦추다

음 ち　　遅延 지연　遅刻 지각

0154 開 열 개

훈 開ける 열다　父は店を10時に開ける 아버지는 가게를 10시에 연다

開く 열리다　窓が開いている 창문이 열려 있다

開く 열다　創立20周年記念パーティーを開く 창립 20주년 기념파티를 열다

開ける 열리다　出世の道が開ける 출세 길이 열리다

음 かい　　開催 개최　開発 개발　開放 개방　公開 공개　展開 전개　満開 만개

<'열다'는 開ける? 開く?>

·開ける : 개폐동작이 평면적이어서, 옆으로 밀어서 열고 닫는 것을 의미한다. 영업을 시작하는

의미로서 가게의 문을 연다고 말할 때도 쓰인다.

目を開ける 눈을 뜨다　店を開ける 가게를 열다

ふたを開ける 뚜껑을 열다

·開く : 한 점을 중심으로 펼치듯이 여는 것을 의미한다. 책·우산·꽃봉오리·낙하산·안에서

밖으로 밀어 여는 문 등이 있다. 어떤 일의 시작, 개최를 의미하는 '열다'로도 쓰인다.

傘を開く 우산을 펴다　心を開く 마음을 열다

説明会を開く 설명회를 개최하다

0155 閉 덮을 폐

훈 閉じる 닫다, 덮다　目を閉じる 눈을 감다　本を閉じる 책을 덮다

閉じこもる 들어박히다　部屋に閉じこもっている 방에 들어박혀 있다

閉める 닫다　窓を閉める 창문을 닫다

閉まる 닫히다　ドアが閉まっている 문이 닫혀 있다

음 へい　　閉鎖 폐쇄　閉店 폐점　開閉 개폐　密閉 밀폐

0156 同 같을 동

- 훈 同じ 같음, 동일함　同じ色 같은 색깔
- 음 どう　　同級生 동급생　同士 끼리, 사이　同僚 동료　同様 다름없음, 마찬가지임

0157 異 다를 이

- 훈 異なる 다르다　意見が異なる 의견이 다르다
- 음 い　　異議 이의　異国 이국　異常 이상　異性 이성

0158 進 나아갈 진

- 훈 進める 전진시키다, 진행시키다, 진학시키다　計画を進める 계획을 진행시키다
  進む 나아가다, 진행되다, 진학하다　前に進む 앞으로 나아가다
- 음 しん　　進学 진학　進行 진행　進展 진전　進歩 진보　進路 진로

0159 退 물러날 퇴

- 훈 退く 물러서다　一歩退く 놀라서 한발 물러서다
- 음 たい　　退院 퇴원　退学 퇴학　退屈 지루함　引退 은퇴　早退 조퇴

0160 片 조각 편

- 훈 片 한쪽　片道 편도　片方 한쪽, 한편
  片付ける 정리하다, 정돈하다　片付く 정리되다, 정돈되다
- 음 へん　　破片 파편　断片 단편

0161 両 두 량(양)

- 음 りょう　　両側 양측　両親 양친, 부모님　両方 양쪽　両立 양립

0162 表 겉 표

- 훈 表す 나타내다　心を表す 마음을 표현하다
  表れる 나타나다　感情が顔に表れる 감정이 얼굴에 드러나다
  表 앞면, 겉　表紙の表 표지의 앞면
- 음 ひょう　　表現 표현　表情 표정　表面 표면　公表 공표　発表 발표

0163 裏 안 리(이)

- 훈 裏 뒤　裏切る 배신하다　裏側 뒤 쪽　裏口 뒷문
- 음 り　　裏面 뒷면, 이면

0164 増 늘 증

훈 増やす 늘리다　募集定員を増やした 모집정원을 늘렸다
増える 늘다　観光客の数が増えた 관광객 수가 증가했다
増す 늘다, 늘리다　楽しさが増す 즐거움이 더해지다

음 ぞう　　増加 증가　増大 증대　急増 급증

<'늘다'는 増える? 増す?>

· 増える : 사람, 물건의 수가 많아질 때 사용한다. 구체적으로 셀 수 있는 것에만 사용한다.
人口が増える 인구가 늘다　体重が２キロ増えた 체중이 2킬로그램 늘었다

· 増す : 수량, 정도가 많아질 때 사용한다. 신용, 인기, 흥미 등 추상적인 것에도 사용할 수 있다.
食欲が増す 식욕이 늘다　興味が増す 흥미가 더 생기다

0165 減 줄 감

훈 減らす 줄이다　量を減らす 양을 줄이다
減る 줄다 (예외1그룹 동사)　人口が減る 인구가 줄다

음 げん　　減少 감소　減量 감량　加減 가감　削減 삭감　増減 증감

0166 続 이을 속

훈 続ける 계속하다　努力を続ける 노력을 계속하다
続く 계속되다　雨の日が続いている 비오는 날이 계속되고 있다　手続き 수속

음 ぞく　　継続 계속　持続 지속　接続 접속　連続 연속

0167 止 그칠 지

훈 止める 멈추다, 세우다, 말리다　車を止める 차를 세우다
止まる 멎다, 서다, 두절되다　車が止まっている 차가 서 있다

음 し　　禁止 금지　中止 중지　廃止 폐지

0168 忙 바쁠 망

훈 忙しい 바쁘다

음 ぼう　　多忙 다망, 매우 바쁨

0169 暇 한가할 가

훈 暇 한가함　今日の午後は暇です 오늘 오후는 한가합니다

음 か　　休暇 휴가　余暇 여가

0170 満 가득찰 만

훈 満たす 채우다, 만족시키다　条件を満たす 조건을 만족시키다
満ちる 차다, 가득하다　希望に満ちる 희망에 가득차다

음 まん　　満員バス 만원버스　満席 만석　満月 만월, 보름달　満足 만족
満腹 배부름　円満 원만함　不満 불만

0171

空
빌 공

- 훈 空 _{そら} 하늘　空模様 _{そらもよう} 날씨　青空 _{あおぞら} 푸른 하늘　夜空 _{よぞら} 밤하늘
  空 _{から} (속이) 빔　空っぽ _{から} 텅 빔
  空く _あ 비다　空き缶 _{あ かん} 빈 캔　空き巣 _{あ す} 빈집털이　空き部屋 _{あ べや} 빈 방
  空ける _あ 비우다　席を空ける _{せき あ} 자리를 비우다
  空く _す 비다　お腹が空いた _{なか す} 배가 고프다
- 음 くう 　空間 _{くうかん} 공간　空気 _{くうき} 공기　空港 _{くうこう} 공항　空中 _{くうちゅう} 공중　航空 _{こうくう} 항공

유 의 어

< '비다'는 空く _あ ? 空く _す ? >
- 空く _あ : 그곳을 차지하고 있던 것이 없어지고, 사용할 수 있는 상태가 됨
  席が空いている _{せき あ} 자리가 비어 있다
- 空く _す : 채워져 있지 않고 전체적으로 성김, 드문드문한 상태
  電車が空いている _{でんしゃ す} 전철이 비어 있다(사람이 적음)
  駐車場が空いている _{ちゅうしゃじょう す} 주차장이 비어 있다

0172

貸
빌려줄 대

- 훈 貸す _か 빌려주다　本を貸してください _{ほん か} 책을 빌려주세요
  貸し切り _{か き} 대절, 전세　貸し出し _{か だ} 대출
- 음 たい 　貸与 _{たいよ} 대여　賃貸 _{ちんたい} 임대

0173

借
빌릴 차

- 훈 借りる _か 빌리다　本を借りる _{ほん か} 책을 빌리다
- 음 しゃく 　借用証書 _{しゃくようしょうしょ} 차용증서　借金 _{しゃっきん} 빚

0174

勝
이길 승

- 훈 勝つ _か 이기다　試合に勝つ _{しあい か} 시합에 이기다　勝手 _{かって} 제멋대로임
  勝る _{まさ} (보다 더) 낫다, 뛰어나다　これに勝る楽しみはない _{まさ たの} 이보다 더한 즐거움은 없다
- 음 しょう 　勝敗 _{しょうはい} 승패　勝利 _{しょうり} 승리　優勝 _{ゆうしょう} 우승

0175

負
질 부

- 훈 負う _お 짊어지다, 업다/(책임, 비난 등을) 지다, 받다
  荷物を背負う _{にもつ せお} 짐을 등에 지다　責任を負う _{せきにん お} 책임을 지다
  負ける _ま 지다　試合に負ける _{しあい ま} 시합에 지다
- 음 ふ 　負担 _{ふたん} 부담　勝負 _{しょうぶ} 승부

0176

浅
얕을 천

- 훈 浅い _{あさ} 얕다　広く浅い人間関係 _{ひろ あさ にんげんかんけい} 넓고 얕은 인간관계
- 음 せん 　浅海 _{せんかい} 얕은 바다

0177 深 깊을 심

훈 深い 깊다　興味深い 흥미롭다　用心深い 조심성이 많다
深める 깊게 하다　理解を深める 이해를 깊게 하다
深まる 깊어지다　愛情が深まる 애정이 깊어지다

음 しん　深海 심해　深刻 심각　深呼吸 심호흡　水深 수심

0178 捨 버릴 사

훈 捨てる 버리다　ごみを捨てる 쓰레기를 버리다

음 しゃ　取捨選択 취사선택　四捨五入 반올림

0179 拾 주을 습

훈 拾う 줍다　ごみを拾う 쓰레기를 줍다

음 しゅう　拾得 습득　収拾 수습

0180 興 일으킬 흥

훈 興す 흥하게 하다　国を興す 나라를 흥하게 하다
興る 번성하다, 흥하다　国が興る 나라가 흥하다

음 きょう　興味 흥미　余興 여흥
こう　興奮 흥분　振興 진흥　復興 부흥

0181 亡 잃을 망

훈 亡くす 잃다, 여의다　母を亡くした悲しみ 어머니를 여읜 슬픔
亡くなる 사망하다, 작고하다　亡き 죽은, 돌아가신　亡き妻 죽은 아내

음 ぼう　死亡 사망　滅亡 멸망

0182 清 맑을 청

훈 清い 맑다, 깨끗하다　清い水 맑은 물
清める 맑게 하다　空気を清める 공기를 맑게 하다
清まる 맑아지다　心が清まる 마음이 맑아지다

음 せい　清潔 청결　清算 청산　清廉 청렴　清流 청류
しょう　清浄 청정 (「せいじょう」라고도 읽음)

특 清水 맑은 샘물 (「清水」를 「きよみず」라고 읽으면 교토에 있는 지역 이름을 가리킴)

0183 濁 흐릴 탁

훈 濁す 탁하게 하다, 얼버무리다　言葉を濁す 말을 얼버무리다
濁る 탁해지다, 흐려지다　川が濁る 강물이 흐리다

음 だく　混濁 혼탁　濁流 탁류

1 서로 반대의 의미가 되는 단어를 한자와 함께 써 봅시다.

> 예 大きい ⇔   小さい

1) 浅い   ⇔ _____

2) 高める ⇔ _____

3) 易しい ⇔ _____

4) 閉まる ⇔ _____

5) 長い   ⇔ _____

6) 強まる ⇔ _____

7) 新しい ⇔ _____

8) 増やす ⇔ _____

9) 借りる ⇔ _____

10) 勝つ   ⇔ _____

2 「大」의 발음이 같은 단어끼리 묶어 봅시다.

> 大切 大雨 大勢 大小 大事 大会 大型 大都市 大量

1) おお : _____

2) たい : _____

3) だい : _____

3 밑줄 친 단어의 올바른 발음을 찾아 봅시다.

1) 彼女の無事が確認できて安心した。
　　① むち　　　　② むじ　　　　③ ぶち　　　　④ ぶじ

2) 寝坊して、遅刻してしまった。
　　① じかく　　　② じこく　　　③ ちかく　　　④ ちこく

3) 両親と話し合って決めた。

    ① りょうしん   ② りょうちん   ③ ようしん   ④ ようちん

4) 今日の運動会は雨のために中止になりました。

    ① じゅうし   ② じゅうじ   ③ ちゅうし   ④ ちゅうじ

5) お金を拾って、交番に届けた。

    ① かさなって   ② ひろって   ③ ことなって   ④ にごって

6) 明日、体育館を開放します。

    ① たいほう   ② たいぼう   ③ かいほう   ④ かいぼう

☑ 저가항공

低価航空（×）

格安航空（○）

다음은 일본어능력시험 N3 수준의 독해 지문입니다. 독해 지문 속에 쓰인 한자를 익히면서 독해 실력도 함께 키워 보세요.

今年の冬は例年に比べて特に乾燥しています。空気が乾燥しているときは火事が起こりやすいので、火のもとには十分気をつけましょう。

火事の原因になりやすいものとして、ガスコンロ、タバコ、ストーブがあげられます。特にガスコンロに関しては料理中の事故が一番多いので、料理をしているときは火のそばをはなれないようにしましょう。タバコは、(注1)寝タバコや(注2)吸いがらの(注3)ポイ捨てが火事を引き起こします。また、ストーブの消し忘れも大きな原因です。これらに十分注意して火災防止につとめましょう。

（注1）寝タバコ：ふとんやベッドの中でタバコを吸うこと

（注2）吸いがら：吸い終わったタバコ

（注3）ポイ捨て：ごみを道などに捨てること

問　この文章で、気をつけるように言っていることは何か。

1　ストーブをつけているときは、こまめに換気をしなくてはならない。

2　空気が乾燥しないように、湿度を上げる工夫をしなくてはならない。

3　タバコを吸いたくても、決められた場所でなければ吸ってはいけない。

4　火を使った料理をしているときは、その場をはなれてはいけない。

□ 例年 예년
□ 引き起こす 일으키다
□ 火災防止 화재 방지
□ 乾燥 건조
□ 消し忘れ (끄는 것을) 잊어버림

0184 上 위 상

- 훈 上 위　　身の上 신세, 처지
  上 위쪽의　上着 겉옷, 상의　上回る 상회하다, 웃돌다
  上 위 · 위쪽, 앞부분　上半期 상반기
  上げる (위로) 올리다　手を上げる 손을 올리다
  上がる (위로) 오르다, 올라가다　煙が上がる 연기가 오르다
- 음 じょう　上司 상사　上昇 상승　上手 잘함, 능숙함　上達 숙달, 향상됨　以上 이상
  向上 향상

0185 中 가운데 중

- 훈 中 안, 속　かばんの中 가방 안
- 음 じゅう (시간적 범위) 내내, (공간적 범위) 전부　一日中 하루 종일　一年中 일년 내내
  世界中 전세계　体中 온 몸, 전신
  ちゅう　中学校 중학교　中国 중국　中止 중지　集中 집중　途中 도중
  夢中 몰두함, 열중함　運転中 운전중

0186 下 아래 하

- 훈 下 아래, 밑　下 아래쪽　下半期 하반기　下 밑　足下 발밑
  下ろす 내리다, 내려놓다　車から荷物を下ろす 차에서 짐을 내려놓다
  下りる (위에서 아래로) 내리다, 내려오다　山を下りる 산을 내려오다
  下がる (지위 · 성적 · 기온 · 값 · 정도 등) 내려가다, 떨어지다　成績が下がる 성적이 떨어지다
  下げる 낮추다, 떨어뜨리다　温度を下げる 온도를 낮추다
  下る 내려가다, 내려지다　命令が下る 명령이 내려지다
  下さる (윗사람이) 주시다　先生が本を下さった 선생님께서 책을 주셨다
- 음 か　以下 이하　部下 부하　廊下 복도
  げ　下水道 하수도　下落 하락　上下 상하

0187 左 왼 좌

- 훈 左 왼쪽　左手 왼손　左利き 왼손잡이
- 음 さ　左折 좌회전

0188 右 오른 우

- 훈 右 오른쪽　右手 오른손　右側 우측
- 음 う　右折 우회전
  ゆう　左右 좌우

0189

内
안 내

- 훈 うち 内 안, 속　内側 うちがわ 안쪽, 내면
- 음 ない　内容 ないよう 내용　案内 あんない 안내　以内 いない 이내　国内 こくない 국내

0190

外
바깥 외

- 훈 そと 外 밖　外側 そとがわ 바깥 쪽　外 ほか ~외
  外す はずす 떼다, 끄르다, 풀다　ボタンを外す 단추를 끄르다
  外れる はずれる 빗나가다, 빠지다, 떨어지다　天気予報が外れる てんきよほうがはずれる 일기예보가 빗나가다
- 음 がい　外国語 がいこくご 외국어　意外 いがい 의외　以外 いがい 이외
  げ　外科 げか 외과

0191

東
동녘 동

- 훈 ひがし 東 동쪽　東向き ひがしむき 동향
- 음 とう　東西 とうざい 동서　東南 とうなん 동남　東北 とうほく 동북　東洋 とうよう 동양
  関東 かんとう 관동 (일본 중앙부의 1도(都) 6현(県)을 포함한 지방)

0192

西
서녘 서

- 훈 にし 西 서쪽　西向き にしむき 서향
- 음 せい　西洋 せいよう 서양
  さい　関西 かんさい 관서 (교토, 오사카를 중심으로 한 지방)

0193

南
남녘 남

- 훈 みなみ 南 남쪽　南向き みなみむき 남향　南半球 みなみはんきゅう 남반구
- 음 なん　南極 なんきょく 남극　南西 なんせい 남서　南北 なんぼく 남북

0194

北
북녘 북

- 훈 きた 北 북쪽　北向き きたむき 북향　北半球 きたはんきゅう 북반구
- 음 ほく　北斗七星 ほくとしちせい 북두칠성　北海道 ほっかいどう 홋카이도　北極 ほっきょく 북극　東西南北 とうざいなんぼく 동서남북

0195

辺
가 변

- 훈 あた 辺り 근처, 부근
- 음 へん　辺 へん 근방, 언저리　周辺 しゅうへん 주변　身辺 しんぺん 신변

0196

側
곁 측

- 훈 がわ 側 측, 쪽　右側 みぎがわ 우측　左側 ひだりがわ 좌측　両側 りょうがわ 양측
- 음 そく　側面 そくめん 측면

0197

接 이을 접

- 훈: 接ぐ 잇다, 이어서 합치다　折れた骨を接ぐ 부러진 뼈를 잇다
- 음: せつ　接続 접속　直接 직접　面接 면접　密接 밀접　接触 접촉　接近 접근

0198

並 나란히설 병

- 훈: ～並み ~와 같은 수준　人並みの生活 남들 만큼의·보통 정도의 생활
  並べる 늘어놓다, 나란히 놓다　机を並べる 책상을 나란히 놓다
  並ぶ 줄서다, 나란히 서다　机が並んでいる 책상이 나란히 놓여 있다
- 음: へい　並行 병행　並列 병렬

0199

央 가운데 앙

- 음: おう　中央 중앙

0200

逆 거스를 역

- 훈: 逆 반대, 거꾸로　逆立ち 물구나무서기
  逆らう 역행하다, 거스르다　運命に逆らう 운명을 거스르다
- 음: ぎゃく　逆 반대, 역　逆効果 역효과　逆転 역전　逆順 역순

0201

底 밑 저

- 훈: 底 밑바닥　底力 저력　底値 바닥시세
- 음: てい　海底 해저　徹底 철저　到底 도저히

0202

位 자리 위

- 훈: 位 지위, 계급
- 음: い　順位 순위　単位 단위, 학점　上位 상위　下位 하위

0203

置 둘 치

- 훈: 置く 놓다, 두다　メモが置いてある 메모가 놓여져 있다　置時計 탁상시계
  置物 (응접실 등에 놓아두는) 장식품
- 음: ち　位置 위치　設置 설치　措置 조치　配置 배치　放置 방치

0204

方 모 방

- 훈: 方 분 (남에 대한 높임말)　方々 여러분
- 음: ほう　方言 방언　方針 방침　方法 방법　地方 지방　両方 양쪽

向

향할 향

훈 向ける 향하게 하다, 돌리다　　顔を向ける 얼굴을 돌리다

　　向く 향하다　　後ろを向く 뒤를 향하다

　　向う 마주보다, 향해가다　　京都に向う 교토로 가다

　　向こう 맞은편, 건너편　　向こうの家 저쪽 집

음 こう　　　　向上 향상　　意向 의향　　傾向 경향　　方向 방향

손톱은 왜!? 밤에 깎으면 안 될까?

밤에 손톱을 깎으면 안 된다는 미신이 있죠~. 그건 한국이나 일본이나 마찬가지랍니다.

그렇다면, 왜? 밤에 손톱을 깎으면 안 된다는 미신이 생겨난 것일까요?

일본에서는 밤에 손톱을 깎으면 부모님의 임종을 지키지 못한다(夜に爪を切ると、親の死に目に会えない)는 무시무시한 미신이 있어요. 그건 전기나 조명이 발달하지 못했던 그 옛날, 밤에 손톱을 깎는 것이 위험했기 때문이었을 겁니다.

그런데 또 한가지 이유가 있어요. 「夜爪(요즈메)」즉, 밤에 손톱을 깎는다는 의미의 이 발음은 「世詰め」즉, 수명을 단축시킨다는 의미의 발음을 연상시켜, 밤에 손톱을 깎으면 단명하여 부모님의 임종을 지키지 못하게 된다는 미신이 생겨났기 때문입니다.

순서(順序)와 관련된 한자
じゅんじょ

0206

始
처음 시

- 훈 始める 시작하다　授業を始める 수업을 시작하다
　はじ　　　　　　　　　　じゅぎょう　はじ
　始まる 시작되다　映画が始まる 영화가 시작되다
　はじ　　　　　　　　　えいが　はじ
　始まらない 소용없다　心配しても始まらない 걱정해도 소용없다
　はじ　　　　　　　　しんぱい　　　　　はじ
- 음 し　　始終 자초지종/시종, 언제나　始末 경위/(나쁜) 결과/처리　開始 개시
　　　　しじゅう　　　　　　　　　　しまつ　　　　　　　　　　　　かいし
　　　　原始 원시
　　　　げんし

0207

初
처음 초

- 훈 初め 처음, 시작　初めて 처음으로　初めて海外旅行に行った 처음으로 해외여행을 갔다
　はじ　　　　　　はじ　　　　　　　はじ　　かいがいりょこう　い
　初 첫　　初恋 첫사랑　初雪 첫눈　初夢 새해 첫 꿈
　はつ　　　はつこい　　　　はつゆき　　　はつゆめ
　初 첫　　初産 초산　初々しい 풋풋하다, 싱그럽다
　うい　　　ういざん　　　ういういしい
- 음 しょ　　初級 초급　初心者 초심자　初対面 첫대면　最初 최초
　　　　しょきゅう　　しょしんしゃ　　　しょたいめん　　さいしょ

  유 의 어

　　＜'처음'은 初め? 始め?＞
　　　　　　はじ　　はじ
　・初め : 시간과 기간에서 초반 단계　2月の初めに引っ越します 2월 초에 이사합니다
　　はじ　　　　　　　　　　　　　　　　がつ　はじ　　ひ　こ
　・始め : 일의 시작　始め有るものは必ず終わりあり 시작이 있으면 끝이 있다
　　はじ　　　　　　　はじ　あ　　　　　　かなら　お

0208

終
마칠 종

- 훈 終える 끝마치다, 끝내다　仕事を終える 일을 끝내다
　お　　　　　　　　　　しごと　お
　終わる 끝나다　授業が終わる 수업이 끝나다
　お　　　　　　じゅぎょう　お
- 음 しゅう　　終電 마지막 전차　終了 종료　最終 최종
　　　　　しゅうでん　　　しゅうりょう　さいしゅう

0209

前
앞 전

- 훈 前 앞　　前もって 미리　前売り 예매　前書き 머리말　前向き 적극적인 태도
　まえ　　まえ　　　　　まえう　　　　まえが　　　　　まえむ
- 음 ぜん　　前進 전진　前提 전제　以前 이전　事前 사전　直前 직전
　　　　ぜんしん　　ぜんてい　　いぜん　　じぜん　　ちょくぜん

0210

後
뒤 후

- 훈 後 뒤, 나중　ご飯を食べた後で、宿題をする 밥을 먹은 후에 숙제를 한다
　あと　　　　　　はん　た　　あと　しゅくだい
　後ろ 뒤쪽　一番後ろの席に座っている 가장 뒤쪽 자리에 앉아 있다
　うし　　　いちばんうし　　せき　すわ
　後 (시간적) 뒤, 후　後ほどお電話します 나중에 전화하겠습니다
　のち　　　　　　　のち　　でんわ
　後れる 뒤지다, 늦다　時代に後れる 시대에 뒤떨어지다
　おく　　　　　　　　じだい　おく
- 음 ご　　以後 이후　午後 오후　最後 최후　前後 전후
　　　　いご　　　ごご　　　さいご　　ぜんご
　　こう　後悔 후회　後援 후원　後退 후퇴　後輩 후배
　　　　こうかい　こうえん　こうたい　こうはい

0211

先
먼저 선

- 훈 先 끝, 앞, 먼저 先程 조금 전 行き先 행선지, 목적지 勤め先 근무처
- 음 せん 先生 선생님 先日 일전 先端 첨단 先入観 선입관 先輩 선배

0212

次
버금 차

- 훈 次ぐ 잇따르다 地震に次いで津波が起こった 지진에 잇달아 해일이 일었다
  次 다음 次々 차례차례, 잇달아 彼らは次々に到着した 그들은 차례차례 도착했다
- 음 じ 次回 다음 번 次男 차남 目次 목차
  し 次第に 점차

0213

順
순할 순

- 음 じゅん 順位 순위 順次 순차 順応 순응 順番 순번

0214

序
차례 서

- 음 じょ 序列 서열 序論 서론 順序 순서 秩序 질서

0215

番
순서 번

- 음 ばん 番組 방송 프로그램 番号 번호 一番 1번, 가장, 제일 交番 파출소
  当番 당번

0216

第
차례 제

- 음 だい 第一 제일 第一印象 첫인상 第3月曜日 세 번째 주 월요일

0217

末
끝 말

- 훈 末 끝, 마지막 今月の末 이번 달 말 末っ子 막내
- 음 まつ 末 말, 끝 結末 결말 週末 주말 月末 월말 年末 연말 期末 기말

1 「下」의 발음이 같은 단어끼리 묶어 봅시다.

> 以下　　下落　　上下　　下水道　　部下　　廊下

1) か : _____

2) げ : _____

2 뜻이 통하도록 네모 안에 들어갈 알맞은 한자를 써 봅시다.

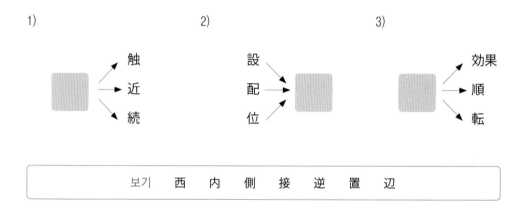

> 보기　　西　　内　　側　　接　　逆　　置　　辺

3 밑줄 친 단어의 올바른 발음을 찾아 봅시다.

1) ビルの<u>右側</u>に郵便局がある。
　　① ひだりがわ　　② みぎがわ　　　③ ひだりそく　　④ みぎそく

2) 社会の<u>秩序</u>を守りましょう。
　　① じつしょ　　② じっちょ　　　③ ちつじょ　　④ ちつしょう

3) 次の交差点で<u>左折</u>してください。
　　① させつ　　② うせつ　　　③ ざせつ　　④ ゆうぜつ

4) 台所の中央に大きなテーブルがある。

　① じゅうお　　　② じゅうおう　　　③ ちゅうお　　　④ ちゅうおう

5) 駅前にゴミ箱を設置した。

　① せつじ　　　② せっち　　　③ てつじ　　　④ てっち

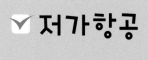

低価航空（×）

格安航空（○）

감정·사고(感情·思考)와 관련된 한자

0218

感
느낄 감

🔊 **음** かん　　　不安を感じる 불안을 느끼다　　感謝 감사　　感情 감정　　感染 감염

　　　　　　　　感動 감동　　予感 예감

0219

情
뜻 정

🔊 **훈** 情け 정　　情けない 한심하다

🔊 **음** じょう　　情報 정보　　愛情 애정　　事情 사정　　表情 표정　　友情 우정

0220

心
마음 심

🔊 **훈** 心 마음　　心当たり 짐작, 짚이는 곳　　心掛ける 유의하다, 마음 쓰다

🔊 **음** しん　　心臓 심장　　心配 걱정　　安心 안심　　関心 관심　　決心 결심　　中心 중심

🔊 **특** 心地 심정, 기분　　居心地 어떤 자리에 있을 때의 기분　　居心地が悪い 있기에 마음이 불편하다

　　　乗り心地 승차감

0221

思
생각할 사

🔊 **훈** 思う 생각하다　　思い当たる 짐작이 가다　　思い切って 과감히, 큰맘 먹고

　　　　　　　思い切り 마음껏, 실컷　　思い出 추억　　思い出す 떠올리다

　　　　　　　思いやり 배려

🔊 **음** し　　思想 사상　　意思 의사　　不思議 희안함, 이상함

0222

考
생각할 고

🔊 **훈** 考える 생각하다

🔊 **음** こう　　考案 고안　　考慮 고려　　参考 참고　　思考 사고

유 의 어

《'생각하다'는 考える? 思う?》

· 思う : 마음속으로 느끼고 떠오르는 것. 감정이나 의사 표현, 상상, 희망, 의견 등을 말할 때 사용

　　　家に帰ろうと思う 집에 가려고 한다

· 考える : 지식을 바탕으로 판단하는 지적인 두뇌작용을 통한 생각

　　　よく考えてから答えてください 잘 생각하고 나서 대답하세요

0223

想
생각할 상

🔊 **음** そう　　想像 상상　　回想 회상　　感想 감상　　幻想 환상　　妄想 망상　　予想 예상

　　　理想 이상

0224

念
생각할 념(염)

🔊 ねん   念願 염원   記念 기념   残念 유감스러움   専念 전념

0225

志
뜻 지

🔊 志す 뜻을 두다, 지망하다   医者を志している 의사를 지망하고 있다

🔊 し   志願 지원   志向 지향   志望 지망   意志 의지

0226

忘
잊을 망

🔊 忘れる 잊다   忘れ物 물건을 잊음, 또는 잊은 물건

🔊 ぼう   忘年会 망년회

0227

歓
기뻐할 환

🔊 かん   歓喜 환희   歓送 환송   歓迎 환영

0228

喜
기쁠 희

🔊 喜ぶ 기뻐하다   合格を喜ぶ 합격을 기뻐하다

🔊 き   喜劇 희극   歓喜 환희

0229

楽
즐거울 락/악기 악

🔊 楽しい 즐겁다   楽しむ 즐기다

🔊 がく   楽譜 악보   楽器 악기   音楽 음악

　らく   楽だ 편하다   楽天的 낙천적   楽観的 낙관적   気楽 홀가분함

0230

快
상쾌할 쾌

🔊 快い 상쾌하다

🔊 かい   快感 쾌감   快速 쾌속   快楽 쾌락   不快 불쾌   愉快 유쾌

0231

幸
다행 행

🔊 幸い 다행히   幸い天気はよかった 다행히 날씨는 좋았다

　幸せ 행복   幸 행복, 산과 바다의 산물   海の幸 해산물

🔊 こう   幸運 행운   幸福 행복   不幸 불행

0232

福
복 복

🔊 ふく   福 복   福祉 복지   祝福 축복

0233

笑
웃을 소

훈 笑う 웃다　笑える 절로 웃음이 나오다
笑む 웃다　微笑む 미소 짓다
음 しょう　苦笑 쓴웃음　微笑 미소　冷笑 냉소

0234

恋
그리울 연

훈 恋 사랑　恋人 애인　恋しい 그립다
음 れん　恋愛 연애　失恋 실연　悲恋 비련

0235

愛
사랑할 애

훈 愛しい 사랑스럽다
음 あい　愛嬌 애교　愛情 애정　愛着 애착　親愛 친애

0236

希
바랄 희/드물 희

음 き　希少価値 희소가치　希薄 희박　希望 희망

0237

望
바랄 망

훈 望ましい 바람직하다　望ましい結果 바람직한 결과
望む 바라다, 원하다　成功を望んでいる 성공을 바라고 있다
음 ぼう　望遠鏡 망원경　失望 실망　絶望 절망　野望 야망　有望 유망

0238

祈
기원할 기

훈 祈る 기도하다, 기원하다　健闘を祈る 건투를 빌다　祈り 기도, 기원
음 き　祈願 기원

0239

願
바랄 원

훈 願う 바라다, 원하다　みんなの幸福を願う 모두의 행복을 바라다
음 がん　願書 원서　願望 원망　念願 염원

0240

欲
하고자 할 욕

훈 欲する 바라다, 원하다　心の欲するままに行動する 마음이 원하는대로 행동하다
欲しい 갖고 싶다　人気ブランドの服がほしい 인기 브랜드의 옷을 갖고 싶다
음 よく　欲望 욕망　欲張り 욕심쟁이　食欲 식욕　欲求 욕구

0241

悲
슬플 비

훈 悲しい 슬프다　悲しむ 슬퍼하다
음 ひ　悲観 비관　悲劇 비극　悲鳴 비명

0242

泣
울 읍

- 훈 泣く 울다　泣き虫 울보　泣き声 울음소리
- 음 きゅう　号泣する 소리 높여 울다

0243

涙
눈물 루

- 훈 涙 눈물　涙声 울먹이는 목소리　涙ぐましい 눈물겹다　涙ぐむ 눈물이 글썽해지다
- 음 るい　催涙弾 최루탄

0244

怒
성낼 노

- 훈 怒る 화내다　怒りがわいてくる 분노가 치밀어 오르다
  怒る 화내다, 혼내다　先生に怒られる 선생님에게 혼나다
- 음 ど　喜怒哀楽 희노애락　激怒 격노

0245

謝
사례할 사

- 훈 謝る 사과하다　彼は謝りもしなかった 그는 사과조차 하지 않았다
- 음 しゃ　謝罪 사죄　謝絶 사절　感謝 감사

0246

苦
괴로울 고

- 훈 苦しい 괴롭다　生活が苦しい 생활이 괴롭다
  苦しむ 괴로워하다　病気で苦しむ 병으로 괴로워하다
  苦しめる 괴롭히다　自分で自分を苦しめる 스스로 자신을 괴롭히다
  苦い 쓰다　苦いコーヒー 쓴 커피
  苦手 대하기 싫은 상대, 서투름　私は数学が苦手だ 나는 수학은 잘 못한다
- 음 く　苦労 고생, 수고　苦情 불평, 불만

0247

悩
괴로워할 뇌

- 훈 悩む 고민하다　悩み 고민
  悩ます 괴롭히다　頭を悩ます 골치를 앓다
- 음 のう　苦悩 고뇌

0248

困
곤란할 곤

- 훈 困る 곤란하다, 난처하다
- 음 こん　困難 곤란　困惑 곤혹　貧困 빈곤

0249

驚
놀랄 경

- 훈 驚かす 놀라게 하다　世界を驚かしたい 세상을 놀라게 하고 싶다
  驚く 놀라다　そのニュースを聞いて驚いた 그 뉴스를 듣고 놀랐다
- 음 きょう　驚異的 경이적　驚嘆 경탄

0250

怖
두려워할 포

- 훈 怖い 무섭다
- 음 ふ　　　　恐怖 공포

0251

疑
의심할 의

- 훈 疑う 의심하다　　彼を犯人だと疑っている 그를 범인으로 의심하고 있다
- 음 ぎ　　　　疑問 의문　　疑惑 의혹　　質疑応答 질의응답　　半信半疑 반신반의
　　　　　　　容疑 용의

0252

秘
숨길 비

- 훈 秘める 숨기다, 간직하다　　胸に秘めた秘密 가슴 속에 간직한 비밀
- 음 ひ　　　　秘訣 비결　　秘書 비서　　秘密 비밀　　神秘 신비

0253

恥
부끄러울 치

- 훈 恥 부끄러움　　恥をかく 창피 당하다
　　恥じる 부끄러워하다　　恥ずかしい 부끄럽다
- 음 ち　　　　羞恥心 수치심

감각(<ruby>感覚<rt>かんかく</rt></ruby>)과 관련된 한자

0254

見
볼 견

- 훈 <ruby>見<rt>み</rt></ruby>る 보다 　 <ruby>見事<rt>みごと</rt></ruby> 훌륭함, 멋짐 　 <ruby>見所<rt>みどころ</rt></ruby> 볼만한 장면 　 <ruby>見本<rt>みほん</rt></ruby> 견본 　 <ruby>見<rt>み</rt></ruby>える 보이다
  <ruby>見<rt>み</rt></ruby>せる 보여주다 　 <ruby>見送<rt>みおく</rt></ruby>る 배웅하다 　 <ruby>見<rt>み</rt></ruby>つける 찾다, 발견하다
- 음 けん 　 <ruby>見学<rt>けんがく</rt></ruby> 견학 　 <ruby>見当<rt>けんとう</rt></ruby> 어림, 짐작 　 <ruby>意見<rt>いけん</rt></ruby> 의견 　 <ruby>一見<rt>いっけん</rt></ruby> 언뜻 봄 　 <ruby>発見<rt>はっけん</rt></ruby> 발견

0255

観
볼 관

- 훈 <ruby>観<rt>み</rt></ruby>る 보다
- 음 かん 　 <ruby>観客<rt>かんきゃく</rt></ruby> 관객 　 <ruby>観光<rt>かんこう</rt></ruby> 관광 　 <ruby>観察<rt>かんさつ</rt></ruby> 관찰 　 <ruby>観測<rt>かんそく</rt></ruby> 관측 　 <ruby>観覧<rt>かんらん</rt></ruby> 관람
  <ruby>客観的<rt>きゃっかんてき</rt></ruby> 객관적 　 <ruby>人生観<rt>じんせいかん</rt></ruby> 인생관

0256

視
볼 시

- 음 し 　 <ruby>視線<rt>しせん</rt></ruby> 시선 　 <ruby>視聴覚<rt>しちょうかく</rt></ruby> 시청각 　 <ruby>監視<rt>かんし</rt></ruby> 감시 　 <ruby>重視<rt>じゅうし</rt></ruby> 중시 　 <ruby>無視<rt>むし</rt></ruby> 무시

0257

音
소리 음

- 훈 <ruby>音<rt>おと</rt></ruby> 음, 소리 　 ピアノの<ruby>音<rt>おと</rt></ruby>がする 피아노 소리가 나나
  <ruby>音<rt>ね</rt></ruby> 음, 소리 　 <ruby>音色<rt>ねいろ</rt></ruby> 음색 　 <ruby>本音<rt>ほんね</rt></ruby> 속마음, 본심
- 음 おん 　 <ruby>音楽<rt>おんがく</rt></ruby> 음악 　 <ruby>音響<rt>おんきょう</rt></ruby> 음향 　 <ruby>音声<rt>おんせい</rt></ruby> 음성 　 <ruby>騒音<rt>そうおん</rt></ruby> 소음 　 <ruby>発音<rt>はつおん</rt></ruby> 발음

0258

声
소리 성

- 훈 <ruby>声<rt>こえ</rt></ruby> 목소리 　 <ruby>大声<rt>おおごえ</rt></ruby> 큰 목소리
- 음 せい 　 <ruby>声楽<rt>せいがく</rt></ruby> 성악 　 <ruby>声優<rt>せいゆう</rt></ruby> 성우 　 <ruby>音声<rt>おんせい</rt></ruby> 음성

0259

聞
들을 문

- 훈 <ruby>聞<rt>き</rt></ruby>く 듣다, 묻다 　 <ruby>聞<rt>き</rt></ruby>こえる 들리다 　 ピアノの<ruby>音<rt>おと</rt></ruby>が<ruby>聞<rt>き</rt></ruby>こえる 피아노 소리가 들린다
- 음 ぶん 　 <ruby>見聞<rt>けんぶん</rt></ruby> 견문 　 <ruby>新聞<rt>しんぶん</rt></ruby> 신문

0260

聴
들을 청

- 훈 <ruby>聴<rt>き</rt></ruby>く 듣다
- 음 ちょう 　 <ruby>聴解<rt>ちょうかい</rt></ruby> 청해 　 <ruby>聴衆<rt>ちょうしゅう</rt></ruby> 청중

유 의 어

<'듣다'는 <ruby>聞<rt>き</rt></ruby>く? <ruby>聴<rt>き</rt></ruby>く?>

- <ruby>聞<rt>き</rt></ruby>く : 목소리·소리를 듣다, 묻다 　 <ruby>彼<rt>かれ</rt></ruby>の<ruby>話<rt>はなし</rt></ruby>を<ruby>聞<rt>き</rt></ruby>いて<ruby>驚<rt>おどろ</rt></ruby>いた 그의 이야기를 듣고 놀랐다
- <ruby>聴<rt>き</rt></ruby>く : 하나도 빠뜨리지 않도록 귀를 귀울이며 듣다
  メモを<ruby>取<rt>と</rt></ruby>りながら、<ruby>講演<rt>こうえん</rt></ruby>を<ruby>聴<rt>き</rt></ruby>く 메모를 하면서 강연을 듣다

0261

響
울릴 향

- 훈 響く 울리다　音が響く 소리가 울리다
- 음 きょう　　影響 영향　音響 음향

0262

香
향기 향

- 훈 香る 향기가 나다　花の香り 꽃향기
- 음 こう　　香水 향수　香辛料 향신료

0263

触
닿을 촉

- 훈 触れる 닿다, 접촉하다　手と手が触れる 손과 손이 닿다, 스치다
  触る 만지다, 손대다　手触り 손에 닿는 촉감
- 음 しょく　　感触 감촉　接触 접촉

0264

覚
깨달을 각

- 훈 覚える 외우다, 기억하다　単語を覚える 단어를 외우다
  覚める 깨다　目が覚める 잠이 깨다
  覚ます 깨우다　目を覚ます 잠이 깨다　目覚まし時計 자명종 시계
- 음 かく　　覚悟 각오　感覚 감각　自覚 자각　知覚 지각　錯覚 착각

☑ 야근 수당　　夜勤手当 (×)

残業手当 (○)

1 「見」의 발음이 같은 단어끼리 묶어 봅시다.

> 見所　　見学　　意見　　見本　　発見　　見事　　見送る

1) み : _____

2) けん : _____

2 밑줄 친 단어의 올바른 한자를 찾아 봅시다.

1) お金がなくて<u>こまって</u>いる。　　　　　(a. 困って　　b. 因って)

2) 先生に<u>かんしゃ</u>の気持ちを表した。　　(a. 感謝　　b. 感射)

3) よく<u>かんがえて</u>、答えてください。　　(a. 老える　　b. 考える)

3 (　　　　)에 들어갈 적당한 단어를 찾아 봅시다.

1) 彼にいくら (　　　　) 許してくれない。
　① 笑っても　　　② 謝っても　　　③ 誘っても　　　④ 忘れても

2) 成績が下がって先生に (　　　　)。
　① 喜ばれた　　　② 疑われた　　　③ 怒られた　　　④ 覚えられた

3) (　　　　) ながら、今日のパーティーには行けません。
　① 苦手　　　　② 祈願　　　　③ 残念　　　　④ 苦労

4) 病気で (　　　　) いる人を助けたい。
　① 苦しんで　　② 断って　　　③ 望んで　　　④ 感じて

5) 彼が無事だと聞いて、(　　　　) した。
　① 秘密　　　　② 専念　　　　③ 理想　　　　④ 安心

6) 彼女はいつも同じ (　　　　) をつけている。
　① 覚悟　　　　② 香水　　　　③ 触感　　　　④ 音響

63

의견 · 평가(意見 · 評価)와 관련된 한자

0265 意 뜻 의

음 い

意見 의견　意思 의사　意地 고집, 오기　意地悪い 심술궂다　意図 의도
意味 의미　注意 주의

0266 評 평할 평

음 ひょう

評価 평가　評判 평판　評論家 평론가　論評 논평

0267 判 가를 판

음 はん
判決 판결　判断 판단　判明 판명　判別 판별　批判 비평

ばん
裁判 재판

ぱん
審判 심판

0268 認 알 인

훈 認める 인정하다　自分の間違いを認める 자신의 잘못을 인정하다

음 にん
認識 인식　認定 인정　確認 확인　承認 승인　否認 부인

0269 決 결정할 결

훈 決める 정하다　じゃんけんで決める 가위바위보로 정하다
決まる 정해지다　決まり文句 상투적인 말, 진부한 표현

음 けつ
決意 결의　解決 해결　決心 결심　決着 결착

0270 断 끊을 단

훈 断る 거절하다　彼は私の提案を断った 그는 내 제안을 거절했다
断つ 끊다　甘いものを断つ 단 것을 끊다

음 だん
断絶 단절　断定 단정　横断 횡단　縦断 종단　決断 결단　中断 중단
判断 판단

0271 定 정할 정

훈 定か 명확함, 확실함　目標が定かではない 목표가 확실하지 않다
定める 확정하다, 제정하다, 안정시키다　規則を定める 규칙을 제정하다
定まる 확정되다, 안정되다　運命は定まっている 운명은 정해져 있다

음 てい
定期 정기　定休 정기 휴일　安定 안정　確定 확정　肯定 긍정
予定 예정　決定 결정

じょう
定規 자　案の定 예상했던 대로, 아니나 다를까

0272

示
보일 시

- (훈) 示す 보이다 数学に興味を示す 수학에 흥미를 보이다
- (음) じ 暗示 암시 掲示板 게시판 指示 지시 展示会 전시회 表示 표시
- し 示唆 시사

0273

賛
도울 찬

- (음) さん 賛成 찬성 賛否 찬부 自画自賛 자화자찬

0274

義
의로울 의

- (음) ぎ 義務 의무 義理 의리 異義 이의 講義 강의 正義 정의

0275

正
바를 정

- (훈) 正しい 바르다, 옳다 礼儀正しい 예의 바르다
- 正す 바로잡다, 고치다 間違いを正す 잘못을 고치다
- 正に 확실히, 바로 正に予想通りだった 바로 예상했던 대로였다
- (음) しょう 正午 정오 正直 정직 正面 정면
- せい 正確 정확 正義 정의 正常 정상 改正 개정 修正 수정 訂正 정정

0276

反
뒤집을 반

- (훈) 反らす 휘게 하다, 젖히다 体を後ろに反らす 몸을 뒤로 젖히다
- 反る 휘다 木が反る 나무가 휘다
- (음) はん 反する 반하다, 어긋나다 反省 반성 反対 반대 反応 반응 違反 위반

0277

対
대할 대

- (음) たい 対応 대응 対抗 대항 対策 대책 対象 대상 絶対 절대
- つい 一対 한 쌍, 한 벌

0278

不
아닐 부/아닐 불

- (음) ふ 不安 불안 不可能 불가능 不況 불황 不足 부족 不便 불편
- 不眠症 불면증 行方不明 행방불명
- ぶ 不器用 손재주가 없음, 솜씨가 서투름

0279

否
아닐 부

- (훈) 否 아니 ～や否や ~하자마자
- 彼は私の顔を見るや否や逃げ出した 그는 나의 얼굴을 보자마자 도망쳤다
- (음) ひ 否定 부정 否認 부인 拒否 거부 安否 안부

0280

未 아닐 미

- 훈 未だ 아직도, 지금까지
- 음 み　未成年者 미성년자　未知 미지　未定 미정　未満 미만　未来 미래
　　　　未解決 미해결

0281

非 아닐 비

- 음 ひ　非行 비행　非常口 비상구　非常に 몹시　非難 비난　非常識 비상식
　　　　非論理的 비논리적　是非 꼭, 반드시

0282

美 아름다울 미

- 훈 美しい 아름답다
- 음 び　美術 미술　美人 미인　美容室 미용실

0283

好 좋을 호

- 훈 好む 좋아하다, 즐기다　コーヒーを好む 커피를 즐기다
　　好ましい 바람직하다　好ましい家庭環境 바람직한 가정 환경
　　好く 좋아하다, 마음에 들다　みんなに好かれる 모두가 좋아하다
　　好きだ 좋아하다　私はラーメンが好きだ 나는 라면을 좋아한다
- 음 こう　好意 호의　好調 호조　嗜好 기호　同好会 동호회　友好 우호

0284

嫌 싫어할 혐

- 훈 嫌い 싫음, 싫어함　好き嫌い 좋고 싫음　食べ物の好き嫌いが激しい 편식이 심하다
　　嫌う 싫어하다　みんなに嫌われる 모두에게 미움받다
　　嫌 싫음　嫌嫌 마지못해　嫌気が差す 싫증이 나다
- 음 けん　嫌悪 혐오　嫌疑 혐의

0285

善 착할 선

- 훈 善い 좋다, 선량하다　善い人 선량한 사람
- 음 ぜん　善意 선의　善良 선량　改善 개선　最善 최선

0286

良 좋을 량(양)

- 훈 良い 좋다　品質が良い 품질이 좋다
- 음 りょう　良好 양호　良心 양심　良妻賢母 현모양처　改良 개량　不良 불량

<'좋다'는 善い? 良い?>
- 善い : 행동이나 생각이 올바르고 착하다
　　　　一日に一つ、善いことをする 하루에 한 가지, 착한 일을 하다
- 良い : 바람직하다, 좋다　彼は頭が良い 그는 머리가 좋다

0287

悪
악할 악/미워할 오

훈 悪い 나쁘다　悪気 악의

음 あく　悪意 악의　悪臭 악취　悪魔 악마　最悪 최악　善悪 선악

お　悪寒 오한　悪寒がする 오한이 나다　嫌悪 혐오

0288

勧
권할 권

훈 勧める 권하다　留学を勧める 유학을 권하다

음 かん　勧誘 권유

0289

誘
꾈 유

훈 誘う 권유하다, 꾀다　友達を旅行に誘った 친구에게 여행을 가자고 권했다

음 ゆう　誘拐 유괴　誘発 유발　誘惑 유혹　勧誘 권유

0290

必
반드시 필

훈 必ず 반드시

음 ひつ　必要 필요　必死 필사　必須 필수　必着 필착, 반드시 도착함

0291

要
구할 요

훈 要る 필요하다 (예외 1그룹 동사)　もう何も要りません 이제 아무것도 필요 없습니다

음 よう　要するに 요컨대　要請 요청　要点 요점　要約 요약　要素 요소
重要 중요　主要 주요　需要 수요

0292

求
구할 구

훈 求める 구하다, 찾다, 요구하다　救いを求める 도움을 청하다

음 きゅう　求婚 구혼　請求 청구　追求 추구　要求 요구

0293

許
허락할 허

훈 許す 허락하다, 용서하다　罪を許す 죄를 용서하다

음 きょ　許可 허가　許容 허용　免許 면허　特許 특허

1 보기에서 알맞은 한자를 골라 단어를 완성시키고, 괄호 안에 발음을 써 봅시다.

> 보기　非　不　未

1) ＿＿＿器用　（　　　　　　） 2) ＿＿＿解決　（　　　　　　）

3) ＿＿＿可能　（　　　　　　） 4) ＿＿＿常識　（　　　　　　）

5) ＿＿＿論理的　（　　　　　　） 6) ＿＿＿眠症　（　　　　　　）

2 위 아래, 양 옆 두 칸씩 의미가 통할 수 있도록 한자를 채워 봅시다.

1)
```
      承
  確 ☐ 定
      識
```

2)
```
      判
  橫 ☐ 絶
      定
```

3)
```
      重
  需 ☐ 約
      素
```

3 다음 밑줄 친 단어의 올바른 발음을 찾아 봅시다.

1) 女性を対象にアンケート調査を行いました。
    ① たいそう   ② たいしょう   ③ だいそう   ④ だいしょう

2) 彼の要求を受け入れることはできない。
    ① ようくう   ② ようきゅう   ③ ゆうくう   ④ ゆうきゅう

3) その意見には賛成できません。
    ① ちゃんせい   ② ちゃんしょう   ③ さんせい   ④ さんしょう

4) 彼は正義のために戦った。
    ① せいい   ② せいぎ   ③ しょうい   ④ しょうぎ

5) 私は今まで最善を尽くしてきた。
    ① さいせん   ② さいぜん   ③ せいせん   ④ せいぜん

6) 正しい答えを選びなさい。
    ① うつくしい   ② まずしい   ③ このましい   ④ ただしい

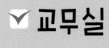
☑ 교무실

教務室 (×)

職員室 (〇)

신체(身体)와 관련된 한자

0294

体
몸 체

- 훈 体 몸　体つき 체격, 몸매　体中 온 몸, 전신
- 음 たい　体育 체육　体温 체온　体操 체조　液体 액체　身体 신체　全体 전체

0295

力
힘 력(역)

- 훈 力 힘　力を入れる 힘을 쏟다
- 음 りき　力学 역학　力士 스모 선수　力量 역량
- りょく　圧力 압력　協力 협력　努力 노력　能力 능력　暴力 폭력

0296

頭
머리 두

- 훈 頭 머리　頭打ち 한계점　頭から 덮어놓고, 처음부터　頭を抱える 고민하다
- 頭 머리, 우두머리　頭文字 머릿글자
- 음 とう　頭角 두각　口頭 구두　先頭 선두　没頭 몰두
- ず　頭痛 두통　頭脳 두뇌

0297

脳
뇌수 뇌

- 음 のう　脳 뇌　脳出血 뇌출혈　脳細胞 뇌세포　首脳 수뇌

0298

髪
머리 발

- 훈 髪 머리털　髪型 머리 모양
- 음 はつ　頭髪 두발　理髪店 이발소　危機一髪 위기일발　茶髪 갈색 염색머리
- 특 白髪 백발

0299

顔
얼굴 안

- 훈 顔 얼굴　顔色 안색　顔つき 생김새, 표정　顔見知り 안면이 있음
- 顔が広い 발이 넓다
- 음 がん　洗顔 세안

0300

目
눈 목

- 훈 目 눈　目当て 목적, 표적　目上 윗사람　目下 손아랫사람　目立つ 눈에 띄다
- 目安 기준
- 目 다른 단어와 붙어 '눈'의 의미　目の当たり 눈앞, 목전　目蓋 눈꺼풀
- 음 もく　目撃 목격　目次 목차　目的 목적　目標 목표　項目 항목　注目 주목

0301

鼻
코 비

- 훈 鼻 코 　　鼻水 콧물　鼻血 코피　目と鼻の先 엎어지면 코 닿을 데
- 음 び 　　鼻音 비음

0302

口
입 구

- 훈 口 입 　　口笛 휘파람　口が軽い 입이 가볍다　口が堅い 입이 무겁다
- 음 く 　　口調 어조, 말투
- こう 　　口述 구술　口論 언쟁　人口 인구

0303

舌
혀 설

- 훈 舌 혀 　　舌打ち 혀를 참　舌鼓 입맛을 다심
- 음 ぜつ 　　毒舌 독설

0304

歯
이 치

- 훈 歯 이 　　歯茎 잇몸　歯車 톱니바퀴　歯磨き 양치질　虫歯 충치
- 음 し 　　歯科 치과

0305

喉
목구멍 후

- 훈 喉 목, 후두 　　風邪をひいて喉が痛い 감기에 걸려서 목이 아프다
- 　　喉から手が出る 몹시 탐이 나다
- 음 こう 　　喉頭 후두

0306

耳
귀 이

- 훈 耳 귀 　　耳を傾ける 귀를 기울이다　耳元 귓전　初耳 처음 들음
- 음 じ 　　耳鼻科 이비인후과

0307

首
목 수

- 훈 首 목 　　猫の首に鈴をつける 고양이 목에 방울을 달다　手首 손목　足首 발목
- 음 しゅ 　　首相 수상　首席 수석　首都 수도

0308

手
손 수

- 훈 手 손 　　手頃 적당함　手帳 수첩　手本 본보기, 모범　手間 품, 수고　人手 일손
- 음 しゅ 　　手段 수단　握手 악수　歌手 가수　選手 선수

0309

腕
팔 완

- 훈 腕 팔, 솜씨 　　腕が上がる 솜씨가 늘다　腕相撲 팔씨름　腕前 솜씨, 재주
- 음 わん 　　腕白 장난꾸러기　腕力 완력　手腕 수완

71

0310

指
손가락 지

- 🔴 訓 指 손가락　指輪をはめる 반지를 끼다
  指す 가리키다　地図を指して説明する 지도를 가리키며 설명하다
  目指す 목표로 하다
  日本語教師を目指して勉強している 일본어 교사를 목표로 공부하고 있다
- 🔵 音 し　指揮 지휘　指示 지시　指針 지침　指摘 지적　指導 지도

0311

足
발 족

- 🔴 訓 足 발, 다리　足場 발판　足元 발밑　足を引っ張る 일의 원활한 진행을 방해하다
  足りる 충분하다, 족하다　費用は十分足りる 비용은 충분하다
  足りない 부족하다　人手が足りない 일손이 부족하다
  足す 더하다, 보태다　1に1を足す 1에 1을 더하다
- 🔵 音 そく　足跡 발자취, 발자국 (「あしあと」라고도 읽음)　遠足 소풍　不足 부족
  満足 만족

0312

胸
가슴 흉

- 🔴 訓 胸 가슴　胸を張って歩く 가슴을 펴고 걷다
  胸 가슴　胸騒ぎ 가슴이 두근거림
- 🔵 音 きょう　胸囲 가슴둘레　胸中 흉중, 속마음　胸部 흉부　度胸 담력, 배짱

0313

腹
배 복

- 🔴 訓 腹 배　腹いせ 화풀이　腹が立つ 화가 나다
- 🔵 音 ふく　腹部 복부　空腹 공복　満腹 배부름

0314

腰
허리 요

- 🔴 訓 腰 허리　腰をかける 걸터앉다
- 🔵 音 よう　腰痛 요통

0315

背
등 배

- 🔴 訓 背 등, 키　背が高い 키가 크다　背負う 짊어지다　背中 등
  背く 등지다, 위반하다　命令に背く 명령을 위반하다
  背ける 돌리다, 외면하다　顔を背ける 얼굴을 돌리다
- 🔵 音 はい　背景 배경

0316

毛
털 모

- 🔴 訓 毛 털　毛皮 모피
- 🔵 音 もう　毛髪 모발　毛布 모포, 담요　脱毛 탈모

0317

骨
뼈 골

훈 骨 뼈　　魚の骨 생선 가시

음 こつ　　遺骨 유골　鉄骨 철골　露骨 노골적　骨格 골격　骨折 골절

0318

胃
위장 위

음 い　　胃 위　胃炎 위염　胃酸 위산　胃腸 위장

0319

汗
땀 한

훈 汗 땀　　汗をかく 땀을 흘리다　汗ばむ 땀이 나다, 땀이 배다　冷や汗 식은 땀

음 かん　　発汗 발한

0320

血
피 혈

훈 血 피　　血だらけ 피투성이　鼻血 코피

음 けつ　　血圧 혈압　血液型 혈액형　貧血 빈혈　血管 혈관　血行 혈액순환

73

연 습 문 제

1 다음 신체 명칭의 발음을 보며 한자로 써 봅시다.

(② め   )   (① あたま   かお   )

(④ みみ   )   (③ はな   )

(⑥ うで   )   (⑤ くび   のど   )

(⑧ せなか   )   (⑦ むね   )

                                       (⑨ て   ゆび   )

                                       (⑩ はら   )

(⑪ あし   )

2 신체 명칭이 들어간 관용어구를 익혀봅시다. 어떤 의미의 표현인지 알맞게 선으로 연결해 봅시다.

1) 喉から手が出る・   ・技術や実力がつく。上手になる

2) 顔が広い   ・   ・知り合いが多く、付き合いが広い

3) 足を引っ張る ・   ・他人の成功や出世のじゃまをする

4) 頭を抱える ・   ・何かが欲しくてたまらない様子

5) 腕が上がる ・   ・非常に困っている。悩む

0321

人
사람 인

- 훈 人 사람   人柄 인품   人気 인기척   人波 인파   人手 일손
- 음 じん   人口 인구   人生 인생   人物 인물   人類 인류   偉人 위인   老人 노인
- にん   人形 인형   人間 인간   人数 인원수   人気 인기

0322

私
사 사

- 훈 私 저   私 나
- 음 し   私服 사복   私欲 사욕   私立 사립   公私 공사

0323

彼
저 피

- 훈 彼 그, 그 남자   彼女 그녀
- 음 ひ   彼岸 피안(춘분·추분을 중심으로 한 7일간, 보통 이때 일본인들은 성묘를 간다.)

0324

男
사내 남

- 훈 男 남자   男の子 남자 아이
- 음 だん   男女 남녀   男子 남자   男性 남성   男優 남자배우
- なん   長男 장남   次男 차남

0325

女
여자 녀(여)

- 훈 女 여자   女心 여심, 여자 마음   女の子 여자 아이
- 女 여자   女神 여신
- 음 じょ   女王 여왕   女子 여자   女性 여성   女優 여배우
- にょ   老若男女 남녀노소   善男善女 선남선녀
- にょう   女房 아내, 마누라

0326

者
놈 자

- 훈 者 사람, 자   若者 젊은이
- 음 しゃ   医者 의사   学者 학자   記者 기자   筆者 필자   未成年者 미성년자

0327

君
자네 군

- 훈 君 자네, 너
- 음 くん   君子 군자   君臨 군림   諸君 제군, 여러분

0328

氏
씨 씨

- 음 し　　　　　～氏 (주로 남자 이름 뒤에 붙어) ~씨　　氏名 성명, 이름

0329

名
이름 명

- 훈 名 이름, 명칭　　名乗る 이름, 신분을 대다　　名札 명찰　　名前 이름
- 음 めい　　　名刺 명함　　名詞 명사　　名人 명인　　名誉 명예　　匿名 익명
- みょう　　名字 성

0330

誰
누구 수

- 훈 誰 누구　　誰も 아무도　　誰もかも 누구나 다

0331

老
늙을 로(노)

- 훈 老いる 늙다, 나이 먹다　　老いたライオン 늙은 사자
- 老ける 늙다, 나이 먹다　　年より老けて見える 나이보다 늙어 보인다
- 음 ろう　　老後 노후　　老人 노인　　老人ホーム 양로원

0332

若
같을 약

- 훈 若い 젊다　　若葉 어린 잎　　若者 젊은이
- 음 じゃく　　若干 약간
- にゃく　　老若男女 남녀노소

0333

歳
해 세

- 음 さい　　一歳 한 살　　万歳 만세
- せい　　お歳暮 연말 선물

0334

友
벗 우

- 훈 友 벗　　友達 친구
- 음 ゆう　　友情 우정　　友人 친구　　交友 교우　　親友 친한 친구

0335

皆
모두 개

- 훈 皆 모두　　皆さん 여러분
- 음 かい　　皆勤賞 개근상

0336

個
낱 개

- 음 こ　　個々 개개　　個室 독방　　個性 개성　　個別 개별　　一個 한 개

76

0337

各
각각 각

- 훈 各 각각
- 음 かく 　各自 각자 　各種 각종 　各階 각 층 　各国 각국

0338

独
홀로 독

- 훈 独り 혼자 　独り言を言う 혼잣말을 하다
- 음 どく 　独学 독학 　独創的 독창성 　独断 독단 　独立 독립 　孤独 고독
　独 단독

0339

他
남 타

- 훈 他 그 밖, 딴 곳
- 음 た 　他人 타인 　自他 자타 　排他的 배타적

성격 · 특징(性格(せいかく)·特徴(とくちょう))과 관련된 한자

0340
性 성품 성
- 음 せい　性格(せいかく) 성격　性能(せいのう) 성능　異性(いせい) 이성　感性(かんせい) 감성　属性(ぞくせい) 속성
- しょう　本性(ほんしょう) 본성　根性(こんじょう) 근성

0341
格 격식 격
- 음 かく　格別(かくべつ) 각별　合格(ごうかく) 합격　資格(しかく) 자격　品格(ひんかく) 품격　格好(かっこう) 모습, 모양
- こう　格子(こうし) 격자 무늬

0342
特 특별할 특
- 음 とく　特殊(とくしゅ) 특수　特色(とくしょく) 특색　特定(とくてい) 특정　特別(とくべつ) 특별　独特(どくとく) 독특

0343
徴 부를 징
- 음 ちょう　徴収(ちょうしゅう) 징수　象徴(しょうちょう) 상징　特徴(とくちょう) 특징

0344
優 뛰어날 우
- 훈 優(すぐ)れる 뛰어나다　優(すぐ)れた科学者(かがくしゃ) 뛰어난 과학자
- 優(やさ)しい 다정하다　優(やさ)しい声(こえ)で話(はな)す 다정한 목소리로 이야기하다
- 음 ゆう　優勝(ゆうしょう) 우승　優先(ゆうせん) 우선　俳優(はいゆう) 배우

0345
才 재주 재
- 음 さい　才能(さいのう) 재능　英才(えいさい) 영재　天才(てんさい) 천재　漫才(まんざい) 만담

0346
能 능할 능
- 음 のう　能率(のうりつ) 능률　能力(のうりょく) 능력　可能(かのう) 가능　機能(きのう) 기능　芸能(げいのう) 예능　効能(こうのう) 효능
- 万能(ばんのう) 만능　本能(ほんのう) 본능

0347
素 흴 소
- 음 す　素足(すあし) 맨발　素敵(すてき) 근사함　素直(すなお) 솔직함, 온순함　素晴(すば)らしい 훌륭하다
- そ　素材(そざい) 소재　素質(そしつ) 소질　酸素(さんそ) 산소　要素(ようそ) 요소　質素(しっそ) 검소함

0348

朴
성씨 박

음 ぼく   純朴 _{じゅんぼく} 순박   素朴 _{そぼく} 소박

0349

徳
덕 덕

음 とく   徳 _{とく} 덕   道徳 _{どうとく} 도덕   美徳 _{びとく} 미덕

0350

厳
엄할 엄

훈 厳か 엄숙함   厳かな雰囲気 엄숙한 분위기
厳しい 엄하다   彼は生徒に厳しい 그는 학생들에게 엄하다
음 げん   厳重 엄중   厳密 엄밀   厳守 엄수   尊厳 존엄
ごん   荘厳 장엄

신분 · 계급(身分 · 階級)과 관련된 한자

0351

身
몸 신

- 훈 身 몸 身内 친척, 집안 身分 신분 刺身 회
- 음 しん 身体 신체 身長 신장 自身 자신 心身 심신

0352

分
나눌 분

- 훈 分ける 나누다 ケーキを三つに分ける 케이크를 세 개로 나누다
  分かれる 나뉘어지다 二つのグループに分かれる 두 개의 그룹으로 나뉘어지다
  分かる 알다, 이해하다 分かりやすく説明する 알기 쉽게 설명하다
  分かつ 나누다, 구분하다 分かち書き 띄어쓰기
- 음 ぶ 分厚い 두툼하다, 두껍다
  ぶん 分析 분석 分配 분배 分別 분별 分類 분류 気分 기분 区分 구분
  十分 충분 部分 부분

0353

階
계단 계

- 음 かい 階級 계급 階層 계층 階段 계단 段階 단계

0354

級
등급 급

- 음 きゅう 等級 등급 上級 상급 階級 계급

0355

王
임금 왕

- 음 おう 王 왕 王位 왕위 王子 왕자 王朝 왕조 国王 국왕

0356

民
백성 민

- 훈 民 백성, 국민
- 음 みん 民主主義 민주주의 民族 민족 国民 국민 市民 시민 住民 주민

0357

貴
귀할 귀

- 훈 貴い 귀중하다, 소중하다 貴い人命を救う 귀중한 인명을 구하다
  貴ぶ 중요시하다 名誉を貴ぶ 명예를 중요시하다
- 음 き 貴社 귀사 貴族 귀족 貴重 귀중

0358

士

선비 사

> 음 し
>
> 戦士 せんし 전사　修士 しゅうし 석사　博士 はくし 박사 (「はかせ」라고도 읽음)　武士 ぶし 무사

0359

官

벼슬 관

> 음 かん
>
> 官職 かんしょく 관직　官僚 かんりょう 관료　外交官 がいこうかん 외교관　警察官 けいさつかん 경찰관

칼럼 コラム

한 해의 마지막 날 "大晦日 おおみそか"

한 해의 마지막 날, 즉 12월 31일을 일본에서는 「大晦日 おおみそか」라고 합니다. 일본인들은 이 날 무엇을 하며 보낼까요?

먼저 「大晦日 おおみそか」에는 「年越しそば としこし」라는 국수를 먹습니다. 소바는 얇고 길기 때문에 "건강" "장수" 등을 의미하여 먹게 되었다고 합니다. 또 소바는 다른 면류보다 더 잘 끊어지기 때문에 "한 해의 재난을 끊어낸다"는 의미이기도 합답니다.

그리고 그날 밤에는 우리나라와 마찬가지로 제야의 종(除夜の鐘 じょやかね)이 울려 퍼지는 것을 들으며 새로운 해를 맞이합니다. 참고로 우리나라에서는 33번을 치지만, 일본에서는 108번뇌를 없앤다는 의미에서 108번이나 종을 친답니다.

12월 31일의 대표적인 텔레비전 프로그램도 있죠. 우리나라 가수들도 몇 번 출현을 해서 많이 알려져 있는 "홍백가합전(紅白歌合戦 こうはくうたがっせん)"인데요, 1953년부터 이어져 왔으니 「大晦日 おおみそか」의 대표 프로그램이라 할 수 있겠습니다.

연습문제

1 각 한자의 훈독과 음독의 차이를 기억하며 발음을 적어 봅시다.

1) <u>男</u>子　（　　　　　　　　　　　　）　　2) 長<u>男</u>　　　（　　　　　　　　　　　　　）

3) <u>女</u>性　（　　　　　　　　　　　　）　　4) 老若男<u>女</u>　（　　　　　　　　　　　　　）

5) <u>名</u>札　（　　　　　　　　　　　　）　　6) <u>名</u>誉　　　（　　　　　　　　　　　　　）

7) <u>友</u>達　（　　　　　　　　　　　　）　　8) 親<u>友</u>　　　（　　　　　　　　　　　　　）

2 「人」의 발음이 같은 단어끼리 묶어 봅시다.

| 人口　　人気　　人類　　人数　　人柄 |
| 人間　　老人　　人波　　偉人　　人手 |

1) ひと : _____

2) じん : _____

3) にん : _____

3 다음 밑줄 친 단어의 올바른 발음을 찾아 봅시다.

1) 学校を卒業しても就職しない<u>若者</u>が増えている。
　① じゃくしゃ　　② じゃくもの　　③ わかしゃ　　④ わかもの

2) <u>老後</u>の生活について考えてみた。
　① のうご　　　　② のうあと　　　③ ろうご　　　④ ろうあと

3) 自分の<u>能力</u>を発揮しよう。
　① のりょく　　　② のうりょく　　③ どりょく　　④ どうりょく

4) ハトは平和の<u>象徴</u>だ。
　① そうちょう　　② そうぞう　　　③ しょうちょう　④ しょうぞう

5) 彼女は優しくて<u>素直</u>な人です。
　① しょうじき　　② すじき　　　　③ しょうなお　　④ すなお

다음은 일본어능력시험 N3 수준의 독해 지문입니다. 독해 지문 속에 쓰인 한자를 익히면서 독해 실력도 함께 키워 보세요.

　ナイフで指を切ると痛い。これはそのときに「痛い」という信号が脳に伝わるからである。私たちはなにか悲しいことがあったときにも、「心が痛い」と言う。私たちは今まで、これを(注1)例えの表現だと考えてきた。しかし、最近の研究で、「心が痛い」と思うときにも同じ信号がはたらいていることがわかったのだ。そしてさらに、体の痛みを感じやすい人は心の痛みも感じやすいことがわかったのである。

（注1）例え：わかりやすく説明するためにそれに似たことを言うこと

問　最近の研究でわかったことは何か。
　1　心も体も、同じ信号を通して痛みを感じていること
　2　心が痛いときには、体のどこかが痛くなりやすいこと
　3　体の痛みと心の痛みは、似ているようで違うこと
　4　悲しいことがあると、心が痛いと感じること

□ 信号 신호
□ 研究 연구
□ さらに 더욱더
□ 表現 표현
□ はたらく 작용하다
□ 〜やすい 〜하기 쉽다

0360 関 관계할 관

- 훈 関わる 관계되다, 상관하다　命に関わる問題 생명에 관계된 문제
　関所 관문
- 음 かん　関心 관심　関門 관문　関連 관련　関与 관여　玄関 현관

0361 係 맬 계

- 훈 係わる 관계되다, 관계하다　商品開発に係わる 상품 개발에 관계되다
　係 ~계, 담당　係員 계원　受付係 접수계, 담당
- 음 けい　関係 관계

0362 会 모일 회

- 훈 会う 만나다　出会う (우연히) 만나다
- 음 かい　会議 회의　会話 회화　機会 기회　都会 도시　飲み会 술 모임
　え　会釈 고개를 살짝 숙여서 하는 인사　会得 터득

0363 別 다를 별

- 훈 別れる 헤어지다　会うは別れの始め 만남은 이별의 시작이다
- 음 べつ　別に 별로　別々 따로따로　区別 구별　差別 차별　性別 성별
　　　分別 분별　別荘 별장

0364 離 떨어질 리

- 훈 離す 떼다, 풀다　手を離さないでください 손을 놓지 말아주세요
　離れる 떨어지다, 떠나다　駅はここから少し離れている 역은 여기서 조금 떨어져 있다
　離れ離れ 뿔뿔이 흩어짐　家族が離れ離れになった 가족이 뿔뿔이 흩어지게 되었다
- 음 り　離婚 이혼　隔離 격리　距離 거리　分離 분리

0365 交 사귈 교

- 훈 交ぜる 섞다　日本語を交ぜて話す 일본어를 섞어서 말하다
　交じる 섞이다 (예외1그룹 동사)
　　　黒い髪の中に白髪が交じっている 검은 머리에 새치가 희끗희끗하다
　交える 서로 나누다, 주고 받다　言葉を交える 말을 나누다
　交わす 주고 받다, 교환하다　挨拶を交わす 인사를 주고 받다
- 음 こう　交換 교환　交差点 사거리　交通 교통　交流 교류

0366 際 사이 제

- 훈 際 가장자리, 가/때　窓際 창가
　際立つ 특출나다, 두드러지다　自然の美しさが際立つ 자연의 아름다움이 두드러지다
- 음 さい　交際 교제　国際 국제　実際 실제

0367 和 온화할 화

- 훈 和らぐ 풀리다, 완화되다　痛みが和らぐ 아픔이 완화되다
　和らげる 부드럽게 하다, 완화하다　雰囲気を和らげる 분위기를 부드럽게 하다
　和む (기분, 분위기) 온화해지다　心が和む 마음이 온화해지다
　和やか 온화함, 부드러움　和やかな顔で答えた 온화한 얼굴로 대답했다
- 음 わ　和菓子 일본식 과자, 화과자　和室 일본식 방　和風 일본풍　調和 조화
　平和 평화

0368 仲 버금 중

- 훈 仲 사이　仲直り 화해　仲間 동료
- 음 ちゅう　仲介 중개
- 特 仲人 중매인

0369 共 함께할 공

- 훈 共 함께, 같이　共稼ぎ 맞벌이 ＝ 共働き
- 음 きょう　共益 공익　共感 공감　共存 공존　共通 공통　共同 공동

0370 緒 실마리 서

- 훈 緒 끈, 줄　下駄の緒 나막신의 끈
- 음 しょ　一緒 함께　由緒 유서
　ちょ　情緒 정서 (「じょうしょ」라고도 읽음)

0371 協 도울 협

- 음 きょう　協会 협회　協調 협조　協同 협동　協力 협력　協議 협의　妥協 타협

0372 助 도울 조

- 훈 助ける 살리다, 돕다　病気の人を助けたい 병든 사람을 돕고 싶다
　助かる 살아나다, 도움이 되다　おかげで助かった 덕분에 살았다
- 음 じょ　助言 조언　助手 조수　援助 원조　補助 보조

0373 相 서로 상

- 훈 相　相変わらず 여전히　相づち 맞장구　相性 궁합, 성격이 맞음　相手 상대
- 음 そう　相応 상응　相談 상담　相当 상당　真相 진상
　しょう　首相 수상
- 特 相撲 스모 (일본식 씨름)

0374 互 서로 호

- 훈 互い 서로　お互い様 피차일반
- 음 ご　交互 교대　相互 상호

85

0375 支 버틸 지

- 훈 支える 떠받치다, 지탱하다　音楽は私の心の支えだ 음악은 내 마음의 버팀목이다
- 음 し　支援 지원　支持 지지　支出 지출　支配 지배　支払う 지불하다

0376 信 믿을 신

- 음 しん　信じる 믿다　信仰 신앙　信号 신호　信頼 신뢰　自信 자신

0377 頼 의뢰할 뢰

- 훈 頼む 부탁하다　友達に頼まれた 친구에게 부탁받았다
  頼もしい 믿음직하다　頼もしい青年 믿음직스러운 청년
  頼る 의지하다　薬に頼ってはいけない 약에 의지해서는 안 된다
- 음 らい　依頼 의뢰　信頼 신뢰

0378 尊 높을 존

- 훈 尊い 존귀하다, 존엄하다　尊い身分 존엄한 신분
  尊ぶ 존중하다, 중시하다　自分自身を尊ぶ 자기자신을 존중하다
- 음 そん　尊敬 존경　尊重 존중

> **＜'귀하다'는 尊い? 貴い?＞**
> ・尊い : 존귀하다, 존엄하다. 훌륭하다고 생각해서 존경해 마지않는 마음을 뜻한다.
>   尊い教えを聞いて、感動する 존엄한 가르침을 듣고 감동하다
> ・貴い : 귀중하다, 소중하다. 다른 것으로 대체할 수 없을 만큼 귀중하고 가치 있는 것을 뜻한다.
>   時間は何よりも貴いものだ 시간은 무엇보다도 소중한 것이다

0379 敬 공경할 경

- 훈 敬う 존경하다, 공경하다　先生を敬う 선생님을 존경하다
- 음 けい　敬語 경어　敬老 경로　尊敬 존경

0380 恩 은혜 은

- 음 おん　恩返し 보은, 은혜를 갚음　恩恵 은혜　恩人 은인

0381 礼 예 례(예)

- 음 らい　礼賛 예찬
  れい　礼 예/감사의 뜻을 전하기 위한 말, 사례　お礼を言う 감사의 인사를 하다
  礼儀 예의　礼儀正しい 예의 바르다　失礼 실례　無礼 무례

0382

祝

빌 축

- 訓 祝う 축하하다　記念日を祝う 기념일을 축하하다
- 音 しゅく　　祝辞 축사　祝日 축일　祝福 축복

0383

贈

줄 증

- 訓 贈る 주다, 선사하다　贈り物 선물　贈り物を贈る 선물을 주다
- 音 ぞう　　　贈呈 증정　寄贈 기증

0384

迎

맞을 영

- 訓 迎える 맞이하다　みんな笑顔で迎えてくれた 모두 웃는 얼굴로 맞이해 주었다
- 音 げい　　　歓迎 환영

0385

紹

이을 소

- 音 しょう　　紹介 소개

0386

介

중개할 개

- 音 かい　　　介入 개입　介護 간호, 병구완　媒介 매개　紹介 소개

0387

招

부를 초

- 訓 招く 부르다, 초빙하다, 초래하다　誤解を招く 오해를 불러일으키다
- 音 しょう　　招待 초대　招聘 초빙　招来 초래

0388

待

기다릴 대

- 訓 待つ 기다리다　雨が止むまで待つ 비가 그칠 때까지 기다리다
- 音 たい　　　待遇 대우　期待 기대　接待 접대　優待 우대

0389

競

다툴 경

- 訓 競う 겨루다, 다투다　知識を競う 지식을 겨루다
　競る 겨루다　競り合う 경합하다, 서로 경쟁하다
- 音 きょう　　競技 경기　競争 경쟁　競走 경주　競売 경매
　けい　　　競馬 경마

0390

連
이을 련(연)

훈 連なる 줄지어 이어지다, 늘어서다　様々な店が連なっている 다양한 가게가 줄지어 있다

連ねる 줄지어 세우다, 늘어놓다　リストに名前を連ねる 리스트에 이름을 늘어놓다

連れる 데리고 가다(오다)　犬を連れて散歩に行く 개를 데리고 산책가다

음 れん　連休 연휴　連結 연결　連想 연상　連続 연속　連絡 연락

国連 국제연합 (「国際連合」의 준말)

0391

隣
이웃 린

훈 隣 옆, 이웃

음 りん　隣国 인국, 이웃 나라　隣接 인접　近隣 근린, 이웃

1 의미가 가장 가까운 표현을 알맞게 선으로 연결해 봅시다.

1) 協議 ・

2) 会釈 ・

3) 仲間 ・

4) 援助 ・

5) 介護 ・

6) 支出 ・

・助けること。力を貸すこと

・同じ事をする人。同僚

・老人、病人の日常生活を助け、
面倒を見ること

・何かのために、お金を使うこと

・挨拶として、軽く頭を下げること

・関係者が集まって相談すること

2 밑줄 친 단어의 올바른 발음을 찾아 봅시다.

1) 自転車も交通ルールを守りましょう。
① こうつう　　② こうとう　　③ きょうつう　　④ きょうとう

2) 父の日にネクタイを贈った。
① いわった　　② きそった　　③ たよった　　④ おくった

3) 家族に恋人を紹介した。
① そうかい　　② そうけい　　③ しょうかい　　④ しょうけい

4) 他人から尊敬されるような立派な人になりたい。
① そうきょう　　② そうけい　　③ そんきょう　　④ そんけい

5) 彼_{かれ}の話_{はなし}に共感できない。

　　① こうかん　　　② こうけん　　　③ きょうかん　　　④ きょうけん

3 다음 ① ~ ③에는 같은 한자가 들어갑니다. 의미를 생각하며 써 봅시다.

예 （ 交 ）　　① □際　　　② □差点　　　③ □番

---

1) (　　　)　　① □菓子　　　② 調□　　　③ 平□

2) (　　　)　　① □手　　　② □談　　　③ □当

3) (　　　)　　① □絡　　　② 国□　　　③ □想

자세(姿勢)와 관련된 한자

0392

姿
모습 자

- 훈 姿 모습 後ろ姿 뒷모습
- 음 し 姿勢 자세

0393

立
설 립(입)

- 훈 立てる 세우다 看板を立てる 간판을 세우다
  立つ 서다 舞台に立って歌を歌う 무대에 서서 노래를 부르다 立ち上がる 일어서다
  立ち入り禁止 출입금지
- 음 りつ 立派 훌륭함 国立 국립 私立 사립 成立 성립 設立 설립 独立 독립

유의어

<'서다'는 立つ? 建つ?>

· 立つ : 서다 / 어떤 위치·지위에 몸을 두다 / 공중으로 오르다, 일다
  大きな木が立っている 큰 나무가 서 있다 煙が立つ 연기가 나다
  波が立つ 파도가 일나

· 建つ : 건물이 만들어지다, 건조물이 세워지다
  空き地にビルが建つ 공터에 빌딩이 들어서다 銅像が建っている 동상이 서 있다

0394

座
앉을 좌

- 훈 座る 앉다 椅子に座っている 의자에 앉아 있다
- 음 ざ 座席 좌석 口座 구좌 講座 강좌

0395

飛
날 비

- 훈 飛ばす 날리다 紙飛行機を飛ばす 종이비행기를 날리다
  飛ぶ 날다 鳥が空を飛んでいる 새가 하늘을 날고 있다
- 음 ひ 飛行機 비행기 飛行士 비행사 飛躍 비약

0396

転
구를 전

- 훈 転がる 구르다, 넘어지다, 눕다 ボールが転がる 공이 구르다
  転がす 굴리다, 넘어뜨리다 ボールを転がす 공을 굴리다
  転ぶ 구르다, 넘어지다 石につまずいて転んだ 돌에 발이 걸려 넘어졌다
- 음 てん 転勤 전근 転校 전학 移転 이전 運転 운전 回転 회전

倒
쓰러질 도

훈 倒す 쓰러뜨리다　花瓶を倒した 꽃병을 쓰러뜨렸다
倒れる 쓰러지다　彼は過労で倒れた 그는 과로로 쓰러졌다
음 とう　倒産 도산　圧倒 압도　打倒 타도　面倒 귀찮음

担
멜 담

훈 担ぐ 지다　重い荷物を担ぐ 무거운 짐을 지다
担う 메다, 짊어지다　一家の生計を担っている 일가의 생계를 짊어지고 있다
음 たん　担当 담당　担任 담임　加担 가담　負担 부담　分担 분담

0399

動
움직일 동

- 훈 **動かす** 움직이다, 옮기다　**体を動かす** 몸을 움직이다
　　動く 움직이다　**ドアが動かない** 문이 안 움직인다
- 음 **どう**　**動物** 동물　**移動** 이동　**運動** 운동　**活動** 활동　**行動** 행동　**自動** 자동

0400

泳
헤엄칠 영

- 훈 **泳ぐ** 헤엄치다　**子供たちが川で泳いでいる** 아이들이 강에서 헤엄치고 있다
- 음 **えい**　**水泳** 수영　**背泳** 배영

0401

取
취할 취

- 훈 **取る** 집다, 들다, (자격 등을) 따다
　　　　塩を取ってください 소금을 집어주세요　**資格を取る** 자격증을 따다
　　　　休みを取る 휴가를 받다　**取っ手** 손잡이
- 음 **しゅ**　**取材** 취재　**取得** 취득　**採取** 채집

0402

押
누를 압

- 훈 **押す** 밀다, 누르다　**ボタンを押す** 버튼을 누르다
　　押さえる 가리다, 막다, (움직이지 않게) 붙잡다, 누르다
　　　　　　ハンカチで口を押さえる 손수건으로 입을 가리다
- 음 **おう**　**押収** 압수

0403

圧
누를 압

- 음 **あつ**　**圧力** 압력　**血圧** 혈압　**圧巻** 압권　**圧縮** 압축　**圧倒** 압도　**圧迫** 압박

0404

引
당길 인

- 훈 **引く** 끌다, 당기다　**人の心を引く** 사람의 마음을 끌다　**風邪を引く** 감기에 걸리다
　　　　引っ越す 이사하다　**割引き** 할인
- 음 **いん**　**引率** 인솔　**引退** 은퇴　**索引** 색인　**誘引** 유인

0405

回
돌 회

- 훈 **回す** 돌리다　**時計の針を回す** 시계 바늘을 돌리다
　　回る 돌다　**月は地球の周りを回っている** 달은 지구 주위를 돌고 있다
- 음 **かい**　**回数** 횟수　**回転** 회전　**回避** 회피　**回復** 회복　**撤回** 철회

0406

受
받을 수

- 훈 受ける 받다　誤解を受ける 오해를 받다　受け付ける 접수하다
  受かる 붙다, 합격하다　試験に受かった 시험에 붙었다
- 음 じゅ　受賞 수상　授受 수수, 주고 받음

0407

与
줄 여

- 훈 与える 주다　影響を与える 영향을 주다
- 음 よ　関与 관여　給与 급여　付与 부여

0408

返
돌아올 반

- 훈 返す 돌려주다　借りた本を返す 빌린 책을 돌려주다
  返る (원래 상태, 원래 위치로) 돌아오다(예외1그룹 동사)
  友達に貸した本が返ってきた 친구에게 빌려준 책이 돌아왔다
- 음 へん　返却 반환　返事 대답, 답장　返品 반품

0409

折
꺾을 절

- 훈 折る 꺾다, 굽히다, 접다　折り紙 종이접기　折り鶴 종이학　折り畳む 접어개다
  木の枝を折る 나뭇가지를 꺾다
  折れる 꺾이다, 구부러지다, 접히다　腕の骨が折れた 팔뼈가 부러졌다
- 음 せつ　右折 우회전　左折 좌회전　挫折 좌절　屈折 굴절　折衷 절충

0410

切
벨 절

- 훈 切る 끊다 (예외1그룹 동사)　電話を切る 전화를 끊다　切手 우표　切符 표, 티켓
  切れる 끊기다/다떨어지다/기한이 다 되다　契約の期限が切れた 계약기간이 끝났다
- 음 せつ　切断 절단　切ない 애절하다　親切 친절　大切 소중함
  さい　一切 일절, 전혀/일체, 모두

0411

絶
끊을 절

- 훈 絶つ 끊다　消息を絶つ 소식을 끊다
  絶える 끊어지다　絶えず 끊임없이
  絶やす 끊어지게 하다　いつも笑顔を絶やさない 언제나 웃는 얼굴이다
- 음 ぜつ　絶望 절망　拒絶 거절　絶交 절교　絶好 절호　絶対 절대

0412

握
쥘 악

- 훈 握る 쥐다 (예외1그룹 동사)　主導権を握る 주도권을 쥐다　お握り 주먹밥
- 음 あく　握手 악수　掌握 장악　把握 파악

0413

刺
찌를 자

- 훈 刺す 찌르다, 쏘다　蜂に刺された 벌에 쏘였다
  刺さる 찔리다, 박히다　とげが刺さった 가시가 박혔다
- 음 し　刺激 자극　刺繍 자수　名刺 명함

0414

掛
걸 괘

(훈) 掛ける 걸다　友達に電話を掛けた 친구에게 전화를 걸었다
掛かる 걸리다　友達から電話が掛かってきた 친구로부터 전화가 걸려왔다

0415

飾
꾸밀 식

(훈) 飾る 장식하다, 꾸미다　飾り物 장식품
(음) しょく　修飾 수식　装飾 장식

0416

防
둑 방

(훈) 防ぐ 막다　川があふれるのを防ぐ 강이 넘치는 것을 막다
(음) ぼう　防災 방재　防止 방지　防水 방수　防犯 방범　予防 예방

0417

隠
숨길 은

(훈) 隠す 가리다, 숨기다　悲しみを隠す 슬픔을 숨기다
隠れる 숨다　月は雲に隠れている 달은 구름에 숨어 있다　隠れん坊 숨바꼭질
(음) いん　隠居 은거　隠蔽 은폐

0418

包
쌀을 포

(훈) 包む 싸다, 에워싸다　別々に包んでください 따로따로 싸 주세요
(음) ほう　包囲 포위　包括的 포괄적　包装 포장　包帯 붕대

0419

突
갑자기 돌

(훈) 突く 찌르다　突き当たり 막다른 길　突き放す 매정하게 대하다
(음) とつ　突撃 돌격　突然 돌연　煙突 굴뚝　衝突 충돌　突破 돌파

0420

打
칠 타

(훈) 打つ 치다, 때리다　除夜の鐘を打つ 제야의 종을 치다　打ち明ける 털어놓다
打ち合わせ 미리 의논함, 협의　打ち消す 부정하다
(음) だ　打開 타개　打倒 타도　乱打 난타

0421

放
놓을 방

(훈) 放す 놓다, 풀어주다　小鳥を放す 작은 새를 놓아주다
放つ 놓아주다/발하다　光を放つ 빛을 발하다
(음) ほう　放課後 방과 후　放射能 방사능　放送 방송　放置 방치　開放 개방
解放 해방

追

쫓을 추

훈 追う 쫓다　　時間に追われる 시간에 쫓기다　　追い掛ける 뒤쫓아가다
追い越す 추월하다, 앞지르다

음 つい　　追加 추가　　追及 추궁　　追試験 추가시험　　追突 추돌

유 의 어

<「ついきゅう」는 追求? 追究? 追及?>

· 追求 : 목표로 하는 것을 손에 넣기 위해 추구하는 것

理想を追求する 이상을 추구하다　　利益を追求する 이익을 추구하다

· 追究 : 어떤 사항에 대해 깊게 조사하고, 모르는 것을 분명히 밝혀내는 것

宇宙のなぞを追究する 우주의 수수께끼를 구명하다

真理を追究する 진리를 구명하다

· 追及 : 원인과 책임을 묻는 것

犯人を追及する 범인을 추궁하다　　責任を追及する 책임을 추궁하다

提

들 제

훈 提げる 손에 들다　　かばんを提げている 가방을 들고 있다

음 てい　　提案 제안　　提供 제공　　提出 제출　　前提 전제

1 이어질 수 있는 동사를 찾아서 알맞게 선을 연결해 봅시다.

1) 川で　　　　　・　　　　　　　　・放す

2) 図書館へ本を　・　　　　　　　　・掛かっている

3) 川に魚を　　　・　　　　　　　　・切れている

4) 資格を　　　　・　　　　　　　　・泳いでいる

5) 壁に時計が　　・　　　　　　　　・取る

6) 電池が　　　　・　　　　　　　　・返しに行く

2 한자는 히라가나로, 히라가나는 한자로 바꾸어 써 봅시다.

1) 倒れる（　　　　　　）　/　めんどう　（　　　　　　　）

2) 担う　（　　　　　　）　/　たんにん　（　　　　　　　）

3) 打つ　（　　　　　　）　/　だとう　　（　　　　　　　）

4) 押す　（　　　　　　）　/　おうしゅう（　　　　　　　）

5) 飛ぶ　（　　　　　　）　/　ひこうき　（　　　　　　　）

3 다음 밑줄 친 단어의 올바른 발음을 찾아 봅시다.

1) 台風で木が<u>たおれた</u>。
   ① 至れた   ② 到れた   ③ 倒れた   ④ 室れた

2) 借りた本を<u>かえし</u>に図書館に行った。
   ① 反しに   ② 返しに   ③ 貸しに   ④ 換しに

3) 大雪で木の枝が<u>おれて</u>しまった。
   ① 折れて   ② 斥れて   ③ 逝れて   ④ 近れて

4) このゲームは青少年に悪い影響を<u>あたえて</u>いる。
   ① 写えて   ② 授えて   ③ 受けて   ④ 与えて

5) プレゼント用に<u>つつん</u>でいただけますか。
   ① 打んで   ② 包んで   ③ 抱んで   ④ 突んで

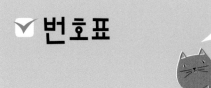

✔ 번호표

番号票（✕）

番号札（○）

동물 · 벌레(動物 · 虫)와 관련된 한자

0424
犬
개 견

- 훈 犬 개　　　子犬 강아지
- 음 けん　　　愛犬 애견　　番犬 집 지키는 개

0425
猫
고양이 묘

- 훈 猫 고양이　　猫をかぶる 얌전한 체하다　　猫舌 뜨거운 음식을 못 먹는 사람
- 음 びょう

0426
牛
소 우

- 훈 牛 소
- 음 ぎゅう　　牛肉 소고기　　牛乳 우유

0427
馬
말 마

- 훈 馬 말　　　馬小屋 마구간
- 음 ば　　　馬鹿 바보　　馬車 마차　　競馬 경마　　乗馬 승마

0428
羊
양 양

- 훈 羊 양　　　羊飼い 양치기
- 음 よう　　　羊肉 양고기　　羊皮 양피, 양가죽

0429
象
코끼리 상

- 음 ぞう　　　象 코끼리　　象牙 상아
- 　　しょう　　象徴 상징　　印象 인상　　気象 기상　　現象 현상　　対象 대상　　抽象 추상

0430
猿
원숭이 원

- 훈 猿 원숭이　　猿知恵 잔꾀　　猿真似 무턱대고 흉내 냄
- 음 えん　　　類人猿 유인원　　犬猿の仲 견원지간

0431
鳥
새 조

- 훈 鳥 새　　　鳥肌が立つ 소름이 끼치다
- 음 ちょう　　鳥類 조류　　一石二鳥 일석이조

0432

羽
깃 우

- 훈 羽 ~마리(새, 토끼를 셀 때 쓰는 조수사)

  羽 새털, 날개
- 음 う 　　　羽毛 깃털

0433

虫
벌레 충

- 훈 虫 벌레　　　虫歯 충치
- 음 ちゅう　　　害虫 해충　　昆虫 곤충　　殺虫剤 살충제

일본에서는 새해 첫날 어떤 꿈을 꿔야 길몽일까?

여러분은 새해 첫날 무슨 꿈을 꾸셨나요? 혹시 돼지꿈? ^^

일본어에는 「一富士二鷹三なすび」라는 말이 있어요. 바로 새해 첫날 꾸는 최고로 좋은 꿈 세 가지 인데요. 단어 그대로 후지산(富士), 매(鷹), 가지(なすび)입니다.

어쩐지 후지산과 매는 좋은 꿈일 것 같은 느낌이 팍팍 드는데, 채소인 가지는 좀 의외죠? 여기에는 다 이유가 있습니다. 바로 '이루다, 성취하다'라는 뜻의 「成す」라는 동사 때문이죠. 「なすび」의 발음이 「成す」를 연상시키기 때문에, 꿈에 「なすび」를 보면 그것이 성취의 전조처럼 여겨지게 된 것이랍니다.

식물(植物)과 관련된 한자

0434

花
꽃 화

- 훈 花 꽃　　花束 꽃다발　花札 화투　花見 꽃구경　花びら 꽃잎
- 음 か　　花瓶 꽃병　花粉 꽃가루　花粉症 꽃가루 알레르기　開花 개화

0435

咲
필 소

- 훈 咲く 꽃피다　赤いバラの花が咲いた 빨간 장미꽃이 피었다

0436

実
열매 실

- 훈 実 열매, 결실　努力が実を結ぶ 노력이 결실을 맺다
  　　実る 열매 맺다　りんごが実る 사과가 열매 맺다
- 음 じつ　　実力 실력　事実 사실　真実 진실　確実 확실　実物 실물　実験 실험

0437

草
풀 초

- 훈 草 풀　　草を刈る 풀을 깎다　草木 초목
- 음 そう　　草食 초식　薬草 약초　雑草 잡초　草履 조리 (일본 전통 신발)

0438

林
수풀 림(임)

- 훈 林 숲 (사람의 손이 가미된 숲)
- 음 りん　　林業 임업　山林 산림

0439

森
숲 삼

- 훈 森 숲 (자연 그대로의 숲)
- 음 しん　　森林 삼림

0440

種
씨 종

- 훈 種 씨, 씨앗　種をまく 씨를 뿌리다　火種 불씨
- 음 しゅ　　種類 종류　各種 각종　人種 인종　品種 품종

0441

芽
싹 아

- 훈 芽 싹　　芽が出る 싹이 나다　芽生える 싹트다, 움트다
- 음 が　　麦芽 맥아　発芽 발아

0442

根
뿌리 근

- 훈 根 뿌리　根強い 뿌리 깊다　根回し 사전교섭　屋根 지붕
- 음 こん　根拠 근거　根絶 근절　根本 근본　大根 무

0443

枝
가지 지

- 훈 枝 가지　枝豆 가지째 꺾은 풋콩, 또는 그것을 꼬투리째 삶은 것
- 음 し　枝葉 가지와 잎

0444

葉
잎 엽

- 훈 葉 잎　葉書 엽서　言葉 말, 언어
- 음 よう　紅葉 잎이 붉게 물듦/단풍 (단풍이라는 의미로 쓰일 때는 「もみじ」라고도 읽음)

0445

竹
대나무 죽

- 훈 竹 대나무　竹の子 죽순
- 음 ちく　竹林 죽림, 대나무 숲

0446

桜
앵도나무 앵

- 훈 桜 벚꽃
- 음 おう　桜桃 앵두

0447

梅
매화나무 매

- 훈 梅 매화나무, 매실　梅干 매실 장아찌
- 음 ばい　梅雨 장마 (「つゆ」라고도 읽음)　梅雨前線 장마전선　入梅 장마에 접어듦

0448

松
소나무 송

- 훈 松 소나무　松葉 솔잎　松林 소나무 숲　門松 설날 집 앞에 장식하는 소나무
- 음 しょう　松竹梅 송죽매 (소나무, 대나무, 매화. 셋 다 추위를 견딘다는 의미에서 상서로운 것의 상징으로 쓰임)

0449

菊
국화 국

- 음 きく　菊 국화　野菊 들국화

0450

植
심을 식

- 훈 植える 심다　桜の木を植える 벚꽃 나무를 심다
　植わる 심어지다, 심기다　立派な木が植わっている 훌륭한 나무가 심어져 있다
- 음 しょく　植物 식물　動植物 동식물　移植 이식

1 의미가 통하도록 알맞게 선으로 연결해 봅시다.

1) 犬が　　　　　・　　　　　　　・ニャアニャアと鳴く

2) 菊の花が　　　・　　　　　　　・実る

3) 猫が　　　　　・　　　　　　　・木から落ちる

4) 猿も　　　　　・　　　　　　　・咲いている

5) 果物が　　　　・　　　　　　　・刈る

6) 草を　　　　　・　　　　　　　・ワンワンほえる

2 위 아래, 양 옆 두 칸씩 의미가 통할 수 있도록 한자를 채워 봅시다.

1)

```
      真
  事 □ 験
      物
```

2)

```
      雑
  薬 □ 履
      食
```

3 밑줄 친 부분의 올바른 한자를 찾아 봅시다.

1) 木_きのえだに鳥_{とり}がとまっている。
　① 種　　　　　② 枝　　　　　③ 根　　　　　④ 芽

2) 庭_{にわ}に桜_{さくら}の木_きをうえる。
　① 植える　　　② 直える　　　③ 値える　　　④ 宿える

3) やねの上_{うえ}に猫_{ねこ}がいる。
　① 屋松　　　　② 屋葉　　　　③ 屋台　　　　④ 屋根

4) 私_{わたし}たちの大切_{たいせつ}なもりを守_{まも}ろう。
　① 林　　　　　② 草　　　　　③ 森　　　　　④ 菊

5) 私_{わたし}の学校_{がっこう}にはうめの木_きがある。
　① 竹　　　　　② 松　　　　　③ 梅　　　　　④ 菊

 교복

こうふく
校服（×）

せいふく
制服（○）

광물 · 토지(鉱物 · 土地)와 관련된 한자

0451

地
땅 지

- 음 ち　地域 지역　地下 지하　地球 지구　地図 지도　地方 지방
- じ　地獄 지옥　地震 지진　地味 수수함　地面 지면　地元 그 고장

0452

砂
모래 사

- 훈 砂 모래　砂遊び 모래장난
- 음 さ　砂糖 설탕　砂漠 사막
- しゃ　土砂 토사　土砂降り 비가 억수같이 쏟아짐　砂利 자갈

0453

石
돌 석

- 훈 石 돌　石段 돌계단
- 음 せき　石炭 석탄　石油 석유　化石 화석　宝石 보석
- しゃく　磁石 자석

0454

岩
바위 암

- 훈 岩 바위
- 음 がん　岩石 암석　岸壁 암벽　溶岩 용암

0455

銀
은 은

- 음 ぎん　銀 은　銀行 은행　銀杏 은행 (은행나무의 열매)　銀箔 은박
- 특 銀杏 은행나무

0456

自
스스로 자

- 훈 自ら 자기자신, 스스로　自ずから 저절로, 자연히
- 음 し　自然 자연
- じ　自身 자신　自宅 자택　自転車 자전거　自動 자동　自由 자유

0457

然
그럴 연

- 훈 ぜん　偶然 우연　当然 당연　全然 전혀　突然 돌연　必然 필연
- ねん　天然 천연

0458

川
내 천

- 훈 川 강　川岸 강기슭　川底 강바닥　天の川 은하수
- 음 せん　河川 하천

0459

海
바다 해

- 훈 海 바다　海辺 해변
- 음 かい　海外 해외　海岸 해안　海水浴 해수욕

0460

波
파도 파

- 훈 波 파도
- 음 は　波及 파급　波紋 파문　寒波 한파　電波 전파

0461

山
뫼 산

- 훈 山 산　山登り 등산　山崩れ 산사태
- 음 さん　山岳 산악　山頂 산꼭대기　山脈 산맥
- ざん　登山 등산　氷山 빙산

0462

景
경치 경

- 음 け　景色 경치
- けい　景気 경기　景品 경품　光景 광경　背景 배경　夜景 야경　風景 풍경

0463

野
들 야

- 훈 野 들, 들판　野原 들, 들판　野良猫 들고양이
- 음 や　野 들　野球 야구　野菜 채소　視野 시야　分野 분야

0464

原
근원 원

- 훈 原 들, 벌판 (はら)
- 음 げん　原因 원인　原作 원작　原則 원칙　原理 원리

0465

星
별 성

- 훈 星 별 (ほし)　星空 별이 많이 뜬 밤하늘　図星 정곡, 핵심　流れ星 별똥별
- 음 せい　星座 별자리　北斗七星 북두칠성　火星 화성

0466

宇
집 우

- 음 う　宇宙 우주

0467

宙
집 주

- 음 ちゅう　宙返り 공중제비

0468

界
경계선 계

- 음 かい　境界 경계　業界 업계　限界 한계　世界 세계　文学界 문학계

0469

保
지킬 보

- 훈 保つ 유지하다, 보전하다 (たも)　温度を一定に保つ 온도를 일정하게 유지하다
- 음 ほ　保安 보안　保管 보관　保険 보험　保存 보존　確保 확보

0470

護
지킬 호

- 음 ご　護衛 호위　看護 간호　警護 경호　保護 보호　弁護士 변호사

0471

守
지킬 수

- 훈 守る 지키다 (まも)　約束を守る 약속을 지키다　見守る 지켜보다　お守り 부적
- 음 しゅ　守備 수비　厳守 엄수　保守 보수
- す　留守 부재중　留守番電話 부재중 전화

0472

環
고리 환

- 음 かん　環境 환경　循環 순환

境

경계선 경

훈 境 ^{さかい} 경계, 갈림길

음 きょう 境界 ^{きょうかい} 경계 境遇 ^{きょうぐう} 처지, 환경 国境 ^{こっきょう} 국경 心境 ^{しんきょう} 심경

　 けい 境内 ^{けいだい} 경내(신사의 구내)

災

재앙 재

훈 災い ^{わざわ} 재앙, 화

음 さい 災難 ^{さいなん} 재난 火災 ^{かさい} 화재 人災 ^{じんさい} 인재 天災 ^{てんさい} 천재

농업·어업(農業^{のうぎょう}·漁業^{ぎょぎょう})과 관련된 한자

0475

農
농사 농

- 음 のう　　農家^{のうか} 농가　農業^{のうぎょう} 농업　農産物^{のうさんぶつ} 농산물　農村^{のうそん} 농촌　農民^{のうみん} 농민

0476

魚
물고기 어

- 훈 魚^{さかな} 물고기, 생선　魚屋^{さかなや} 생선가게　焼き魚^{やきざかな} 생선구이
  魚^{うお} 물고기　魚市場^{うおいちば} 어시장
- 음 ぎょ　　魚類^{ぎょるい} 어류　金魚^{きんぎょ} 금붕어　人魚^{にんぎょ} 인어

0477

業
업 업

- 훈 業^{わざ} 소행, 짓/일, 직업　仕業^{しわざ} 소행, 짓
- 음 ぎょう　　業績^{ぎょうせき} 업적　営業^{えいぎょう} 영업　企業^{きぎょう} 기업　失業^{しつぎょう} 실업　卒業^{そつぎょう} 졸업
  ごう　　自業自得^{じごうじとく} 자업자득

0478

田
논 전

- 훈 田^た 논　田んぼ^{たんぼ} 논　田植え^{たうえ} 모내기
- 음 でん　　田園^{でんえん} 전원　水田^{すいでん} 수전, 논
- 特 田舎^{いなか} 시골

0479

畑
일본한자

- 훈 畑^{はた} 밭 (예스러운 말)　田畑^{たはた} 논밭
  畑^{はたけ} 밭　畑違い^{はたけちがい} 전문분야가 다름　花畑^{はなばたけ} 꽃밭

0480

米
쌀 미

- 훈 米^{こめ} 쌀　米印^{こめじるし} ※기호 (쌀을 의미하는 한자 「米」와 닮았다 하여 이렇게 부름)
- 음 まい　　玄米^{げんまい} 현미　白米^{はくまい} 백미
  べい　　米国^{べいこく} 미국　欧米^{おうべい} 구미, 유럽과 미국

0481

豆
콩 두

- 훈 豆^{まめ} 콩　コーヒー豆^{まめ} 커피원두
- 음 とう　　豆乳^{とうにゅう} 두유　豆腐^{とうふ} 두부　納豆^{なっとう} 낫토
  ず　　大豆^{だいず} 대두, 콩

0482

貝
조개 패

- 음 かい　　貝^{かい} 조개　貝殻^{かいがら} 조개 껍데기

0483

舟

배 주

훈 舟 배 (소형)　渡し舟 나룻배

음 しゅう

0484

船

배 선

훈 船 배 (대형)
　船 접두사로 배의 뜻을 나타냄　船酔い 뱃멀미

음 せん　　船室 선실　船長 선장　漁船 어선　遊覧船 유람선

1 「地」의 발음이 같은 단어끼리 묶어 봅시다.

> 地域 地下 地味 地図 地震 地元 地方

1) ち : _____

2) じ : _____

2 위 아래, 양 옆 두 칸씩 의미가 통할 수 있도록 한자를 채워 봅시다.

1)

```
        宝
    化     炭
        油
```

2)

```
        背
    夜     品
        気
```

3 밑줄 친 부분의 올바른 한자를 찾아 봅시다.

1) このスーパーには新鮮なやさいや果物が多いです。
   ① 野菜　　　　② 理菜　　　　③ 野采　　　　④ 理采

2) かんきょう問題について話し合った。
   ① 環境　　　　② 還境　　　　③ 環鏡　　　　④ 還鏡

3) のうさんぶつの輸入量は増えています。
   ① 農村物　　　② 濃産物　　　③ 濃村物　　　④ 農産物

4 밑줄 친 단어의 발음을 찾아 봅시다.

1) 大豆は「畑の肉」と呼ばれる。
   ① おおとう　　② おおず　　　③ だいとう　　④ だいず

2) 彼女は岩の上に座って海を見ていた。
   ① いし　　　　② いわ　　　　③ うみ　　　　④ すな

3) 宇宙の始まりはビッグバンだ。
   ① うじゅう　　② うちゅう　　③ ゆうじゅう　　④ ゆうちゅう

0485

駅
역 역

음 えき　駅 역　駅員 역무원

0486

橋
다리 교

훈 橋 다리　橋を渡る 다리를 건너다
음 きょう　鉄橋 철교　歩道橋 육교

0487

港
항구 항

훈 港 항구　港町 항구도시
음 こう　開港 개항　空港 공항　入港 입항

0488

区
나눌 구

음 く　区 구　区域 구역　区分 구분　区別 구별　区役所 구청

0489

市
저자 시

훈 市 시장　市場 시장
음 し　市 시　市内 시내　市民 시민　市立 시립　市役所 시청　都市 도시

0490

町
밭두둑 정

훈 町 시내, 거리　町角 길모퉁이
음 ちょう　町 ~쵸 (일본행정구역 중 하나)　町民 쵸(町)의 주민

0491

村
마을 촌

훈 村 마을　村人 마을 사람
음 そん　村 촌 (일본행정구역 중 하나)　農村 농촌　漁村 어촌　山村 산촌

0492

県
고을 현

음 けん　県 현 (일본행정구역 중 하나)　県庁 현청　県立 현립

113

0493

都
도읍 도

훈 都 수도, 중심지
음 つ 　都合 상황, 형편
　 と 　都会 도회, 도시　大都市 대도시　首都 수도

0494

京
서울 경

음 きょう 　帰京 귀경　上京 상경　東京 동경 (도쿄)

0495

島
섬 도

훈 島 섬 　島国 섬나라
음 とう 　諸島 제도, 여러 섬　半島 반도　無人島 무인도　列島 열도

0496

領
거느릴 령(영)

음 りょう 　領収書 영수증　領土 영토　占領 점령　要領 요령

0497

域
지경 역

음 いき 　区域 구역　地域 지역　領域 영역

0498

国
나라 국

- 훈 国^{くに} 나라, 국가
- 음 こく 　国語^{こく ご} 국어　国際^{こくさい} 국제　国民^{こくみん} 국민　帰国^{き こく} 귀국　天国^{てんごく} 천국　中国^{ちゅうごく} 중국

0499

史
사기 사

- 음 し 　史料^{し りょう} 사료　歴史^{れき し} 역사

0500

社
모일 사

- 훈 社^{やしろ} 신사
- 음 しゃ 　社会^{しゃかい} 사회　社交^{しゃこう} 사교　会社^{かいしゃ} 회사　入社^{にゅうしゃ} 입사
　弊社^{へいしゃ} 폐사 (자기 회사를 낮추어 하는 말)
- じゃ 　神社^{じんじゃ} 신사 (신도(神道^{しんとう})의 신을 모시는 곳)

0501

世
세상 세

- 훈 世^よ 세상　世の中^{よ なか} 세상
- 음 せ 　世界^{せ かい} 세계　世間知らず^{せ けん し} 세상물정에 어두움　お世辞^{せ じ} 입에 발린 말, 겉치레 말
　世代^{せ だい} 세대　世話^{せ わ} 보살핌, 돌봄　世話をする^{せ わ} 돌보다　世話になる^{せ わ} 신세 지다
- せい 　21世紀^{せい き} 21세기

0502

公
공평할 공

- 훈 公^{おおやけ} 공공　公の施設^{おおやけ し せつ} 공공시설
- 음 こう 　公開^{こうかい} 공개　公害^{こうがい} 공해　公式^{こうしき} 공식　公平^{こうへい} 공평　公務員^{こう む いん} 공무원
　公立^{こうりつ} 공립

0503

理
다스릴 리(이)

- 음 り 　理解^{り かい} 이해　理由^{り ゆう} 이유　義理^{ぎ り} 의리　処理^{しょ り} 처리　無理^{む り} 무리　料理^{りょう り} 요리
　論理^{ろん り} 논리

0504

栄
번영할 영

- 훈 栄える^{さか} 번영하다　会社が栄える^{かいしゃ さか} 회사가 번창하다
- 음 えい 　栄華^{えい が} 영화　栄養^{えいよう} 영양　光栄^{こうえい} 영광　繁栄^{はんえい} 번영

0505

政
정사 정

훈 政 _{まつりごと} 政 정사, 나라를 다스림

음 せい 政界 _{せいかい} 정계　政権 _{せいけん} 정권　政府 _{せいふ} 정부　財政 _{ざいせい} 재정

0506

治
다스릴 치

훈 治める _{おさ} 진정시키다, 다스리다　自分の心を治める _{じ ぶん こころ おさ} 자신의 마음을 진정시키다
治まる _{おさ} 진정되다, 가라앉다　痛みが治まる _{いた おさ} 통증이 가라앉다
治す _{なお} 고치다, 치료하다　病気を治す _{びょう き なお} 병을 고치다
治る _{なお} 낫다, 치료되다　風邪がなかなか治らない _{か ぜ なお} 감기가 좀처럼 낫지 않는다

음 ち 治安 _{ち あん} 치안　治療 _{ち りょう} 치료　自治体 _{じ ち たい} 자치단체　統治 _{とう ち} 통치　法治 _{ほう ち} 법치
じ 政治 _{せい じ} 정치　退治 _{たい じ} 퇴치

0507

統
다스릴 통

음 とう 統一 _{とういつ} 통일　統計 _{とうけい} 통계　統制 _{とうせい} 통제　大統領 _{だいとうりょう} 대통령　伝統 _{でんとう} 전통

0508

策
꾀 책

음 さく 策略 _{さくりゃく} 책략　対策 _{たいさく} 대책　解決策 _{かいけつさく} 해결책　政策 _{せいさく} 정책

0509

票
표 표

음 ひょう 票決 _{ひょうけつ} 표결　投票 _{とうひょう} 투표　得票 _{とくひょう} 득표

0510

権
권세 권

음 けん 権威 _{けん い} 권위　権利 _{けん り} 권리　権力 _{けんりょく} 권력　所有権 _{しょゆうけん} 소유권　人権 _{じんけん} 인권

1 「治」의 발음이 같은 단어끼리 묶어 봅시다.

> 治安　　退治　　治療　　法治　　政治　　統治

1) ち : _____

2) じ : _____

2 보기에서 적당한 단어를 찾아 문장을 완성시켜 봅시다.

> 보기　世話　　世辞　　世紀　　繁栄　　栄養　　光栄

1) 長い間、お＿＿＿＿＿になりました。ありがとうございました。

2) ＿＿＿＿＿をバランスよく摂取しましょう。

3) 昔の＿＿＿＿＿を取り戻したい。

4) 部長にはお＿＿＿＿＿を言ってもむだです。

3 발음과 맞는 한자를 골라 동그라미를 쳐 봅시다.

1) おおやけ　　(a. 社　　　b. 政　　　c. 策　　　d. 公)

2) さかえる　　(a. 栄える　b. 統える　c. 治える　d. 票える)

3) みなと　　　(a. 県　　　b. 都　　　c. 港　　　d. 橋)

4) ぎょそん　　(a. 漁村　　b. 農村　　c. 山村　　d. 町村)

5) ようりょう　(a. 用領　　b. 地域　　c. 領域　　d. 要領)

6) けんり　　　(a. 勧利　　b. 権利　　c. 歓利　　d. 観利)

다음은 일본어능력시험 N3 수준의 독해 지문입니다. 독해 지문 속에 쓰인 한자를 익히면서 독해 실력도 함께 키워 보세요.

さくら区民マラソン参加者募集

日時は2015年11月8日(日)、スタート・集合場所はさくら公園となります。

コースは、大人(大学生以上)は20km、10km、5km、3km、中学生・高校生は10km、5km、3km、小学生は5km、3kmです。男女は問いません。

お申し込みの際は、はがきに希望コース、氏名、住所、電話番号、年齢をお書きの上、下記住所までお送りください。

※お申し込みは、1枚のはがきにつき1人までとさせていただきます。

※締め切りは、10月2日(金)（当日消印有効)です。

〒110‐2233　東京都さくら区桜台1‐1‐5

さくら区役所地域振興課区民マラソン係

問　マラソン大会に参加する方法として、合っているものはどれか。

1　23歳の男性と同い年の恋人が、3kmコースに1枚のはがきで申し込む。

2　40代の会社員仲間3名が、10kmコースに1枚のはがきで申し込む。

3　65歳の男性が、友人と20kmコースに別々のはがきで申し込む。

4　10歳の少年と父親が、10km コースに別々のはがきで申し込む。

□ **参加者** 참가자	□ **募集** 모집
□ **申し込み** 신청	□ **希望** 희망
□ **年齢** 연령	□ **締め切り** 마감

법·범죄(法·犯罪)와 관련된 한자

0511

法
법 법

- 음 ほう　　法 법　　法案 법안　　法則 법칙　　法律 법률　　憲法 헌법　　方法 방법
- 　　はっ　　法度 법도

0512

犯
범할 범

- 훈 犯す 어기다, 저지르다　　法律を犯す 법률을 어기다
- 음 はん　　犯行 범행　　犯人 범인　　共犯 공범　　防犯 방범

0513

罪
허물 죄

- 훈 罪 죄　　罪深い 죄가 많다
- 음 ざい　　罪悪感 죄악감　　謝罪 사죄　　犯罪 범죄　　無罪 무죄　　有罪 유죄

0514

盗
훔칠 도

- 훈 盗む 훔치다　　財布を盗まれた 지갑을 도난당했다
- 음 とう　　盗作 표절　　盗難 도난　　強盗 강도　　窃盗 절도

0515

害
해칠 해

- 음 がい　　害する 해치다　　害虫 해충　　加害者 가해자　　被害者 피해자　　損害 손해

0516

殺
죽일 살/빠를 쇄

- 훈 殺す 죽이다, 살해하다
- 음 さつ　　殺意 살의　　殺人 살인　　暗殺 암살　　殺菌 살균　　殺到 쇄도

0517

件
사건 건

- 음 けん　　件 건　　事件 사건　　条件 조건　　用件 용건

0518

規
법 규

- 음 き　　規則 규칙　　規範 규범　　規模 규모

0519

制 억제할 제

🔊 せい 　制圧 제압　制御 제어　制限 제한　制度 제도　制服 제복　規制 규제

0520

禁 금할 금

🔊 きん 　禁じる 금하다　禁物 금물　禁煙 금연　監禁 감금

0521

違 어길 위

🔉 違う 다르다, 틀리다　意見が違う 의견이 다르다
🔊 い 　違反 위반　違法 위법　違和感 위화감

0522

警 경계할 경

🔊 けい 　警戒 경계　警察 경찰　警備 경비　警報 경보

0523

察 살필 찰

🔊 さつ 　観察 관찰　考察 고찰　診察 진찰　察する 헤아리다, 짐작하다

0524

検 검사할 검

🔊 けん 　検挙 검거　検査 검사　検出 검출　点検 점검　探検 탐험

0525

査 조사할 사

🔊 さ 　検査 검사　審査 심사　捜査 수사　探査 탐사　調査 조사

0526

証 증명할 증

🔉 証 증명, 증표
🔊 しょう 　証拠 증거　証明 증명　保証人 보증인　立証 입증

전쟁・파괴(戦争・破壊)와 관련된 한자

せんそう はかい

0527

戦
싸울 전

- 훈 戦う 싸우다　ストレスと戦う 스트레스와 싸우다
- 戦 전쟁, 전투　負け戦 패전
- 음 せん　戦闘 전투　戦略 전략　雪合戦 눈싸움　作戦 작전　挑戦 도전

0528

争
다툴 쟁

- 훈 争う 다투다　言い争う 말다툼하다
- 음 そう　争奪 쟁탈　争点 쟁점　競争 경쟁　戦争 전쟁　紛争 분쟁

0529

破
깨질 파

- 훈 破る 찢다, 깨다　彼は約束を破った 그는 약속을 깼다
- 破れる 찢어지다, 깨지다　両国間の均衡が破れた 양국간의 균형이 깨졌다
- 음 は　破壊 파괴　破産 파산　破綻 파탄　破片 파편　破滅 파멸　突破 돌파

0530

壊
무너질 괴

- 훈 壊す 부수다, 망가뜨리다　過労で体を壊した 과로로 몸을 망가뜨렸다
- 壊れる 부서지다, 망가지다　この時計は壊れている 이 시계는 망가졌다
- 음 かい　破壊 파괴　崩壊 붕괴

0531

暴
사나울 폭/쬘 폭

- 훈 暴く 폭로하다　秘密を暴く 비밀을 폭로하다
- 음 ばく　暴露 폭로
- ぼう　暴行 폭행　暴走族 폭주족　暴落 폭락　暴力 폭력　乱暴 난폭

0532

爆
폭발 폭

- 음 ばく　爆音 폭음　爆弾 폭탄　爆発 폭발　原爆 원폭　自爆 자폭

0533

軍
군사 군

- 음 ぐん　軍人 군인　軍隊 군대　救世軍 구세군　将軍 장군

0534

敗
패배할 패

- 훈 敗れる 패하다, 지다　競争に敗れる 경쟁에 지다
- 음 はい　敗北 패배　勝敗 승패　失敗 실패

滅
멸망할 **멸**

훈 滅ぼす 멸망시키다　国を滅ぼす 나라를 멸망시키다

　　 滅びる 멸망하다　悪は必ず滅びる 악은 반드시 멸망한다

음 めつ　　滅亡 멸망　消滅 소멸　全滅 전멸　絶滅 절멸, 멸종　滅菌 멸균

"해피 먼데이(ハッピーマンデー)"제도란 뭘까?

일본어로 국경일은 「国民の祝日」라고 합니다. 당연히 「国民の祝日」는 쉬는 날인데요, 해피 먼데이 (ハッピーマンデー)는 바로 일요일과 겹치는 것을 막기 위해 일부의 국경일을 날짜로 지정하지 않고 "몇 월 몇 번째 주 월요일" 이런 식으로 변경한 제도를 밀합니다. 그렇게 월요일을 휴일로 해서 토요일, 일요일, 월요일 3일간의 여가를 보낼 수 있게 하자는 취지의 법 개정이었죠. 모든 국경일이 다 그런 것은 아니고, 일년에 총 네 번의 해피 먼데이가 있습니다.

성인의 날(成人の日, 1월 둘째 주 월요일), 바다의 날(海の日, 7월 셋째 주 월요일), 경로의 날(敬老の日, 9월 셋째 주 월요일), 체육의 날(体育の日, 10월 둘째 주 월요일). 이렇게 해서 3일간의 연휴가 생긴다면 정말 해피한 월요일이 되겠죠?

1 다음 ① ~ ③에는 같은 한자가 들어갑니다. 의미를 생각하며 써 봅시다.

> 예　(盗)　①□難　②□作　③強□

1) (　　　)　①□虫　②加□　③被□

2) (　　　)　①□則　②□模　③□範

3) (　　　)　①保□　②□明　③□拠

4) (　　　)　①□査　②点□　③探□

2 한자의 훈독과 음독에 주의하여 발음을 써 봅시다.

1) 犯 ⇒ 犯す (　　　　　)　　2) 違 ⇒ 違う (　　　　　)
　　　　犯人 (　　　　　)　　　　　　違反 (　　　　　)

3) 戦 ⇒ 戦う (　　　　　)　　4) 破 ⇒ 破る (　　　　　)
　　　　戦略 (　　　　　)　　　　　　破産 (　　　　　)

5) 争 ⇒ 争う (　　　　　)　　6) 壊 ⇒ 壊す (　　　　　)
　　　　競争 (　　　　　)　　　　　　崩壊 (　　　　　)

3 밑줄 친 부분의 올바른 한자를 찾아 봅시다.

1) 彼は私との約束を<u>やぶって</u>パーティーへ行ってしまった。
   ① 崩って   ② 争って   ③ 破って   ④ 壊って

2) <u>きそく</u>正しい生活をしています。
   ① 規則   ② 規側   ③ 扶則   ④ 扶側

3) 室内では<u>きんえん</u>です。タバコを吸わないでください。
   ① 禁燃   ② 禁煙   ③ 森燃   ④ 森煙

4 밑줄 친 단어의 발음을 찾아 봅시다.

1) 駐車<u>違反</u>で罰金を払った。
   ① いはん   ② いへん   ③ きはん   ④ きへん

2) この動物は<u>絶滅</u>の危機にある。
   ① ぜつべつ   ② ぜつめつ   ③ ぜっべつ   ④ ぜっめつ

회사·일(会社·仕事)과 관련된 한자

0536 仕 섬길 사

- 훈 仕える 섬기다, 시중들다　王に仕える 왕을 섬기다
- 음 し　仕上がる 완성되다　仕入れ 구입　仕方 방법　仕組み 구조, 장치

0537 事 일 사

- 훈 事 일, 행동　事柄 사항　仕事 일　出来事 사건
- 음 じ　事故 사고　事実 사실　家事 가사, 집안일　火事 화재, 불　食事 식사
  大事 소중함, 중요함　無事 무사　返事 답장, 대답

0538 応 응할 응

- 훈 応える 응하다, 부응하다　親の期待に応える 부모님 기대에 부응하다
- 음 おう　応援 응원　応接間 응접실　応答 응답　応用 응용　応募 응모　反応 반응

0539 募 뽑을 모

- 훈 募る 심해지다/모집하다　寒さが募る 추위가 심해지다　寄付金を募る 기부금을 모으다
- 음 ぼ　募金 모금　募集 모집　応募 응모　公募 공모

0540 就 나아갈 취

- 훈 就く 취임하다, 취업하다　彼は会長職に就いた 그는 회장직에 취임했다
- 음 しゅう　就学 취학　就業 취업　就寝 취침　就任 취임
  じゅ　成就 성취

0541 職 직분 직

- 음 しょく　職業 직업　職場 직장　辞職 사직　就職 취직　退職 퇴직

0542 員 인원 원

- 음 いん　会社員 회사원　店員 점원　人員 인원　全員 전원　満員 만원

0543 勤 부지런할 근

- 훈 勤める 근무하다　彼は銀行に勤めている 그는 은행에 근무하고 있다
  勤まる 일을 감당해내다　強い意志がなければ勤まらない 강한 의지가 없으면 감당할 수 없다
- 음 きん　勤勉 근면　欠勤 결근　通勤 통근　転勤 전근

0544 務 힘쓸 무

- 훈 務める (역할을) 맡다　会議で通訳を務めた 회의에서 통역을 맡았다
- 음 む　　勤務 근무　義務 의무　業務 업무　事務 사무　乗務員 승무원

유의어

＜努める, 勤める, 務める 뭐가 다를까?＞
- 努める : 힘쓰다, 노력하다　安全運転に努める 안전운전에 힘쓰다
- 勤める : 근무하다　兄は銀行に勤めています 형은 은행에 근무하고 있습니다
- 務める : 역할을 맡다　イベントの司会を務めた 이벤트 사회를 맡았다

0545 労 힘쓸 로

- 음 ろう　　慰労 위로　過労 과로　勤労 근로　疲労 피로

0546 働 일할 동

- 훈 働く 일하다　働き蜂 일벌　共働き 맞벌이 ＝ 共稼ぎ
- 음 どう　　労働 노동

0547 組 짤 조

- 훈 組む 끼다, 꼬다/짜다, 편성하다　腕を組む 팔짱을 끼다　予算を組む 예산을 짜다
　　　　　　　　　　　　　　　　　組み立てる 조립하다　組合 조합　番組 방송 프로그램
- 음 そ　　　組織 조직

0548 部 떼 부/거느릴 부

- 음 ぶ　　部下 부하　部署 부서　部長 부장　部分 부분　一部 일부　全部 전부

0549 参 참여할 참

- 훈 参る '가다, 오다'의 겸양어/참배하다　お墓参り 성묘
- 음 さん　　参加 참가　参考 참고　参考書 참고서　降参 항복
- 　じん　　人参 인삼, 당근

0550 成 이룰 성

- 훈 成す 이루다　一家を成す 일가를 이루다
　　成る 이루어지다　為せば成る 하면 된다　成り行き 경과, 추세
- 음 せい　　成績 성적　成長 성장　育成 육성　完成 완성　構成 구성　達成 달성
　　　　　賛成 찬성
- 　じょう　　成就 성취

126

0551

功
공적 공

음 こう　　功名 공명　功労 공로　成功 성공

0552

任
맡길 임

훈 任せる 맡기다　運を天に任せる 운을 하늘에 맡기다　任す 맡기다
음 にん　　任務 임무　委任 위임　就任 취임　責任 책임　担任 담임　赴任 부임

0553

営
경영할 영

훈 営む 영위하다, 경영하다　花屋を営んでいる 꽃집을 운영하고 있다
음 えい　　営業 영업　営利 영리　運営 운영　経営 경영

0554

企
꾀할 기

훈 企てる 꾀하다, 시도하다　陰謀を企てる 음모를 꾀하다
　企む 꾸미다　何か企んでいるようだ 무슨 일인가 꾸미고 있는 것 같다
음 き　　企画 기획　企業 기업

0555

契
맺을 계

음 けい　　契機 계기　契約 계약

0556

司
맡을 사

음 し　　司会 사회　司書 사서　司法 사법　上司 상사

0557

給
공급할 급

음 きゅう　　給与 급여　給料 급료　供給 공급　支給 지급　配給 배급

0558

工
장인 공

음 こう　　工事 공사　工場 공장 (소규모일 경우 「こうば」라고 읽음)
　加工 가공　人工 인공
　く　　工夫 궁리, 고안　細工 세공

0559

改
고칠 개

훈 改める 변경하다, 개선하다　誤った認識を改める 잘못된 인식을 고치다
　改まる 변경되다, 개선되다
음 かい　　改革 개혁　改札口 개찰구　改訂版 개정판　改良 개량

0560

発

필 발

음 はつ　発音 발음　発揮 발휘　発見 발견　発達 발달　発表 발표
活発 활발　出発 출발

ほつ　発作 발작　発足 발족

0561

展

펼 전

음 てん　展開 전개　展示 전시　展覧会 전람회　進展 진전　発展 발전

0562

達

이를 달

음 たつ　達人 달인　到達 도달　伝達 전달　配達 배달　達成 달성
たち　子供達 아이들
だち　友達 친구

0563

役

부릴 역

음 えき　懲役 징역　兵役 병역
やく　役所 관공서　役立つ 도움이 되다　役人 관리, 공무원　役目 임무
役割 역할, 임무　適役 적역

128

1 의미가 통하도록 알맞게 선으로 연결해 봅시다.

1) 私はうどん屋を   ・   ・ 改めた

2) 現在、公職に   ・   ・ 営んでいる

3) 考えを   ・   ・ 務めている

4) クラスで学級委員を・   ・ 就いている

2 괄호 안에 들어갈 단어를 한자와 함께 써 봅시다.

1) 好きなテレビ (a. 방송 프로그램) を録画して見る。

2) 自分の (b. 역할) を果たしてください。

3) 彼は (c. 신문배달) のアルバイトをしています。

4) (d. 성적이 떨어져서) 奨学金がもらえなくなった。

5) スピーチコンテストに (e. 응모) しました。

6) この都市は産業が (f. 발달) していて、人口が多い。

7) 「(g. 실패) は (h. 성공) の母」ということわざがある。

a.	b.	c.	d.
e.	f.	g.	h.

3 밑줄 친 부분의 올바른 한자를 찾아 봅시다.

1) 私は新聞社で<u>はたらいて</u>います。
　① 動いて　　　② 働いて　　　③ 種いて　　　④ 重いて

2) 親の期待に<u>こたえたい</u>と思う。
　① 応えたい　　② 務えたい　　③ 仕えたい　　④ 改えたい

3) 彼はきっと何かを<u>たくらんで</u>いる。
　① 組んで　　　② 営んで　　　③ 任んで　　　④ 企んで

4) 自分なりにいろいろ<u>くふう</u>してみた。
　① 工夫　　　　② 工扶　　　　③ 空夫　　　　④ 空扶

4 의미에 맞도록 골라서 한자로 써 봅시다.

보기	勤める	務める	努める

1) 兄は貿易会社に<u>つとめて</u>いる。　（　　　　　　　　）

2) 節電に<u>つとめて</u>いる。　（　　　　　　　　）

3) 会議の議長を<u>つとめて</u>いる。　（　　　　　　　　）

0564

経
지낼 경

- 훈 経る 지나다, 거치다　複雑な手続きを経る 복잡한 수속을 거치다
- 経つ (시간) 지나다, 경과하다　あの事件から10年経った 그 사건으로부터 10년이 지났다
- 음 けい　経営 경영　経験 경험　経済 경제　経歴 경력　神経 신경
- きょう　読経 독경　仏経 불경

0565

済
건널 제

- 훈 済む 끝나다, 해결되다　宿題はもう済んだ 숙제는 벌써 끝났다
- 済ます 끝내다, 해결하다　大急ぎで仕事を済ました 급히 서둘러 일을 끝냈다
- 음 さい　救済 구제　返済 (빌린 돈, 물건을) 갚음　経済 경제

0566

財
재물 재

- 음 さい　財布 지갑
- ざい　財産 재산　財政 재정　財閥 재벌　財力 재력　文化財 문화재

0567

資
재물 자

- 음 し　資格 자격　資源 자원　資産 자산　資本 자본　資料 자료

0568

貧
가난할 빈

- 훈 貧しい 가난하다　日本も昔は貧しかった 일본도 옛날에는 가난했다
- 음 ひん　貧血 빈혈　貧困 빈곤
- びん　貧乏 가난

0569

富
넉넉할 부

- 훈 富む 풍부하다　子供は想像力に富んでいる 아이는 상상력이 풍부하다
- 富 부, 재산　富を築く 부를 쌓다
- 음 ふ　富士山 후지산　貧富 빈부
- ふう　富貴 부귀

0570

豊
풍년들 풍

- 훈 豊か 풍요로움　豊かな天然資源 풍부한 천연자원
- 음 ほう　豊作 풍작　豊富 풍부

131

0571 損 덜 손

- 훈 損なう 부수다, 상하게 하다　タバコは健康を損なう 담배는 건강을 해치다
- 음 そん　損する 손해보다　損害 손해　損失 손실　損傷 손상　破損 파손

0572 得 얻을 득

- 훈 得る 얻다　得る 얻다　利益を得る 이익을 얻다
- 음 とく　得する 이득을 보다　得意 장기, 잘하는 것　獲得 획득　所得 소득
　納得 납득

0573 利 이로울 리

- 훈 利く (능력 등이) 발휘되다, 기능을 하다　ブレーキが利かない 브레이크가 듣지 않는다
- 음 り　利口 영리함　権利 권리　勝利 승리　不利 불리　有利 유리　便利 편리

0574 益 이로울 익

- 음 えき　利益 이익　損益 손익　有益 유익

0575 収 거둘 수

- 훈 収める 넣다, (결과 등을) 얻다, 거두다　利益を収める 이익을 거두다
　収まる 들어가다, 가라앉다　紛争が収まる 분쟁이 가라앉다
- 음 しゅう　収益 수익　収穫 수확　収集 수집　収入 수입　回収 회수　領収書 영수증

0576 伸 펼 신

- 훈 伸ばす 늘리다/펴다　手を伸ばして本を取る 손을 뻗어서 책을 집다
　　　　　　　才能を伸ばす 재능을 계발하다
　伸びる 늘다/펴지다/자라다　背が伸びる 키가 자라다　実力が伸びる 실력이 늘다
- 음 しん　伸長 신장　伸縮性 신축성　追伸 추신
- 특 欠伸 하품

0577 払 떨 불

- 훈 払う 털어내다, 제거하다/지불하다　本棚のほこりを払う 책장 먼지를 털다
　支払う 지불하다　料金を支払う 요금을 지불하다
- 음 ふつ　払拭 불식

0578 費 소비할 비

- 훈 費やす 소비하다, 쓰다　お金を費やす 돈을 소비하다
- 음 ひ　費用 비용　学費 학비　消費 소비　交通費 교통비　生活費 생활비

연습문제

1 서로 반대되는 의미의 단어를 써 봅시다.

1) 貧しい ⇔ ( ) 2) 損する ⇔ ( )

3) 支出 ⇔ ( )

2 ( ) 안에 들어갈 알맞은 어휘를 찾아 봅시다.

1) 教師の ( ) を取りたいです。
　　① 財政　　　　② 所得　　　　③ 経営　　　　④ 資格

2) 私は水泳は ( ) ですが、テニスは苦手なんです。
　　① 不利　　　　② 損失　　　　③ 得意　　　　④ 経歴

3) 犬は ( ) な動物です。
　　① 利益　　　　② 収穫　　　　③ 利口　　　　④ 返済

4) 引っ越しの ( ) を安くする。
　　① 費用　　　　② 払拭　　　　③ 返済　　　　④ 貧富

5) お金を ( ) とき、お札を投げるなんて失礼だ。
　　① 収める　　　② 利く　　　　③ 払う　　　　④ 得る

0579 文 글월 문

- 훈 文 ふみ 문서, 책
- 음 ぶん 文学 ぶんがく 문학　文献 ぶんけん 문헌　文書 ぶんしょ 문서　文章 ぶんしょう 문장　作文 さくぶん 작문　論文 ろんぶん 논문
- もん 文句 もんく 불평, 불만　注文 ちゅうもん 주문
- 특 文字 もじ 문자

0580 化 화할 화

- 훈 化かす ばかす 속이다, 호리다　狐に化かされたような気がした きつねにばかされたような気がした 여우에 홀린 듯한 기분이 들었다
  化ける ばける 둔갑하다　お化け おばけ 도깨비
- 음 か 化学 かがく 화학　化石 かせき 화석　進化 しんか 진화　文化 ぶんか 문화　変化 へんか 변화　悪化 あっか 악화
- け 化粧 けしょう 화장

0581 芸 재주 예

- 음 げい 芸能人 げいのうじん 연예인　工芸 こうげい 공예　文芸 ぶんげい 문예

0582 術 기술 술

- 음 じゅつ 医術 いじゅつ 의술　芸術 げいじゅつ 예술　手術 しゅじゅつ 수술　美術 びじゅつ 미술

0583 演 행할 연

- 음 えん 演劇 えんげき 연극　演出 えんしゅつ 연출　演説 えんぜつ 연설　演奏 えんそう 연주　講演 こうえん 강연

0584 技 재주 기

- 훈 技 わざ 기예, 기술
- 음 ぎ 技術 ぎじゅつ 기술　技量 ぎりょう 기량　演技 えんぎ 연기　競技 きょうぎ 경기　特技 とくぎ 특기

0585 映 비출 영

- 훈 映す うつす 비추다　子は親を映す鏡だ こはおやをうつすかがみだ 아이는 부모를 비추는 거울이다
  映る うつる 비치다　水面に映った月 すいめんにうつったつき 수면에 비친 달
  映える はえる 빛나다/돋보이다　夕日に映える高層ビル ゆうひにはえるこうそうビル 석양에 빛나는 고층빌딩
- 음 えい 映像 えいぞう 영상　上映 じょうえい 상영　反映 はんえい 반영

0586

図 그림 도

- 훈 図る 도모하다　受験生の便宜を図る 수험생의 편의를 도모하다
- 음 ず　図案 도안　図形 도형　図表 도표　図面 도면　地図 지도
- と　図書館 도서관　意図 의도

0587

絵 그림 회

- 음 え　絵 그림　絵葉書 그림엽서　絵の具 그림물감　似顔絵 초상화
- かい　絵画 회화

0588

画 그림 화/가를 획

- 음 かく　画一的 획일적　企画 기획　計画 계획
- が　画家 화가　画像 화상　画面 화면　映画 영화　漫画 만화

0589

描 그릴 묘

- 훈 描く 그리다　絵を描く 그림을 그리다
- 음 びょう　描写 묘사

0590

曲 굽을 곡

- 훈 曲げる 구부리다, 굽히다　自分の意思を曲げる 자신의 의사를 굽히다
- 曲がる 구부러지다, 돌다　角を右に曲がる 모퉁이를 오른쪽으로 돌다
- 음 きょく　曲 곡　曲線 곡선　作曲 작곡　編曲 편곡　歪曲 왜곡

0591

歌 노래 가

- 훈 歌う 노래 부르다　舞台の上で歌を歌う 무대 위에서 노래를 부르다
- 음 か　歌曲 가곡　歌詞 가사　歌手 가수　応援歌 응원가　国歌 국가

말·서적(言葉·書物)과 관련된 한자

0592

本
근본 본

- 훈 本^{もと} 처음, 기원
- 음 ほん　本^{ほん} 책　本棚^{ほんだな} 책장　本当^{ほんとう} 정말　本人^{ほんにん} 본인　本物^{ほんもの} 진짜　絵本^{えほん} 그림책
　　　　資本^{しほん} 자본　見本^{みほん} 견본

0593

書
글 서

- 훈 書^かく 쓰다　落書^{らくが}き 낙서　書留郵便^{かきとめゆうびん} 등기우편
- 음 しょ　書店^{しょてん} 서점　書評^{しょひょう} 서평　書物^{しょもつ} 서적　書類^{しょるい} 서류　入学願書^{にゅうがくがんしょ} 입학 원서
　　　　文書^{ぶんしょ} 문서

0594

字
글자 자

- 훈 字^{あざ} (町^{ちょう}·村^{そん}보다 작은) 행정구획
- 음 じ　　字^じ 글자　字幕^{じまく} 자막　漢字^{かんじ} 한자　数字^{すうじ} 숫자　文字^{もじ} 문자

0595

読
읽을 독

- 훈 読^よむ 읽다　読^よみ返^{かえ}す 되풀이해서 읽다, 다시 읽다
- 음 どく　読者^{どくしゃ} 독자　読書^{どくしょ} 독서　朗読^{ろうどく} 낭독　読解^{どっかい} 독해
　　とう　読点^{とうてん} 쉼표

0596

印
도장 인

- 훈 印^{しるし}, 표, 기호　目印^{めじるし} 표시　丸印^{まるじるし} 동그라미표　矢印^{やじるし} 화살표　星印^{ほしじるし} 별표
- 음 いん　印鑑^{いんかん} 인감　印刷^{いんさつ} 인쇄　印象^{いんしょう} 인상

0597

誌
적을 지

- 음 し　　雑誌^{ざっし} 잡지　週刊誌^{しゅうかんし} 주간지　日誌^{にっし} 일지

0598

詩
시 시

- 음 し　　詩^し 시　詩集^{ししゅう} 시집　詩人^{しじん} 시인　叙事詩^{じょじし} 서사시

0599

題
표제 제

- 음 だい　題材^{だいざい} 제재　題名^{だいめい} 표제명, 제목　課題^{かだい} 과제　宿題^{しゅくだい} 숙제　主題^{しゅだい} 주제

0600

章
글 장

- 음 しょう　勲章 훈장　憲章 헌장　文章 문장　腕章 완장

0601

句
글귀 구

- 음 く　句 구　句点 마침표　句読点 마침표와 쉼표　慣用句 관용구
俳句 하이쿠, 일본의 단시(短詩)　文句 불평, 불만

0602

筆
붓 필

- 훈 筆 붓　筆箱 필통
- 음 ひつ　代筆 대필　筆記 필기　筆者 필자

0603

記
기록할 기

- 훈 記す 적다, 기록하다　電話番号を記したメモ 전화번호를 적은 메모
- 음 き　記憶 기억　記号 기호　記者 기자　記念 기념　暗記 암기　日記 일기

0604

録
적을 록(녹)

- 음 ろく　録音 녹음　録画 녹화　記録 기록　登録 등록　付録 부록

0605

述
말할 술

- 훈 述べる 말하다, 서술하다　理由を簡単に述べた 이유를 간단히 말했다
- 음 じゅつ　述語 술어　記述 기술　口述 구술　陳述 진술

0606

枚
날 매

- 음 まい　枚数 매수　一枚 한 장

0607

책 책

- 음 さく
さつ　冊 책 세는 단위　冊子 책자

0608

呼
부를 호

- 훈 呼ぶ 부르다　名前を呼ぶ 이름을 부르다
- 음 こ　呼吸 호흡　歓呼 환호

0609

典
법 전

- 🔊 てん　　典型 전형　古典 고전　国語辞典 국어사전　百科事典 백과사전

유 의 어

<**'사전'은 辞典? 事典?**>

- 辞典 : 「辞」란, '말'이란 뜻이다. 따라서 「辞典」이란, 여러 가지 말을 정해진 순서에 따라 읽는 법과 뜻, 사용법을 설명해 놓은 책을 가리키며, 「辞書」와 같은 의미이다. 종류로는 「国語辞典(국어사전), 英和辞典(영일사전), 漢和辞典(한일사전)」 등이 있다.
- 事典 : 「事典」은 말의 뜻이 쓰여 있는 사전이 아니라, 여러 가지 사항들을 정해진 순서에 따라 내용을 설명해 놓은 책을 가리킨다. 「百科事典(백과사전)」이 이에 해당된다.

0610

語
말씀 어

- 🔊 語る 이야기하다　貴重な経験を語ってくれる 귀중한 경험을 이야기해 주다
　　物語 이야기
- 🔊 ご　　語彙 어휘　英語 영어　敬語 경어　言語 언어　国語 국어

0611

話
이야기 화

- 🔊 話す 이야기하다　話し合う 서로 이야기하다, 이야기를 나누다
- 🔊 わ　　話題 화제　会話 회화　世話 보살핌　電話 전화

0612

言
말씀 언

- 🔊 言う 말하다　言い争う 말다툼하다　言い方 말투　言い切る 단언하다
　　言 말, 마디　言葉 말　一言 한마디　独り言 혼잣말
- 🔊 げん　　言語 언어　助言 조언　断言 단언　方言 방언　予言 예언
　　ごん　　過言 과언　無言 무언　遺言 유언

0613

伝
전할 전

- 🔊 伝える 전하다　希望のメッセージを伝える 희망의 메시지를 전하다
　　伝わる 전해지다　彼の気持ちが伝わった 그의 마음이 전해졌다
- 🔊 でん　　伝説 전설　伝染 전염　伝統 전통　伝承 전승　遺伝子 유전자　宣伝 선전

0614

訳
번역할 역

- 🔊 訳 이유, 사정　言い訳 변명　申し訳ありません 죄송합니다
- 🔊 やく　　訳する 번역하다　訳者 역자　誤訳 오역　通訳 통역　翻訳 번역

0615

報
갚을 보

- 🔊 報いる 보답하다, 보복하다　恩に報いる 은혜에 보답하다
- 🔊 ほう　　報告 보고　報酬 보수　報道 보도　通報 통보　予報 예보　電報 전보

0616

告
알릴 고

- 훈 告げる 알리다, 고하다　一方的に別れを告げる 일방적으로 이별을 고하다
- 음 こく　　　告白 고백　忠告 충고　報告 보고　予告 예고

0617

辞
말 사

- 훈 辞める 사직하다, 그만두다　会社を辞める 회사를 그만두다
- 음 じ　　　辞職 사직　辞退 사퇴　辞書 사전　お世辞 겉치렛말, 입에 발린 말

0618

議
논의할 의

- 음 ぎ　　　会議 회의　協議 협의　抗議 항의　不思議 이상함, 희한함
　　　　　　国会議員 국회의원

0619

論
말할 론(논)

- 음 ろん　　論文 논문　論点 논점　論理 논리　議論 논의　結論 결론
　　　　　　評論 평론　理論 이론　討論 토론

연습문제

1 비슷한 의미를 가진 단어를 알맞게 선으로 연결해 봅시다.

1) 題名 ·   · 技術

2) 記す ·   · タイトル

3) 辞める ·   · 辞退

4) 技 ·   · 書く

5) 討論 ·   · ディスカッション

2 「画」의 발음이 같은 단어끼리 묶어 봅시다.

> 画家　　画一的　　企画　　画面　　漫画　　映画　　計画

1) かく : _____

2) が : _____

3 의미가 통하도록 보기에서 한자를 선택해 채워 봅시다.

1) 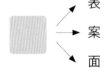 → 表 → 案 → 面

2) 宿 課 主 →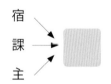

3) 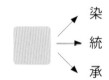 → 染 → 統 → 承

> 보기　　伝　　述　　句　　題　　図　　申

140

4 밑줄 친 단어의 발음을 찾아 봅시다.

1) 大事な書類ですから、忘れないでください。
　① しょるい　　　② しょりゅう　　　③ しゅるい　　　④ しゅりゅう

2) 彼がこの美しい曲を作曲した。
　① さくきょく　　② さくこく　　　　③ さっきょく　　④ さっこく

3) 将来日本語の通訳になりたい。
　① つうやく　　　② つうわけ　　　　③ ほんやく　　　④ ほんわけ

5 밑줄 친 부분의 올바른 한자를 찾아 봅시다.

1) 実験の結果をノートにきろくしておいた。
　① 記録　　　　　② 記緑　　　　　　③ 紀録　　　　　④ 紀緑

2) その問題についてぎろんが行われた。
　① 義論　　　　　② 議論　　　　　　③ 議倫　　　　　④ 義倫

3) げいを身に付ける。
　① 筆　　　　　　② 印　　　　　　　③ 芸　　　　　　④ 技

교통・이동(交通・移動)과 관련된 한자

0620

行
갈 행

- **훈** 行く 가다　来月、日本へ行く予定です 다음 달에 일본에 갈 예정입니다
　　行く 가다　行方 행방　行き先 행선지
　　行う 행하다　2月に卒業式が行われる 2월에 졸업식이 거행된다
- **음** ぎょう　行事 행사　行政 행정　行列 행렬
　　こう　行為 행위　行動 행동　運行 운행　進行 진행　流行 유행　旅行 여행
　　　　実行 실행

0621

来
올 래

- **훈** 来る 오다　バスがなかなか来ない 버스가 좀처럼 오지 않는다
　　来る 오는　来る7月13日 오는 7월 13일
- **음** らい　来客 내객　来月 다음 달　来週 다음 주　従来 종래　将来 장래
　　　　未来 미래　由来 유래

0622

帰
돌아갈 귀

- **훈** 帰す 돌려보내다　子供を家に帰す 아이를 집에 돌려보내다
　　帰る 돌아가(오)다 (예외 1그룹 동사)　帰り道 돌아오는 길
- **음** き　帰化 귀화　帰国 귀국　帰属 귀속　復帰 복귀

유의어

<'돌아오다'는 帰る? 返る?>

・帰る : 주로 사람, 동물이 원래 있었던 장소(집, 고향)로 돌아가(오)는 것
　　10年ぶりに故郷に帰る 10년 만에 고향에 돌아오다
・返る : 물건이 원래 장소, 상태, 주인에게 돌아가(오)는 것
　　貸した本が返ってこない 빌려준 책이 돌아오지 않는다

0623

移
옮길 이

- **훈** 移す 옮기다　決意を実践に移す 결의를 실천에 옮기다
　　移る 이동하다, 바뀌다　新しい部署に移る 새로운 부서로 이동하다
- **음** い　移送 이송　移動 이동　移民 이민

0624

通
통할 통

- **훈** 通う 다니다　病院に通っている 병원에 다니고 있다
　　通す 지나게 하다, 통과시키다　救急車を優先して通す 구급차를 우선해서 지나가게 하다
　　通る 지나다, 통과하다　トンネルを自転車で通る 터널을 자전거로 지나다
- **음** つう　通過 통과　通学 통학　通勤 통근　通訳 통역　共通 공통　交通 교통
　　　　普通 보통

0625

渡 건널 도

- 훈 渡す 건네다, 넘기다, 양도하다　彼にチケットを渡す 그에게 티켓을 넘기다
  渡る 건너가(오)다　横断歩道を渡る 횡단보도를 건너가다　渡り鳥 철새
- 음 と　渡来 도래　譲渡 양도

0626

車 수레 차/거

- 훈 車 차, 자동차　車椅子 휠체어
- 음 しゃ　車道 차도　車輪 바퀴　下車 하차　駐車場 주차장　停車 정차

0627

道 길 도

- 훈 道 길　近道 지름길　寄り道する 다른 곳에 들르다
- 음 どう　道具 도구　道徳 도덕　剣道 검도　横断歩道 횡단보도　茶道 다도
  柔道 유도
  とう　神道 신도 (일본의 전통 신앙)

0628

路 길 로(노)

- 음 ろ　路地 골목　路上 노상　路線 노선　進路 진로　通路 통로　道路 도로
  迷路 미로

0629

角 뿔 각

- 훈 角 모퉁이　角を右に曲がる 모퉁이를 오른쪽으로 돌다
  角 뿔　牛の角に突かれる 소 뿔에 찔리다
- 음 かく　角度 각도　角膜 각막　頭角 두각　頭角を現す 두각을 나타내다
  三角 삼각　四角 사각

0630

歩 걸을 보

- 훈 歩く 걷다　ゆっくり歩いてください 천천히 걸어주세요
  歩む 걷다　出世の道を歩んできた 출세의 길을 걸어 왔다
- 음 ほ　歩行者 보행자　歩道 보도　散歩 산책　進歩 진보　徒歩 도보
  ぶ　歩合 비율

0631

走 달릴 주

- 훈 走る 달리다 (예외1그룹 동사)　大きい車が走ってきた 큰 자동차가 달려왔다
- 음 そう　滑走路 활주로　競走 경주　疾走 질주

0632

到 이를 도

- 훈 到る 이르다, 도달하다　幸せに至る道 행복에 이르는 길
- 음 とう　到達 도달　到着 도착　到底 도저히　用意周到 용의주도

0633

往
갈 왕

㉮ おう   往復 왕복   往来 왕래   立ち往生 오도가도 못함, 꼼짝 못함

0634

乗
탈 승

㉰ 乗せる 태우다   自転車に子供を乗せる 자전거에 아이를 태우다
乗る 타다   バスに乗っていく 버스를 타고 가다
㉮ じょう   乗客 승객   乗車 승차   乗馬 승마

0635

降
내릴 강

㉰ 降ろす 내려놓다   学校の前で降ろしてください 학교 앞에서 내려주세요
降りる 내리다   バスを降りて歩いていく 버스에서 내려서 걸어가다
降る (비, 눈 등이) 내리다   激しい雨が降っている 세찬 비가 내리고 있다
㉮ こう   降雨量 강우량   以降 이후   下降 하강

0636

運
나를 운

- 훈 運ぶ 나르다, 운반하다　重い荷物を運ぶ 무거운 짐을 옮기다
- 음 うん　　運 운　運がいい 운이 좋다　運行 운행　運転 운전　運搬 운반
　　　　　　運命 운명　幸運 행운

0637

送
보낼 송

- 훈 送る 보내다　履歴書をファックスで送る 이력서를 팩스로 보내다
- 음 そう　　送別会 송별회　運送 운송　歓送 환송　放送 방송

0638

配
나눌 배

- 훈 配る 나눠주다　問題用紙を配る 문제용지를 나눠주다
- 음 はい　　配送 배송　配達 배달　配布 배부　配慮 배려　配分 배분　支配 지배
　　　　　　分配 배분

0639

郵
우편 우

- 음 ゆう　　郵送 우송　郵便 우편　郵便局 우체국

0640

便
편할 편/변

- 훈 便り 소식　何の便りもない 아무런 소식도 없다
- 음 びん　　便箋 편지지　郵便局 우체국　航空便 항공편　宅配便 택배편
　　　べん　　便秘 변비　便利 편리　不便 불편

0641

届
신고할 계

- 훈 届ける 보내다, 전하다/신고하다
　　　　　拾った財布を交番に届けた 주운 지갑을 파출소에 신고했다
　　　届く 닿다, 도착하다　国から小包が届いた 고향에서 소포가 도착했다

0642

貿
무역할 무

- 음 ぼう　　貿易 무역

0643

輸
보낼 수

- 음 ゆ　　輸出 수출　輸入 수입　輸送 수송　運輸 운수

1 다음 한국어 부분을 일본어로 채워 봅시다.

1) (a. 교통비) を節約するために、自転車を買いました。

2) 学校まで地下鉄に (b. 타고 갑니다)。

3) (c. 도로) を (d. 건널 때) は、横断(e. 보도) を利用しましょう。

4) 言うのは簡単ですが、(f. 실행하는 것) は難しいです。

5) (g. 통근) にバスを利用しています。

a.	b.	c.	d.
e.	f.	g.	

2 다음 동사의 올바른 표기를 찾아 봅시다.

1) 荷物を<u>はこぶ</u>　　　　　　　　　(a. 運ぶ　b. 運こぶ)

2) 道を<u>わたる</u>　　　　　　　　　　(a. 渡る　b. 渡たる)

3) かばんを<u>とどける</u>　　　　　　　(a. 届る　b. 届ける)

4) 廊下を<u>はしる</u>　　　　　　　　　(a. 走る　b. 走しる)

3 장음과 단음에 주의하면서 올바른 발음을 찾아 봅시다.

1) 行動　　　① こうど　　　② こうどう　　　③ ぎょうど　　　④ ぎょうどう

2) 到着　　　① どちゃく　　② どうちゃく　　③ とちゃく　　　④ とうちゃく

3) 道路　　　① どろ　　　　② どろう　　　　③ どうろ　　　　④ どうろう

4) 郵送　　　① ゆそ　　　　② ゆそう　　　　③ ゆうそ　　　　④ ゆうそう

5) 輸入　　　① ゆにゅ　　　② ゆにゅう　　　③ ゆうにゅ　　　④ ゆうにゅう

다음은 일본어능력시험 N3 수준의 독해 지문입니다. 독해 지문 속에 쓰인 한자를 익히면서 독해 실력도 함께 키워 보세요.

～安全な一人暮らしのために注意しましょう～

○家に帰ってドアを開けるときに

　一人暮らしをしていることがわかると危険です。まるで家族が待っているように『ただいま～』と言いながらドアを開けるようにしましょう。ほかにも、ドアを開ける前にベルを押し、誰かを訪ねてきたようにするのも効果があります。

○泥棒にあったら

　もしも、部屋の中に泥棒がいたらどうしますか？　例えば、マンションやアパートでは、泥棒の逃げ道は玄関のドア、または窓しかありません。早く泥棒が逃げられるようにし、追いかけないようにしましょう。

問　この文章で一人暮らしの人が安全のためにした方がいいと言っていることはどれか。

1　家に遅く帰るときは、家族に部屋で待っていてもらうようにする。

2　危ないときにはすぐ逃げられるように、ドアや窓を閉めないようにする。

3　泥棒にあったら早くドアを閉めて、泥棒が逃げられないようにする。

4　家に入るときには、家の中に誰か他の人がいるふりをするようにする。

□ **安全だ** 안전하다
□ **注意する** 주의하다
□ **泥棒** 도둑

□ **一人暮らし** 혼자 삶, 독신생활
□ **訪ねる** 찾아가(오)다, 방문하다
□ **追いかける** 쫓아가다

0644

学
배울 학

- 훈 <ruby>学<rt>まな</rt></ruby>ぶ 배우다　<ruby>命<rt>いのち</rt></ruby>の<ruby>大切<rt>たいせつ</rt></ruby>さを<ruby>学<rt>まな</rt></ruby>んだ 생명의 소중함을 배웠다
- 음 がく　<ruby>学者<rt>がくしゃ</rt></ruby> 학자　<ruby>学生<rt>がくせい</rt></ruby> 학생　<ruby>学歴<rt>がくれき</rt></ruby> 학력　<ruby>科学<rt>かがく</rt></ruby> 과학　<ruby>見学<rt>けんがく</rt></ruby> 견학　<ruby>文学<rt>ぶんがく</rt></ruby> 문학
　<ruby>留学<rt>りゅうがく</rt></ruby> 유학　<ruby>学期<rt>がっき</rt></ruby> 학기

0645

校
바로잡을 교

- 음 こう　<ruby>校舎<rt>こうしゃ</rt></ruby> 교사, 학교 건물　<ruby>校長<rt>こうちょう</rt></ruby> 교장　<ruby>校庭<rt>こうてい</rt></ruby> 교정　<ruby>学校<rt>がっこう</rt></ruby> 학교　<ruby>休校<rt>きゅうこう</rt></ruby> 휴교
　<ruby>高校<rt>こうこう</rt></ruby> 고등학교　<ruby>登校<rt>とうこう</rt></ruby> 등교　<ruby>母校<rt>ぼこう</rt></ruby> 모교

0646

教
가르칠 교

- 훈 <ruby>教<rt>おし</rt></ruby>える 가르치다　<ruby>教<rt>おし</rt></ruby>え<ruby>子<rt>ご</rt></ruby> 제자
　<ruby>教<rt>おそ</rt></ruby>わる 배우다　<ruby>林先生<rt>はやしせんせい</rt></ruby>に<ruby>数学<rt>すうがく</rt></ruby>を<ruby>教<rt>おそ</rt></ruby>わった 하야시 선생님께 수학을 배웠다
- 음 きょう　<ruby>教育<rt>きょういく</rt></ruby> 교육　<ruby>教科書<rt>きょうかしょ</rt></ruby> 교과서　<ruby>教師<rt>きょうし</rt></ruby> 교사　<ruby>教室<rt>きょうしつ</rt></ruby> 교실　<ruby>教養<rt>きょうよう</rt></ruby> 교양　<ruby>宗教<rt>しゅうきょう</rt></ruby> 종교

0647

習
익힐 습

- 훈 <ruby>習<rt>なら</rt></ruby>う 배우다　<ruby>子供<rt>こども</rt></ruby>のとき、ピアノを<ruby>習<rt>なら</rt></ruby>った 어릴 적에 피아노를 배웠다
- 음 しゅう　<ruby>習慣<rt>しゅうかん</rt></ruby> 습관　<ruby>習性<rt>しゅうせい</rt></ruby> 습성　<ruby>習得<rt>しゅうとく</rt></ruby> 습득　<ruby>学習<rt>がくしゅう</rt></ruby> 학습　<ruby>自習<rt>じしゅう</rt></ruby> 자습　<ruby>予習<rt>よしゅう</rt></ruby> 예습
　<ruby>復習<rt>ふくしゅう</rt></ruby> 복습

0648

勉
힘쓸 면

- 음 べん　<ruby>勉学<rt>べんがく</rt></ruby> 면학　<ruby>勉強<rt>べんきょう</rt></ruby> 공부　<ruby>勤勉<rt>きんべん</rt></ruby> 근면

0649

試
시험할 시

- 훈 <ruby>試<rt>こころ</rt></ruby>みる 시도하다, 시험해 보다　<ruby>脱出<rt>だっしゅつ</rt></ruby>を<ruby>試<rt>こころ</rt></ruby>みる 탈출을 시도하다
　<ruby>試<rt>ため</rt></ruby>す 시험해 보다　<ruby>車<rt>くるま</rt></ruby>の<ruby>性能<rt>せいのう</rt></ruby>を<ruby>試<rt>ため</rt></ruby>す 자동차 성능을 시험해 보다
- 음 し　<ruby>試合<rt>しあい</rt></ruby> 시합　<ruby>試験<rt>しけん</rt></ruby> 시험　<ruby>試食<rt>ししょく</rt></ruby> 시식　<ruby>試練<rt>しれん</rt></ruby> 시련　<ruby>入試<rt>にゅうし</rt></ruby> 입시

0650

験
경험할 험

- 음 けん　<ruby>経験<rt>けいけん</rt></ruby> 경험　<ruby>試験<rt>しけん</rt></ruby> 시험　<ruby>実験<rt>じっけん</rt></ruby> 실험　<ruby>受験生<rt>じゅけんせい</rt></ruby> 수험생　<ruby>体験<rt>たいけん</rt></ruby> 체험

0651

問
물을 문

- 훈 <ruby>問<rt>と</rt></ruby>う 묻다　<ruby>問<rt>と</rt></ruby>い 물음　<ruby>問<rt>と</rt></ruby>い<ruby>合<rt>あ</rt></ruby>わせる 문의하다
- 음 もん　<ruby>問題<rt>もんだい</rt></ruby> 문제　<ruby>学問<rt>がくもん</rt></ruby> 학문　<ruby>疑問<rt>ぎもん</rt></ruby> 의문　<ruby>質問<rt>しつもん</rt></ruby> 질문　<ruby>訪問<rt>ほうもん</rt></ruby> 방문

0652

答
대답할 답

- 훈 答える 대답하다　質問に答える 질문에 대답하다
- 음 とう　　答案用紙 답안용지　応答 응답　回答 회답　問答 문답

0653

講
강론할 강

- 음 こう　　講演 강연　講義 강의　講座 강좌　講堂 강당　休講 휴강

0654

師
스승 사

- 음 し　　医師 의사　恩師 은사　教師 교사　講師 강사　漁師 어부

0655

導
이끌 도

- 훈 導く 인도하다, 이끌다　正しい道に導く 올바른 길로 인도하다
- 음 どう　　導入 도입　指導 지도　誘導 유도

0656

席
자리 석

- 음 せき　　席 자리　客席 객석　欠席 결석　出席 출석　座席 좌석　首席 수석

0657

知
알 지

- 훈 知る 알다　知り合い 아는 사람
- 음 ち　　知識 지식　知能 지능　通知 통지　予知 예지

0658

識
알 식

- 음 しき　　識別 식별　意識 의식　無意識 무의식　常識 상식　認識 인식

0659

恵
은혜 혜

- 훈 恵む 베풀다　食べ物を恵んでくれる 먹을 것을 베풀어 주다
  恵まれる (좋은 환경, 재능, 기회 등이) 주어지다, 모자람 없다
  　　　　　　資源に恵まれる 자원이 풍족하다　恵まれた才能 타고난 재능
- 음 え　　知恵 지혜
  けい　　恩恵 은혜

0660

課

부과할 과

🔊 か　　　課題 과제　　課長 과장　　修士課程 석사과정

＜'과정'은 過程? 課程?＞

· 過程 : 일이 되어가는 경로로서의 '과정'을 의미한다.

結果だけでなく、過程も大切だ 결과뿐만 아니라, 과정도 중요하다

· 課程 : 일정 기간 동안의 학습 범위와 순서를 의미한다.

兄は博士課程に進んだ 형은 박사과정에 진학했다

0661

科

과목 과

🔊 か　　　科目 과목　　学科 학과　　教科書 교과서　　外科 외과

0662

専

오로지 전

🔊 専ら 오로지, 한결같이

🔊 せん　　専業 전업　　専攻 전공　　専念 전념　　専門 전문　　専用 전용

0663

英

빼어날 영

🔊 えい　　英語 영어　　英国 영국(= イギリス)　　英会話 영어 회화　　英雄 영웅

0664

訓

가르칠 훈

🔊 くん　　訓読み 훈독　　家訓 가훈　　教訓 교훈

0665

育

키울 육

🔊 育てる 키우다　　子供を育てるのは大変だ 아이를 키우는 것은 힘들다

育つ 자라다　　私は田舎で育った 나는 시골에서 자랐다

育む 육성하다, 소중히 키우다　　想像力を育む 상상력을 키우다

🔊 いく　　育児 육아　　育成 육성　　教育 교육　　体育 체육　　養育 양육

0666

練

익힐 련(연)

🔊 練る 다듬다　　企画案を練る 기획안을 다듬다

🔊 れん　　練習 연습　　訓練 훈련　　熟練 숙련　　試練 시련　　洗練 세련　　鍛錬 단련

0667

解
풀 해

- 훈 解く 풀다　問題を解く 문제를 풀다
  解ける 풀리다　誤解が解ける 오해가 풀리다
  解かす (머리를) 빗다　髪を解かす 머리를 빗다
- 음 かい　解決 해결　解消 해소　解説 해설　誤解 오해　正解 정답　理解 이해
  げ　　解熱 해열　解熱剤 해열제

0668

説
말씀 설

- 훈 説く 설명하다, 설득하다　命の大切さを説く 생명의 소중함을 설명하다
- 음 セツ　説明 설명　解説 해설　小説 소설　伝説 전설　演説 연설　説教 설교
  説得 설득

0669

例
본보기 례(예)

- 훈 例える 비유하다　例えば 예를 들면
- 음 れい　例を挙げる 예를 들다　例外 예외　例文 예문　実例 실례　事例 사례

0670

比
견줄 비

- 훈 比べる 비교하다　品質を比べる 품질을 비교하다
- 음 ひ　　比較 비교　比率 비율　比例 비례　対比 대비

0671

探
찾을 탐

- 훈 探す 찾다　新しい仕事を探している 새로운 일을 찾고 있다
  探る 더듬어 찾다, 탐색하다, 살피다　相手の気持ちを探ってみる 상대방의 마음을 탐색해보다
- 음 たん　探求 탐구　探査 탐사　探索 탐색　探偵 탐정

0672

調
고를 조

- 훈 調べる 조사하다　便秘の原因を調べる 변비의 원인을 조사하다
  調える 조절하다, 갖추다, 마련하다　塩を加えて味を調える 소금을 넣어서 맛을 조절하다
  調う 갖춰지다, 구비되다　必要なものは全て調った 필요한 것은 전부 갖춰졌다
- 음 ちょう　調査 조사　調子 상태　調節 조절　調達 조달　協調 협조　順調 순조

0673

研
갈 연

- 훈 研ぐ 갈다　包丁を研ぐ 식칼을 갈다
- 음 けん　研修 연수　研磨 연마

0674

究
연구할 구

- 훈 究める 구명하다, 깊이 연구하다　事件の真相を究める 사건의 진상을 규명하다
- 음 きゅう　究明 구명　研究 연구　探究 탐구　追究 추구

0675

賞
상줄 **상**

🔊 しょう　　賞金 상금　　鑑賞 감상　　受賞 수상　　授賞 수상　　入賞 입상

＜'수상'은 受賞? 授賞?＞

·受賞 : 받을 수(受)를 이용하여, '상을 받는다'는 의미가 된다.

受賞者 수상자 (상을 받는 사람)

·授賞 : 줄 수(授)를 이용하여, '상을 준다'는 의미가 된다.

授賞式 수상식 (상을 주는 자리)

0676

卒
마칠 **졸**

🔊 そつ　　卒業 졸업　　卒論 졸업 논문 (「卒業論文」의 준말)

1 한자는 히라가나로, 히라가나는 한자로 바꾸어 써 봅시다.

1) 知識 （　　　　　　　） / つうち （　　　　　　　）

2) 疑問 （　　　　　　　） / もんだい （　　　　　　　）

3) 勤勉 （　　　　　　　） / べんきょう （　　　　　　　）

4) 導入 （　　　　　　　） / しどう （　　　　　　　）

5) 育児 （　　　　　　　） / きょういく （　　　　　　　）

2 위 아래, 양 옆 두 칸씩 의미가 통할 수 있도록 한자를 채워 봅시다.

1)
```
        高
   登  □  長
        庭
```

2)
```
        順
   協  □  査
        子
```

3 (　　　　　) 안에 들어갈 알맞은 단어를 찾아 봅시다.

1) 授業中、先生の (　　　　　) に答えられなかった。
   ① 授賞　　　② 質問　　　③ 研磨　　　④ 調達

2) 具体的な (　　　　　) を挙げて説明する。
   ① 列　　　　② 烈　　　　③ 例　　　　④ 裂

3) 辞書で単語の意味を (　　　　)。

① 試みる　　　　② 育てる　　　③ 例える　　　④ 調べる

4) 授業で習ったことを (　　　　) しました。

① 予習　　　　② 復習　　　③ 専用　　　④ 専業

5) 雨の日も雪の日も、選手たちは (　　　　) を続けています。

① 比率　　　　② 探偵　　　③ 練習　　　④ 常識

6) 新製品の開発に (　　　　) したい。

① 課題　　　　② 教訓　　　③ 研修　　　④ 専念

7) おおぜいの人の前で (　　　　) をする。

① 演説　　　　② 卒論　　　③ 順調　　　④ 育成

✓ 평생

へいぜい
平生 (×)

いっしょう
一生 (○)

0677 起 일어날 기

- 훈 起こす 일으키다, 깨우다　子供を起こす 아이를 깨우다
  起きる 일어나다　早起き 일찍 일어남, 또는 그런 사람
  起こる 일어나다　大きな事故が起こった 큰 사고가 일어났다
- 음 き　起源 기원　起床 기상　起立 기립　縁起 재수, 길흉의 조짐

0678 寝 잘 침

- 훈 寝る 자다, 눕다　寝坊 늦잠　昼寝 낮잠
  寝かす 재우다　子供を寝かす 아이를 재우다
- 음 しん　寝台車 침대차　寝室 침실

0679 眠 잘 면

- 훈 眠い 졸리다　眠そうな顔をしている 졸린 듯한 표정을 짓고 있다
  眠気がさす 졸음이 오다　居眠り 앉아서 쫌
  眠る 자다, 잠들다　仕事中に眠ってしまった 일하는 중에 잠들어 버렸다
- 음 みん　安眠 안면　睡眠 수면　不眠症 불면증

0680 夢 꿈 몽

- 훈 夢 꿈　夢を見る 꿈을 꾸다
- 음 む　夢中 열중함, 몰두함　夢遊病 몽유병　悪夢 악몽

0681 浴 목욕 욕

- 훈 浴びる 끼얹다, 뒤집어쓰다　シャワーを浴びる 샤워하다　非難を浴びる 비난을 받다
  浴びせる 끼얹다, 퍼붓다　水を浴びせる 물을 끼얹다
- 음 よく　浴室 욕실　入浴 입욕　日光浴 일광욕　海水浴 해수욕
- 특 浴衣 유카타, 목욕 후 또는 여름철에 입는 일본 전통 의상

0682 呂 성씨 려

- 음 ろ　風呂 목욕, 목욕통　露天風呂 노천탕

0683 活 살릴 활

- 훈 活かす 살리다　経験を活かして働く 경험을 살려서 일하다
- 음 かつ　活動 활동　活躍 활약　活用 활용　活力 활력　生活 생활　復活 부활
  活気 활기　活発 활발

0684

使 부릴 사

훈 使う 사용하다　使い道 용도　使い方 사용법

음 し　　使役 사역　使命 사명　使用 사용　天使 천사

0685

用 쓸 용

훈 用いる 이용하다　このシステムは広く用いられている 이 시스템은 널리 이용되고 있다

음 よう　用意 준비　用件 용건　用心 조심함, 주의　用心深い 조심성이 많다

　　　私用 사적인 용도　信用 신용　費用 비용　利用 이용

0686

作 만들 작

훈 作る 만들다　手作り 수제, 직접 만듦　手作りのケーキ 직접 만든 케이크

음 さ　　作業 작업　作用 작용　操作 조작

　　さく　作成 작성　作品 작품　作文 작문　傑作 걸작　作家 작가

유 의 어

＜'만들다'는 造る? 作る?＞

・造る : 대규모, 유형의 것

　　　橋を造る 다리를 만들다　酒を造る 술을 빚다

・作る : 소규모, 무형의 것도 가능

　　　料理を作る 요리를 만들다　規則を作る 규칙을 만들다

0687

持 가질 지

훈 持つ 가지다, 들다, 지탱하다, 견디다　強い意志を持つ 강한 의지를 가지다

　　残業が多くて、体が持たない 야근이 많아서 몸이 견디지 못한다

음 じ　　持参 지참　持続 지속　維持 유지　支持 지지

0688

失 잃을 실

훈 失う 잃다　信頼を失う 신뢰를 잃다

음 しつ　失礼 실례　失恋 실연　過失 과실　喪失 상실　損失 손실　失格 실격

　　　失敗 실패, 실수

0689

遊 놀 유

훈 遊ぶ 놀다　水遊び 물놀이

음 ゆう　遊園地 유원지　遊戯 유희　遊覧 유람

0690

休 쉴 휴

훈 休む 쉬다　ゆっくり休んでください 편히 쉬세요

　　休める 쉬게 하다, 편하게 하다　心身を休める 심신을 편히 하다

　　休まる 편안해지다　心が休まる 마음이 편해지다

음 きゅう　休暇 휴가　休憩室 휴게실　休日 휴일　休息 휴식　定休日 정기휴일

0691
選
고를 선

- 훈 選ぶ 고르다, 선택하다　正しい答えを選んでください 옳은 답을 고르세요
- 음 せん　選挙 선거　選手 선수　選択 선택　選抜 선발　予選 예선

0692
磨
닦을 마

- 훈 磨く 닦다　歯を磨く 양치질을 하다
- 음 ま　磨耗 마모

0693
掃
쓸 소

- 훈 掃く 쓸다　落ち葉を掃いて集める 낙엽을 쓸어서 모으다
- 음 そう　掃除 청소　清掃 청소

0694
殘
남을 잔

- 훈 残す 남기다　証拠を残す 증거를 남기다
  残る 남다　パンが残っている 빵이 남아 있다
- 음 ざん　残業 야근　残高 잔고, 잔액　残念 유감스러움

0695
付
붙을 부

- 훈 付ける 붙이다, 켜다　火を付ける 불을 붙이다　テレビを付ける 텔레비전을 켜다
  付く 붙다, 켜지다　部屋の電気が付いている 방의 전기가 켜져 있다
- 음 ふ　付近 부근　付着 부착　付与 부여　寄付 기부　交付 교부　添付 첨부

0696
消
사라질 소

- 훈 消す 끄다, 지우다, 제거하다　タバコの火を消す 담뱃불을 끄다
  消える 꺼지다, 지워지다, 사라지다　ろうそくの火が消える 촛불이 꺼지다
- 음 しょう　消化 소화　消極的 소극적　消息 소식　消費 소비　消滅 소멸　解消 해소

0697
慣
익숙할 관

- 훈 慣らす 길들이다, 익숙하게 하다　日本語に耳を慣らす 일본어에 귀를 익숙하게 하다
  慣れる 익숙해지다　新しい仕事に慣れてきた 새로운 일에 익숙해졌다
- 음 かん　慣習 관습　慣用 관용　習慣 습관

0698
注
부을 주

- 훈 注ぐ 붓다, 따르다　コップに水を注ぐ 컵에 물을 따르다
- 음 ちゅう　注意 주의　注射 주사　注目 주목　注文 주문

0699

留

머무를 류(유)

(훈) 留める 고정시키다/끼우다, 채우다　画びょうで留める 압정으로 고정시키다

ボタンを留める 단추를 채우다

留まる (새, 벌레 등이) 앉다/고정되다/인상·마음에 남다

彼の言葉が心に留まる 그의 말이 인상에 남다

(음) りゅう　留学 유학　留年 유급　残留 잔류　保留 보류

る　留守 부재중　留守番電話 부재중 전화　居留守 집에 있으면서 없는 체함

0700

泊

머물 박

(훈) 泊める 묵게하다, 재우다/(배를) 정박시키다　友達を家に泊める 친구를 집에 재우다

泊まる 숙박하다/(배가) 정박하다　きれいなホテルに泊まる 깨끗한 호텔에 묵다

(음) はく　1泊2日 1박2일　外泊 외박　宿泊 숙박

＜'멈추다, 서다'는 止まる? 留まる? 泊まる?＞

・止まる : 움직이던 것이 움직이지 않게 되다 / 이어져 오던 것이 끊기다

車が止まっている 차가 서 있다　時計が止まる 시계가 멈추다

血が止まる 피가 멎다　電気が止まってしまった 전기가 끊겨 버렸다

・留まる : 고정되어 떨어지지 않게 되다 / 인상에 남다 / 새·벌레 등이 앉다

画びょうで留まっている 압정으로 고정되어 있다

心に留まる 인상에 남다　小鳥が枝に留まる 작은 새가 나뭇가지에 앉다

・泊まる : 자신의 집 이외의 곳에서 묵다, 머무르다

ホテルに泊まる 호텔에 묵다　船が港に泊まる 배가 항구에 머물다

159

1 의미가 통하도록 알맞게 선으로 연결해 봅시다.

1) シャワーを ・　　　　　　　　　　・ 選ぶ

2) 正しい答えを・　　　　　　　　　　・ 留める

3) 電気を ・　　　　　　　　　　・ 泊まる

4) コップに水を・　　　　　　　　　　・ 注ぐ

5) 高いホテルに・　　　　　　　　　　・ 消す

6) ボタンを ・　　　　　　　　　　・ 浴びる

2 한자의 훈독과 음독에 주의하며 발음을 써 봅시다.

1) 消 ⇒ 消える (　　　　　　)　　2) 残 ⇒ 残す　（　　　　　　）
　　　　消費　（　　　　　　）　　　　　　　残業　（　　　　　　）

3) 掃 ⇒ 掃く　（　　　　　　）　　4) 用 ⇒ 用いる（　　　　　　）
　　　　掃除　（　　　　　　）　　　　　　　信用　（　　　　　　）

5) 眠 ⇒ 眠る　（　　　　　　）　　6) 慣 ⇒ 慣れる（　　　　　　）
　　　　睡眠　（　　　　　　）　　　　　　　習慣　（　　　　　　）

3 밑줄 친 부분의 올바른 한자를 찾아 봅시다.

1) 病院_{びょういん}で<u>ちゅうしゃ</u>をしてもらった。
　　① 主射　　　　② 主謝　　　　③ 注射　　　　④ 注謝

2) ストレス<u>かいしょう</u>のために、時々_{ときどき}カラオケに行_いきます。
　　① 解少　　　　② 解消　　　　③ 会少　　　　④ 回消

3) 会社_{かいしゃ}の電話_{でんわ}を<u>しよう</u>で使_{つか}わないでください。
　　① 様子　　　　② 私的　　　　③ 私用　　　　④ 使用

4) <u>きゅうけいしつ</u>で昼寝_{ひるね}をしました。
　　① 体憩室　　　② 休憩室　　　③ 急行室　　　④ 急形室

음식 · 음료(食べ物 · 飲み物)와 관련된 한자

0701

食
먹을 식

- 훈 食べる 먹다　食べ物 음식, 먹을 것
　食う 먹다 (주로 남자들이 쓰는 표현)　食いしん坊 먹보
- 음 しょく　食事 식사　食欲 식욕　朝食 아침밥　昼食 점심밥　夕食 저녁밥
　じき　断食 단식

0702

飲
마실 음

- 훈 飲む 마시다　飲み物 음료수
- 음 いん　飲食店 음식점　飲料 음료

0703

材
재목 재

- 음 ざい　材質 재질　材木 재목　教材 교재　取材 취재　人材 인재

0704

料
재료 료

- 음 りょう　料理 요리　給料 급료　材料 재료　資料 자료　無料 무료　有料 유료

0705

味
맛 미

- 훈 味 맛　味気ない 재미없다, 무미건조하다
- 음 み　味噌 된장　意味 의미　興味 흥미　趣味 취미　地味 수수함

0706

甘
달 감

- 훈 甘い 달다/엄하지 않다, 만만하다　甘いにおいがする 단 냄새가 나다
　　　　　　　　　　　　　　　敵を甘く見ている 적을 만만하게 보고 있다
　甘える 응석부리다　甘えん坊 응석받이
　甘やかす 응석을 받아주다　子供を甘やかす 아이의 응석을 받아주다
- 음 かん　甘言 감언, 달콤한 말　甘受 감수

0707

辛
매울 신

- 훈 辛い 맵다
　辛い 괴롭다 (같은 한자지만, 「からい」라고 읽으면 '맵다', 「つらい」라고 읽으면 '괴롭다'가 된다.)
- 음 しん　辛抱 인내　辛抱強い 인내심이 강하다　辛辣 신랄

0708 乳 젖 유

- 훈 ちち 乳 젖　　ち 乳 젖　ちのみご 乳飲み子 젖먹이, 유아
- 음 にゅう　にゅうじ 乳児 유아, 젖먹이 아이　にゅうせいひん 乳製品 유제품　とうにゅう 豆乳 두유　ぎゅうにゅう 牛乳 우유

0709 飯 밥 반

- 훈 めし 飯 밥　ひや めし 冷や飯 찬 밥　むぎめし 麦飯 보리밥　あさめしまえ 朝飯前 식은 죽 먹기 (매우 쉬운 일)
- 음 はん　はん ご飯 밥　ゆうはん 夕飯 저녁밥　ざんぱん 残飯 먹다 남은 밥

0710 肉 고기 육

- 음 にく　にく 肉 고기　にくしょく 肉食 육식　にくたい 肉体 육체　ぎゅうにく 牛肉 소고기　とりにく 鶏肉 닭고기
  ひにく 皮肉 빈정거림, 비아냥　きんにく 筋肉 근육

0711 菜 나물 채

- 훈 な 菜 푸성귀, 나물　あおな 青菜 푸른 채소　な はな 菜の花 유채꽃
- 음 さい　さいしょく 菜食 채식　やさい 野菜 채소　そうざい 惣菜 반찬

0712 茶 차 다 / 차 차

- 음 さ　さどう 茶道 다도　きっさてん 喫茶店 찻집
  ちゃ　ちゃいろ 茶色 갈색　ちゃしつ 茶室 다실　ちゃわん 茶碗 찻잔, 밥공기　こうちゃ 紅茶 홍차　まっちゃ 抹茶 말차, 가루차

0713 酒 술 주

- 훈 さけ 酒 술　さか 酒 (접두사로 술과 관계 있는 말을 만듦)　いざかや 居酒屋 선술집
- 음 しゅ　いんしゅ 飲酒 음주　きんしゅ 禁酒 금주　かじつしゅ 果実酒 과실주

0714 酔 취할 취

- 훈 よ 酔う 취하다　さけ よ 酒に酔っている 술에 취해 있다
  の もの よ 乗り物酔い 차멀미　ふつか よ 二日酔い 숙취
- 음 すい　でいすい 泥酔 만취　ますい 麻酔 마취

0715 杯 잔 배

- 훈 さかずき 杯 술잔　さかづき ほ 杯を干す 술잔을 비우다
- 음 はい　はい 杯 잔 수를 세는 말, 잔　いっぱい 一杯 한 잔/가득　かんぱい 乾杯 건배　しゅくはい 祝杯 축배

0716 菓 과자 과

- 음 か　か し お菓子 과자　せいか 製菓 제과　わ がし 和菓子 화과자, 일본 전통과자

0717 果 열매 과

- 훈 果たす 다하다, 완수하다　責任を果たす 책임을 다하다
  果てる 끝나다, 다하다　命が果てる 목숨이 다하다
- 음 か　果汁 과즙　結果 결과　効果 효과
- 특 果物 과일

0718 油 기름 유

- 훈 油 기름　油絵 유화
- 음 ゆ　油断 방심　石油 석유

0719 塩 소금 염

- 훈 塩 소금　塩気 소금기, 짠맛　塩辛い 짜다
- 음 えん　塩分 염분　食塩水 식염수

0720 湯 물끓일 탕

- 훈 湯 끓인 물, 더운 물/목욕물　湯気 김, 수증기　湯船 욕조, 목욕통
- 음 とう　銭湯 공중목욕탕　熱湯 열탕

0721 卵 알 란(난)

- 훈 卵 달걀　ゆで卵の黄身 삶은 달걀 노른자
- 음 らん　卵黄 노른자위　卵白 흰자위　産卵 산란

0722 焼 불태울 소

- 훈 焼く 태우다/굽다　スポンジケーキを焼く 스폰지 케이크를 굽다
  焼ける 불타다/구워지다　パンが焼けるにおいがする 빵이 구워지는 냄새가 난다
  日焼け 햇볕에 탐　夕焼け 저녁놀
- 음 しょう　焼失 소실　焼却 소각　焼酎 소주　燃焼 연소

0723 煙 연기 연

- 훈 煙る 연기나다　煙 연기　鍋から煙が出る 냄비에서 연기가 나다
  煙たい (연기로) 냅다, 맵다　家の中が煙たい 집안이 연기로 맵다
- 음 えん　煙突 굴뚝　喫煙 흡연　禁煙 금연

의복(衣服)과 관련된 한자
(い ふく)

0724

服
옷 복

음 ふく 　　服 옷　服装 복장　衣服 의복　克服 극복　制服 제복

0725

着
붙을 착

훈 着る 입다　白いシャツを着ている 흰 셔츠를 입고 있다
着せる 입히다　ペットに服を着せる 애완동물에게 옷을 입히다
着く 도착하다　8時ごろ着く予定です 8시쯤 도착할 예정입니다
음 ちゃく 　着席 착석　着陸 착륙　到着 도착　必着 필착　付着 부착　密着 밀착

0726

脱
벗을 탈

훈 脱ぐ 벗다　靴を脱いで入ってください 신발을 벗고 들어와 주세요
脱げる 벗겨지다　靴が脱げた 신발이 벗겨졌다
음 だつ 　脱毛 탈모　脱落 탈락　脱出 탈출　脱退 탈퇴

0727

革
가죽 혁

훈 革 가죽
음 かく 　革新 혁신　革命 혁명　改革 개혁　変革 변혁

0728

靴
가죽신 화

훈 靴 구두, 신발　靴下 양말　靴擦れ 뒤꿈치 등이 구두에 쓸려 생긴 상처
음 か 　軍靴 군화

0729

洗
씻을 세

훈 洗う 씻다　お手洗い 화장실
음 せん 　洗顔 세안　洗車 세차　洗剤 세제　洗脳 세뇌　洗練 세련

0730

濯
씻을 탁

음 たく 　洗濯 세탁

0731

布
베 포

- 훈 布 천　　　布切れ 천조각, 헝겊
- 음 ふ　　　布団 이불　毛布 담요　座布団 방석　配布 배포　分布 분포

0732

袋
자루 대

- 훈 袋 주머니, 봉지　紙袋 종이봉지　手袋 장갑
- 음 たい
- 특 足袋 일본식 버선

0733

帯
띠 대

- 훈 帯 기모노에서 허리에 두르는 띠
　　　帯びる 띠다　重要な任務を帯びる 중요한 임무를 띠고 있다
- 음 たい　　　一帯 일대　時間帯 시간대　地帯 지대　熱帯 열대　包帯 붕대　連帯 연대

0734

針
바늘 침

- 훈 針 바늘　　　針ねずみ 고슴도치
- 음 しん　　　指針 지침　方針 방침

0735

糸
실 사

- 훈 糸 실　　　糸くず 실밥　毛糸 털실
- 음 し　　　金糸 금실

0736

写
베낄 사

훈 写す 베끼다, 그리다, 사진 찍다　友達のノートを写した 친구의 노트를 베꼈다
写る (사진 등이) 찍히다　知らない人が写っている 모르는 사람이 찍혀 있다
음 しゃ　　写真 사진　写本 사본　描写 묘사

0737

撮
취할 촬

훈 撮る 찍다　記念写真を撮る 기념사진을 찍다
음 さつ　　撮影 촬영

0738

旅
나그네 려

훈 旅 여행　旅に出る 여행을 떠나다　旅先 여행지
음 りょ　　旅館 여관　旅客機 여객기　旅行 여행　旅程 여정

0739

登
오를 등

훈 登る 오르다, 올라가다　山登り 등산 (가벼운 등산)
木に登って、町の景色を眺める 나무에 올라가서 마을의 경치를 바라보다
음 とう　　登校 등교　登竜門 등용문　登録 등록
と　　登山 등산

0740

集
모을 집

훈 集める 모으다, 수집하다　資料を集める 자료를 모으다
集まる 모이다　人がたくさん集まっている 사람이 많이 모여 있다
集う 모여들다　メンバー全員が集う 멤버 전원이 모이다
음 しゅう　　集団 집단　集中 집중　採集 채집　収集 수집　編集 편집

0741

踊
뛸 용

훈 踊る 춤추다　踊りながら歩く 춤을 추면서 걷다
음 よう　　舞踊 무용

0742

趣
뜻 취

훈 趣 풍취, 멋, 분위기　趣のある建物 풍취가 있는 건물
음 しゅ　　趣旨 취지　趣味 취미

167

1 의미가 통하도록 보기에서 한자를 선택하여 채워 봅시다.

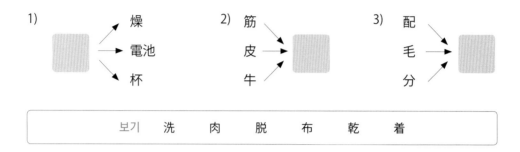

| 보기 | 洗 | 肉 | 脱 | 布 | 乾 | 着 |

2 다음 보기는 이번 장에서 익힌 한 글자로 이루어진 단어들입니다. 발음과 의미를 생각하면서 밑줄 친 부분의 한자를 찾아 써 봅시다.

| 보기 | 趣 | 帯 | 煙 | 湯 | 糸 | 布 | 革 | 杯 | 袋 |

1) おもむきのある風景。 ( )

2) お<ruby>湯<rt>わ</rt></ruby>を沸かす。 ( )

3) <ruby>針<rt>はり</rt></ruby>にいとを<ruby>通<rt>とお</rt></ruby>す。 ( )

4) おびを<ruby>締<rt>し</rt></ruby>める。 ( )

5) ぬのを<ruby>切<rt>き</rt></ruby>る。 ( )

6) ふくろに<ruby>入<rt>い</rt></ruby>れる。 ( )

3 밑줄 친 단어의 올바른 발음을 찾아 봅시다.

1) このケーキはとても甘いですね。
　① からい　　② にがい　　③ あまい　　④ すっぱい

2) あなたのために<ruby>特別<rt>とくべつ</rt></ruby>な<ruby>夕食<rt>ゆう しょく</rt></ruby>を<ruby>用意<rt>よう い</rt></ruby>しました。
　① ちょうしょく　② あさめし　　③ ゆうしょく　　④ ゆうめし

3) このサービスは<u>有料</u>です。
　　① ゆりょ　　　　② ゆりょう　　　　③ ゆうりょ　　　　④ ゆうりょう

4) <ruby>膝<rt>ひざ</rt></ruby>に<u>毛布</u>をかけて<ruby>仕事<rt>しごと</rt></ruby>をしている。
　　① けふ　　　　　② けふう　　　　　③ もふ　　　　　④ もうふ

4 밑줄 친 부분의 올바른 한자를 찾아 봅시다.

1) <ruby>靴<rt>くつ</rt></ruby>を<u>ぬいで</u>ください。
　　① 履いで　　　② 乾いで　　　　③ 着いで　　　④ 脱いで

2) 8<ruby>時<rt>じ</rt></ruby>に<ruby>空港<rt>くうこう</rt></ruby>に<u>とうちゃく</u>する<ruby>予定<rt>よてい</rt></ruby>です。
　　① 到着　　　　② 倒着　　　　　③ 到差　　　　④ 倒差

3) <ruby>写真<rt>しゃしん</rt></ruby>には<ruby>何<rt>なに</rt></ruby>も<u>うつって</u>いなかった。
　　① 踊って　　　② 撮って　　　　③ 写って　　　④ 移って

4) <ruby>酒<rt>さけ</rt></ruby>に<u>よって</u>、<ruby>彼女<rt>かのじょ</rt></ruby>に<ruby>失礼<rt>しつれい</rt></ruby>なことを<ruby>言<rt>い</rt></ruby>ってしまった。
　　① 酌って　　　② 酔って　　　　③ 酒って　　　④ 酎って

☑ 거래

<ruby>去来<rt>きょらい</rt></ruby> (×)

<ruby>取引<rt>とりひき</rt></ruby> (○)

병원 · 건강(病院·健康)과 관련된 한자

0743

病
병 병

- 훈 病む 앓다, 병들다　この社会は病んでいる 이 사회는 병들어 있다
  病 병　　不治の病 불치병
- 음 びょう　病院 병원　病室 병실　病人 병자　臆病 겁이 많음　看病 간병　難病 난치병
  へい　疾病 질병

0744

医
의원 의

- 음 い　医院 의원　医学 의학　医者 의사　医術 의술　医療 의료

0745

命
목숨 명

- 훈 命 목숨, 생명
- 음 めい　命令 명령　運命 운명　革命 혁명　使命 사명　生命 생명
  みょう　寿命 수명

0746

救
구원할 구

- 훈 救う 구하다　スーパーマンが地球を救う 슈퍼맨이 지구를 구하다
- 음 きゅう　救急車 구급차　救済 구제　救出 구출　救助 구조

0747

薬
약 약

- 훈 薬 약　薬屋 약국　粉薬 가루약　塗り薬 바르는 약　目薬 안약
- 음 やく　薬剤師 약사　薬草 약초　薬局 약국　医薬品 의약품　毒薬 독약

0748

効
본받을 효

- 훈 効く 듣다, 효력이 있다　この薬は風邪によく効く 이 약은 감기에 잘 듣는다
- 음 こう　効果 효과　効能 효능　効率 효율　効力 효력　有効 유효

0749

息
숨쉴 식

- 훈 息 숨, 호흡　息切れ 숨이 참, 헐떡임　息苦しい 숨이 막히다
- 음 そく　休息 휴식　消息 소식　利息 이자
- 특 息子 아들　息吹 숨결

170

0750

吸
숨쉴 흡

훈 吸う 들이 마시다　タバコを吸う 담배를 피우다

음 きゅう　吸引力 흡인력　吸収 흡수　呼吸 호흡

0751

健
건강할 건

훈 健やか 건전함, 건강함　子供が健やかに育つ 아이가 건강하게 자라다

음 けん　健康 건강　健全 건전　健闘 건투　保健室 보건실

0752

傷
상할 상

훈 傷 상처　傷跡 흉터
傷める 상하게 하다, 손상시키다　この洗剤は生地を傷める 이 세제는 옷감을 상하게 한다
傷む 상하다, 손상되다　食べ物が傷む 음식이 상하다

음 しょう　傷害 상해　死傷者 사상자　重傷 중상　損傷 손상

0753

痛
아플 통

훈 痛い 아프다　頭が痛い 머리가 아프다
痛む 아프다　歯がずきずき痛む 이가 욱신욱신 쑤시며 아프다
痛める 다치다　肩を痛める 어깨를 다치다

음 つう　痛快 통쾌　痛感 통감　苦痛 고통　頭痛 두통　腹痛 복통

1 「痛」와「傷」를 이용해서 한자를 구별하여 써 봅시다.

1) いたんだ牛乳を飲んでしまった。　（　　　　　　）

2) 腰がいたむ。　（　　　　　　）

3) 虫歯がいたんで、眠れない。　（　　　　　　）

4) 犬小屋がいたんできたので、修理する。　（　　　　　　）

2 의미가 통하도록 보기에서 적당한 단어를 골라 （　　　　　） 안에 써 봅시다.

보기　寿命　効果　救助　健康　重傷　苦痛

1) 彼は事故で（　　　　）を負った。

2) 医学が進歩するにしたがって、平均（　　　　）が延びた。

3) 大声で叫んで（　　　　）を求める。

3 밑줄 친 단어의 올바른 발음을 찾아 봅시다.

1) 子供の健やかな成長を願う。
　① おだやかな　　② すみやかな　　③ はなやかな　　④ すこやかな

2) 十分な休息をとりましょう。
　① きゅういき　　② きゅうそく　　③ やすいき　　④ やすそく

3) 呼吸をするたびに、胸の痛みを感じる。

① こきゅう ② こうきゅう ③ きゅしゅ ④ きゅうしゅう

4) ビールを飲むと、頭痛がする。

① とつう ② とうつう ③ ずつ ④ ずつう

5) 生命保険に加入しようと思っている。

① しょうめい ② せいめい ③ しょうみょう ④ せいみょう

✓ 소문

所聞（×）

噂（○）

상품 · 장사(商品·商売)와 관련된 한자

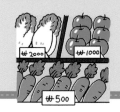

0754
買
살 매

- 훈 **買**う 사다　　**買い物** 쇼핑
- 음 **ばい**　　**買価** 매가　**買収** 매수　**不買** 불매

0755
売
팔 매

- 훈 **売**る 팔다　　**売り上げ** 매상　　**売り切れる** 매진되다
  売れる 팔리다　　**家が売れない** 집이 팔리지 않는다
- 음 **ばい**　　**売買** 매매　**売却** 매각　**売店** 매점　**競売** 경매　**発売** 발매

0756
商
장사 상

- 훈 **商**う 장사하다, 매매하다
- 음 **しょう**　　**商人** 상인　**商売** 장사　**商品券** 상품권

0757
店
가게 점

- 훈 **店** 가게　　**店先** 가게 앞, 점두
- 음 **てん**　　**店員** 점원　**開店** 개점　**閉店** 폐점　**喫茶店** 찻집　**商店** 상점　**書店** 서점

0758
製
만들 제

- 음 **せい**　　**製作** 제작　**製造** 제조　**製鉄所** 제철소

0759
品
물건 품

- 훈 **品** 물건　　**品切れ** 절품　**品物** 물품, 물건
- 음 **ひん**　　**品格** 품격　**品質** 품질　**品目** 품목　**商品** 상품　**製品** 제품

0760
販
팔 판

- 음 **はん**　　**販売** 판매　**市販** 시판

0761
客
손님 객

- 음 **かく**　　**旅客機** 여객기
  きゃく　　**お客さん** 손님　**客間** 객실　**客観的** 객관적　**観客** 관객　**顧客** 고객

0762

価
값 가

- 훈 価 값, 가치　製品に価をつける 제품에 값을 매기다
- 음 か　価格 가격　原価 원가　高価 고가　定価 정가　評価 평가　物価 물가

0763

値
값 치

- 훈 値 가격　値上げ 가격 인상　値下げ 가격 인하　値段 가격　値引き 값을 깎음
  値 값, 수
- 음 ち　価値 가치　数値 수치

유 의 어

<'값'은 価? 値?>
- 価 : 가격, 가치를 말한다.　5万円の価が付けられる 5만 엔의 값이 매겨지다
- 値 : 수학에서 말하는 값을 말한다.　aの値を求めなさい a값을 구하시오

0764

扱
다룰 급

- 훈 扱う 다루다, 취급하다　取り扱う 다루다, 취급하다　取り扱い説明書 취급 설명서

0765

量
헤아릴 량

- 훈 量る (무게 등을) 재다, 달다　体重を量る 체중을 재다
- 음 りょう　量 양　減量 감량　多量 다량　大量 대량　少量 소량　分量 분량

0766

質
바탕 질

- 훈 質 타고난 성질, 체질　質の悪い人間 질 나쁜 인간
- 음 しつ　質 질　質問 질문　物質 물질　性質 성질　水質 수질　体質 체질
  品質 품질
  しち　質屋 전당포　人質 인질

0767

類
무리 류(유)

- 음 るい　類型 유형　類似 유사　魚類 어류　種類 종류　人類 인류　分類 분류

0768

何
어찌 하

- 훈 何 몇, 얼마, 무엇　何 무엇, 어떤　何気ない 별 생각없다, 아무렇지도 않다
- 음 か　幾何学 기하학
- 特 何故 왜, 어째서

물건(品物)과 관련된 한자

しなもの

0769

容
얼굴 용

음 よう   容易 용이, 손쉬움   容量 용량   寛容 관용   内容 내용

0770

器
그릇 기

훈 うつわ   器 그릇   器に盛る 그릇에 담다

음 き   器用 손재주가 있음, 솜씨 좋음   器量 기량   楽器 악기   食器 식기

     容器 용기

0771

具
갖출 구

음 ぐ   具合 형편, 상태   具体的 구체적   家具 가구   玩具 완구   道具 도구

0772

箱
상자 상

훈 はこ   箱 상자   貯金箱 저금통   筆箱 필통

0773

棒
막대기 봉

음 ぼう   棒 봉, 막대기   棒グラフ 막대 그래프   鉄棒 철봉   泥棒 도둑

0774

鏡
거울 경

훈 かがみ   鏡 거울   手鏡 손거울

음 きょう   顕微鏡 현미경   双眼鏡 쌍안경   望遠鏡 망원경

특 眼鏡 안경

0775

紙
종이 지

훈 かみ   紙 종이   紙切れ 종잇조각   手紙 편지

음 し   紙幣 지폐   白紙 백지   表紙 표지   新聞紙 신문지

0776

券
문서 권

음 けん   券売機 (승차권, 입장권 등의) 매표기   乗車券 승차권   食券 식권

     商品券 상품권   入場券 입장권   旅券 여권

0777

缶
깡통 관

音 かん　缶 캔　缶コーヒー 캔커피　缶詰 통조림　空き缶 빈 깡통

0778

機
기계 기

訓 機 베틀

音 き　機能 기능　危機 위기　時機 시기　動機 동기

0779

械
기계 계

音 かい　器械 기계　機械 기계

유의어

< '기계'는 器械? 機械? >

· 機械 : 복잡한 장치를 하고 있고, 전기나 석유 등의 동력을 이용하는 대규모의 것을 의미한다.

この工場は機械化されている 이 공장은 기계화되어 있다

· 器械 : 운동, 측정, 실험 등에 이용하는 비교적 단순한 소규모의 것을 의미한다.

私は器械体操が得意だ 나는 기계체조를 잘한다

0780

台
집 대 / 태풍 태

音 たい　台風 태풍　舞台 무대

だい　台形 마름모꼴　台所 부엌　台無し 엉망, 망가짐　台本 대본

0781

玉
구슬 옥

訓 玉 구슬　目玉 눈알　目玉商品 특매품　目玉焼き 달걀 프라이

音 ぎょく　玉石 옥석

0782

宝
보배 보

訓 宝 보물　宝探し 보물찾기　宝物 보물

音 ほう　宝庫 보고　資源の宝庫 자원의 보고　国宝 국보　宝石 보석

0783

机
책상 궤

訓 机 책상

音 き　机上の空論 탁상공론

0784

皿

그릇 명

음 皿 접시 さら 灰皿 재떨이 はいざら

0785

箸

젓가락 저

음 箸 젓가락 はし 箸置き 젓가락 받침 はし お

0786

傘

우산 산

훈 傘 우산 かさ 傘を差す 우산을 쓰다 かさ さ

음 さん 落下傘 낙하산 らっ か さん

178

1 보기와 같이 한 글자로 이루어진 단어의 발음과 의미를 적어 봅시다.

보기 鏡 (かがみ / 거울)

1) 器 (/   )   2) 缶 (/   )

3) 玉 (/   )   4) 宝 (/   )

5) 箸 (/   )

2 위 아래, 양 옆 두 칸씩 의미가 통할 수 있도록 한자를 채워 봅시다.

1)

2)

3 의미가 통하도록 (   ) 안에 들어갈 알맞은 단어를 골라 봅시다.

1) 空港で荷物の重さを (   )。
　① 扱った　　② 量った　　③ 洗った　　④ 商った

2) 最近、(   ) の値段が少し安くなってきました。
　① 商人　　② 不買　　③ 品物　　④ 来客

3) 駅の (   ) で週刊誌を買う。
　① 宝庫　　② 台所　　③ 価値　　④ 売店

4) もう (   ) になって、買えなかった。
　① 売れ切れ　② 売り上げ　③ 売れ行き　④ 売り買い

5) 今日は体の (   ) が悪い。
　① 重量　　② 具合　　③ 品質　　④ 分類

179

다음은 일본어능력시험 N3 수준의 독해 지문입니다. 독해 지문 속에 쓰인 한자를 익히면서 독해 실력도 함께 키워 보세요.

2015年9月26日

保護者様　各位

高田小学校

校長　横田喜一

拝啓

いつも高田小学校にご理解とご協力をいただき、ありがとうございます。

さて、高田小学校ではこのたび作品展を開くことになりました。絵画や習字、粘土等の作品だけでなく、授業中の様子をおさめた写真展や、生徒たちの普段の姿をうつしたビデオなどもお見せする予定でおります。皆さまには、ぜひお越しいただき、生徒たちの学校での様子をご覧いただけたらと存じます。

敬具

問　この手紙では、作品展で何をすると言っているか。

1　生徒たちの写った写真を展示する。
2　生徒たちの作った作品を販売する。
3　生徒たちと保護者が一緒にビデオを撮る。
4　生徒たちと保護者が一緒に作品を作る。

□ 保護者 보호자
□ 協力 협력
□ 姿 모습
□ 各位 각위, 여러분
□ 粘土 점토
□ ご覧いただく 봐주시다

모양(形)과 관련된 한자

0787

円
둥글 원

- 🔵 円い 둥글다
- 🔴 えん　円 엔, 일본 돈의 단위　円滑 원활함　円形 원형　円満 원만함

0788

丸
둥글 환

- 🔵 丸 동그라미　丸印をつける 동그라미표를 치다
  丸い 둥글다　丸きり 전혀, 완전히　丸ごと 통째로　丸坊主 민머리, 빡빡머리
  丸める 둥글게 뭉치다　紙をくしゃくしゃに丸める 종이를 구깃구깃 둥글게 구기다
- 🔴 がん　弾丸 탄환

유의어

＜'둥글다'는 円い? 丸い?＞
- ・円い : 둥글다. 평면적인 원형　円いお皿 둥근 접시
- ・丸い : 둥글다. 일반적이고 입체적인 구형　地球は丸い 지구는 둥글다

0789

細
가늘 세

- 🔵 細い 가늘다　足が細い 다리가 가늘다
  細める 가늘게 하다　まぶしくて目を細める 눈이 부셔서 눈을 가늘게 뜨다
  細か 아주 작음, 상세함　細かなホコリ 자잘한 먼지
  細かい 작다, 상세하다, 세심하다　細かい気配りに感動した 세심한 배려에 감동했다
- 🔴 さい　細菌 세균　細胞 세포　些細 사소함　繊細 섬세

0790

太
클 태

- 🔵 太い 두껍다　足が太い 다리가 두껍다
  太る 살찌다, 뚱뚱하다　去年より太った 작년보다 살쪘다
- 🔴 たい　太鼓 북　太陽 태양　太陽電池 태양전지

0791

線
줄 선

- 🔴 せん　線 선　線路 선로　曲線 곡선　直線 직선　視線 시선　電線 전선

0792

点
점 점

- 🔴 てん　点 점　点検 점검　点数 점수　欠点 결점　採点 채점　重点 중점
  得点 득점

0793 面 낯 면

- 훈 おも 面 얼굴 / おもて 面 얼굴, 겉면 / つら 面 낯짝
- 음 めん
  - めんどう 面倒 번거로움, 돌봄 ／ めんどうな てつづき 面倒な手続き 번거로운 수속
  - こども めんどう み 子供の面倒を見る 아이를 돌보다 ／ めんどうくさい 面倒臭い 몹시 귀찮다
  - めんせつ 面接 면접 ／ しょうめん 正面 정면 ／ ばめん 場面 장면 ／ ひょうめん 表面 표면 ／ がめん 画面 화면

0794 直 곧을 직

- 훈 なお 直す 고치다 ／ けってん なお 欠点を直す 결점을 고치다
  - なお 直る 고쳐지다 ／ わるい くせ なお 悪い癖が直った 나쁜 습관이 고쳐졌다
  - す 直ぐ 이내, 바로 ／ ただ 直ちに 즉시, 당장
- 음 じき しょうじき 正直 정직
  - ちょく ちょくご 直後 직후 ／ ちょくせつ 直接 직접 ／ ちょくぜん 直前 직전 ／ そっちょく 率直 솔직

<'고치다'는 直す? 治す?>

- 直す : 고장난 물건, 잘못이나 좋지 못한 점을 고치다
  - せんせい とうあん まちがい なお 先生が答案の間違いを直してくれた 선생님이 틀린 답을 고쳐 주었다
- 治す : 병이나 상처를 고치다
  - くすり の かぜ なお 薬を飲んで、風邪を治す 약을 먹고 감기를 고치다

0795 球 공 구

- 훈 たま 球 공, 전구
- 음 きゅう きゅうぎ 球技 구기 ／ がんきゅう 眼球 안구 ／ ちきゅう 地球 지구 ／ でんきゅう 電球 전구 ／ やきゅう 野球 야구

0796 様 모양 양

- 훈 さま 様 모습/~님, ~씨 ／ おくさま 奥様 사모님, 부인 (남의 아내의 높임말) ／ きゃくさま お客様 손님, 고객님 ／ さまざま 様々 가지각색
- 음 よう ようす 様子 상황, 형편 ／ どうよう 同様 마찬가지임, 다름없음 ／ もよう 模様 무늬, 모양
  - あめ も よう 雨模様 비가 올 것 같은 하늘

0797 似 닮을 사

- 훈 に 似る 닮다 ／ いもうと はは に 妹は母に似ている 여동생은 엄마를 닮았다
- 음 じ るいじ 類似 유사 ／ るいじてん 類似点 유사점
- 특 まね 真似 흉내

0798 形 모양 형

- 훈 かたち 形 모양 ／ かた 形 형, 모양, 형상 ／ かたみ 形見 (죽은 사람의) 유품
- 음 ぎょう にんぎょう 人形 인형
  - けい けいしき 形式 형식 ／ けいたい 形態 형태 ／ けいようし 形容詞 형용사 ／ ずけい 図形 도형 ／ せいほうけい 正方形 정사각형

型
틀 형

훈 型 형, 틀, 본   ^{おおがた}大型 대형   ^{こがた}小型 소형   ^{しんがた}新型 신형   ^{けつえきがた}血液型 혈액형

음 けい   ^{てんけい}典型 전형   ^{もけい}模型 모형   ^{るいけい}類型 유형

<　'모양'은 形? 型?＞

·形 : 구체적 모습·모양 / 명사에 붙어 「がた」라는 발음을 만들면서 그것과 비슷한 모양을 의미

^{たまごがた}卵形の^{かお}顔 달걀형의 얼굴   ピラミッド^{がた}形の^{ぶったい}物体 피라미드형 물체

·型 : 모양을 만들 때 본이 되는 틀 / 명사에 붙어 「がた」라는 발음을 만들면서 공통되는 성질·특

징·유형을 나타냄 / 정해진 형식·틀

^{かた}型にはまる 틀에 박히다   ^{かた}型を^と取る 본을 뜨다   ^{あさがた}朝型の^{にんげん}人間 아침형 인간

^{けつえきがた}血液型 혈액형   ^{さいしんがた}最新型 최신형

색깔 · 빛(色·光)과 관련된 한자

0800

色
빛 색

- 訓 色 いろ 색　　色々 いろいろ 여러 가지　　赤色 あかいろ 빨간색
- 音 しき　　色彩 しきさい 색채　　色素 しきそ 색소　　景色 けしき 경치
- しょく　　原色 げんしょく 원색　　特色 とくしょく 특색　　無色 むしょく 무색

0801

赤
붉을 적

- 訓 赤い あかい 빨갛다　　赤ん坊 あかんぼう 아기
  赤らむ あからむ 붉어지다　　西の空が赤らんでくる にしのそらがあからんでくる 서쪽 하늘이 붉어지다
  赤らめる あからめる 붉히다　　顔を赤らめる かおをあからめる 얼굴을 붉히다
- 音 せき　　赤外線 せきがいせん 적외선　　赤十字 せきじゅうじ 적십자　　赤裸々 せきらら 적나라

0802

青
푸를 청

- 訓 青い あおい 파랗다　　青い顔 あおいかお 창백한 얼굴　　青信号 あおしんごう 청신호
- 音 せい　　青春 せいしゅん 청춘　　青少年 せいしょうねん 청소년　　青年 せいねん 청년

0803

白
흴 백

- 訓 白い しろい 희다, 하얗다
  白 しら 흰　　白髪 しらが 흰머리　　白雪姫 しらゆきひめ 백설공주
- 音 はく　　白紙 はくし 백지　　空白 くうはく 공백　　告白 こくはく 고백　　潔白 けっぱく 결백

0804

黒
검을 흑

- 訓 黒い くろい 검다　　白黒 しろくろ 흑백
- 音 こく　　黒鉛 こくえん 흑연　　暗黒 あんこく 암흑

0805

黄
누를 황

- 訓 黄 き 노랑　　黄色い きいろい 노랗다
- 音 おう　　黄金 おうごん 황금　　硫黄 いおう 유황
  こう　　黄砂 こうさ 황사

0806

緑
푸를 록(녹)

- 訓 緑 みどり 초록
- 音 りょく　　緑茶 りょくちゃ 녹차　　新緑 しんりょく 신록

0807 紅 붉을 홍

- 훈 紅 ^{べに} 연지　口紅 ^{くちべに} 립스틱　紅 ^{くれない} 다홍
- 음 こう　紅一点 ^{こういってん} 홍일점　紅茶 ^{こうちゃ} 홍차
　紅葉 ^{こうよう} 단풍 (「もみじ」라고도 읽음)　紅葉する ^{こうよう} (잎이) 붉게 물들다

0808 光 빛 광

- 훈 光る ^{ひか} 빛나다　光 ^{ひかり} 빛
- 음 こう　光栄 ^{こうえい} 영광　光景 ^{こうけい} 광경　光線 ^{こうせん} 광선　観光 ^{かんこう} 관광　脚光 ^{きゃっこう} 각광
　日光浴 ^{にっこうよく} 일광욕

0809 明 밝을 명

- 훈 明るい ^{あか} 밝다　明かり ^あ 빛
　明かす ^あ 털어놓다　秘密を明かす ^{ひみつ あ} 비밀을 털어놓다
　明ける ^あ 날이 밝다, 새해가 되다　年が明ける ^{とし あ} 새해가 되다
　明らか ^{あき} 명백함, 분명함　真実を明らかにする ^{しんじつ あき} 진실을 명백히 하다
- 음 みょう　明日 ^{みょうにち} 내일 (딱딱한 표현)
　めい　明確 ^{めいかく} 명확　明瞭 ^{めいりょう} 명료　証明 ^{しょうめい} 증명　透明 ^{とうめい} 투명　発明 ^{はつめい} 발명　判明 ^{はんめい} 판명
- 特 明日 ^{あした} 내일

0810 暗 어두울 암

- 훈 暗い ^{くら} 어둡다　暗闇 ^{くらやみ} 어둠
- 음 あん　暗記 ^{あんき} 암기　暗号 ^{あんごう} 암호　暗殺 ^{あんさつ} 암살　暗示 ^{あんじ} 암시　明暗 ^{めいあん} 명암

0811 電 번개 전

- 음 でん　電気 ^{でんき} 전기　電源 ^{でんげん} 전원　電車 ^{でんしゃ} 전차　電池 ^{でんち} 전지　電灯 ^{でんとう} 전등　電話 ^{でんわ} 전화
　充電 ^{じゅうでん} 충전　停電 ^{ていでん} 정전　漏電 ^{ろうでん} 누전

0812 陽 양기 양

- 음 よう　陽気 ^{ようき} 명랑함/날씨　陽気な人 ^{ようき ひと} 쾌활한 사람　陰陽 ^{いんよう} 음양　太陽 ^{たいよう} 태양
- 特 陽炎 ^{かげろう} 아지랑이

0813 影 그림자 영

- 훈 影 ^{かげ} 그림자
- 음 えい　影響 ^{えいきょう} 영향　影響を与える ^{えいきょう あた} 영향을 주다　幻影 ^{げんえい} 환영　撮影 ^{さつえい} 촬영　投影 ^{とうえい} 투영

0814 差 다를 차

- 훈 差す ^さ 비치다　朝日が差す ^{あさひ さ} 아침 해가 비치다　傘を差す ^{かさ さ} 우산을 쓰다　差し上げる ^{さ あ} 드리다
- 음 さ　差別 ^{さべつ} 차별　交差点 ^{こうさてん} 교차점　誤差 ^{ごさ} 오차　時差 ^{じさ} 시차

1 「色」의 발음이 같은 단어끼리 묶어 봅시다.

> 色彩　赤色　原色　特色　色々　景色　無色　色素

1) いろ : _____

2) しき : _____

3) しょく : _____

2 다음 ① ~ ③에는 같은 한자가 들어갑니다. 의미를 생각하며 써 봅시다.

> 예　（ 暗 ）　①□記　　②□号　　③明□

1) (　　　)　　①□源　　②充□　　③□灯

2) (　　　)　　①□接　　②□倒　　③画□

3) (　　　)　　①観□　　②日□浴　　③□景

4) (　　　)　　①□数　　②□検　　③欠□

3 다음 단어의 올바른 표기법을 찾아 봅시다.

1) こまかい　　　　　　　　　　(a. 細い　b. 細かい)

2) ふとる　　　　　　　　　　　(a. 太る　b. 太とる)

3) あかるい　　　　　　　　　　(a. 明い　b. 明るい)

4) ひかる　　　　　　　　　　　(a. 光る　b. 光かる)

4 밑줄 친 단어의 올바른 발음을 찾아 봅시다.

1) 秋になると、木々が赤や黄色に紅葉する。
　① くれよ　　　② くれよう　　　③ こよう　　　④ こうよう

2) 彼に直接会って話したい。
　① ちょくせつ　　② ちょっせつ　　③ じきせつ

상태(状態)와 관련된 한자

0815

状
모양 상

- 음 じょう　　状況 상황　　現状 현상, 현재 상태　　症状 증상　　招待状 초대장

0816

態
모양 태

- 음 たい　　態勢 태세　　態度 태도　　実態 실태　　状態 상태　　生態系 생태계

0817

存
있을 존

- 음 そん　　依存 의존　　現存 현존
- 　　ぞん　　存じる 알다(「知る」의 겸양어)　　存分 실컷, 맘껏　　生存 생존　　保存 보존

0818

在
있을 재

- 훈 在る 있다 (대체로 히라가나로 사용)
- 음 ざい　　在庫 재고　　現在 현재　　自由自在 자유자재　　所在 소재　　存在 존재

0819

安
편안할 안

- 훈 安い 싸다　　安っぽい 싸구려로 보이다　　安らぐ 평온해지다
- 음 あん　　安心 안심　　安全 안전　　安定 안정　　安否 안부　　治安 치안　　不安 불안

0820

危
위태로울 위

- 훈 危ない 위험하다
- 　　危うい 위태롭다　　危うく転ぶところだった 하마터면 넘어질 뻔했다
- 음 き　　危機 위기　　危篤 위독　　危険 위험

0821

険
험할 험

- 훈 険しい 가파르다, 험하다
- 음 けん　　険悪 험악　　危険 위험　　冒険 모험　　保険 보험

0822

団
둥글 단

- 음 だん　　団結 단결　　団子 경단　　団地 단지　　劇団 극단　　集団 집단
- 　　とん　　布団 이불

188

0823

丈
어른 장

- 훈 丈 키, 길이, 기장　膝丈のスカート 무릎 기장의 스커트
- 음 じょう　丈夫 건강함, 튼튼함　頑丈 견고함, 튼실함　大丈夫 괜찮음

0824

固
굳을 고

- 훈 固い 굳다　固く信じている 굳게 믿고 있다
  固める 굳히다　決心を固める 결심을 굳히다
  固まる 굳다, 딱딱해지다　砂糖が固まった 설탕이 굳었다
- 음 こ　固体 고체　固定 고정　固有 고유　頑固 완고

유의어

<'딱딱하다'는 固い? 硬い? 堅い?>

· 固い : 단단하다, 굳다 (⇔ ゆるい 헐렁하다, 묽다)
　固い約束 굳은 약속　頭が固い 완고하다
· 硬い : 딱딱하다, 경직되다 (⇔ やわらかい 부드럽다)
　硬い石 딱딱한 돌　硬い文章 딱딱한 문장　硬い表情 딱딱한 표정
· 堅い : 딱딱하다, 견실하다 (⇔ もろい 무르다, 부서지기 쉽다)
　堅い地面 단단한 지면　堅い人 견실한 사람　口が堅い 입이 무겁다

0825

柔
부드러울 유

- 훈 柔らかい 부드럽다　柔らかい態度を取る 부드러운 태도를 취하다
  柔らか 부드러움, 유연함　柔らかな微笑みを浮かべる 부드러운 미소를 띄우다
- 음 じゅう　柔道 유도　柔軟 유연
  にゅう　柔和 부드럽고 온화함

0826

流
흐를 류(유)

- 훈 流す 흘리다　涙を流す 눈물을 흘리다　情報を流す 정보를 퍼뜨리다
  流れる 흐르다, 흘러가다　川が流れる 강이 흘러가다
- 음 りゅう　流行 유행　流通 유통　交流 교류　合流 합류
  る　流布 유포
- 특 流行る 유행하다

0827

液
즙 액

- 음 えき　液 액, 즙　液状 액상　液体 액체　血液 혈액　溶液 용액

0828

氷
얼음 빙

- 훈 氷 얼음 　　氷が溶ける 얼음이 녹다
- 음 ひょう 　　氷河 빙하 　　氷山の一角 빙산의 일각 　　氷点 빙점

0829

粉
가루 분

- 훈 粉 가루 　　小麦粉 밀가루
  粉 가루 　　粉薬 가루약
- 음 ふん 　　粉砕 분쇄 　　粉末 분말 　　花粉 꽃가루 　　花粉症 꽃가루 알레르기

0830

灰
재 회

- 훈 灰 재 　　灰色 회색 　　灰皿 재떨이
- 음 かい 　　石灰 석회

0831

変
변할 변

- 훈 変える 바꾸다 　　電話番号を変える 전화번호를 바꾸다
  変わる 바뀌다 　　季節の変わり目 환절기
- 음 へん 　　変化 변화 　　変革 변혁 　　変換 변환 　　変更 변경 　　変態 변태 　　変動 변동

0832

汚
더러울 오

- 훈 汚い 더럽다 　　部屋が汚い 방이 지저분하다
  汚す 더럽히다 　　服を汚す 옷을 더럽히다
  汚れる 더러워지다 　　スカートが汚れてしまった 스커트가 더러워져 버렸다
  汚す 더럽히다, 모독하다 　　名誉を汚す 명예를 더럽히다
  汚れる 더럽혀지다, 부정타다 　　汚れた金 더럽혀진 돈
  汚らわしい 불결하다, 역겹다 　　口にするのも汚らわしい 입에 올리는 것도 역겹다
- 음 お 　　汚職 비리 (직권 · 지위를 남용해 부정행위를 저지름) 　　汚染 오염 　　汚物 오물
  汚名 오명

0833

乱
어지러울 란(난)

- 훈 乱す 흐트리다, 어지럽히다 　　秩序を乱す 질서를 어지럽히다
  乱れる 흐트러지다 　　乱れた髪を整える 흐트러진 머리칼을 정리하다
- 음 らん 　　乱雑 난잡 　　乱闘 난투 　　乱暴 난폭 　　混乱 혼란 　　反乱 반란

0834

雑
섞일 잡

- 음 ざつ 　　雑音 잡음 　　雑誌 잡지 　　雑草 잡초
  ぞう 　　雑巾 걸레
- 특 雑魚 잡어, 자질구레한 물고기

0835

積 쌓을 적

훈 積む 쌓다　　経験を積む 경험을 쌓다

積もる 쌓이다　　雪が積もっている 눈이 쌓여 있다

음 せき　　積雪量 적설량　　面積 면적　　蓄積 축적　　積極的 적극적

0836

散 흩을 산

훈 散る (꽃, 잎 등이) 지다/흩어지다 (예외 1그룹 동사)　　桜の花が散る 벚꽃이 지다

散らす 흩뜨리다, 여기저기 뿌리다　　バラの花びらを散らす 장미 꽃잎을 흩뿌리다

散らかす 어지르다　　部屋を散らかす 방을 어지르다

散らかる 널리다, 널브러지다　　空き缶が散らかっている 빈 깡통이 널려 있다

散らばる 흩어지다, 산재하다

工場は日本全国に散らばっている 공장은 일본 전국에 산재해 있다

음 さん　　散漫 산만　　散乱 산란　　散歩 산책　　解散 해산　　発散 발산　　分散 분산

0837

急 급할 급

훈 急ぐ 서두르다　　急いでご飯を食べる 서둘러서 밥을 먹다

음 きゅう　　急に 갑자기　　急激 급격함　　急増 급증　　応急 응급　　緊急 긴급　　特急 특급

救急車 구급차

0838

平 평평할 평

훈 平ら 평평함, 납작함　　平らな表面 평평한 표면

平たい 납작하다　　平仮名 히라가나　　平社員 평사원　　手の平 손바닥

음 へい　　平均 평균　　平面 평면　　平凡 평범　　平日 평일　　平和 평화　　公平 공평

びょう　　平等 평등

0839

精 자세할 정

음 せい　　精一杯 있는 힘껏　　精巧 정교　　精神 정신　　精密 정밀

0840

適 알맞을 적

음 てき　　適性 적성　　適当 적당　　適任者 적임자　　適用 적용　　快適 쾌적

0841

可 옳을 가

음 か　　可能 가능　　許可 허가　　認可 인가　　不可 불가

0842

静
고요할 정

훈 静か 조용함　教室が静かになった 교실이 조용해졌다
静める 가라앉히다　興奮を静める 흥분을 가라앉히다
静まる 조용해지다, 가라앉다　風が静まる 바람이 잠잠해지다

음 じょう　静脈 정맥
せい　静寂 정적　静電気 정전기　平静 평정

0843

余
남을 여

훈 余す 남기다　実力を余すところなく発揮する 실력을 남김없이 발휘하다
余る 남다　材料が余ってしまった 재료가 남아버렸다

음 よ　余韻 여운　余暇 여가　余命 여명　余裕 여유

0844

昇
오를 승

훈 昇る (해, 달 등이) 뜨다, 하늘로 오르다　海から昇る朝日 바다에서 떠오르는 아침 해

음 しょう　昇進 승진　昇天 승천　上昇 상승

0845

落
떨어질 락(낙)

훈 落とす 떨어뜨리다/잃어버리다/제거하다　卵を床に落とした 계란을 바닥에 떨어뜨리다
財布を落とす 지갑을 잃어버리다　化粧を落とす 화장을 지우다
落し物 분실물
落ちる 떨어지다　ペンが落ちている 펜이 떨어져 있다
落ち着く 가라앉다, 침착하다　落ち葉 낙엽

음 らく　落書き 낙서　落語 만담　落下 낙하　下落 하락　急落 급락　段落 단락
没落 몰락

연 습 문 제

1 의미가 통하도록 알맞게 선으로 연결해 봅시다.

1) 汚職 ・　　　　　　　　・ 特にすぐれたところがないこと。特色がない

2) 在庫 ・　　　　　　　　・ 職権や地位を利用して、不正な行為をすること

3) 症状 ・　　　　　　　　・ 地位が高くなること

4) 平凡 ・　　　　　　　　・ 品物が倉庫にあること

5) 昇進 ・　　　　　　　　・ 病気の状態

2 보기에서 반대의 의미를 갖는 단어를 찾아서 써 봅시다.

보기	平日　　集団　　柔軟　　危険　　液体　　汚い　　解散　　積極的 丈夫　　上昇

1) 週末 ⇔ (　　　　　　　　)　　　　2) きれいだ ⇔ (　　　　　　　　)

3) 集合 ⇔ (　　　　　　　　)　　　　4) 安全 ⇔ (　　　　　　　　)

5) 消極的 ⇔ (　　　　　　　　)　　　　6) 下落 ⇔ (　　　　　　　　)

7) 個人 ⇔ (　　　　　　　　)

3 한자의 훈독과 음독에 주의하며 발음을 써 봅시다.

1) 安 ⇒ 安い　　(　　　　　　　)　　　　2) 危 ⇒ 危ない (　　　　　　　)
　　　　　安全　　(　　　　　　　)　　　　　　　　危険　　(　　　　　　　)

3) 険 ⇒ 険しい　　（　　　　　　　）　　4) 固 ⇒ 固い　　（　　　　　　　）
　　　　　保険　　（　　　　　　　）　　　　　　　固体　　（　　　　　　　）

5) 柔 ⇒ 柔らかい（　　　　　　　）　　6) 平 ⇒ 平たい（　　　　　　　）
　　　　　柔軟　　（　　　　　　　）　　　　　　　平和　　（　　　　　　　）

4　밑줄 친 단어의 올바른 발음을 찾아 봅시다.

1) 平日の夕方はアルバイトをしています。
　① へいじつ　　② へいにち　　③ ひらじつ　　④ ひらにち

2) 作成した文書を保存しないで閉じてしまった。
　① ほそん　　② ほぞん　　③ ほうしょん　　④ ほうじょん

3) チャンスは誰にでも平等に与えられます。
　① へいとう　　② へいどう　　③ びょうとう　　④ びょうどう

4) 物価が少し下落した。
　① からく　　② したおと　　③ げらく　　④ らっか

5　밑줄 친 부분의 올바른 한자를 찾아 봅시다.

1) 彼の体はこおりのように冷たかった。
　① 水　　② 泳　　③ 永　　④ 氷

2) 一つの問題にせいしんを集中する。
　① 情神　　② 静神　　③ 精神　　④ 青神

3) 授業にせっきょくてきに参加した。
　① 積極的　　② 責極的　　③ 績極的　　④ 債極的

0846 程 한도 정

- 훈 程 정도, 만큼　程程に 정도껏, 적당히
- 음 てい　程度 정도　過程 과정　日程 일정　旅程 여정

0847 度 법도 도

- 훈 度 ~할 때마다　ご飯を食べる度に、吐き気がする 밥을 먹을 때마다 구역질이 난다
- 음 ど　温度 온도　限度 한도　制度 제도　速度 속도　態度 태도　程度 정도
- と　ご法度 금지
- たく　支度 준비

0848 最 가장 최

- 훈 最も 가장, 제일　最も適当な答えを選ぶ 가장 적당한 답을 고르다
  最寄り 가장 가까움　最寄りの駅 가장 가까운 역
- 음 さい　最高 최고　最適 최적　最近 최근　最初 최초, 처음　最後 최후, 마지막
  最善を尽くす 최선을 다하다

0849 真 참 진

- 훈 真 정말, 진실　真面目 성실함　真似 흉내, 모방
  (※ 접두사로 쓰일 경우에는 「ま」, 「まっ」, 「まん」세 가지 발음을 가진다.)
  ま　真正面 바로 정면　真夏 한여름　真冬 한겨울　真夜中 한밤중
  まっ　真っ赤 새빨감　真っ青 새파람　真っ白 새하얌　真っ黒 새까맘
  まん　真ん中 한가운데　真ん丸 완전 동그람
- 음 しん　真剣 진지함　真実 진실　真理 진리　真に 참으로　写真 사진

0850 主 주인 주

- 훈 主 주됨, 주요함　主に 주로
  主 주인　持ち主 소유주　飼い主 (가축, 애완동물의) 주인
- 음 しゅ　主観的 주관적　主語 주어　主催 주최　主人 주인, 남편　主張 주장
  主婦 주부
- す　坊主 절의 주지/짧게 깎은 머리, 삭발/남자 아이의 애칭, 꼬마

0851 簡 간략할 간

- 음 かん　簡易 간이　簡潔 간결　簡略化 간략화　簡素化 간소화

0852

単
홀 단

음 たん

単位 단위/학점　単語 단어　単純 단순　単独 단독　簡単 간단

単なる 단순한　単に 단순히, 그저

0853

複
겹칠 복

음 ふく

複合 복합　複雑 복잡　複数 복수　重複 중복

0854

詳
자세할 상

훈 詳しい 자세하다/정통하다, 밝다

古典文学に詳しい 고전문학에 정통하다　詳しい説明 자세한 설명

음 しょう

詳細 상세　不祥事 불상사　未詳 미상　作者未詳 작자 미상

0855

略
간략할 략(약)

음 りゃく

略する 생략하다, 줄이다　略歴 약력　計略 계략　省略 생략　侵略 침략

戦略 전략

0856

普
넓을 보

음 ふ

普及 보급　普通 보통　普遍 보편

0857

約
대략 약

음 やく

約 대략, 약　約束 약속　契約 계약　節約 절약　要約 요약　予約 예약

0858

確
굳을 확

훈 確か 확실함/분명, 아마　確か、ここに置いたはずだ 분명 여기에 두었을 것이다

確かめる 확인하다　真偽を確かめる 진위를 확인하다

음 かく

確保 확보　確実 확실　確認 확인　確率 확률　明確 명확　正確 정확

0859

完
완전할 완

음 かん

完結 완결　完成 완성　完全 완전　完璧 완벽　完了 완료

0860

半
절반 반

훈 半ば 절반　彼女は20代半ばです 그녀는 20대 중반입니다

음 はん

半 반　半額 반값　半袖 반소매　過半数 과반수

0861

欠
이지러질 결

- 훈 欠く 빼놓다, 결하다　礼儀を欠く 예의가 없다
　欠ける 부족하다, 빠지다　常識に欠ける 상식이 부족하다
- 음 けつ　欠乏 결핍　欠陥 결함　欠航 결항　欠席 결석　欠点 결점

0862

補
도울 보

- 훈 補う 보충하다　足りないものを補う 부족한 것을 보충하다
- 음 ほ　補講 보강　補償 보상　補充 보충　候補 후보

0863

加
더할 가

- 훈 加える 더하다, 가하다　コーヒーにミルクを加える 커피에 우유를 가하다
　加わる 가해지다, 많아지다　雨に風が加わる 비에 바람이 더해지다
- 음 か　加害 가해　加入 가입　参加 참가　増加 증가　追加 추가　添加 첨가

0864

倍
배 배

- 음 ばい　2倍 2배　倍数 배수

0865

充
가득할 충

- 훈 充てる 충당하다　収入を借金の返済に充てる 수입을 빚 변제에 쓰다
- 음 じゅう　充血 충혈　充電 충전　十分 충분함　拡充 확충　補充 보충

0866

率
거느릴 솔/비율 률(율)

- 훈 率いる 거느리다, 인솔하다　チームを率いる 팀을 인솔하다
- 음 そつ　引率 인솔　軽率 경솔　率先 솔선　率直 솔직
　りつ　確率 확률　効率 효율　能率 능률　比率 비율　進学率 진학률
　成功率 성공률
　(※ 우리말의 발음이 '솔'이면 「そつ」, '률'일 경우에는 「りつ」가 된다.)

0867

復
다시 부/회복할 복

- 음 ふく　復習 복습　往復 왕복　回復 회복　反復 반복　復活 부활　復興 부흥
　復帰 복귀

0868

再
다시 재

- 훈 再び 다시, 재차
- 음 さ　再来週 다음다음 주　再来年 내후년
　さい　再会 재회　再考 재고　再婚 재혼　再生 재생　再利用 재이용

0869

温
따뜻할 온

훈 温かい 따뜻하다　温かいスープ 따뜻한 스프
温か 따뜻함, 따스함　温かな料理 따뜻한 요리
温める 따뜻하게 하다　弁当を電子レンジで温める 도시락을 전자레인지로 데우다
温まる 따뜻해지다　心が温まる 마음이 따뜻해지다

음 おん　温室 온실　温泉 온천　温暖 온난　温度 온도　気温 기온　体温 체온

유 의 어

<'따뜻하다'는 暖かい? 温かい?>

・暖かい : 기온・기상 등 공기의 온도가 높은 것을 나타내며, 색상이 따뜻할 때도 쓰인다.
　　　　暖かい部屋 따뜻한 방　暖かい色 따뜻한 색
・温かい : 요리, 신체에 대해서 쓰인다.
　　　　温かいお茶 따뜻한 차　温かい手 따뜻한 손

0870

熱
뜨거울 열

훈 熱い 뜨겁다

음 ねつ　熱意 열의　情熱 정열　過熱 과열　熱心 열심　熱帯 열대

0871

速
빠를 속

훈 速い 빠르다　スピードが速い 스피드가 빠르다
速やか 빠름, 신속함　速やかな解決を求める 신속한 해결을 요구하다

음 そく　速度 속도　急速 급속　早速 즉시, 재빨리　迅速 신속

유 의 어

<'빠르다'는 早い? 速い?>

・早い : 시각이나 시기가 보통보다 앞서는 것을 의미한다.
　　　　彼は朝起きるのが早い 그는 아침에 일찍 일어난다
　　　　早く来てほしい 빨리 와 줬으면 좋겠다
・速い : 속도가 빠름을 의미한다.
　　　　あの投手の球は速い 저 투수의 공은 빠르다
　　　　テンポを速くする 템포를 빠르게 한다

범위(範囲)와 관련된 한자

0872 以 써 이
- 음 い　以上 이상　以下 이하　以後 이후　以前 이전　以来 이래, 이후

0873 広 넓을 광
- 훈 広い 넓다　部屋が広い 방이 넓다
  広げる 넓히다, 벌리다　足を広げて座る 다리를 벌리고 앉다
  広がる 넓어지다, 퍼지다　雨雲が広がる 비구름이 퍼지다
  広める 넓히다, 퍼뜨리다　噂を広める 소문을 퍼뜨리다
  広まる 넓어지다, 널리 퍼지다　噂が急速に広まった 소문이 급속히 퍼졌다
- 음 こう　広告 광고　広大 광대　広範囲 광범위

0874 狭 좁을 협
- 훈 狭い 좁다　道が狭い 길이 좁다
  狭める 좁히다　範囲を狭める 범위를 좁히다
  狭まる 좁혀지다　心の距離が狭まる 마음의 거리가 좁혀지다
- 음 きょう　狭小 협소　偏狭 편협

0875 拡 넓힐 확
- 음 かく　拡散 확산　拡充 확충　拡大 확대　拡張 확장

0876 全 온통 전
- 훈 全く 전혀/정말로　全く知らない人 전혀 모르는 사람
- 음 ぜん　全員 전원　全国 전국　全体 전체　全部 전부　全力 전력　安全 안전

0877 般 일반 반
- 음 はん　一般 일반　全般 전반　諸般 제반

0878 副 버금 부
- 음 ふく　副賞 부상　副詞 부사　副社長 부사장　副作用 부작용

0879

合
합할 **합**

훈 合う 맞다　気が合う 마음이 맞다　合気道 합기도　待合室 대합실
合わせる 합치다/맞추다　力を合わせて戦う 힘을 모아 싸우다

음 がっ　合作 합작　合唱 합창　合奏 합주　合併 합병
ごう　合格 합격　合成 합성　合同 합동　合理的 합리적　集合 집합

0880

割
가를 **할**

훈 割る 깨다/나눗셈하다　石を投げて窓を割った 돌을 던져서 창문을 깼다
割り算 나눗셈　割合 비율　割引 할인　割に 비교적
割れる 깨지다　ガラスが割れている 유리가 깨져 있다
割く 할애하다　時間を割く 시간을 할애하다

음 かつ　分割 분할

0881

含
머금을 **함**

훈 含める 포함시키다　表紙を含めると6枚になる 표지를 포함시키면 6장이 된다
含む 포함하다　いろんな意味を含んでいる 여러 가지 의미를 포함하고 있다

음 がん　含蓄 함축　含有量 함유량

0882

除
덜 **제**

훈 除く 제거하다/제외하다
一人を除いてみんな初心者です 한 사람을 제외하고 모두 초보자입니다

음 じょ　除外 제외　除去 제거　解除 해제　削除 삭제　排除 배제
じ　掃除 청소

0883

限
한도 **한**

훈 限る 제한하다, 한정하다 (예외1그룹 동사)　限られた予算 한정되어 있는 예산

음 げん　限界 한계　限定 한정　期限 기한　制限 제한　無限 무한　門限 통금 시간

0884

幅
너비 **폭**

훈 幅 폭　幅広い 폭넓다

음 ふく　全幅 전폭

0885

範
법 **범**

음 はん　範囲 범위　規範 규범　師範 사범　模範 모범

0886

囲
두를 **위**

훈 囲む 둘러싸다　円形のテーブルを囲んで座る 원형 테이블을 둘러싸고 앉다

음 い　囲碁 바둑　周囲 주위　包囲 포위

1 「真」를 붙여서 단어를 완성시켜 봅시다.

1) 夜中 ⇒ _____ (한밤중)　　2) 中 ⇒ _____ (한가운데)

3) 夏 ⇒ _____ (한여름)　　4) 赤 ⇒ _____ (새빨강)

5) 青 ⇒ _____ (새파랑)　　6) 丸 ⇒ _____ (완전 동그람)

2 「率」의 발음이 같은 단어끼리 묶어 봅시다.

確率　　率直　　能率　　比率　　引率　　率先　　効率

1) そつ、そっ : _____

2) りつ : _____

3 의미가 통하도록 (　　　) 안에 들어갈 알맞은 단어를 골라 봅시다.

1) 赤ちゃんの名前の (　　　) を三つに絞った。
　① 喉捕　　　② 喉補　　　③ 候捕　　　④ 候補

2) 食事の (　　　) に時間がかかります。
　① 温度　　　② 支度　　　③ 制度　　　④ 程度

3) 複雑なことは (　　　) に考えたほうがいい。
　① 普及　　　② 諸般　　　③ 単純　　　④ 再生

4) 三つの企業を (　　　) する。
　① 過程　　　② 合併　　　③ 詳細　　　④ 補充

4 밑줄 친 단어의 올바른 발음을 찾아 봅시다.

1) ここは海に囲まれた美しい島です。
　　① めぐまれた　　② かこまれた　　③ ふくまれた　　④ なごまれた

2) 希望する大学に合格しました。
　　① ごかく　　　　② ごうかく　　　③ ごこく　　　　④ ごうこく

3) 人間の脳は無限の可能性を持っている。
　　① むけん　　　　② むげん　　　　③ ぶかん　　　　④ ぶがん

4) この本の内容を要約してください。
　　① よやく　　　　② よえき　　　　③ ようやく　　　④ ようえき

5) 副賞でノートパソコンをもらった。
　　① ふしょ　　　　② ふくしょ　　　③ ふしょう　　　④ ふくしょう

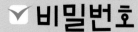
✓ 비밀번호

秘密番号（×）

暗証番号（○）

그 밖의 한자들

0887

張
베풀 장

- 훈 張る 뻗다, 펴다　胸を張って歩く 가슴을 펴고 걷다
- 음 ちょう　張本人 장본인　拡張 확장　緊張 긴장　誇張 과장　主張 주장

0888

由
말미암을 유

- 훈 由 까닭/방법, 수
- 음 ゆ　由来 유래
- ゆい　由緒 유서
- ゆう　自由 자유　理由 이유

0889

当
당할 당

- 훈 当たる 맞다, 쬐다/적중하다, 들어맞다　雨に当たる 비를 맞다
  宝くじに当たる 복권에 당첨되다　予想が当たる 예상이 적중하다
  当てる 대다/(빛, 열, 바람 등을) 쬐다/맞히다, 적중시키다
  受話器を耳に当てる 수화기를 귀에 대다
  何歳か当ててみて 몇 살인지 맞춰 봐
- 음 とう　当時 당시　当日 당일　見当 짐작　見当がつく 짐작이 가다　妥当 타당
  担当 담당　適当 적당

0890

列
벌일 렬(열)

- 음 れつ　行列 행렬, 여럿이 늘어선 줄　序列 서열　陳列 진열　列挙 열거
  列車 열차　列島 열도

0891

的
과녁 적

- 훈 的 과녁, 목표
- 음 てき　的確 정확함　的中 적중　端的 단적　標的 표적　目的 목적

0892

基
터 기

- 훈 基 기반　基づく 근거하다　事実に基づいた小説 사실에 근거한 소설
- 음 き　基礎 기초　基盤 기반　基本 기본

0893 代 대신할 대

- 훈 代える 역할을 바꾸다, 대신하다　挨拶に代えさせていただきます 인사를 대신하겠습니다
  代わる 대신하다, 대리하다　父の代わりに私が行った 아버지 대신에 내가 갔다
  代 대금　身の代金 (인질의) 몸값
- 음 たい　交代 교대　新陳代謝 신진대사
  だい　代表 대표　代理 대리　現代 현대　古代 고대　時代 시대

0894 免 면할 면

- 훈 免れる 면하다, 피하다　責任を免れる 책임을 피하다
- 음 めん　免疫 면역　免許 면허　免除 면제

0895 因 인할 인

- 훈 因る 의하다, 기인하다　火災に因る損害 화재에 의한 손해
- 음 いん　因果応報 인과응보　起因 기인　原因 원인　要因 요인

0896 匹 짝 필

- 훈 匹 (동물의 수를 셀 때) 마리　4匹の犬 네 마리의 개
- 음 ひつ　匹敵 필적

0897 令 하여금 령/영

- 음 れい　司令部 사령부　法令 법령　命令 명령

0898 案 책상 안

- 음 あん　案外 의외　案内 안내　案の定 예상대로　提案 제안　答案 답안

<유의어>

<'의외'는 案外? 意外?>

・案外 : 예상하던 바가 있었으나, 예상과 다른 결과가 나타남
　試験は案外難しくなかった 시험은 의외로 어렵지 않았다

・意外 : 예상과 크게 다름, 혹은 예상치도 못했던 '생각지도 못했던' 일이 일어남
　意外なところで出会った 의외의 장소에서 만났다

0899 束 묶을 속

- 훈 束 다발, 묶음　花束 꽃다발　一束 한 묶음
- 음 そく　束縛 속박　拘束 구속　約束 약속　結束 결속

0900

元
으뜸 원

- 훈 元 원래, 이전/전직　元の席に戻る 원래 자리로 돌아가(오)다
- 음 がん　　元日 설날　元旦 설날 아침
  　げん　　元気 기운/건강함　紀元前 기원전

0901

寺
절 사

- 훈 寺 절
- 음 じ　　寺院 사원　寺塔 사탑, 절의 탑

0902

神
신 신

- 훈 神 신
- 음 しん　　神経 신경　神経質 신경질　神秘 신비　神話 신화　精神 정신
  　じん　　神社 신사

1 문장의 의미가 통하도록 보기에서 알맞은 단어를 선택하여 써 봅시다.

> 보기 匹敵   束   見当   的確   案の定   免疫

1) 彼_{かれ}が何_{なに}を考_{かんが}えているのか＿＿＿＿＿がつかない。

2) あの人_{ひと}はプロに＿＿＿＿＿する才能_{さいのう}を持_もっている。

3) 引_ひき出_だしの中_{なか}から手紙_{てがみ}の＿＿＿＿＿を見_みつけた。

2 다음 단어들의 올바른 발음을 찾아 봅시다.

1) 主張　　①しゅちょ　　②しゅうちょ　　③しゅちょう　　④しゅうちょう

2) 由緒　　①ゆしょ　　②ゆうしょ　　③ゆいよ　　④ゆいしょ

3) 行列　　①ぎょれつ　　②ぎょうれつ　　③これつ　　④こうれつ

4) 神社　　①しんしゃ　　②じんじゃ　　③かみしゃ　　④かみじゃ

5) 紀元前　①きげんぜん　②きがんぜん　③きげんまえ　④きがんまえ

6) 看板　　①かんいた　　②がんいた　　③かんばん　　④がんばん

3 의미가 통하도록 보기에서 한자를 선택하여 채워 봅시다.

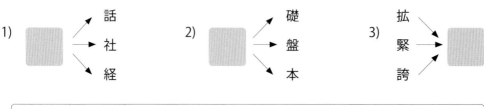

> 보기　元　張　案　列　基　的　神

다음은 일본어능력시험 N3 수준의 독해 지문입니다. 독해 지문 속에 쓰인 한자를 익히면서 독해 실력도 함께 키워 보세요.

2009年のある調査で、テレビの(注)視聴時間、パソコンと携帯電話からのインターネット利用時間を調べた。20代男性の1日のテレビ視聴時間は週平均で110.9分だったが、パソコンからのインターネット利用時間は116.1分で、初めてテレビ視聴時間よりも長くなった。また、1日の携帯電話からのインターネット利用は、10代女性では98.4分だったのに対して、20代女性では26.2分と、利用状況に大きな差があることがわかった。

（注）視聴：見て聞くこと

問　調査の結果と合っているものはどれか。
1　女性は、10代より20代の方がインターネットを利用する時間が長い。
2　女性は、テレビを見るより携帯電話を利用する時間の方が長い。
3　20代男性は、テレビを見るよりインターネットを利用する時間の方が長い。
4　20代男性は、平均すると1週間に2時間近くテレビを見ている。

□ 調査 조사
□ 平均 평균
□ 状況 상황

□ 視聴 시청
□ ～に対して ～에 대해서

MEMO

착! 붙는 일본어

상용한자
2136

N1·N2

한자

가족(家族)과 관련된 한자

0903

嫁
시집갈 가

- 훈 嫁 며느리　　嫁入り 시집감　　花嫁 신부
  嫁ぐ 시집가다　　金持ちの家に嫁ぐ 부잣집에 시집가다
- 음 か　　転嫁 전가　　責任を転嫁する 책임을 전가하다

0904

婿
사위 서

- 훈 婿 사위　　婿入り 데릴사위로 들어감　　花婿 새신랑

0905

郎
사나이 랑

- 음 ろう　　新郎 신랑　　野郎 녀석, 자식

0906

那
어찌 나

- 음 な　　旦那 남편　　刹那 찰나, 순간

0907

曽
일찍 증

- 음 そう　　曽祖父 증조부　　曽孫 증손

0908

伯
맏 백

- 음 はく　　画伯 화백
- 特 伯父 백부 (부모의 손위 남자 형제)　　伯母 백모 (부모의 손위 여자 형제)

0909

叔
아재비 숙

- 음 しゅく
- 特 叔父 숙부 (부모의 손아래 남자 형제)　　叔母 숙모 (부모의 손아래 여자 형제)

0910

嬢
계집애 양

- 음 じょう　　お嬢様 아가씨, 상대방 딸에 대한 높임말

0911

嫡
정실 적

🔊 ちゃく 嫡子 적자, 정실이 나은 아들

0912

嗣
이을 사

🔊 し 嗣子 사자, 대를 이을 자식

0913

戚
친척 척

🔊 せき 親戚 친척

신분(身分)과 관련된 한자

0914

皇
임금 황

- 음 こう
  - 皇太后 황태후　　皇帝 황제　　皇室 황실
- 特 天皇 천황, 일본 국왕

0915

后
임금 후

- 음 こう
  - 太后 태후　　皇后 황후

0916

陛
임금 폐

- 음 へい
  - 陛下 폐하

0917

帝
황제 제

- 음 てい
  - 帝王 제왕　　帝国主義 제국주의

0918

朕
나 짐

- 음 ちん
  - 朕 짐, 왕의 자칭

0919

妃
왕비 비

- 음 ひ
  - 王妃 왕비　　后妃 황비, 황후　　皇太子妃 황태자비

0920

姫
아가씨 희

- 훈 姫 귀인의 딸　　雪姫 백설공주　　舞姫 무희

0921

侯
제후 후

- 음 こう
  - 王侯 왕후

0922

宰
재상 재

🔊 さい   宰相 재상   主宰 주재   会議を主宰する 회의를 주재하다

0923

殿
대궐 전

📖 殿 주군   ～殿 ~님, ~씨
🔊 でん   殿堂 전당   宮殿 궁전   神殿 신전

0924

爵
벼슬 작

🔊 しゃく   爵位 작위   公爵 공작   伯爵 백작

0925

帥
장수 수

🔊 すい   元帥 원수   総帥 총수

0926

尉
벼슬이름 위

🔊 い   大尉 대위   中尉 중위

0927

臣
신하 신

🔊 しん   臣下 신하   忠臣 충신   総理大臣 총리대신

0928

庶
무리 서

🔊 しょ   庶務 서무   庶民 서민

0929

吏
벼슬아치 리

🔊 り   官吏 관리, 국가 공무원

0930

侍
모실 시

📖 侍 사무라이   侍気質 무사 기질
🔊 じ   侍女 시녀   侍従 시종

0931

卑

천할 비

- 훈 卑しい 낮다, 천하다 卑しい人間 상스러운 인간
  卑しめる 깔보다, 경멸하다 自分自身を卑しめる 자기 자신을 경멸하다
- 음 ひ 卑怯 비겁 卑屈 비굴 卑劣 비열 男尊女卑 남존여비

0932

奴

종 노

- 훈 奴 놈, 녀석 奴ら 놈들, 녀석들
- 음 ど 奴隷 노예 売国奴 매국노

0933

隷

종 례

- 음 れい 奴隷 노예 隷属 예속

0934

層

층 층

- 음 そう 一層 한층 더, 더욱/일층 高層ビル 고층 빌딩 読者層 독자층

0935

姻
혼인 인

- 음 いん　　姻戚 인척　婚姻 혼인

0936

妊
아이밸 임

- 음 にん　　妊産婦 임산부　妊婦 임부　避妊 피임　不妊 불임

0937

娠
아이밸 신

- 음 しん　　妊娠 임신

0938

胎
아이밸 태

- 음 たい　　胎児 태아　胎盤 태반

0939

冠
갓 관

- 훈 冠 (머리에 쓰는) 관/한자 부수 중 위쪽을 구성하는 것
- 음 かん　　冠婚葬祭 관혼상제　王冠 왕관

0940

寿
목숨 수

- 훈 寿 축복, 축사/장수
- 음 じゅ　　寿命 수명　長寿 장수　天寿 천수
- す　　寿司 스시, 초밥

0941

逝
갈 서

- 훈 逝く 죽다　若くして逝く 젊은 나이에 죽다
- 음 せい　　逝去 서거　急逝 급서, 갑자기 죽음

0942

訃
부고 부

- 음 ふ　　訃報 부보

215

0943

喪
잃을 상

- 훈 喪 も 상, 상중　喪主 も しゅ 상주　喪中 も ちゅう 상중　喪服 も ふく 상복
- 음 そう　喪失 そうしつ 상실

0944

葬
장사지낼 장

- 훈 葬る ほうむる 묻다, 매장하다　死者を葬る ししゃ ほうむる 죽은 사람을 묻다　闇に葬る やみ ほうむる 비밀리에 처리하다
- 음 そう　葬式 そうしき 장례식　火葬 か そう 화장　国葬 こくそう 국장　埋葬 まいそう 매장

0945

弔
조상할 조

- 훈 弔う とむらう 문상하다, 명복을 빌다　事故の犠牲者を弔う じ こ ぎ せいしゃ とむら 사고 희생자의 명복을 빌다
- 음 ちょう　弔問 ちょうもん 조문　弔慰 ちょう い 조의　慶弔費 けいちょう ひ 경조비

0946

墳
무덤 분

- 음 ふん　墳墓 ふん ぼ 분묘　古墳 こ ふん 고분

0947

墓
무덤 묘

- 훈 墓 はか 무덤　墓参り はかまい 성묘
- 음 ぼ　墓地 ぼ ち 묘지　墓碑 ぼ ひ 묘비

0948

塚
무덤 총

- 훈 塚 つか 총, 무덤　貝塚 かいづか 패총

0949

碑
비석 비

- 음 ひ　碑石 ひ せき 비석　碑文 ひ ぶん 비문　記念碑 き ねん ひ 기념비

0950

涯
물가 애

- 음 がい　生涯 しょうがい 생애　天涯 てんがい 천애　天涯孤独 てんがい こ どく 천애 고아

1 意味が最も近い言葉を線で結びなさい。

1) 嫡子　・　　　　　　　　　　　　　・生きている間

2) 伯母　・　　　　　　　　　　　　　・胎児を腹の中に持つこと

3) 妊娠　・　　　　　　　　　　　　　・死者をほうむる儀式

4) 生涯　・　　　　　　　　　　　　　・正妻の産んだ子、その家を継ぐ人

5) 葬式　・　　　　　　　　　　　　　・父、母の姉

2 ＿＿＿＿＿の言葉の読み方として最もよいものを、①・②・③・④から一つ選びなさい。

1) 親戚の紹介でお見合いをした。
　　① しんてき　　　② しんせき　　　③ ちんてき　　　④ ちんせき

2) 嫁いだ娘の幸せを願う。
　　① およいだ　　　② かいだ　　　③ ついだ　　　④ とついだ

3) 花婿は裕福な家庭の息子だ。
　　① はなむこ　　　② はなよめ　　　③ かむこ　　　④ かよめ

4) 喪中の人が着る衣服を喪服という。
　　① そちゅう　　　② そじゅう　　　③ もちゅう　　　④ もじゅう

5) 亀は長寿を象徴する動物である。
　　① ながじゅ　　　② ながじゅう　　　③ ちょうじゅ　　　④ ちょうじゅう

6) 電車の中で妊婦に席を譲った。
　　① いんしん　　　② にんしん　　　③ いんぷ　　　④ にんぷ

3 (　　　) に入れるのに最もよいものを、①・②・③・④から一つ選びなさい。

1) この雑誌の読者 (　　　) は 20 代の女性です。
　　① 圏　　　　　　② 総　　　　　　③ 員　　　　　　④ 層

2) 彼のために大きな記念 (　　　) が建てられた。
　　① 卑　　　　　　② 奴　　　　　　③ 碑　　　　　　④ 吏

3) 他人に責任を (　　　) してはいけない。
　　① 転嫁　　　　　② 一層　　　　　③ 喪失　　　　　④ 主宰

4) この大学は、学問の (　　　) として重要な役割を果たしてきた。
　　① 庭園　　　　　② 殿堂　　　　　③ 別荘　　　　　④ 花園

5) 日本銀行によると、千円札の (　　　) は 1 ～ 2 年程度だそうだ。
　　① 妊娠　　　　　② 生涯　　　　　③ 寿命　　　　　④ 逝去

✓ 유흥가

ゆうきょうがい
遊興街（×）

かんらくがい
歓楽街（○）

218

0951

眉
눈썹 미

- 훈 眉 눈썹　　眉毛 눈썹
- 음 び　　白眉 백미
　　み　　眉間 미간

0952

眼
눈 안

- 훈 眼 눈알, 눈동자
　　眼 안구/눈매　　眼鏡 안경
- 음 がん　　眼科 안과　　主眼点 주안점　　着眼 착안　　肉眼 육안

0953

瞳
눈동자 동

- 훈 瞳 눈동자
- 음 どう　　瞳孔 동공

0954

孔
구멍 공

- 음 こう　　孔子 공자　　鼻孔 콧구멍

0955

膜
꺼풀 막

- 음 まく　　膜 막　　角膜 각막　　鼓膜 고막　　網膜 망막

0956

額
이마 액

- 훈 額 이마
- 음 がく　　金額 금액　　残額 잔액　　全額 전액　　半額 반액

0957

頰
뺨 협

- 훈 頰 볼　　頰骨 광대뼈　　頰張る 볼이 미어지게 입에 넣고 먹다

0958

顎
턱 악

- 훈 顎 턱　　顎ひげ 턱수염
- 음 がく　　顎関節 악관절

0959

唇

입술 순

- 훈 唇 くちびる 입술
- 음 しん　　口唇 こうしん 구순

0960

唾

침 타

- 훈 唾 つば 침 (「つばき」라고도 읽음)　唾を吐く つば は 침을 뱉다
- 음 だ　　唾液 だえき 타액

0961

牙

어금니 아

- 훈 牙 きば 짐승의 송곳니
- 음 が　　歯牙 しが 치아
- 　げ　　象牙 ぞうげ 상아

0962

咽

목구멍 인

- 음 いん　　咽喉 いんこう 인후, 목구멍

0963

肩

어깨 견

- 훈 肩 かた 어깨　肩書き かた が (명함 등의) 직함, 신분, 지위
- 음 けん　　肩章 けんしょう 견장

0964

拳

주먹 권

- 훈 拳 こぶし 주먹
- 음 けん　　拳銃 けんじゅう 권총　拳法 けんぽう 권법

0965

脇

옆구리 협

- 훈 脇 わき 겨드랑이　脇道 わきみち 샛길, 곁길

0966

掌

손바닥 장

- 음 しょう　　掌握 しょうあく 장악　合掌 がっしょう 합장

0967

爪

손톱 조

- 훈 爪 つめ 손톱　爪切り つめ き 손톱깎이

0968

肝 간 간

- 훈 肝 간　　肝が太い 대담하다　　肝試し 담력 테스트
- 음 かん　　肝心 중요함　　肝臓 간장

0969

胆 쓸개 담

- 음 たん　　胆石 담석　　大胆 대담　　落胆 낙담

0970

肺 폐 폐

- 음 はい　　肺 폐　　肺炎 폐렴　　肺活量 폐활량　　肺結核 폐결핵

0971

腎 콩팥 신

- 음 じん　　腎臓 신장

0972

腸 창자 장

- 음 ちょう　　腸炎 장염　　胃腸 위장　　盲腸 맹장

0973

臓 오장 장

- 음 ぞう　　臓器 장기　　心臓 심장　　内臓 내장

0974

膚 살갗 부

- 음 ふ　　皮膚 피부

0975

肌 살갗 기

- 훈 肌 피부, 살결　　肌寒い 쌀쌀하다/오싹하다　　肌触り 촉감, 감촉
  鳥肌 소름　　鳥肌が立つ 소름이 끼치다

0976

裸 벌거숭이 라

- 훈 裸 알몸
- 음 ら　　赤裸々 적나라　　全裸 전라

0977

尻 꽁무니 고

- 훈 尻 엉덩이　目尻 눈꼬리
- 특 尻尾 꼬리

0978

尿 오줌 뇨

- 음 にょう　尿道 요도　排尿 배뇨

0979

股 넓적다리 고

- 훈 股 가랑이　二股 두 갈래　二股をかける 양다리 걸치다
- 음 こ　股関節 고관절

0980

膝 무릎 슬

- 훈 膝 무릎　膝掛け 무릎 담요　膝枕 무릎 베개

9081

肘 팔꿈치 주

- 훈 肘 팔꿈치　肘掛け 팔걸이　肘掛け椅子 팔걸이 의자

0982

肢 팔다리 지

- 음 し　肢体 지체　選択肢 선택지

0983

胞 태의 포

- 음 ほう　胞子 포자　細胞 세포

0984

脂 비계 지

- 훈 脂 지방, 기름　脂身 생선, 고기에서 지방이 많은 부분　脂ぎる 기름지다
- 음 し　脂肪 지방

유 의 어

＜'기름'은 脂? 油?＞
- 脂 : 실온에서 고체 상태의 기름·고기·버터 등의 기름
- 油 : 실온에서 액체 상태의 기름·콩·올리브 등의 기름

0985

肪
비계 방

🔈 ぼう   脂肪 지방

0986

筋
힘줄 근

🔈 훈 筋 힘줄, 근육/조리, 도리/줄거리   筋道 절차   背筋 등골
🔈 음 きん   筋力 근력   筋肉 근육   鉄筋 철근

0987

骸
해골 해

🔈 がい   骸骨 해골   遺骸 유해   残骸 잔해

0988

脊
등성마루 척

🔈 せき   脊髄 척수   脊柱 척주, 등뼈

0989

髄
골 수

🔈 ずい   骨髄 골수   真髄 진수   精髄 정수

0990

椎
등뼈 추

🔈 つい   腰椎 요추, 허리등뼈   脊椎 척추

0991

腺
샘 선

🔈 せん   汗腺 땀샘   甲状腺 갑상선   涙腺 눈물샘   前立腺 전립선

0992

胴
형상 동

🔈 どう   胴体 동체, 몸통   胴回り 허리둘레

0993

貌
모양 모

🔈 ぼう   美貌 미모   容貌 용모

0994

己
자신 기

- 훈 己^{おのれ} 자기 자신
- 음 き 克己^{こっき} 극기
- 음 こ 自己^{じこ} 자기 利己主義^{りこしゅぎ} 이기주의

0995

幼
어릴 유

- 훈 幼^{おさな}い 어리다 幼友達^{おさなともだち} 어릴 때 친구, 소꿉동무
- 음 よう 幼少^{ようしょう} 유소 幼年^{ようねん} 유년

0996

稚
어릴 치

- 음 ち 稚魚^{ちぎょ} 치어 稚拙^{ちせつ} 치졸 幼稚園^{ようちえん} 유치원

0997

児
아이 아

- 음 じ 育児^{いくじ} 육아 胎児^{たいじ} 태아 乳児^{にゅうじ} 유아, 젖먹이 幼児^{ようじ} 유아
- 음 に 小児^{しょうに} 소아 小児科^{しょうにか} 소아과

0998

童
아이 동

- 훈 童^{わらべ} 아이, 아이들 童歌^{わらべうた} 구전되어 내려오는 아이들의 노래
- 음 どう 童顔^{どうがん} 동안 童謡^{どうよう} 동요 童話^{どうわ} 동화 児童^{じどう} 아동

0999

双
쌍 쌍

- 훈 双子^{ふたご} 쌍둥이
- 음 そう 双方^{そうほう} 쌍방, 양쪽 双璧^{そうへき} 쌍벽

1000

僕
종 복

- 음 ぼく 僕^{ぼく} 나 (남자가 쓰는 1인칭) 忠僕^{ちゅうぼく} 충복
  公僕^{こうぼく} 공복, 국민에 대한 봉사자라는 뜻에서 공무원을 달리 이르는 말

1001

俺
나 엄

- 훈 俺^{おれ} 나 (남자가 쓰는 1인칭)

1002

姓
성 성

🔊 せい　　姓名 성명　同姓同名 동성동명
しょう　　百姓 농사, 농민

1003

媛
여자 원

🔊 えん　　才媛 재원
🔣 愛媛県 에히메 현

1004

我
나 아

🔣 我 나　我々 우리들
我が 나의, 우리의　我が国 우리나라　我が校 우리 학교
🔊 が　　我慢 참음, 견딤　我慢強い 참을성이 많다　自我 자아

1005

乙
둘째 을

🔊 おつ　　甲乙 갑을, 첫째와 둘째, 우열
🔣 乙女 소녀, 처녀

1006

紳
큰띠 신

🔊 しん　　紳士 신사

1007

婆
할머니 파

🔊 ば　　産婆 산파　老婆 노파

1008

翁
늙은이 옹

🔊 おう　　塞翁が馬 새옹지마　老翁 노옹, 늙은 남자

1009

衆
무리 중

🔊 しゅう　　観衆 관중　公衆 공중　聴衆 청중
しゅ　　衆生 중생

1 ▓▓にあてはまる漢字を下の□の中から一つ選びなさい。

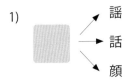

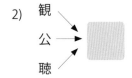

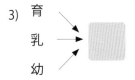

| 衆 | 俺 | 児 | 我 | 紳 | 童 |

2 _____の言葉の読み方として最もよいものを、①・②・③・④から一つ選びなさい。

1) 子供が熱を出して小児科に行った。
　①　そうにか　　　②　そうじか　　　③　しょうにか　　④　しょうじか

2) 彼女は女の子の双子を産んだ。
　①　ふたし　　　②　ふたご　　　③　そうし　　　④　そうご

3) 講演が終わると、聴衆は立ち上がって拍手をした。
　①　ちょしゅう　②　ちょちゅう　　③　ちょうしゅう　④　ちょうちゅう

4) 何よりも肝心なのは心構えだ。
　①　たんしん　　②　たんじん　　③　かんしん　　④　かんじん

3 _____の言葉を漢字で書くとき、最もよいものを①・②・③・④から一つ選びなさい。

1) あの鳥は鋭いつめで獲物を捕らえる。
　　① 牙　　　　　② 肺　　　　　③ 爪　　　　　④ 髪

2) 今日は朝からかたが痛い。
　　① 眼　　　　　② 肩　　　　　③ 肌　　　　　④ 尻

3) 寒さでほおが赤くなった。
　　① 頬　　　　　② 顎　　　　　③ 歯　　　　　④ 骨

4) 筋肉はしぼうより３倍も重い。
　　① 指肪　　　　② 指防　　　　③ 脂防　　　　④ 脂肪

1010

軒
집 헌

- 훈 軒 처마　　軒下 처마 밑
- 음 けん　　一軒 집 한 채　　一軒屋 외딴집/독채

1011

倉
곳간 창

- 훈 倉 창고 (일반적 곡물의 창고)
- 음 そう　　倉庫 창고

1012

蔵
감출 장

- 훈 蔵 창고 (중요한 것을 보관해 두는 건물로 대체로 일본식 광을 의미)
- 음 ぞう　　所蔵 소장　　貯蔵 저장　　内蔵 내장　　秘蔵 비장

1013

塔
탑 탑

- 음 とう　　塔 탑　　石塔 석탑　　仏塔 불탑

1014

瓦
기와 와

- 훈 瓦 기와　　瓦屋根 기와지붕
- 음 が　　瓦解 와해, 무너져 흩어짐

1015

灯
등잔 등

- 훈 灯 등불, 불빛
- 음 とう　　灯台 등대　　点灯 점등　　電灯 전등　　街路灯 가로등

1016

居
있을 거

- 훈 居る 있다　　居間 거실　　居眠り 졸음　　居留守 집에 있으면서 없는 척 함
- 음 きょ　　居住 거주　　隠居 은거　　同居 동거

1017

廊
행랑 랑

- 훈 ろう　　廊下 복도　　画廊 화랑

1018

扉
문짝 비

- 훈 扉 문　回転扉 회전문
- 음 ひ　門扉 문짝, 대문

1019

鍵
열쇠 건

- 훈 鍵 열쇠　鍵穴 열쇠 구멍　合鍵 여벌 열쇠
- 음 けん　鍵盤楽器 건반 악기

1020

錠
제기이름 정

- 음 じょう　錠 자물쇠　錠剤 정제, 알약　手錠 수갑

1021

炉
화로 로

- 음 ろ　火炉 화로　暖炉 난로

1022

敷
깔 부

- 훈 敷く 깔다　布団を敷く 이불을 깔다　敷金 가옥의 임차 보증금　敷地 부지
- 음 ふ　敷設 부설, (철도, 전선, 수도 등을) 설치함　水道を敷設する 수도를 부설하다

1023

訪
방문할 방

- 훈 訪れる 방문하다, 찾아오다　新しい季節の訪れを感じる 새로운 계절이 찾아온 것을 느끼다
  訪ねる 방문하다　友達の家を訪ねる 친구 집을 방문하다
- 음 ほう　訪問 방문　来訪 내방　探訪 탐방

1024

床
평상 상

- 훈 床 마루
  床 잠자리　床屋 이발소
- 음 しょう　温床 온상　起床 기상　病床 병상　臨床 임상

1025

邸
집 저

- 음 てい　邸宅 저택　官邸 관저　公邸 공저　私邸 사저

1026

斎
집 재

- 음 さい　書斎 서재

1027

棟
마룻대 동

- 훈 棟 <ruby>むね<rt></rt></ruby> 용마루, 지붕 위의 마루　別棟 <ruby>べつむね<rt></rt></ruby> 별동, 딴채
- 음 とう　病棟 <ruby>びょうとう<rt></rt></ruby> 병동

1028

楼
다락 루

- 음 ろう　楼閣 <ruby>ろうかく<rt></rt></ruby> 누각

1029

壁
벽 벽

- 훈 壁 <ruby>かべ<rt></rt></ruby> 벽
- 음 へき　壁画 <ruby>へきが<rt></rt></ruby> 벽화　外壁 <ruby>がいへき<rt></rt></ruby> 외벽　岸壁 <ruby>がんぺき<rt></rt></ruby> 암벽　障壁 <ruby>しょうへき<rt></rt></ruby> 장벽　鉄壁 <ruby>てっぺき<rt></rt></ruby> 철벽

1030

塀
담 병

- 음 へい　塀 <ruby>へい<rt></rt></ruby> 담

1031

垣
담 원

- 훈 垣 <ruby>かき<rt></rt></ruby> 울타리　垣根 <ruby>かきね<rt></rt></ruby> 울타리　生垣 <ruby>いけがき<rt></rt></ruby> 생울타리

1032

柵
울타리 책

- 음 さく　柵 <ruby>さく<rt></rt></ruby> 나무 울타리　鉄柵 <ruby>てっさく<rt></rt></ruby> 쇠살로 만든 울타리

1033

桟
사다리 잔

- 음 さん　桟橋 <ruby>さんばし<rt></rt></ruby> 계곡에 걸려 있는 구름다리/부두가
- 특 桟敷 <ruby>さじき<rt></rt></ruby> 행렬, 연극 등을 구경하기 위해 판자를 깔아 높게 만든 관람석

1034

城
성 성

- 훈 城 <ruby>しろ<rt></rt></ruby> 성　城跡 <ruby>しろあと<rt></rt></ruby> 성터, 성지
- 음 じょう　城郭 <ruby>じょうかく<rt></rt></ruby> 성곽　城門 <ruby>じょうもん<rt></rt></ruby> 성문

1035

附
부칠 부

- 음 ふ　附随 <ruby>ふずい<rt></rt></ruby> 부수　附設 <ruby>ふせつ<rt></rt></ruby> 부설

1036 横 가로 횡

- 훈 横 옆　　横になる 눕다　　横じま 가로 줄무늬
- 음 おう　　横断 횡단　　横領 횡령　　横柄 거만함　　横暴 횡포

1037 縦 세로 종

- 훈 縦 세로　　縦じま 세로 줄무늬
- 음 じゅう　　縦横無尽 종횡무진　　縦断 종단　　操縦 조종

1038 端 끝 단

- 훈 端 가장자리　　道端 길가　　川端 강가
  端 끄트머리　　片端 한쪽 끝
  端 가장자리　　中途半端 어중간함
- 음 たん　　端末機 단말기　　極端 극단　　先端 첨단　　発端 발단

1039 奥 속 오

- 훈 奥 속, 안쪽　　奥さん 부인 (남의 아내의 높임말)　　奥の手 최후의 수단　　奥地 오지
  奥歯 어금니

1040 挟 낄 협

- 훈 挟む 끼우다/(사이에 끼어) 집다　　本を脇に挟む 책을 겨드랑이에 끼다
  口を挟む 말참견을 하다
  挟まる 끼이다　　電車のドアにかばんが挟まった 전철 문에 가방이 끼었다
- 음 きょう　　挟窄 협착

1041 隅 모퉁이 우

- 훈 隅 구석　　隅々 구석구석　　片隅 한쪽 구석

1042 傍 곁 방

- 훈 傍ら 곁, 옆
- 음 ぼう　　傍聴 방청　　路傍 길가

231

1043

頂
정수리 정

- 훈 頂く「もらう (받다), 食べる (먹다), 飲む (마시다)」의 겸양어
  表彰状を頂きました 표창장을 받았습니다
- 음 ちょう　頂上 정상　頂点 정점　登頂 등정　山頂 산꼭대기

1044

峰
봉우리 봉

- 훈 峰 산봉우리
- 음 ほう　巨峰 거봉, 포도의 한 품종　最高峰 최고봉

1045

舎
집 사

음 しゃ 　　官舎 관사 　校舎 교사, 학교 건물

1046

堂
집 당

음 どう 　　堂々 당당함 　講堂 강당 　食堂 식당 　殿堂 전당 　国会議事堂 국회의사당

1047

亭
정자 정

음 てい 　　亭主 집주인/남편 　料亭 요정

1048

庁
관청 청

음 ちょう 　　庁舎 청사 　官庁 관청 　気象庁 기상청 　国税庁 국세청

1049

署
관청 서

음 しょ 　　署名 서명 　署長 서장 　消防署 소방서 　部署 부서

1050

廷
법정 정

음 てい 　　宮廷 궁정 　法廷 법정 　出廷 출정

1 意味が最も近い言葉を線で結びさない。

1) 敷地　　　・　　　　　　　　　・都市から遠く離れた地域

2) 内蔵　　　・　　　　　　　　　・他人の家に行くこと

3) 居留守　・　　　　　　　　　・家にいながら、不在を装うこと

4) 訪問　　　・　　　　　　　　　・道路や建物などに使う土地

5) 奥地　　　・　　　　　　　　　・内部に持っていること

2 ＿＿＿＿の言葉を漢字で書くとき、最もよいものを①・②・③・④から一つ選びなさい。

1) ろうかを走って先生に怒られた。
　　① 郎下　　　② 朗化　　　③ 浪化　　　④ 廊下

2) 部屋のすみに鏡が置いてある。
　　① 隅　　　② 偶　　　③ 愚　　　④ 遇

3) お年よりは道路をおうだんするのに時間がかかる。
　　① 横段　　　② 黄段　　　③ 横断　　　④ 黄断

4) かぎがかかっていて中に入れないんです。
　　① 建　　　② 健　　　③ 鍵　　　④ 錠

5) 彼のおうへいな態度に腹が立った。
　　① 横柄　　　② 黄柄　　　③ 横丙　　　④黄丙

6) この世の中にかんぺきな人などいない。
　　① 完璧　　　② 完壁　　　③ 院璧　　　④ 院壁

3 (　　　　) に入れるのに最もよいものを、①・②・③・④から一つ選びなさい。

1) 気象 (　　　　) によると、明日から梅雨入りだそうだ。

　①廷　　　　　②殿　　　　　③庁　　　　　④部

2) 彼は消防 (　　　　) に勤めている。

　①屋　　　　　②舎　　　　　③亭　　　　　④署

3) 今日は国会議事 (　　　　) の見学に行ってきた。

　①堂　　　　　②館　　　　　③園　　　　　④校

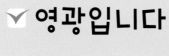
✓ 영광입니다

栄光です（×）

光栄です（○）

1051

尺
자 척

음 しゃく　　尺度 척도

1052

斤
근 근

음 きん　　斤 근(일본에서 식빵 한 꾸러미를 세는 단위)　　一斤 한 근

1053

斗
말 두

음 と　　斗酒 많은 양의 술　　北斗七星 북두칠성

1054

齢
나이 령

음 れい　　高齢 고령　　年齢 연령　　妙齢 묘령

1055

箇
낱 개

음 か　　箇所 곳, 군데　　3箇所 세 군데, 세 곳　　箇条 개조, 조항
箇条書き 조항별로 씀

1056

幾
몇 기

훈 幾 몇　　幾つ 몇 개　　幾度 몇 번
음 き　　幾何学 기하학

1057

累
여러 루

음 るい　　累計 누계　　累積 누적

1058

諸
여러 제

훈 しょ　　諸国 제국, 여러 나라　　諸君 제군, 여러분　　諸島 제도, 여러 섬
諸般 제반, 여러 가지　　諸活動 여러 활동

1059

等

등급 **등**

- 훈　等しい 같다, 동일하다/마찬가지이다　負けに等しい引き分け 진 것과 다름없는 무승부
- 음　とう　　等級 등급　高等 고등　均等 균등　対等 대등　優等生 우등생
- 　　どう　　平等 평등

1060

測

잴 **측**

- 훈　測る 재다, 측정하다　距離を測る 거리를 재다
- 음　そく　　測定 측정　測量 측량　観測 관측　推測 추측　予測 예측

유 의 어

＜'재다'는 計る? 測る? 量る?＞

- 計る : 시계로 시간과 횟수 등을 재다

　　100メートル走のタイムを計る 100미터 달리기 시간을 재다

- 測る : 자, 줄자 등의 다양한 측정기로 깊이・길이・넓이・높이・온도・각도 등을 재다

　　学校から家までの距離を測る 학교에서 집까지의 거리를 재다

- 量る : 체중계, 저울로 무게 등을 재다　体重を量る 체중을 재다

1061

厘

리 **리**

- 음　りん　　一分一厘 일 푼 일리, 매우 적음

1062

唯

오직 **유**

- 음　ゆい　　唯一 유일　唯物論 유물론
- 　　い　　唯々諾々 유유낙낙, 고분고분 따름

1063

壱

한 **일**

- 음　いち　　壱萬円 일만 엔

1064

弐

두 **이**

- 음　に　　弐萬円 이만 엔

1065

桁

도리 **형**

- 훈　桁 자릿수　暗証番号4桁 비밀번호 네 자리수　桁違い 차이가 매우 큼, 월등함

1066

升

되 승

훈 升 곡식이나 액체 등의 분량을 재는 그릇, 홉, 되, 말

음 しょう 一升 한 되

1067

坪

단위 평

훈 坪 평(넓이의 단위) 坪当たり 평당 一坪 한 평 建坪 건평

1068

隻

짝 척

음 せき 隻 척(큰 배를 세는 단위)

238

반대(反対)의 의미를 가진 한자

1069

吉
길할 길

- 음 きち　　　吉日 길일　　大吉 대길
- きつ　　　不吉 불길　　吉兆 길조　　吉凶 길흉

1070

凶
흉할 흉

- 음 きょう　　凶悪 흉악　　凶器 흉기

1071

厚
두터울 후

- 훈 厚い 두껍다　厚い本 두꺼운 책
- 음 こう　　　厚生 후생　　濃厚 농후　　温厚 온후함

1072

薄
엷을 박

- 훈 薄い 얇다, 엷다　薄い紙 얇은 종이
　薄める 묽게 하다, 연하게 하다　濃度を薄める 농도를 묽게 하다
　薄まる 묽어지다, 연해지다　悲しみが薄まっていく 슬픔이 엷어져 가다
- 음 はく　　　軽薄 경박　　希薄 희박

1073

沈
잠길 침

- 훈 沈む 가라앉다/(해, 달이) 지다　太陽が沈む 태양이 지다
　沈める 가라앉히다　水中に沈める 물속으로 가라앉히다
- 음 ちん　　　沈滞 침체　　沈黙 침묵　　沈没 침몰　　撃沈 격침

1074

浮
뜰 부

- 훈 浮く 뜨다/들뜨다　川に空き缶が浮いている 강에 빈 캔이 떠 있다
　浮かべる 띄우다/떠올리다　目に涙を浮かべる 눈물을 글썽이다
　浮かぶ 뜨다/떠오르다　彼の顔に笑みが浮かんだ 그의 얼굴에 미소가 떠올랐다
　浮かれる 들뜨다, 신이나다　浮かれた気分 들 뜬 기분
- 음 ふ　　　浮上 부상　　浮力 부력
- 특 浮気 바람

1075

衰
쇠할 쇠

- 훈 衰える 쇠약해지다, 쇠퇴하다　体力が衰える 체력이 쇠약해지다
- 음 すい　　　衰弱 쇠약　　衰退 쇠퇴　　老衰 노쇠　　盛者必衰 성자필쇠

1076

盛
성할 성

- 훈 盛る 쌓아올리다/담다　皿にサラダを盛る 접시에 샐러드를 담다
  盛り上がる 높아지다, 고조되다　感情が盛り上がる 감정이 고조되다
  盛ん 번성함, 번창함, 성함　文化交流が盛んになる 문화교류가 번창하다
  盛り 한창때　働き盛り 한창 일할 나이　伸び盛りの青少年 한창 자랄 나이의 청소년
- 음 せい　盛大 성대　盛況 성황　旺盛 왕성　隆盛 융성
  じょう　繁盛 번성

1077

膨
부풀 팽

- 훈 膨らむ 부풀다　ポケットが膨らむ 주머니가 불룩해지다
  膨れる 부풀다/뽀로통해지다
  　　　ちょっとしたことですぐに膨れる 사소한 일에 금방 뽀로통해지다
- 음 ぼう　膨大 팽대　膨張 팽창

1078

縮
오그라들 축

- 훈 縮む 오그라들다, 줄다　セーターが縮む 스웨터가 줄다
  縮める 줄이다　記録を5秒縮める 기록을 5초 줄이다
  縮まる 오그라들다, 줄다　格差が縮まる 격차가 줄어들다
- 음 しゅく　縮小 축소　圧縮 압축　短縮 단축　恐縮 죄송함, 황송함

240

1 ①・②・③・④の言葉を並べ替えて正しい文を作りなさい。

1) 私は＿＿＿＿＿ ＿＿＿＿＿、 ＿＿＿＿＿ ＿＿＿＿＿生活を送りたい。

 ① なっても   ② 元気で   ③ 高齢に   ④ 自立した

2) 昨日の＿＿＿＿＿ ＿＿＿＿＿ ＿＿＿＿＿ ＿＿＿＿＿でした。

 ① 等しい   ② 引き分け   ③ 試合は   ④ 負けに

2 ＿＿＿＿＿の言葉の読み方として最もよいものを、①・②・③・④から一つ選びなさい。

1) 間違った箇所を修正する。

 ① かしょ   ② こしょ   ③ かしょう   ④ こしょう

2) 職業、年齢を問わず、どなたでも参加できます。

 ① れんれい   ② れんりょう   ③ ねんれい   ③ ねんりょう

3) 幸せの尺度は人それぞれだ。

 ① せきど   ② ちゃくど   ③ しゃくど   ④ てきど

4) 膨大な情報量に圧倒された。

 ① ほうたい   ② ぼうたい   ③ ほうだい   ④ ぼうだい

5) 凶悪犯が逮捕されました。

 ① きゅうあく   ② きゅうわる   ③ きょうわる   ④ きょうあく

3 ( ) に入れるのに最もよいものを、①・②・③・④から一つ選びなさい。

1) 人材を育成するための( )活動を行っている。

① 諸   ② 累   ③ 唯   ④ 尺

2) かなり安い価格で100( )の土地を購入した。

① 列   ② 桁   ③ 坪   ④ 枚

3) 寂しいときは、母の顔を( )。

① 呼び掛ける   ② 思い浮かべる   ③ 盛んだ   ④ 薄くなる

4) 木は水に浮き、石は( )。

① 沈む   ② 盛る   ③ 縮む   ④ 膨らむ

5) 体力の( )を感じて引退しました。

① 増加   ② 短縮   ③ 盛り上がり   ④ 衰え

1079

励
힘쓸 려

- 훈 励ます 격려하다　仲間を励ます 동료를 격려하다
　励む 힘쓰다, 노력하다　学業に励む 학업에 힘쓰다
- 음 れい　　　激励 격려　奨励 장려

1080

斉
같을 제

- 음 せい　　　斉唱 제창　一斉 일제히

1081

据
의거할 거

- 훈 据える 놓아야 할 장소를 정해서 놓다　大きなテーブルを据える 큰 테이블을 놓다, 설치하다
　据わる 안정되다, 끄떡하지 않다　度胸の据わった人 배짱이 두둑한 사람

1082

避
피할 피

- 훈 避ける 피하다　危険を避ける 위험을 피하다
- 음 ひ　　　避難 피난　回避 회피　忌避 기피　逃避 도피

1083

控
당길 공

- 훈 控える 대기하다/삼가다　タバコを控える 담배를 삼가다　控え室 대기실
　控えめ 조심스러움　控えめに言う 조심스레 말하다
- 음 こう　　　控除 공제　控訴 공소

1084

忌
꺼릴 기

- 훈 忌まわしい 꺼림칙하다, 불길하다
　　　　考えるだけでも忌まわしい 생각하는 것만으로도 불길하다
　忌む 꺼리며 피하다　忌み言葉 불길하다고 여겨 쓰기를 꺼리는 말
- 음 き　　　忌日 기일　忌避 기피　禁忌 금기

1085

抑
누를 억

- 훈 抑える 억제하다, 막다　感情を抑える 감정을 억제하다
- 음 よく　　　抑圧 억압　抑制 억제　抑揚 억양

1086

堪
견딜 감

- 훈 堪える 견디다/~할 만하다, 가치가 있다　読むに堪えない小説 읽을 가치가 없는 소설
- 음 かん　　　堪忍 참음, 용서함　堪能 깊이 통달함, 능함
- 특 堪能 깊이 통달함, 능함/충분히 만족함

1087

忍
참을 인

- 훈 忍ぶ 참다/몰래하다　恥を忍んで聞く 부끄러움을 참으며 물어보다
　　　人目を忍んで会う 남의 눈을 피해 만나다
- 음 にん　　　忍者 닌자　忍耐 인내

1088

耐
견딜 내

- 훈 耐える 견디다　寒さに耐える 추위에 견디다
- 음 たい　　　耐久性 내구성　耐震 내진　忍耐 인내

1089

侮
업신여길 모

- 훈 侮る 깔보다, 경멸하다　相手を侮る 상대방을 깔보다
- 음 ぶ　　　侮辱 모욕　侮蔑 모멸

1090

蔑
업신여길 멸

- 훈 蔑む 깔보다, 업신여기다　人を蔑んではいけない 다른 사람을 업신여겨서는 안 된다
- 음 べつ　　　軽蔑 경멸　蔑視 멸시

1091

辱
욕되게할 욕

- 훈 辱める 욕보이다, 모욕하다　人前で辱められる 사람들 앞에서 모욕당하다
- 음 じょく　　　屈辱 굴욕　雪辱 설욕

1092

罵
욕할 매

- 훈 罵る 크게 비난하다, 욕설을 퍼붓다　口汚く罵る 입에 담지 못할 욕설을 퍼붓다
- 음 ば　　　罵倒 매도

1093

虐
모질 학

- 훈 虐げる 학대하다　強者が弱者を虐げる 강자가 약자를 학대하다
- 음 ぎゃく　　　虐待 학대　残虐 잔학　自虐 자학

1094

酬
갚을 수

- 음 しゅう　　　応酬 응수　報酬 보수

244

1095

脅
으를 협

🔵 脅かす 위협하다, 위태롭게 하다　喫煙は健康を脅かす 흡연은 건강을 위협한다
脅かす 협박하다, 겁주다　ナイフで脅かす 칼로 위협하다
脅す 위협하다　脅すような態度 위협하는 듯한 태도

🔴 きょう　脅威 위협　脅迫 협박

1096

嘲
비웃을 조

🔵 嘲る 비웃다, 조소하다　人の間違いを嘲る 다른 사람의 잘못을 비웃다

🔴 ちょう　嘲笑 조소　自嘲 자조

1097

弄
희롱할 롱

🔵 弄ぶ 가지고 놀다　相手の感情を弄ぶ 상대방의 감정을 가지고 놀다

🔴 ろう　愚弄 우롱　翻弄 농락

1098

淫
음탕할 음

🔵 淫ら 음란함

🔴 いん　淫蕩 음탕　淫乱 음란

1099

籠
농 롱

🔵 籠 바구니
籠もる 틀어박히다/담기다　愛情の籠った手作りのクッキー 애정이 담긴 수제 쿠키

🔴 ろう　籠城 농성

1100

侵
침노할 침

🔵 侵す 침범하다, 침해하다　権利を侵す 권리를 침해하다

🔴 しん　侵害 침해　侵入 침입　侵略 침략

1101

勇
용감할 용

🔵 勇む 용기가 솟아나다　勇んで旅に出る 용기 있게 여행을 떠나다
勇ましい 용감하다　勇ましい冒険家 용감한 모험가

🔴 ゆう　勇敢 용감　勇気 용기

1102

敢
감히할 감

🔴 かん　敢行 감행　果敢 과감　勇敢 용감

1103

冒
무릅쓸 모

- 훈 冒す 무릅쓰다　危険を冒す 위험을 무릅쓰다
- 음 ぼう　冒険 모험　冒頭 모두, 첫머리

1104

迷
헤멜 미

- 훈 迷う 길을 잃다, 헤매다/망설이다　道に迷う 길을 잃다
　　行くかどうか迷っている 갈지 말지 망설이고 있다
- 음 めい　迷宮 미궁　迷信 미신　迷路 미로　迷惑 폐　迷惑をかける 폐를 끼치다
- 特 迷子 미아

1105

曖
희미할 애

- 음 あい　曖昧 애매함

1106

棄
버릴 기

- 음 き　棄権 기권　遺棄 유기, 버리고 돌보지 않음　自暴自棄 자포자기
　　廃棄 폐기　破棄 파기

1107

妨
거리낄 방

- 훈 妨げる 방해하다　成長を妨げる 성장을 방해하다
- 음 ぼう　妨害 방해

1108

省
살필 성

- 훈 省みる 돌이켜보다, 반성하다　自分を省みる 자신을 돌아보다
　　省く 줄이다, 생략하다　手間を省く 수고를 줄이다
- 음 せい　帰省 귀성　内省 내성, 반성　反省 반성
　　しょう　省エネルギー 에너지 절약　省略 생략

1109

審
살필 심

- 음 しん　審議 심의　審査 심사　審判 심판　誤審 오심　不審 수상함

1110

諦
살필 체

- 훈 諦める 포기하다　夢を諦めないで頑張る 꿈을 포기하지 않고 분발하다
- 음 てい　諦念 체념

1111

醒
깰 성

- 🗣 醒ます 깨우다　酔いを醒ます 술을 깨게 하다
　　醒める 깨다　酔いが醒める 술이 깨다
- 🔊 せい　　　覚醒 각성　覚醒剤 각성제

1112

遡
거스를 소

- 🗣 遡る 거슬러 올라가다　話は3年前に遡る 이야기는 3년 전으로 거슬러 올라간다
- 🔊 そ　　　　遡及 소급

1113

銘
새길 명

- 🔊 めい　　　銘柄 상표　銘ずる 새기다　肝に銘ずる 깊이 명심하다

1114

謀
꾀할 모

- 🗣 謀る 꾀하다, 도모하다　暗殺を謀る 암살을 도모하다
- 🔊 ぼう　　　謀略 모략　陰謀 음모　共謀 공모
　　む　　　　謀反 모반

1115

唆
부추길 사

- 🗣 唆す 부추기다　友達に唆されて犯行に加わった 친구에게 꼬여 범행에 가담했다
- 🔊 さ　　　　教唆 교사　示唆 시사

1116

促
재촉할 촉

- 🗣 促す 재촉하다, 촉구하다　問題解決を促す 문제해결을 촉구하다
- 🔊 そく　　　促進 촉진　催促 재촉　督促 독촉

1117

焦
그을릴 초

- 🗣 焦がす 태우다　心を焦がす 마음을 태우다
　　　　　　　アイロンでシャツを焦がす 다리미로 셔츠를 태우다
　　焦げる 눋다, 타다　魚が焦げてしまった 생선이 타 버렸다
　　焦る 초조해하다 (예외1그룹 동사)　焦ることはない 초조해할 것 없다
- 🔊 しょう　　焦点 초점

1118

臨
임할 림

- 🗣 臨む 임하다　仕事に臨む心 일에 임하는 마음
- 🔊 りん　　　臨機応変 임기응변　臨時 임시　君臨 군림　降臨 강림

1119 誓 맹세할 서

- 훈 誓う 맹세하다　忘れないと誓った 잊지 않겠다고 맹세했다
- 음 せい　誓約書 서약서　宣誓 선서

1120 賠 물어줄 배

- 음 ばい　賠償 배상

1121 威 위엄 위

- 음 い　威厳 위엄　威張る 뽐내다, 으스대다　威力 위력　権威 권위

1122 丁 넷째천간 정

- 음 てい　丁重 정중, 공손　丁寧 정중함/세심함
- ちょう　丁度 딱, 꼭, 알맞게, 마침　包丁 식칼

1123 寧 평안할 녕

- 음 ねい　安寧 안녕　社会の安寧 사회의 안녕

1124 懸 걸 현

- 훈 懸ける 걸다　賞金を懸ける 상금을 걸다
- 懸かる 걸리다, 좌우되다　優勝が懸かった試合 우승이 걸린 시합
- 음 け　懸念 염려, 걱정
- けん　懸案 현안　懸命 힘껏 노력함, 열심　一生懸命 열심히

1125 狙 원숭이 저

- 훈 狙う 노리다　猫がすずめを狙っている 고양이가 참새를 노리고 있다
- 음 そ　狙撃 저격

1126 蔽 덮을 폐

- 음 へい　隠蔽 은폐

1127

擁
안을 옹

음 よう 　　擁護 옹호　擁立 옹립　抱擁 포옹

1128

殉
따라죽을 순

음 じゅん 　　殉教者 순교자　殉職 순직

1129

從
쫓을 종

훈 従う 뒤따르다　指示に従う 지시에 따르다
　　従える 거느리다　部下を従える 부하를 거느리다
음 じゅう 　　従来 종래　従事 종사　従業員 종업원　服従 복종
특 従兄弟 사촌 형제

1130

崇
높일 숭

훈 崇める 우러르다, 숭상하다　彼を英雄として崇める 그를 영웅으로서 숭상하다
음 すう 　　崇高 숭고　崇拝 숭배

1131

仰
우러러볼 앙

훈 仰ぐ 우러러보다, 우러르다　青空を仰ぐ 푸른 하늘을 우러러보다　仰向く 위를 향하다
　　　　　　　仰向けになって寝る 반듯이 누워서 자다
음 ぎょう 　　仰天 크게 놀람, 기겁함
　　こう 　　信仰 신앙

1132

勢
세력 세

훈 勢い 기세, 기운, 힘
음 せい 　　勢力 세력　威勢 위세　姿勢 자세　優勢 우세　劣勢 열세

1133

衛
지킬 위

음 えい 　　衛生 위생　人工衛星 인공위성　防衛 방위　護衛 호위

1134

克
이길 극

음 こく 　　克服 극복　克己 극기

249

1135 誉 명예 예

- 훈 誉(ほまれ) 명예, 좋은 평판
- 음 よ　　　栄誉(えいよ) 영예　　名誉(めいよ) 명예

1136 披 필 피

- 음 ひ　　　披露(ひろう) 피로, 공개함　　披露宴(ひろうえん) 피로연

1137 摯 잡을 지

- 음 し　　　真摯(しんし) 진지하고 한 가지에 전념함

1138 滑 미끄러울 활

- 훈 滑(すべ)る 미끄러지다 (예외 1그룹 동사)　路面(ろめん)が凍(こお)って滑(すべ)りやすい 노면이 얼어 미끄러지기 쉽다
  滑(なめ)らか 매끈매끈함/순조로움　肌触(はだざわ)りの滑(なめ)らかな生地(きじ) 촉감이 매끄러운 천
- 음 かつ　　滑走路(かっそうろ) 활주로　円滑(えんかつ) 원활함
  こつ　　滑稽(こっけい) 골계

1139 伏 엎드릴 복

- 훈 伏(ふ)せる 숙이다, 아래쪽을 향하다　目(め)を伏(ふ)せる 눈을 내리뜨다
- 음 ふく　　伏兵(ふくへい) 복병　起伏(きふく) 기복　潜伏(せんぷく) 잠복

1 ①・②・③・④の言葉を並べ替えて正しい文を作りなさい。

1) 過ち_{あやま}に＿＿＿＿＿＿、 ＿＿＿＿＿＿ ＿＿＿＿＿＿ ＿＿＿＿＿＿大切_{たいせつ}だ。
① あらためる　　② 反省_{はんせい}して　　③ 気付_{きづ}いたら　　④ ことが

2) 彼_{かれ}は＿＿＿＿＿＿ ＿＿＿＿＿＿ ＿＿＿＿＿＿ ＿＿＿＿＿＿としている。
① 友人_{ゆうじん}を　　② 利益_{りえき}を　　③ 唆_{そそのか}して　　④ 得_えよう

3) 他人_{たにん}に＿＿＿＿＿＿ ＿＿＿＿＿＿ ＿＿＿＿＿＿ ＿＿＿＿＿＿ではない。
① かける　　② のは　　③ 迷惑_{めいわく}を　　④ いいこと

2 ＿＿＿＿＿＿の言葉の読み方として最もよいものを、①・②・③・④から一つ選びなさい。

1) 必要_{ひつよう}のない部分_{ぶぶん}は省いてもいい。
① はぶいても　　② のぞいても　　③ むいても　　④ しょういても

2) 不審_{ふしん}な男_{おとこ}が家_{いえ}の周_{まわ}りをうろうろしている。
① ふしん　　② ふじん　　③ ぶしん　　④ ぶじん

3) 彼_{かれ}は崇高な精神_{せいしん}を持_もっている。
① しゅうこ　　② しゅうこう　　③ すうこ　　④ すうこう

4) 食欲_{しょくよく}を抑制するホルモンがあるそうです。
① おくぜい　　② おくせい　　③ よくぜい　　④ よくせい

5) 子供_{こども}の頃_{ころ}、迷子になったことがある。
① めいこ　　② めいご　　③ まいこ　　④ まいご

6) 彼は建築関係の仕事に従事している。

　　① じゅじ　　　　② じゅうじ　　　　③ じゅこと　　　　④ じゅうごと

7) 自然エネルギーの活用に焦点をあてたフォーラムが開催された。

　　① しょうてん　　② しゅうてん　　　③ じょうてん　　　④ じゅうてん

3　_____の言葉を漢字で書くとき、最もよいものを①・②・③・④から一つ選びなさい。

1) 他人のプライバシーをしんがいしてはいけない。

　　① 浸害　　　　　② 浸割　　　　　　③ 侵害　　　　　　④ 侵割

2) あの歌手はコンサートで新曲を2曲ひろうした。

　　① 疲露　　　　　② 疲路　　　　　　③ 披露　　　　　　④ 披路

3) そんなあいまいな返事では相手に期待をさせてしまうよ。

　　① 愛未　　　　　② 愛昧　　　　　　③ 曖未　　　　　　④ 曖昧

4) 洪水被害がけねんされています。

　　① 県捻　　　　　② 県念　　　　　　③ 懸捻　　　　　　④ 懸念

5) 私が落ち込んだ時、彼はいつもはげましてくれた。

　　① 焦まして　　　② 励まして　　　　③ 脅まして　　　　④ 唆まして

6) 人間関係をえんかつに保つ。

　　① 円滑　　　　　② 円骨　　　　　　③ 園滑　　　　　　④ 園骨

MEMO

다음은 일본어능력시험 N1 수준의 독해 지문입니다. 독해 지문 속에 쓰인 한자를 익히면서 독해 실력도 함께 키워 보세요.

住めば都

浅野 亜土子

春は、引っ越しの季節である。

この春、引っ越しをした方、片付けは、もうお済みですか？

わが家は、昨年の春に引っ越しをし、１年がどうにか無事に過ぎた。不思議なもので、同じ季節が巡ってくると、引っ越し当時のことを鮮明に思い出す。

今回は、私にとって、８回目、11年ぶりの引っ越しであった。回を重ねるごとに梱包に手間がかかるようになり、人間は、生きている分だけ荷物が増えるのだということを実感し、また、自分の家事能力のなさを反省するばかりであった。

しかし、子どもがいると、子どもの成長に合わせた衣類・本・おもちゃ類が増えていく。そして、子どもが小学校に通うようになると、テストや教科書、ドリル類が加わって、荷物増加の加速度を増す。友人の家では、学校からのお知らせや子どもの作品・テスト類は、目を通したら、その場で処分することを徹底していたが、私は、子どもの作品や愛用品に愛着や感謝の気持ちもあって、なかなか捨てられない。だから、ひもでくくって押し入れの奥にしまい込んでいた。そんな状態であったから、荷物の整理（処分）に１カ月以上もかかってしまった。

そして、転居のための手続きが、また、また、大変。

一番の心配事は子どもの転校。うまく、学校や友達に慣れてくれるだろうか。

電気・ガス・水道・ＮＨＫ・新聞・電話・インターネットのプロバイダーへの中止と開始の連絡……。区役所・子どもの学校・郵便局への住所変更の手続きにも、漏れがあってはいけない。そして、友人やご近所さんへあいさつも大切。チェック・リストと予定表を作り、漏れなく滞りなくすませられるように細心の注意をはらった。

□ **目を通す** 대충 훑어보다
□ **くくる** 매다, 옭아 매다
□ **梱包** 짐을 꾸림, 꾸린 짐
□ **愛着** 애착
□ **漏れなく** 빠짐없이, 모두, 죄다
□ **滞りなく** 막힘없이, 순조롭게

また、引っ越しが多いこの時期は、運送屋さん探しも、並々ならぬ努力が必要で、希望の日に引き受けてもらえたとしても、搬入と搬出が２日に渡ってしまったり、作業が少々雑だったり、不満の残る仕事振りとなる。今度引っ越しするときは、絶対に、春は避けようと、固く心に誓った。

　数々の苦労を乗り越えて、やれやれ、無事に引っ越せたと思ったのも束の間、今度は、膨大な数の段ボール箱との戦いが始まるのである。そして、やっと新しい家に荷物を納め終わるころには、体のあちこちはガタガタに……。

　……しかし、肉体疲労を乗り越えると、次なる問題が発生するのである。

　それは、心の問題だ。

　「住めば都」という言葉があるが、そう思えるまでには時間がかかる。はじめのうちは、その逆で、生活してみると、思いがけない不満や失望、後悔が芽生えてくるものである。転居先に期待が大きければ大きいほど、その念は大きい。自分の意思で転居してもそう思うのだから、転勤など、家族の都合で泣く泣く引っ越した人にとっては、そんな気持ちは、簡単に乗り越えられるものではないと思う。新生活が、何もかも辛く悲しく色あせたものに思え、そんなふがいない自分さえも嫌いになりそうになる。

　そんなとき、あなただったら、どうしますか？

　そんなときには、外に出かけて、お気に入りを見つけることをおすすめしたい。おいしいケーキ屋さん、絵本の充実した古本屋さん、心ひかれる大きな木、フレンドリーな犬、取れたて野菜の無人販売所、などなど。行動範囲が広がれば、お気に入りも、少しずつ増えていくもの。そして、町のサークル活動やPTA活動にも参加してみよう。習い事やパートを始めるのもいい。知り合いが増えれば、町の情報を入手しやすくなるし、心丈夫になる。

そして、あなたのお気に入りを、家族にも教え、共感してもらおう。「好き」という気持ちは、伝染するものだから、きっと、新しい知人や町が「好き」というあなたの気持ちを、家族も受け入れてくれるに違いない。

　そして、だんだんと、新しい町は、「都（本来は、人口が多く政治や文化の中心地という意味だが、私は、居心地がよく、自分の愛する場所だと思う）」となる。だから、引っ越しの回数が増えれば増えるほど、自分にとっての「都」は増えていくのである。

　それから、もう一つ、忘れてならないのが、送り出してくれた人たちのこと。同居していた家族や親しくお付き合いをしていた友人たちも、同じように寂しがっているはず。だから、時間を見つけて、近況報告をしよう。そして、離れてみてわかったありがたさや寂しさを、素直に伝えよう。

　加えて、自分より後に引っ越してきた人を、優しくサポートしてあげよう。新人さんの心細さに共感できるのは、それを経験した人だけなのだから。

　春は、希望に満ちあふれた季節である。そして、ちょっと大人になれる機会でもある。

　皆さんにとっても、この春が、素敵な春となりますように。

□ <ruby>近況報告<rt>きんきょうほうこく</rt></ruby> 근황 보고
□ <ruby>同居<rt>どうきょ</rt></ruby> 동거, 한 집에 같이 거주함

□ <ruby>満<rt>み</rt></ruby>ちあふれる 가득 차서 넘치다

행위·행동(行爲·行動)과 관련된 한자

1140 爲 할 위

- 🟤 **な** 爲す 행하다　正義を爲す 정의를 행하다
- 🔵 **い** 行爲 행위　人爲的 인위적
- ⚫ 爲替 환(經)

1141 架 시렁 가

- 🟤 **か** 架ける 설치하다, 가설하다　電線を架ける 전선을 설치하다
  架かる 가설되다, 연결되다　橋が架かる 다리가 연결되다
- 🔵 **か** 架空 가공　担架 들것　書架 서가

1142 抱 껴안을 포

- 🟤 **だ** 抱く 안다, 품다　赤ちゃんを抱く 아기를 안다
  いだ 抱く 안다, 품다　夢を抱いて生きる 꿈을 품고 살다
  かか 抱える 껴안다/맡다　頭を抱える 머리를 싸쥐다, 고민하다
- 🔵 **ほう** 抱負 포부　抱腹絶倒 포복절도　辛抱 참고 견딤　辛抱強い 참을성이 많다

<'안다, 품다'는 抱く? 抱く?>
「抱く」는 매우 일반적으로 사용되며, 「抱く」는 중요한 것으로서 애정을 담아서 품는다는 의미가 강하다. 또한 「抱く」는 꿈, 희망, 불안, 두려움 등의 감정을 가지는 경우에도 사용된다.

1143 遺 남길 유

- 🔵 **い** 遺憾 유감　遺棄 유기　遺跡 유적　遺伝子 유전자
  ゆい 遺言 유언 (「いごん」이라고도 읽음)

1144 操 잡을 조

- 🟤 **あやつ** 操る 조작하다, 조종하다　人の心を自由に操る 사람의 마음을 자유롭게 조종하다
  みさお 操 지조
- 🔵 **そう** 操作 조작　操縦 조종　体操 체조

1145 執 잡을 집

- 🟤 **と** 執る 집다, 잡다/(업무, 사무를) 보다　筆を執る 글을 쓰다
- 🔵 **しつ** 執務 집무　執筆 집필　執行 집행
  しゅう 執着 집착　執念 집념

1146

絞
목맬 교

- 훈 絞る 짜다, 쥐어짜다　手拭いを絞る 수건을 짜다
  絞める 조르다, 비틀다　首を絞める 목을 조르다
  絞まる 조이다　首が絞まる 목이 조이다
- 음 こう　　絞殺 교살　絞首刑 교수형

1147

締
맺을 체

- 훈 締める 매다　ネクタイを締める 넥타이를 매다
  締まる 단단히 죄이다　ひもがしっかり締まっている 끈이 단단히 조여져 있다
- 음 てい　　締結 체결

1148

匿
숨길 닉

- 음 とく　　匿名 익명　隠匿 은닉

1149

拓
열 척

- 음 たく　　開拓 개척　未開拓 미개척

1150

踏
밟을 답

- 훈 踏まえる 입각하다　アンケート結果を踏まえて報告書を書く
  　　　　　　　　　　　　앙케이트 결과에 입각하여 보고서를 쓰다
  踏む 밟다　電車の中で足を踏まれた 전철 안에서 발을 밟혔다
- 음 とう　　踏襲 답습

1151

摩
갈 마

- 음 ま　　摩擦 마찰　摩天楼 마천루

1152

抜
뽑을 발

- 훈 抜かす 빠뜨리다　昼食を抜かして仕事をする 점심을 거르고 일을 하다
  抜く 뽑다, 빼내다　虫歯を抜く 충치를 뽑다
  抜ける 빠지다　髪の毛が抜ける 머리가락이 삐지다
  　　　　　　　気が抜ける (긴장이 풀려) 맥이 빠지다/(알코올, 탄산음료 등의) 김이 빠지다
- 음 ばつ　　抜群 발군　奇抜 기발　選抜 선발　抜粋 발췌　抜擢 발탁

258

1153

塞 변방 새/막을 색

- 훈 塞ぐ 막다　耳を塞ぐ 귀를 막다
  塞がる 막히다　入り口が岩で塞がっている 입구는 바위로 막혀 있다
- 음 さい　塞翁が馬 새옹지마　要塞 요새
  そく　心筋梗塞 심근경색

1154

抹 지울 말

- 음 まつ　抹殺 말살　抹消 말소　抹茶 말차, 가루차

1155

頒 나눌 반

- 음 はん　頒布 반포

1156

捉 잡을 착

- 훈 捉える 파악하다, 포착하다　特徴を捉える 특징을 파악하다

1157

挿 꽂을 삽

- 훈 挿す 꽂다　花瓶に花を挿す 꽃병에 꽃을 꽂다
- 음 そう　挿入 삽입

1158

搾 짤 착

- 훈 搾る (액즙을) 짜내다　果汁を搾る 과즙을 짜내다
- 음 さく　搾取 착취

1159

践 밟을 천

- 음 せん　実践 실천

1160

摘 딸 적

- 훈 摘む 따다, 뜯다　花を摘む 꽃을 따다
- 음 てき　摘出 적출　摘発 적발　摘要 적요, 요점　指摘 지적

1161

採 캘채

- 훈 採る 뽑다, 채용하다　血を採る 피를 뽑다　新入社員を採る 신입사원을 뽑다
- 음 さい　採血 채혈　採取 채취　採択 채택　採用 채용　伐採 벌채

1162

捻 비틀 념

- 훈 捻る 비틀다, 꼬다　蛇口を捻る 수도꼭지를 비틀다
- 음 ねん　捻挫 염좌, 삠　足首を捻挫する 발목을 삐다
　捻出 염출, 생각을 짜냄, 돈을 끌어댐

1163

貼 붙일 첩

- 훈 貼る 바르다, 붙이다　写真が貼ってある 사진이 붙여져 있다
- 음 ちょう　貼付 첩부, 사진 등을 서류에 붙임

1164

駆 달릴 구

- 훈 駆ける 달리다　階段を駆け下りる 계단을 뛰어 내려가다
　駆り立てる 몰아 넣다　衝動に駆り立てられる 충동에 사로잡히다
- 음 く　駆使 구사　先駆者 선구자　駆除 구제

1165

旋 돌 선

- 음 せん　旋回 선회　旋律 선율, 멜로디

1166

還 돌아올 환

- 음 かん　還元 환원　還暦 환갑　返還 반환　帰還 귀환

1167

狩 사냥할 수

- 훈 狩る 사냥하다
　狩り 사냥　紅葉狩り 단풍 놀이
- 음 しゅ　狩猟 수렵

1168

尋 찾을 심

- 훈 尋ねる 묻다　駅までの道を尋ねる 역까지의 길을 묻다
- 음 じん　尋問 심문

1169

催 재촉할 최

- 훈 催す 불러일으키다/개최하다　催し物 행사
- 음 さい　催促 재촉　催眠 최면　開催 개최　主催 주최

1170

陪
모실 배

- 음 ばい　　　陪審 배심　　陪審員 배심원

1171

奉
받들 봉

- 훈 奉る 바치다, 헌상하다　　貢ぎ物を奉る 공물을 바치다
- 음 ほう　　　奉仕 봉사　　信奉 신봉

1172

遮
막을 차

- 훈 遮る 막다, 차단하다 (예외1그룹 동사)　　光を遮る 빛을 차단하다
- 음 しゃ　　　遮光 차광　　遮断 차단

1173

逸
빠트릴 일

- 훈 逸らす 놓치다/(다른 데로) 돌리다　　視線を逸らす 시선을 피하다
  逸れる 빗나가다　　話が逸れる 이야기가 빗나가다
- 음 いつ　　　逸脱 일탈　　逸話 일화　　逸する 놓치다, 벗어나다　　逸品 일품

1174

填
메울 전

- 음 てん　　　装填 장전, 안에 장치함　　補填 보전, 보충

1175

徹
뚫을 철

- 음 てつ　　　徹夜 철야　　貫徹 관철　　冷徹 냉철　　徹底 철저

1176

繰
고치 켤 조

- 훈 繰る 감다　　繰り返す 되풀이하다, 반복하다　　同じ話を繰り返す 같은 이야기를 반복하다

1177

封
봉할 봉

- 음 ふう　　　封印 봉인　　封筒 봉투　　封鎖 봉쇄　　開封 개봉　　密封 밀봉
  ほう　　　封建時代 봉건시대

1178

射
쓸 사

- 훈 射る 쏘다, 쏘아 맞히다　　的を射る 과녁을 맞히다/핵심을 찌르다
- 음 しゃ　　　射撃 사격　　反射 반사　　放射能 방사능　　注射 주사

261

1179

叫
부르짖을 규

- 훈 叫ぶ 외치다　大声で叫ぶ 큰소리로 외치다
- 음 きょう　　　絶叫 절규

1180

喚
부를 환

- 음 かん　　　喚起 환기　召喚 소환

1181

戯
놀 희

- 훈 戯れる 장난치다, 놀다　子供と戯れる 아이와 놀다
- 음 ぎ　　　　戯曲 희곡　遊戯 유희

1 意味が最も近い言葉を線で結びなさい。

1) 担架_{たんか} ・　　　　　　　　　　　・病人や負傷者を運ぶ道具_{びょうにん ふしょうしゃ はこ どうぐ}

2) 匿名_{とくめい} ・　　　　　　　　　　　・名前を隠して言わないこと_{なまえ かく い}

2 ＿＿＿＿の言葉の読み方として最もよいものを、①・②・③・④から一つ選びなさい。

1) この機械は誰でも簡単に操作できます。
　　① しょうさ　　　② しょうさく　　　③ そうさ　　　④ そうさく

2) 先輩に日本語の間違いを指摘された。
　　① してき　　　② しせき　　　③ ちてき　　　④ ちせき

3) 銀行から借金返済を催促する手紙が届いた。
　　① せそく　　　② せいそく　　　③ さいそく　　　④ さっそく

4) 退屈な日常から逸脱したい。
　　① いちだつ　　　② いつだつ　　　③ いったつ　　　④ いたつ

5) 倒れた木が道を塞いでいる。
　　① ふせいで　　　② さわいで　　　③ ふさいで　　　④ およいで

3 _____の言葉を漢字で書くとき、最もよいものを①・②・③・④から一つ選びなさい。

1) 毎朝、牛乳を<u>しぼって</u>いる。

    ① 覆って   ② 操って   ③ 搾って   ④ 誓って

2) 壁にいろいろなポスターが<u>はって</u>ある。

    ① 執って   ② 貼って   ③ 討って   ④ 捻って

3) 彼は深く<u>いかん</u>の意を表した。

    ① 遺憾   ② 遺感   ③ 潰憾   ④ 潰感

4) 被害者の家族が加害者に<u>ばいしょう</u>を求めている。

    ① 陪賞   ② 陪償   ③ 賠賞   ④ 賠償

5) 男女を問わず、やる気のある人を<u>さいよう</u>します。

    ① 採用   ② 採要   ③ 采用   ④ 采要

6) 全財産を社会に<u>かんげん</u>したい。

    ① 環元   ② 還元   ③ 環完   ④ 還完

정신 · 종교(精神 · 宗教せいしん しゅうきょう)과 관련된 한자

1182 魂 넋 혼

- 훈 魂たましい 영혼, 정신
- 음 こん 　　霊魂れいこん 영혼

1183 仏 부처 불

- 훈 仏ほとけ 부처
- 음 ぶつ 　　仏壇ぶつだん 불단 　仏堂ぶつどう 불당 　念仏ねんぶつ 염불 　仏教ぶっきょう 불교

1184 尼 여승 니

- 훈 尼あま 여승, 비구니 　尼寺あまでら 여승방
- 음 に 　　尼僧にそう 여승, 비구니

1185 僧 중 승

- 음 そう 　　僧侶そうりょ 승려

1186 供 이바지할 공

- 훈 供そなえる 신불에 올리다 　仏壇ぶつだんにお酒さけを供そなえる 불단에 술을 올리다
  供とも 종자, 수행원 　子供こども 어린이
- 음 きょう 　　供給きょうきゅう 공급 　提供ていきょう 제공
  く 　　供養くよう 공양

1187 霊 신령 령

- 훈 霊たま 혼, 영혼
- 음 れい 　　霊感れいかん 영감 　霊魂れいこん 영혼 　霊長類れいちょうるい 영장류
  りょう 　　悪霊あくりょう 악령 　怨霊おんりょう 원령

1188 鬼 귀신 귀

- 훈 鬼おに 도깨비, 귀신 　鬼おにごっこ 술래잡기
- 음 き 　　鬼才きさい 귀재 　悪鬼あっき 악귀

1189

幻
변할 환

훈 幻 まぼろし 환상, 환영
음 げん 　幻影 げんえい 환영　幻覚 げんかく 환각　幻想 げんそう 환상　幻滅 げんめつ 환멸

1190

幽
그윽할 유

음 ゆう 　幽霊 ゆうれい 유령

1191

零
영 령

음 れい 　零 れい 영(숫자)　零下 れいか 영하　零細 れいさい 영세　零時 れいじ 0시

1192

魔
마귀 마

음 ま 　魔法 まほう 마법　悪魔 あくま 악마　邪魔 じゃま 방해　睡魔 すいま 수마, 심한 졸음　病魔 びょうま 병마

1193

呪
저주할 주

훈 呪う のろう 저주하다　犯人を呪っている はんにん のろ 범인을 저주하고 있다
음 じゅ 　呪術 じゅじゅつ 주술　呪文 じゅもん 주문

1194

宗
마루 종

음 しゅう 　宗教 しゅうきょう 종교　宗派 しゅうは 종파　改宗 かいしゅう 개종
　そう 　宗主国 そうしゅこく 종주국

1195

坊
동네 방

음 ぼう 　坊主 ぼうず 주지 스님/까까머리　赤ん坊 あかんぼう 아기　寝坊 ねぼう 늦잠
　ぼっ 　坊ちゃん ぼっ 도련님

1196

仙
신선 선

음 せん 　仙女 せんにょ 선녀(「せんじょ」라고도 함)　神仙 しんせん 신선

1197

禅
선 선

음 ぜん 　禅宗 ぜんしゅう 선종　座禅 ざぜん 좌선

1198

厄
재앙 액

음 やく   厄年 ^{やくどし} 액년, 운수가 사나운 해   厄払い ^{やくばらい} 액막이   厄日 ^{やくび} 액일

        厄介 ^{やっかい} 귀찮음, 번거로움

1199

詣
이를 예

훈 詣でる ^{もう} 절이나 신사에 참배하다   初詣 ^{はつもうで} 새해 첫 참배

음 けい   造詣 ^{ぞうけい} 조예   造詣が深い ^{ぞうけい} ^{ふか} 조예가 깊다

1200

禍
재화 화

음 か   禍根 ^{かこん} 화근   禍福 ^{かふく} 화복, 불행과 행복

1201

妖
요괴 요

음 よう   妖怪 ^{ようかい} 요괴   妖艶 ^{ようえん} 요염   妖精 ^{ようせい} 요정

1202

朗
밝을 랑(낭)

- 훈 朗らか^{ほが} 명랑함　彼は朗らかな性格です^{かれ ほが せいかく} 그는 명랑한 성격입니다
- 음 ろう　　　朗読^{ろうどく} 낭독　明朗^{めいろう} 명랑

1203

賢
어질 현

- 훈 賢い^{かしこ} 현명하다
- 음 けん　　　賢人^{けんじん} 현인　賢明^{けんめい} 현명함

1204

愚
어리석을 우

- 훈 愚か^{おろ} 어리석음　愚かしい^{おろ} 어리석다, 바보스럽다
- 음 ぐ　　　　愚鈍^{ぐどん} 우둔　愚問^{ぐもん} 우문　愚痴^{ぐち} 푸념　愚痴をこぼす^{ぐち} 푸념을 늘어놓다

1205

痴
어리석을 치

- 음 ち　　　　痴漢^{ちかん} 치한　音痴^{おんち} 음치

1206

臆
생각 억

- 음 おく　　　臆病^{おくびょう} 겁이 많음　臆病者^{おくびょうもの} 겁쟁이

1207

蛮
오랑캐 만

- 음 ばん　　　蛮行^{ばんこう} 만행　野蛮^{やばん} 야만

1208

傲
거만할 오

- 음 ごう　　　傲慢^{ごうまん} 오만

1209

慢
거만할 만

- 음 まん　　　我慢^{がまん} 참음, 견딤　自慢^{じまん} 자랑　腕自慢^{うでじまん} 솜씨 자랑

1210

恣
마음대로 자

음 し 　　　恣意的 자의적, 제멋대로 생각함 　放恣 방자

1211

謙
겸손할 겸

음 けん 　　謙虚 겸허 　謙讓 겸양 　謙遜 겸손

1212

遜
겸손할 손

음 そん 　　遜色 손색 　不遜 불손

1213

廉
청렴할 렴

음 れん 　　廉価 염가 　清廉 청렴 　破廉恥 파렴치

1214

魅
호릴 매

음 み 　　魅力 매력 　魅了 매료 　魅惑 매혹

1215

艶
고울 염

훈 艶 윤, 광택/발랄함 　艶のある髪 윤기 있는 머리칼
음 えん 　　妖艶 요염함

1216

黙
말없을 묵

훈 黙る 입 다물다, 말없이 있다 　彼女は黙って聞いていた 그녀는 아무 말 없이 듣고 있었다
음 もく 　　黙礼 묵례 　黙々と 묵묵히 　黙秘権 묵비권 　沈黙 침묵

1217

癖
버릇 벽

훈 癖 버릇 　口癖 입버릇
음 へき 　　病癖 병적인 습관 　潔癖 결벽

1218

怠
게으를 태

훈 怠る 소홀히 하다 　注意を怠る 주의를 소홀히 하다
　　怠ける 게으름 피우다 　怠け者 게으름뱅이
음 たい 　　怠慢 태만

269

1219 惰
게으를 타

음 だ　　惰性 타성　怠惰 나태

1220 仁
어질 인

음 じん　　仁義 인의　仁術 인술　医は仁術なり 의술은 인술이다

1221 慈
자애로울 자

훈 慈しむ 귀여워하다, 애지중지하다　子供を慈しむ 아이를 귀여워하다
음 じ　　慈悲 자비　慈善 자선　慈善事業 자선사업　慈愛 자애

1222 寛
너그러울 관

음 かん　　寛大 관대　寛容 관용

1223 豪
호걸 호

음 ごう　　豪華 호화　豪傑 호걸　豪雨 호우

1224 卓
뛰어날 탁

음 たく　　卓越 탁월　卓上 탁상　円卓 원탁　食卓 식탁　電卓 전자 계산기

1225 俊
뛰어날 준

음 しゅん　　俊才 재주가 뛰어난 사람, 또는 그 재능　俊敏 슬기롭고 행동이 날렵함

1226 秀
뛰어날 수

훈 秀でる 빼어나다, 우수하다　芸に秀でる 기예에 뛰어나다
음 しゅう　　秀麗 수려　秀作 수작　秀才 수재　優秀 우수

1227 貞
곧을 정

음 てい　　貞淑 정숙　貞節 정절　貞操 정조

1 意味が最も近い言葉を線で結びなさい。

1) 賢い　　　・　　　　　　　　　　　　・その年初めて神社にお参りすること

2) 幻想　　　・　　　　　　　　　　　　・頭が鋭く働く様子。利口だ

3) 廉価　　　・　　　　　　　　　　　　・災いと幸せ

4) 初詣　　　・　　　　　　　　　　　　・現実にないことを心に思い浮かべること

5) 禍福　　　・　　　　　　　　　　　　・値段が安い

2 ＿＿＿＿の言葉の読み方として最もよいものを、①・②・③・④から一つ選びなさい。

1) このアパートに幽霊が出るといううわさが立った。
　① ゆれい　　　　② ゆうれい　　　　③ ゆりょう　　　　④ ゆうりょう

2) ゲリラ豪雨には気を付けてください。
　① ごうう　　　　② ごうあめ　　　　③ きょうう　　　　④ きょうあめ

3) 彼はスポーツの分野で卓越した能力を持っている。
　① たくえつ　　　② たくうつ　　　　③ だくえつ　　　　④ だくうつ

4) 彼女に知られたら厄介だから、秘密にしておこう。
　① やくかい　　　② やっかい　　　　③ えきかい　　　　④ えっかい

5) ここ数年、怠惰な生活を送ってきた。
　① ないだ　　　　② たいだ　　　　　③ なたい　　　　　④ だたい

6) 零細書店が倒産しているそうですよ。
　① れいさい　　　② れいせい　　　　③ りょうさい　　　④ りょうせい

3 (　　　　) に入れるのに最もよいものを、①・②・③・④から一つ選びなさい。

1) 自分がやるべきことを (　　　　) こなしていこう。
　　① 時々　　　　② 黙々と　　　　③ 生き生き　　　　④ 朗々と

2) 彼の傲慢な態度に、もう (　　　　) できない。
　　① 怠慢　　　　② 我慢　　　　③ 惰性　　　　④ 黙礼

3) 彼はいつも親に仕事の (　　　　) をこぼす。
　　① 潔癖　　　　② 謙虚　　　　③ 愚痴　　　　④ 賢明

4) 仕事中、(　　　　) に襲われて困っています。
　　① 人材　　　　② 鬼才　　　　③ 零下　　　　④ 睡魔

5) 彼女は (　　　　) な性格で、誰からも愛されている。
　　① 朗らか　　　　② 放恣　　　　③ 傲慢　　　　④ 愚鈍

1228

輩
무리 배

- 음 はい 　　輩出 배출 　人材を輩出する 인재를 배출하다 　後輩 후배 　先輩 선배
  _{はいしゅつ}　　　_{じんざい}　_{はいしゅつ}　　　　　　_{こうはい}　　　_{せんぱい}

1229

群
무리 군

- 훈 群れる 떼를 짓다 　鳥が群れて飛んでいく 새가 떼지어 날아가다
  _む　　　　　　　_{とり}　_む　　_と
  群がる 떼지어 모이다 　蜜に群がるアリ 꿀에 모여드는 개미
  _{むら}　　　　　　　_{みつ}　_{むら}
- 음 ぐん 　　群衆 군중 　群集 군집 　抜群 발군 　症候群 증후군
  _{ぐんしゅう}　　_{ぐんしゅう}　　_{ばつぐん}　　_{しょうこうぐん}

1230

縁
연줄 연

- 훈 縁 가장자리, 테두리 　額縁 액자
  _{ふち}　　　　　　　　_{がくぶち}
- 음 えん 　　縁 연, 인연 　縁故 연고 　血縁 혈연
  _{えん}　　　_{えんこ}　　_{けつえん}

1231

伴
짝 반

- 훈 伴う 동반하다, 따르다 　愛には犠牲が伴う 사랑에는 희생이 따른다
  _{ともな}　　　　　　　　_{あい}　　_{ぎせい}　_{ともな}
- 음 はん 　　伴侶 반려 　同伴 동반
  _{はんりょ}　　_{どうはん}
  ばん 　　伴奏 반주
  _{ばんそう}

1232

侶
짝 려

- 음 りょ 　　僧侶 승려 　伴侶 반려
  _{そうりょ}　　_{はんりょ}

1233

偶
짝 우

- 음 ぐう 　　偶然 우연 　偶数 짝수 　配偶者 배우자
  _{ぐうぜん}　　_{ぐうすう}　　_{はいぐうしゃ}

1234

遇
대접할 우

- 음 ぐう 　　待遇 대우 　遭遇 조우 　処遇 처우
  _{たいぐう}　　_{そうぐう}　　_{しょぐう}

1235

挨
밀칠 애

- 음 あい 　　挨拶 인사
  _{あいさつ}

1236

挐
짓누를 찰

음 さつ   挨拶 인사

1237

孝
효도 효

음 こう   親孝行 효도   親不孝 불효

1238

恭
공손할 공

훈 恭しい 공손하다   恭しい態度 공손한 태도
음 きょう   恭敬 공경

1239

睦
화목할 목

음 ぼく   親睦 친목

1240

犠
희생할 희

음 ぎ   犠牲 희생

1241

牲
희생 생

음 せい   犠牲 희생

1242

扶
도울 부

음 ふ   扶助 부조, 보조   扶養 부양

1243

援
구원할 원

음 えん   援助 원조   応援 응원   救援 구원   後援 후원   支援 지원

1244

慰
위로할 위

훈 慰める 위로하다   この曲は私の心を慰めてくれる 이 곡은 내 마음을 위로해 준다
慰む 위안이 되다   空を見ていると心が慰む 하늘을 보고 있으면 마음의 위안이 된다
음 い   慰安 위안   慰謝料 위자료   慰問 위문   慰労 위로

274

1245

施 베풀 시

- 훈 施す 베풀다/시행하다　專門教育を施す 전문 교육을 시행하다
- 음 し　施行 시행　施設 시설　実施 실시

1246

称 일컬을 칭

- 훈 称える 기리다, 칭송하다　彼の勇気を称える 그의 용기를 칭송하다
  称える 칭하다　英雄と称えられた男 영웅이라고 불린 남자
- 음 しょう　愛称 애칭　呼称 호칭　自称 자칭　尊称 존칭　通称 통칭

1247

疎 드물 소

- 훈 疎い 소원하다, 잘 모르다　世事に疎い 세상 물정에 어둡다
  疎む 멀리하다　クラスメートから疎まれる 반 친구들에게 소외당하다
  疎か 소홀함　学業を疎かにする 학업을 소홀히 하다
- 음 そ　疎遠 소원　疎外 소외　疎通 소통

1248

絡 이을 락

- 훈 絡む 얽히다/시비를 걸다　いろんな人の利権が絡んでいる 여러 사람의 이권이 얽혀 있다
  絡める 휘감다　腕を絡める 팔짱을 끼다
  絡まる 얽히다/시비를 걸다　絡まった糸を解く 엉킨 실을 풀다
- 음 らく　連絡 연락　脈絡 맥락

1249

依 의지할 의

- 음 い　依存 의존　依頼 의뢰
  え　帰依 귀의　仏道に帰依する 불도에 귀의하다

1250

託 의지할 탁

- 음 たく　委託 위탁　結託 결탁　預託 예탁

1251

委 맡길 위

- 훈 委ねる 맡기다, 위임하다/바치다　全権を委ねる 전권을 맡기다
- 음 い　委員 위원　委任 위임　委託 위탁

1252

嘱 부탁할 촉

- 음 しょく　嘱託 촉탁

275

1253

諮

의논할 자

훈 諮る 자문하다　審議会に諮る 심의회에 자문하다
음 し　　諮問 자문　諮問機関 자문기관

1254

佐

도울 좌

음 さ　　補佐 보좌

1255

媒

중매 매

음 ばい　　媒介 매개　媒体 매체　触媒 촉매

1256

随

따를 수

음 ずい　　随筆 수필　追随 추수, 추종　随所 도처

○○御中

1257

申
말할 신

- 훈 申す 「言う(말하다)」의 겸양어　私はキム・ジヨンと申します 저는 김지연이라고 합니다
  申し訳ない 미안하다, 면목없다　申し上げる 말씀드리다
  申し込む 신청하다　申込書 신청서
- 음 しん　申告 신고　申請 신청　答申 답신

1258

致
이를 치

- 훈 致す 「する(하다)」의 겸양어　失礼致します 실례하겠습니다
- 음 ち　致死量 치사량　致命的 치명적　一致 일치　合致 합치　誘致 유치

1259

拝
절 배

- 훈 拝む 배례하다, 두 손 모아 빌다　神を拝む 신에게 배례하다
- 음 はい　拝啓 삼가 아룀(편지의 첫머리에 쓰는 말)
  拝借 삼가 빌림(「借りる(빌리다)」의 겸양어)　崇拝 숭배　参拝 참배

1260

呈
드릴 정

- 음 てい　呈する 드리다, 증정하다　進呈 진정, 드림　贈呈 증정

1261

戴
일 대

- 훈 戴く 「もらう(받다)」의 겸양어　賞金を戴く 상금을 받다
- 음 たい　戴冠式 대관식

1262

伺
살필 사

- 훈 伺う 「聞く(듣다), 問う(묻다), 訪ねる(방문하다)」의 겸양어
  先生のお宅へ伺いました 선생님 댁에 갔습니다

1263

謁
뵐 알

- 음 えつ　謁見 알현, 높은 분을 만나 뵘

1264

召
부를 소

- 🝊 召す 「食べる (먹다), 飲む (마시다), 買う (사다)」 등의 존경어
  - 着物を召す 기모노를 입으시다　お風邪を召す 감기에 걸리시다
  - お気に召す 마음에 드시다　お年を召す 나이 드시다
  - 召し上がる 드시다, 잡수시다
- 🝌 しょう　召集 소집　召喚 소환 (법원이 불러들임)　召還 소환 (본국으로 불러들임)

1265

賜
줄 사

- 🝊 賜る 주시다, 하사하다　褒美を賜る 상을 하사하다

1266

承
받아들일 승

- 🝊 承る 「受ける(받다), 聞く(듣다)」의 겸양어
  - 良いお話を承りました 좋은 이야기를 들었습니다
- 🝌 しょう　承諾 승낙　承認 승인　継承 계승　伝承 전승

1267

御
어거할 어

- 🝊 御 명사에 붙어 존경의 의미를 만들어 줌
  - 御中 귀중, 편지에서 상대 관청, 회사명 뒤에 붙이는 말　御礼 감사 인사
- 🝌 ぎょ　制御 제어　防御 방어
  - ご　御用 볼일, 용건 (「用事(볼일)」의 정중한 말)　御飯 밥

1268

弊
해질 폐

- 🝌 ヘイ　弊害 폐해　弊社 폐사 (자신의 회사를 낮춰 부르는 말)　語弊 어폐

1 ①・②・③・④の言葉を並べ替えて正しい文を作りなさい。

1) 彼女は＿＿＿＿＿ ＿＿＿＿＿ ＿＿＿＿＿ ＿＿＿＿＿した。
　　① 自分を　　　　　② 両親の　　　　　③ 犠牲に　　　　④ ために

2) 彼は学生の＿＿＿＿＿ ＿＿＿＿＿ ＿＿＿＿＿ ＿＿＿＿＿している。
　　① 学業を　　　　　② アルバイトばかり　③ 本分である　　④ 疎かにして

3) 彼はいつもと＿＿＿＿＿ ＿＿＿＿＿ ＿＿＿＿＿ ＿＿＿＿＿話を 聞いている。
　　① 恭しい　　　　　② 違って　　　　　③ 先生の　　　　④ 態度で

2 ＿＿＿＿＿の言葉の読み方として最もよいものを、①・②・③・④から一つ選びなさい。

1) 友達は失恋した私を慰めてくれた。
　　① あたためて　　② ひろめて　　　③ ゆるめて　　　④ なぐさめて

2) 山田君は後輩の面倒をよく見てくれます。
　　① こはい　　　　② こばい　　　　③ こうはい　　　④ こうばい

3) 彼は今年もクラス委員に選ばれた。
　　① いいん　　　　② いえん　　　　③ えいいん　　　④ えいえん

4) 卒業式でピアノの伴奏をすることにした。
　　① はんしょう　　② ばんしょう　　③ はんそう　　　④ ばんそう

3 ＿＿＿＿の言葉を漢字で書くとき、最もよいものを①・②・③・④から一つ選びなさい。

1) 彼との出会いはぐうぜんだった。
   ① 偶然　　　② 隅然　　　③ 遇然　　　④ 愚然

2) 私生活をぎせいにして働いている。
   ① 儀牲　　　② 儀性　　　③ 犠牲　　　④ 犠性

3) いつまでもあなたをおうえんしますよ。
   ① 応緩　　　② 応援　　　③ 応暖　　　④ 応曖

4) 子供が年を取った親をふようするのは当然のことだ。
   ① 夫養　　　② 夫様　　　③ 扶養　　　④ 扶様

5) 彼女とは遠いけつえん関係にある。
   ① 皿緑　　　② 皿縁　　　③ 血緑　　　④ 血縁

6) この建物にはリフレッシュスペースがずいしょに配置されている。
   ① 泰平　　　② 傾斜　　　③ 奔放　　　④ 随所

1269

慶
경사로울 경

- 음 けい　　慶事 경사　慶祝 경축　慶弔費 경조비

1270

賀
축하할 하

- 음 が　　謹賀新年 근하신년　年賀状 연하장　祝賀 축하

1271

悦
기쁠 열

- 음 えつ　　悦楽 기뻐하며 즐김　満悦 만열, 만족하며 기뻐함

1272

爽
시원할 상

- 훈 爽やか 산뜻함, 상쾌함　爽やかな空気を吸う 상쾌한 공기를 마시다
- 음 そう　　爽快 상쾌

1273

愉
즐거울 유

- 음 ゆ　　愉快 유쾌　愉悦 유열, 기쁘하고 즐거워함

1274

娯
즐거워할 오

- 음 ご　　娯楽 오락

1275

創
시작할 창

- 음 そう　　創刊 창간　創立 창립　創設 창설　創造 창조　独創 독창

1276

奮
떨칠 분

- 훈 奮って 적극적으로　奮ってご参加ください 적극적으로 참가해 주세요
- 음 ふん　　興奮 흥분

1277
憤
분할 분

- 훈 憤る 분개하다, 개탄하다 彼の傲慢な態度に憤る 그의 오만한 태도에 분개하다
- 음 ふん 憤慨 분개 鬱憤 울분

1278
慨
분개할 개

- 음 がい 感慨 감개 憤慨 분개

1279
嚇
성낼 하

- 음 かく 威嚇 위협

1280
邪
사악할 사

- 음 じゃ 邪悪 사악 邪魔 방해 無邪気 천진난만, 순진함
- 특 風邪 감기

1281
怨
원망할 원

- 음 えん 怨恨 원한
- おん 怨霊 원령 怨念 원념, 원한

1282
恨
한 한

- 훈 恨む 원망하다 彼はあなたを恨んでいます 그는 당신을 원망하고 있어요
  恨めしい 원망스럽다 自分の運命が恨めしい 자신의 운명이 원망스럽다
- 음 こん 怨恨 원한

1283
妄
망령될 망

- 음 ぼう 妄言 망언 (「もうげん」이라고도 함)
- もう 妄想 망상 誇大妄想 과대망상

1284
恐
두려워할 공

- 훈 恐れる 두려워하다 死を恐れる 죽음을 두려워하다 恐ろしい 두렵다, 겁나다
  恐らく 아마, 필시 恐らく知っていると思う 아마 알고 있을 거라고 생각한다
- 음 きょう 恐縮 죄송함, 황송함 (감사·사죄·위로의 말로 사용)
  まことに恐縮ですが 정말 죄송합니다만 恐怖 공포 恐竜 공룡

1285

畏
두려워할 외

- 훈 畏れる 경외하다　自然の力を畏れる 자연의 힘을 경외하다
- 음 い　　　畏敬 외경, 경외

1286

慄
두려워할 률

- 음 りつ　　戦慄 전율　戦慄を覚える 전율을 느끼다

1287

惧
두려워할 구

- 음 ぐ　　　危惧 걱정하고 두려워함

1288

慌
당황할 황

- 훈 慌てる 당황하다, 허둥대다　核心を突かれて慌てる 핵심을 찔려서 당황하다
  慌しい 황망하다, 분주하다　慌しい一日だった 분주한 하루였다
- 음 こう　　恐慌 공황

1289

錯
그르칠 착

- 음 さく　　錯誤 착오　錯覚 착각

1290

悟
깨달을 오

- 훈 悟る 깨닫다　自分の過ちを悟る 자신의 잘못을 깨닫다
- 음 ご　　　覚悟 각오

1291

惜
아낄 석

- 훈 惜しい 아깝다/애석하다　時間が惜しい 시간이 아깝다
  惜しむ 아까워하다　努力を惜しまない 노력을 아끼지 않는다
- 음 せき　　惜別 석별　愛惜 애석

1292

孤
외로울 고

- 음 こ　　　孤独 고독　孤立 고립

1293

寂

고요할 적

훈 寂しい 쓸쓸하다, 외롭다　彼がいなくて寂しい 그가 없어서 쓸쓸하다

음 じゃく　静寂 정적　閑寂 한적

1294

虚

헛될 허

음 きょ　虚構 허구　虚像 허상　謙虚 겸허　空虚 공허

1295

憶

기억할 억

음 おく　憶測 억측　記憶 기억

1296

慮

생각할 려

음 りょ　遠慮 사양함　考慮 고려　熟慮 숙려　思慮 사려　配慮 배려

1297

顧

돌아볼 고

훈 顧みる 회고하다, 회상하다　過去を顧みる 과거를 회고하다

음 こ　顧客 고객　回顧 회고

1298

勘

헤아릴 감

음 かん　勘定 셈, 계산　お勘定、お願いします (식당 등에서) 계산해 주세요

　　　　勘弁 용서함

1299

懐

품을 회

훈 懐 품　自然の懐に抱かれる 자연의 품에 안기다

懐かしい 그립다, 정답다　故郷の懐かしい風景 고향의 정겨운 풍경

懐かしむ 그리워하다　子供の頃を懐かしむ 어린 시절을 그리워하다

懐く 친숙해져서 잘 따르다　子供が母親に懐かない 아이가 엄마를 따르지 않는다

음 かい　懐中電灯 회중전등　感懐 감회

1300

謹

삼갈 근

훈 謹む 삼가다　謹んで弔意を表す 삼가 조의를 표하다

음 きん　謹慎 근신　謹呈 삼가 드림　謹賀新年 근하신년

1301

慎 삼갈 신

- 훈 慎む 조심하다　言行を慎む 언행을 조심하다
- 음 しん　　慎重 신중　謹慎 근신

1302

嘆 한숨 쉴 탄

- 훈 嘆く 한탄하다, 슬퍼하다　自分の不幸を嘆く 자신의 불행을 한탄하다
  嘆かわしい 한탄스럽다　嘆かわしい事件が起こる 한탄스러운 사건이 일어나다
- 음 たん　　嘆願 탄원　感嘆 감탄　驚嘆 경탄

1303

惨 참혹할 참

- 훈 惨め 비참함, 참담함　惨めな姿 비참한 모습
- 음 さん　　惨劇 참극　悲惨 비참
  ざん　　惨酷 참혹

1304

哀 슬플 애

- 훈 哀れ 애처로움, 가련함/초라함　哀れな運命 가련한 운명
  哀れむ 가엾게 여기다　自分を哀れむ 자신을 동정하다
- 음 あい　　哀愁 애수　哀悼 애도　悲哀 비애

1305

虞 염려할 우

- 훈 虞 염려, 우려
- 음 ぐ　　　虞犯 우범　虞犯地帯 우범지대

1306

惑 미혹할 혹

- 훈 惑う 망설이다, 갈피를 못 잡다　戸惑う 망설이다, 갈피를 못 잡다
  どうしたらいいのか戸惑っている 어떻게 하면 좋을지 갈피를 못 잡고 있다
- 음 わく　　疑惑 의혹　迷惑 폐　迷惑をかける 폐를 끼치다　誘惑 유혹

1307

煩 번거로울 번

- 훈 煩う 번민하다, 고민하다　未来のことを思い煩う 미래의 일을 고민하다
  煩わしい 번거롭다, 성가시다　人間関係が煩わしい 인간관계가 성가시다
- 음 はん　　煩雑 번잡
  ぼん　　煩悩 번뇌

1308

愁 근심 수

- 음 しゅう　　哀愁 애수　郷愁 향수

1309 憂 근심 우

- 훈 憂い 근심, 우려　備えあれば憂いなし 준비가 되어 있으면 걱정도 없다 (관용어구)
　憂える 우려하다, 걱정하다　息子の将来を憂える 아들의 장래를 걱정하다
- 음 ゆう　憂鬱 우울　杞憂 기우　杞憂に過ぎない 기우에 지나지 않는다

1310 鬱 우거질 울

- 음 うつ　鬱病 우울증　鬱憤 울분

1311 悼 슬퍼할 도

- 훈 悼む 애도하다　彼の死を悼む 그의 죽음을 애도하다
- 음 とう　哀悼 애도　追悼 추도

1312 憾 섭섭할 감

- 음 かん　遺憾 유감

1313 悔 뉘우칠 회

- 훈 悔いる 뉘우치다, 후회하다　過去を悔いる 과거를 후회하다
　悔しい 분하다/(자신의 행위를 후회하며) 유감스럽다
　　　　相手に負けてしまったことが悔しい 상대에게 진 것이 분하다
　悔やむ 뉘우치다, 후회하다　後になって悔やむ 나중에 와서 후회하다
- 음 かい　悔恨 회한　感懐 감회　後悔 후회

1314 聖 성스러울 성

- 음 せい　聖職者 성직자　聖堂 성당　聖なる 성스러운, 거룩한　神聖 신성

1315 誠 정성 성

- 훈 誠 진심, 성의　誠に 참으로, 실로
- 음 せい　誠意 성의　誠実 성실　忠誠 충성

1316 衷 정성 충

- 음 ちゅう　衷心 충심, 진심　苦衷 고충　折衷 절충

1317

忠
충성 충

- 음 ちゅう 　　忠告 충고　忠誠 충성

1318

懇
간절할 간

- 훈 懇ろ 공손함, 정성스러움　懇ろに説明する 정성스레 설명하다
- 음 こん 　　懇願 간원, 간청　懇談会 간담회

1319

旨
뜻 지

- 훈 旨 취지, 뜻　辞退の旨を伝える 사퇴의 뜻을 전하다
- 음 し 　　趣旨 취지　要旨 요지

1320

庸
떳떳할 용

- 음 よう 　　凡庸 범용　中庸 중용

1321

羞
부끄러울 수

- 음 しゅう 　　羞恥心 수치심

1322

憧
동경할 동

- 훈 憧れる 동경하다　芸能人に憧れている 연예인을 동경하고 있다
- 음 どう 　　憧憬 동경

1323

憬
깨달을 경

- 음 けい 　　憧憬 동경

1324

嫉
시샘할 질

- 음 しつ 　　嫉妬 질투

1325

妬
강샘할 투

- 훈 妬む 질투하다　友達の幸せを妬む 친구의 행복을 질투하다
- 음 と 　　嫉妬 질투

287

1326

羨

부러워할 선

- 훈 羨ましい 부럽다, 샘이 나다
  羨む 부러워하다, 선망하다　他人の幸せを羨んでいる 타인의 행복을 부러워하다
- 음 せん　　羨望 선망　羨望の的 선망의 대상

1327

慕

사모할 모

- 훈 慕う 그리워하다, 연모하다　祖母を慕う 할머니를 그리워하다
- 음 ぼ　　恋慕 연모　思慕 사모　愛慕 애모　追慕 추모

1328

貪

탐할 탐

- 훈 貪る 탐하다, 욕심부리다　他人の金を貪る 타인의 돈을 탐하다
- 음 どん　　貪欲 탐욕

1329

誇

자랑할 과

- 훈 誇る 자랑하다, 뽐내다　誇り 자랑, 긍지　誇らしい 자랑스럽다
- 음 こ　　誇示 과시　誇大 과대　誇張 과장

1330

覧
볼 **람**

㉠ らん　一覧 일람　閲覧 열람　観覧 관람　展覧会 전람회　博覧会 박람회

1331

鳴
울 **명**

㉡ 鳴らす 소리를 내다, 울리다　サイレンを鳴らす 사이렌을 울리다
鳴る 소리가 나다, 울리다　呼び鈴が鳴る 초인종이 울리다
鳴く (곤충, 동물이) 울다　やぎがメーメーと鳴く 염소가 매-매 하고 울다
㉠ めい　共鳴 공명　悲鳴 비명

1332

芳
향내날 **방**

㉡ 芳しい 향기롭다
㉠ ほう　芳香 방향

1333

匂
향내 **내**

㉡ 匂う 향기가 나다　匂い (좋은) 냄새, 향기

1334

薫
향풀 **훈**

㉡ 薫る 향기가 나다　文化、芸術の薫りを満喫する 문화·예술의 향기를 만끽하다
㉠ くん　燻製 훈제

1335

臭
냄새 **취**

㉡ 臭い 구리다, 나쁜 냄새가 나다
臭う 악취가 나다
㉠ しゅう　悪臭 악취　体臭 체취

1336

嗅
맡을 **후**

㉡ 嗅ぐ 냄새를 맡다　においを嗅ぐ 냄새를 맡다
㉠ きゅう　嗅覚 후각

1337

眺
바라볼 조

- 훈 眺める 바라보다, 조망하다　夜景を眺める 야경을 바라보다
- 음 ちょう　　眺望 조망

1338

疲
피곤할 피

- 훈 疲れる 피곤하다　疲れ 피로　お疲れ様でした 수고하셨습니다
- 음 ひ　　疲労 피로　疲弊 피폐

1 ＿＿＿＿の漢字として正しいほうに○をつけなさい。

1) 彼は、人間関係は難しいとなげいている。 （ a. 嘆いて b. 漢いて ）

2)『少女時代』にあこがれて、歌手になろうと思った。（ a. 瞳れて b. 憧れて ）

3) 彼の誠意のない態度にふんがいしている。 （ a. 憤慨 b. 噴慨 ）

4) 温泉に入ると、つかれがとれる。 （ a. 疲れ b. 披れ ）

2 ＿＿＿＿の言葉の読み方として最もよいものを、①・②・③・④から一つ選びなさい。

1) 時間を惜しんで勉強する。
　 ① くやしんで　　② つつしんで　　③ おしんで　　④ うらんで

2) 後悔しても遅いですよ。
　 ① ごかい　　　② ごがい　　　③ こうかい　　④ こうがい

3) 発言の趣旨がよく分からない。
　 ① しゅし　　　② しゅうし　　③ しゅじ　　　④ しゅうじ

4) 最近、彼の妄想がひどくなってきた。
　 ① もそう　　　② もうそう　　③ もしょ　　　④ もうしょう

5) 今日は爽やかな風が吹いて気持ちいい。
　 ① さわやか　　② あざやか　　③ きよらか　　④ あきらか

6) 嫉妬のあまり妻を殺害してしまった。
　 ① ちつと　　　② ちっと　　　③ しつと　　　④ しっと

3 （　　　　　）に入れるのに最もよいものを、①・②・③・④から一つ選びなさい。

1) 1点差で負けるなんて、（　　　　　）。
① 懐かしい　　　② 嬉しい　　　③ 悔しい　　　④ 恐ろしい

2) 参加者を募集いたしますので、（　　　　）ご応募ください。
① 憤って　　　② 奮って　　　③ 恐縮で　　　④ 誇って

3) 目覚まし時計が（　　　　　）起きられない。
① 悼んでも　　　② 泣いても　　　③ 鳴っても　　　④ 慕っても

4) 品質にご満足 いただけない場合は（　　　　　）ご返品ください。
① 遠慮なく　　　② 顧みて　　　③ 懇ろに　　　④ 誠に

5) うちの犬はいつも玄関で父の靴のにおいを（　　　　　）いる。
① 眺めて　　　② 嗅いで　　　③ 聴いて　　　④ 観て

6) 地球環境に（　　　　　）した製品の開発をしている。
① 発達　　　② 思慮　　　③ 配達　　　④ 配慮

1339

批
비평할 비

음 ひ　　　　批准 비준　批判 비판　批評 비평

1340

拒
막을 거

훈 拒む 거절하다　要求を拒む 요구를 거절하다
음 きょ　　　拒否 거부　拒絶 거절

1341

阻
막을 조

훈 阻む 막다, 저지하다　出世の道を阻む 출셋길을 막다
음 そ　　　　阻止 저지　阻害 저해

1342

抵
막을 저

음 てい　　　抵当 저당　抵抗 저항　大抵 대체로

1343

抗
대항할 항

음 こう　　　抗議 항의　抗争 항쟁　対抗 대항　反抗 반항

1344

障
막을 장

훈 障る 해가 되다, 방해되다　気に障る 비위에 거슬리다
음 しょう　　障害 장해　故障 고장　支障 지장　保障 보장

1345

却
물리칠 각

음 きゃく　　冷却 냉각　忘却 망각　焼却 소각　返却 반환　却下 각하

1346

排
물리칠 배

음 はい　　　排気ガス 배기가스　排泄 배설　排除 배제　排出 배출　排他的 배타적

1347

斥
물리칠 척

음 せき   排斥 ^{はいせき} 배척

1348

撤
치울 철

음 てっ   撤去 ^{てっきょ} 철거   撤収 ^{てっしゅう} 철수   撤退 ^{てったい} 철퇴   撤回 ^{てっかい} 철회

1349

請
청할 청

훈 請ける ^う 돈을 치르고 돌려받다/도급, 청부하다   下請け ^{したう} 하청
請う ^こ 청하다, 바라다   許可を請う ^{きょか こ} 허가를 청하다
음 せい   請求 ^{せいきゅう} 청구   請願 ^{せいがん} 청원   申請 ^{しんせい} 신청   要請 ^{ようせい} 요청   招請 ^{しょうせい} 초청

1350

肯
긍정할 긍

음 こう   肯定 ^{こうてい} 긍정

1351

諾
대답할 낙

음 だく   受諾 ^{じゅだく} 수락   承諾 ^{しょうだく} 승낙   許諾 ^{きょだく} 허락

1352

褒
칭찬할 포

훈 褒める ^ほ 칭찬하다   褒め言葉 ^{ほ ことば} 칭찬하는 말, 찬사
음 ほう   褒美 ^{ほうび} 칭찬의 의미로 주는 상

1353

推
밀 추

훈 推す ^お 추천하다, 추대하다/미루어 생각하다   会長に推す ^{かいちょう お} 회장으로 추대하다
음 すい   推量 ^{すいりょう} 추량   推論 ^{すいろん} 추론   推理 ^{すいり} 추리   推移 ^{すいい} 추이   推測 ^{すいそく} 추측   類推 ^{るいすい} 유추

1354

薦
천거할 천

훈 薦める ^{すす} 추천하다   友人がいい本を薦めてくれた ^{ゆうじん ほん すす} 친구가 좋은 책을 추천해 주었다
음 せん   推薦 ^{すいせん} 추천   推薦状 ^{すいせんじょう} 추천장

1355

佳
아름다울 가

음 か   佳作 ^{かさく} 가작   佳人 ^{かじん} 가인, 아름다운 여자

1356

麗
고울 려

- 훈 麗しい 아름답다, 곱다
- 음 れい　　麗人 미인　美辞麗句 미사여구　綺麗 예쁨, 깨끗함

1357

珍
보배 진

- 훈 珍しい 드물다, 신기하다
- 음 ちん　　珍品 진품　珍味 진미

1358

雅
맑을 아

- 음 が　　雅趣 아취, 운치　優雅 우아

1359

糾
살필 규

- 음 きゅう　　糾弾 규탄　紛糾 분규

1360

是
옳을 시

- 음 ぜ　　是非 꼭, 반드시　是認 시인

1361

宜
마땅할 의

- 음 ぎ　　適宜 적당함　便宜 편의

1362

祥
상서로울 상

- 음 しょう　　吉祥 길상　不祥 불상, 불길

1363

傑
뛰어날 걸

- 음 けつ　　傑作 걸작　豪傑 호걸

1364

譲
겸손할 양

- 훈 譲る 양보하다　席を譲る 자리를 양보하다
- 음 じょう　　譲渡 양도　譲歩 양보　謙譲 겸양

1365

偉
위대할 위

- 훈 偉い 훌륭하다/장하다, 기특하다/지위가 높다
  偉い人の伝記を読んだ 훌륭한 사람의 전기를 읽었다
  ボランティア活動をするなんて偉いね 자원봉사를 하다니 장하구나
- 음 い　　　　偉大 위대함　偉業 위업　偉人 위인

1366

諭
깨우칠 유

- 훈 諭す 타이르다, 깨우치다　先生は彼を丁寧に諭した 선생님은 그를 정중하게 타일렀다
- 음 ゆ　　　　教諭 정교사

1367

叱
꾸짖을 질

- 훈 叱る 꾸짖다, 혼내다　上司に叱られた 상사에게 혼이 났다
- 음 しつ　　　叱責 질책　叱咤 질타

1368

責
꾸짖을 책

- 훈 責める 나무라다, 비난하다　相手の失敗を責める 상대방의 실수를 나무라다
- 음 せき　　　責任 책임　責務 책무　重責 중책　職責 직책　問責 문책

1369

喝
꾸짖을 갈

- 음 かつ　　　恐喝 공갈　喝采 갈채

1370

憎
미워할 증

- 훈 憎い 밉다　憎しみ 미움　憎らしい 얄밉다
  憎む 미워하다　私は彼を憎んでいた 나는 그를 미워하고 있었다
- 음 ぞう　　　憎悪 증오　愛憎 애증

1371

誤
그르칠 오

- 훈 誤る 잘못하다, 틀리다　判断を誤る 판단을 잘못하다
- 음 ご　　　　誤答 오답　誤訳 오역　誤差 오차　誤解 오해

1372

醜
추할 추

- 훈 醜い 추하다, 보기 흉하다
- 음 しゅう　　醜悪 추악　醜態 추태　美醜 미추

1373

駄 실을 태

🔊 だ 　　駄作 졸작　駄目 소용없음/못쓰게 됨　無駄 보람 없음, 헛됨

1374

拙 졸할 졸

🔊 拙い 서투르다, 변변치 못하다　拙い言葉 어눌한 말투
🔊 せつ 　　稚拙 치졸

1375

劣 용렬할 렬

🔊 劣る 뒤떨어지다, 뒤지다　音質が劣る 음질이 떨어지다
🔊 れつ 　　劣悪 열악　卑劣 비열　優劣 우열　劣等感 열등감

1376

冗 쓸데없을 용

🔊 じょう 　　冗談 농담

1377

偽 거짓 위

🔊 偽る 속이다, 거짓말하다　住所を偽る 주소를 속이다
　　偽 가짜, 모조　偽物 가짜　偽札 위조 지폐
🔊 ぎ 　　偽善 위선　偽装 위장　偽造 위조　虚偽 허위

1 ＿＿＿＿＿の漢字として正しいほうに○をつけなさい。

1) 権力にていこうする勇気を持つ。 　　　（a. 抵抗　　b. 低抗）

2) 老廃物を体外へはいしゅつする。 　　　（a. 非出　　b. 排出）

3) 他人をひはんする。 　　　　　　　　　（a. 批判　　b. 比判）

4) じょうだんはやめて本論に戻ろう。 　　（a. 冗談　　b. 冗淡）

5) 辞表をてっかいしてほしい。 　　　　　（a. 徹回　　b. 撤回）

2 ＿＿＿＿＿の言葉の読み方として最もよいものを、①・②・③・④から一つ選びなさい。

1) あの二人の能力に優劣はない。
　　① ゆれつ　　　　② ゆうれつ　　　　③ ゆえつ　　　　④ ゆうえつ

2) 推測で話すのはやめなさい。
　　① すいそく　　　② すうそく　　　　③ すいぞく　　　④ すうぞく

3) オリンピック選手たちに喝采が送られた。
　　① かつさい　　　② かっさい　　　　③ かつてい　　　④ かってい

4) 彼は首を横に振って拒否の意を表した。
　　① きょひ　　　　② きょうひ　　　　③ きょふ　　　　④ きょうふ

5) 植物繊維は、カルシウムの吸収を阻害する。
　　① しょがい　　　② しょうかい　　　③ そがい　　　　④ そうかい

3 ( ) に入れるのに最もよいものを、①・②・③・④から一つ選びなさい。

1) 若者はお年寄りや妊婦に席を ( ) べきだ。

① 推す   ② 憎む   ③ 譲る   ④ 謝る

2) この外車は国産車より性能が ( ) いる。

① 劣って   ② 叱って   ③ 請けて   ④ 褒めて

3) 食べ物を ( ) にしてはいけません。

① 大抵   ② 抵当   ③ 駄作   ④ 無駄

4) 小学生のときは、いろいろな ( ) の伝記を読んだ。

① 狂人   ② 佳人   ③ 凡人   ④ 偉人

다음은 일본어능력시험 N1 수준의 독해 지문입니다. 독해 지문 속에 쓰인 한자를 익히면서 독해실력도 함께 키워 보세요.

犬と暮らす

坂田 耳子
^{さかた　みみ　こ}

　生涯で飼う犬は、多くて３頭だなと思っている。１頭目は兄弟として。２頭目は子どもとして。そして、３頭目は孫として。

＊　＊　＊　＊　＊　＊　＊　＊　＊　＊　＊　＊　＊　＊　＊

　現在、私は２頭目の犬を飼っている。名前はモモ。６歳になるメスの雑種だ。

　モモがやってきたのは６年前、先代の犬、コロが亡くなって２年が過ぎようとしていたころだった。15歳まで生きたコロは、最後の２年ほど、ずっと闘病生活を送っていて、我が家では一家総出で老犬の介護をしていた。だから、コロが亡くなったとき、家族の誰もが「もう犬は飼わない」と思ったものだった。我が家のやんちゃな末っ子が、誰よりも早く老いて死んでいったことへの悲しみ。そして、老犬の介護の多大な負担によって、犬１匹を飼うということの責任を実感した結果であった。

　が、６年前のその日、高知旅行から帰った私が家の玄関を開けるやいなや解き放した、小さくて、白くて、丸くて、よちよちした物体に、家族は唖然とすることになる。

「高知の日曜市で、犬、買ってきたから」
という完全な事後報告。

　そろそろ私は30歳になろうという時期で、周りの友達にはベビーブームが到来していた。私だって人の子とは言わずとも、犬の子くらい育てられなくてどうする、という対抗意識があったのかもしれない。

□ 闘病^{とうびょう} 투병
□ 唖然^{あ　ぜん} 어이가 없거나 기가 막혀 말을 못하는 모양
□ やんちゃ 응석받이

□ 日曜市^{にちよういち} 일요장
□ ベビーブーム 베이비붐

たしかにあの日、日曜市でモモに会うまで、私は「もう犬は飼わない」と思っていた。

　ところが、ケージに入れられ、3000円で売られていたモモを見たとき、私は、「失うことが怖いから、愛さないようにするって、なんだか後ろ向きなんじゃないか」という思いに、突然襲われたのだ。コロといた15年で得たことは、そんな後ろ向きなことじゃないはずだ。もっともっとあたたかくて広いものを、コロは私たちに与えてくれたんじゃないか。

「そうだ、また犬を飼おう」

　一度はその場を離れた私だったが、駆け足で、モモのいるケージに戻って行った。

「おばさん、この白い子、ください」

「ダンボールに入れていく？」

「いいえ。飛行機に乗せるので……。今、キャリーバッグを買ってきます！」

＊＊＊＊＊＊＊＊＊＊＊＊＊＊＊＊＊＊＊

「私が責任もって飼うから。私の犬だから」と、30歳にもなる娘に言われたら、家族も反対できまい、という確信犯。

　だが、いくら「娘が飼っている犬だから、私たちには関係ない」と思っても、家の中をちょこちょこと駆け回っている子犬を、私の両親が放っておくはずがなかった。実は、ここらへんも確信犯。昼間は会社に行っていて留守になってしまう私に代わって、両親、特に母がよくモモの面倒をみてくれた。

□ 後ろ向き 등을 돌림, 역행함, 소극적임　　　□ 確信犯 결과를 예상한 후에 행동을 일으키는 것, 또는 그런 사람

我が家に来たときは、まだ生後2か月、親から離れるにも小さすぎたモモだったので、寝るときは私のベッドに入れて一緒に寝ていたのだが、4か月ほどになったとき、そろそろ一人で寝させることにした。とはいえ、昨日まで私の体にぴったりくっついて寝ていた子犬が、今日から一人で寝なさいと言われても、納得しない。モモは、廊下で、一晩中、キャンキャン、クンクンと鳴いていた。

　獣医さん曰く「この時期、うるさいからといって、訓練をやめてしまうと、一生、人の布団に入ってきて寝る子になっちゃうよ。」

　私は、心を鬼にして、鳴き声を無視していた。

　が、しばらくてして、パタリと鳴き声が止まった。

　心配になって見に行ってみると……、なんと、ダンボールでできたモモのベッドの脇に、母が自分の布団を敷いて寝ているではないか。

　そういえば、先代の犬コロも、私と姉でもらってきたのにもかかわらず、結局、世話の大半は母がして、コロに一番好かれたのも母だった。歴史はこうして繰り返され、「私の犬」であったはずのモモにも、母は一番好かれることになってしまった。

＊　＊　＊　＊　＊　＊　＊　＊　＊　＊　＊　＊　＊　＊

　だが、昨年、モモは一番大好きな人との別離を経験した。母が天国に召されてしまったのだ。

　だからって、やつれたり引きこもったりせず、普段どおりのモモの姿を見て、「やっぱり犬なのねぇ。大好きな人のこともすぐ忘れちゃうのねぇ」なんて、心ないことを言ったりする人もいた。だけど、私は知っている。別れの翌日、モモ

は大好きな人が昨日まで寝ていたベッドの上で、一晩中丸くなっていた。目を閉じて、ずっと丸くなっていた。大好きな人の匂いにつつまれて、モモなりにお別れをして、悲しみをどこかに閉じ込めたんだと、私は思っている。

　だから、私は別れがどんなに辛く悲しくても、犬を最後まで人間が看取ってあげられることの幸せを感じずにはいられないのだ。

　「安心して、私はここにいるから。次に目を開けたときも、ずっとここにいるから」

　そう言って、犬は送ってあげたい。

　まだまだ子犬と思っていたモモも、もう６歳。人間でいうと、ちょうど私くらいの年齢か。お互いいつのまにか、世間で「中年」と言われるお年頃になってしまった。時々、「お前も年を取ったね」と思うことがある。あと、どれだけ一緒にいられるのか。ふと、そんなことも頭をよぎる。

　でもね、過去から未来へと続く時間の中で、こうして出会って、一緒に現在という時間を過ごす。それって、すごい奇跡だと思う。だから、今はそのことに感謝しながら、毎日、楽しく過ごそう。いっぱい散歩して、いっぱい駆けて。そういう日を積み重ねていこう。

　犬と暮らす。

　それは、人をやさしくする、あたたかくする。

　人を強くする。

　そして、人を幸せにする。

□ 閉じ込める 가두다, 억지로 집어 넣다, 처박아두다　　　□ 積み重ねる 겹겹이 쌓다, 거듭하다
□ 看取る 간호하다, 병 시중 들다
□ 頭をよぎる 머리를 스치다, 생각이 떠오르다

1378

紀 해 기

음 き 紀元前 기원전 紀行文 기행문 世紀 세기 半世紀 반세기

1379

既 이미 기

훈 既に 이미, 벌써

음 き 既製服 기성복 既存 기존 既婚 기혼

1380

即 곧 즉

음 そく 即答 즉답 即席 즉석 即興 즉흥

1381

延 늘일 연

훈 延ばす 연장하다, 연기하다 返却期限を延ばす 반납기한을 연기하다
延びる 연장되다, 연기되다 試合が来週に延びた 시합이 다음 주로 연기됐다

음 えん 延期 연기 延長 연장 延滞 연체 遅延 지연

유 의 어

<'자라다, 늘다'는 伸びる? 延びる?>
· 伸びる : 실력·일·힘 등이 신장되다, 향상되다
売り上げが伸びる 매상이 늘다 学力が伸びる 학력이 신장되다
· 延びる : 시간이 연장·연기되다, 길어지다
日程が延びる 일정이 연기되다 寿命が延びる 수명이 연장되다

1382

故 옛 고

훈 故 까닭, 이유 それ故 그러므로, 그런 까닭에

음 こ 故人 고인 事故 사고 故障 고장 故郷 고향

特 故郷 고향 何故 왜, 어째서

1383

旧 오랠 구

음 きゅう 旧式 구식 復旧 복구 新旧 신구

1384

暦
책력 력

- 훈 暦 ^{こよみ} 책력, 달력
- 음 れき 　還暦 환갑　西暦 서력　太陽暦 태양력

1385

歴
지낼 력(역)

- 음 れき 　歴史 역사　経歴 경력　履歴書 이력서　学歴 학력　職歴 직업상의 경력

1386

旬
열흘 순

- 음 しゅん 　旬 제철, 맛이 가장 좋은 시기　旬の野菜 제철 채소
- 　じゅん 　上旬 상순　中旬 중순　下旬 하순

1387

恒
항상 항

- 음 こう 　恒久 항구　恒常 항상

1388

丙
남녘 병

- 음 へい 　丙 병, 십간의 셋째　甲乙丙丁 갑을병정

1389

暁
새벽 효

- 훈 暁 새벽
- 음 ぎょう 　暁天 새벽 하늘　今暁 오늘 새벽

1390

旦
새벽 단

- 음 たん 　元旦 설날 아침
- 　だん 　旦那 남편

1391

宵
밤 소

- 훈 宵 초저녁　宵の口 초저녁
- 음 しょう 　徹宵 밤을 샘

1392

暫
잠깐 잠

- 음 ざん 　暫時 잠시　暫定 잠정　暫定的 잠정적

刹

절 찰

음 さつ　　古刹 고찰, 오래된 절　　名刹 명찰, 유명한 절

せつ　　刹那 찰나

 칼럼 コラム

일본인들은 점(占い)보는 걸 좋아한다?!

일본에서는 아침 방송 프로그램이 끝날 때쯤 占いコーナー (운세 코너)에서 띠별 운세나 별자리 운세 등을 알려주는 경우가 많습니다. 그걸 보는 외국인들은 "일본인은 점보는 걸 엄청 좋아하는구나!!" 라고 말하죠. 그러나 안 좋은 일은 피하고, 행운을 얻고 싶어하는 그 마음은 전 세계 누구에게나 똑같지 않을까요.

만약 오늘의 운세에서 「恋愛運アップのラッキーカーラーはピンク (연애운을 업 시켜주는 행운의 색은 핑크)」라는 말을 듣게 된다면, 외출하기 전 은근슬쩍 핑크색 물건을 가지고 나가게 되겠죠~

점의 종류도 다양합니다. 「名前占い (이름점)」, 「星座占い (별자리점)」, 「手相 (손금)」, 「タロット占い (타로카드점)」 등등.

물론 맹신은 금물이지만, 여러 가지 일들로 바쁘고 고민 많은 현대인들에게 이런 것들이 작은 위로가될 수 있다면, 꼭 나쁘다고만은 할 수 없지 않을까요. ^^

여러분의 오늘의 운세는 어떤가요?!

날씨 · 기후(天気^{てんき}·気候^{きこう})와 관련된 한자

1394

候
기후 후

- 훈 居候^{いそうろう} 더부살이
- 음 こう 候補^{こうほ} 후보　気候^{きこう} 기후　兆候^{ちょうこう} 징후　悪天候^{あくてんこう} 악천후

1395

嵐
산기운 람

- 훈 嵐^{あらし} 폭풍　砂嵐^{すなあらし} 모래 폭풍

1396

霧
안개 무

- 훈 霧^{きり} 안개　霧雨^{きりさめ} 이슬비　朝霧^{あさぎり} 아침 안개
- 음 む 濃霧^{のうむ} 짙은 안개

1397

霜
서리 상

- 훈 霜^{しも} 서리　霜柱^{しもばしら} 서릿발
- 음 そう 霜害^{そうがい} 서리 피해

1398

雷
우뢰 뢰

- 훈 雷^{かみなり} 천둥, 벼락　雷^{かみなり}が鳴^なる 천둥이 치다
- 음 らい 雷雨^{らいう} 뇌우·번개·천둥 등과 함께 오는 비　落雷^{らくらい} 낙뢰　地雷^{じらい} 지뢰

1399

燥
마를 조

- 음 そう 乾燥^{かんそう} 건조　焦燥^{しょうそう} 초조

1400

干

마를 간

훈 干す 말리다　洗濯物を干す 빨래를 말리다, 널다
干る 마르다　干物 건어물

음 かん　　干渉 간섭　若干 약간

<'말리다'는 干す? 乾かす?>

· 干す : 수분이나 습기를 제거하기 위해 통풍이 잘 되는 장소에 내놓거나 햇볕을 쏘이게 하는 것을 말한다, 젖지 않은 것에도 쓸 수 있다.

天気のいい日は布団を干す 날씨가 좋은 날에는 이불을 말린다

· 乾かす : 젖은 물건의 수분과 습기를 완전히 제거하는 것을 말한다.

濡れた髪を乾かす 젖은 머리를 말리다
洗濯物を干して乾かす 세탁물을 널어 말리다

1 意味が最も近い言葉を線で結びなさい。

1) 乾燥　・

・すでに結婚していること

2) 経歴　・

・これまでの学業、職業、資格などに関する事柄

3) 既婚　・

・自分が生まれた土地

4) 故郷　・

・壊れた物が、元通りになること

5) 復旧　・

・湿気や水分がなくなること

2 ＿＿＿＿＿の言葉を漢字で書くとき、最もよいものを①・②・③・④から一つ選びなさい。

1) こよみの上では、もう秋なんですね。
　①歴　　　　　②暦　　　　　③森　　　　　④紀

2) きりのせいで、道に迷ってしまった。
　①雲　　　　　②嵐　　　　　③霜　　　　　④霧

3) S社と契約を結ぶことがざんてい的に決まった。
　①斬定　　　　②斬程　　　　③暫定　　　　④暫程

4) 釣った魚でひものを作る。
　①干物　　　　②日物　　　　③干者　　　　④日者

3 (　　　) に入れるのに最もよいものを、①・②・③・④から一つ選びなさい。

1) 大雨のため、運動会は (　　　) になった。
　　① 延期　　　　② 増加　　　　③ 伸張　　　　④ 軽減

2) いい天気なので、布団を (　　　)。
　　① 塗らした　　② 見つかった　　③ 汚れた　　　④ 干した

3) 借りている本の返却期限を (　　　) ことはできますか。
　　① 即答する　　② 延ばす　　　③ 伸びる　　　④ 干る

☑ 영화 개봉

映画開封（×）

映画公開（○）

1401

虎
범 호

- 훈 虎 호랑이
- 음 こ 　　　虎視眈々 호시탐탐

1402

豚
돼지 돈

- 훈 豚 돼지 　　豚肉 돼지고기 　子豚 새끼 돼지
- 음 とん 　　豚カツ 돈가쓰 　養豚 양돈, 돼지를 사육함

1403

鹿
사슴 록

- 훈 鹿 · 鹿 사슴

1404

鶏
닭 계

- 훈 鶏 닭
- 음 けい 　　鶏舎 닭장 　養鶏 양계

1405

駒
망아지 구

- 훈 駒 망아지/장기의 말

1406

哺
먹일 포

- 음 ほ 　　哺乳類 포유류

1407

蛇
뱀 사

- 훈 蛇 뱀
- 음 じゃ 　　蛇口 수도꼭지 　大蛇 구렁이
- 음 だ 　　蛇足 사족

1408

亀
거북 귀

- 훈 亀 거북이
- 음 き 　　亀裂 균열 　亀裂が生じる 균열이 생기다

1409
鯨
고래 경

- 훈 鯨 고래
- 음 げい　鯨油 경유, 고래기름　捕鯨 포경, 고래잡이

1410
竜
용 룡

- 훈 竜 용　竜巻 회오리 바람
- 음 りゅう　竜 용　恐竜 공룡　竜頭蛇尾 용두사미

1411
鶴
두루미 학

- 훈 鶴 학　折り鶴 종이학
- 음 かく　鶴首 학수　鶴首して待つ 학수고대하다

1412
蜂
벌 봉

- 훈 蜂 벌　蜜蜂 꿀벌　働き蜂 일벌
- 음 ほう　養蜂 양봉

1413
蚊
모기 문

- 음 か 蚊 모기　蚊帳 모기장

1414
蛍
개똥벌레 형

- 훈 蛍 반딧불이
- 음 けい　蛍光 형광　蛍光灯 형광등

1415
昆
벌레 곤

- 음 こん　昆虫 곤충　昆布 다시마

1416
尾
꼬리 미

- 훈 尾 꼬리　尾根 산등성이, 능선
- 음 び　尾行 미행　交尾 교미
- 특 尻尾 꼬리

1417
飼
먹일 사

- 훈 飼う 사육하다, 기르다　猫を飼っている 고양이를 키우고 있다
  飼い犬 키우는 개　飼い主 키우는 주인
- 음 し　飼育 사육　飼料 사료

312

1418

熊
곰 웅

훈 熊 ^{くま} 곰

1419

雌
암컷 자

훈 雌 ^{めす} 암컷　　雌犬 ^{めすいぬ} 암캐
　　雌 ^め 암컷의 의미　　雌牛 ^{めうし} 암소
음 し　　　雌雄 ^{しゆう} 자웅

1420

雄
수컷 웅

훈 雄 ^{おす} 숫컷　　雄犬 ^{おすいぬ} 숫캐
　　雄 ^お 숫컷의 의미　　雄々しい ^{おお} 씩씩하다, 용감하다　　雄牛 ^{おうし} 수소
음 ゆう　　雄大 ^{ゆうだい} 웅대함

1421

餌
먹이 이

훈 餌・餌 ^{えさ・え} 모이, 먹이　　餌食 ^{えじき} 희생물, 제물
음 じ　　　食餌療法 ^{しょくじりょうほう} 식이요법

1422

巣
집 소

훈 巣 ^す 둥지　　蜂の巣 ^{はちす} 벌집　　巣立つ ^{すだ} 보금자리를 떠나다
음 そう　　巣窟 ^{そうくつ} 소굴　　卵巣 ^{らんそう} 난소

1423

翼
날개 익

훈 翼 ^{つばさ} 날개
음 よく　　右翼 ^{うよく} 우익　　左翼 ^{さよく} 좌익

1424

獣
짐승 수

훈 獣 ^{けもの} 짐승
음 じゅう　　獣医 ^{じゅうい} 수의사　　猛獣 ^{もうじゅう} 맹수　　野獣 ^{やじゅう} 야수

1425

畜
짐승 축

음 ちく　　畜産業 ^{ちくさんぎょう} 축산업　　家畜 ^{かちく} 가축　　牧畜 ^{ぼくちく} 목축

殖

번식할 식

훈 殖やす (재산, 생물을) 늘리다, 불리다　　資産を殖やした 자산을 늘렸다

殖える (재산, 생물이) 늘다, 불어나다　　豚が殖える 돼지가 불어나다

음 しょく　　生殖 생식　　増殖 증식　　繁殖 번식

식물(植物)과 관련된 한자

1427

栽
심을 재

- 음 さい 　栽培 재배　盆栽 분재

1428

培
북돋을 배

- 훈 培う 배양하다　コミュニケーション能力を培う 커뮤니케이션 능력을 키우다
- 음 ばい 　培養 배양

1429

樹
나무 수

- 음 じゅ 　樹木 수목　樹立 수립　街路樹 가로수

1430

茎
줄기 경

- 훈 茎 줄기　歯茎 잇몸
- 음 けい 　地下茎 지하경, 땅속 줄기

1431

幹
줄기 간

- 훈 幹 줄기
- 음 かん 　幹事 간사　幹線道路 간선도로　幹部 간부　根幹 근간

1432

柳
버들 류

- 훈 柳 버드나무
- 음 りゅう 　花柳界 화류계

1433

藤
등나무 등

- 훈 藤 등나무　藤色 연보랏빛
- 음 とう 　葛藤 갈등

1434

桑
뽕나무 상

- 훈 桑 뽕나무
- 음 そう 　桑園 뽕밭

1435 茨 가시나무 자

훈 茨 가시나무 茨の道 가시밭길, 고난의 길

1436 麻 삼 마

훈 麻 삼, 삼베
음 ま 麻痺 마비 麻薬 마약 麻酔 마취 胡麻 참깨

1437 杉 삼나무 삼

훈 杉 삼목

1438 薪 섶나무 신

훈 薪 장작, 땔나무 薪をくべる 장작을 피우다
음 しん 薪炭 신탄, 장작과 숯

1439 枯 마를 고

훈 枯らす 시들게 하다, 말려죽이다 植物を枯らす 식물을 시들게 하다
木枯らし 가을에서 초겨울에 걸쳐 부는 강하고 차가운 바람
枯れる 시들다, 마르다 庭の木が枯れる 정원의 나무가 시들다
枯れ木 고목, 마른 나무 枯れ葉 마른 잎
음 こ 枯渇 고갈 枯淡 고담

1440 茂 무성할 무

훈 茂る 우거지다, 무성해지다 草木が茂る 초목이 우거지다
음 も 繁茂 초목이 우거짐

1441 渇 목마를 갈

훈 渇く 마르다 唇が渇く 입술이 마르다
음 かつ 渇望 갈망 枯渇 고갈

1442 伐 벨 벌

음 ばつ 伐木 벌목 征伐 정벌 討伐 토벌 伐採 벌채

1443

鉢

바리때 발

| 훈 | はち | 植木鉢 화분　捨て鉢 자포자기　金魚鉢 어항 |

1444

葛

칡 갈

| 훈 | 葛 칡 | 葛湯 설탕을 탄 칡분 암죽 |
| 음 | かつ | 葛藤 갈등 |

나쁜 일을 그만 둘 때, 왜!? '발을 씻다' 라고 할까?

우리나라에서는 나쁜 일을 그만 둘 때, "그 일에서 손 씻었다"고 말하는데, 일본에서는 발을 씻었다고 표현하죠. 여기에는 두 가지 설이 있답니다. 첫 번째는 불교에서 유래하는데, 옛 승려들은 맨발로 수행을 하러 나갔다가 절에 돌아오면 반드시 더러워진 발을 씻었다고 해요. 이것은 속세의 번뇌를 씻어 내고자 함인데, 여기에서 유래했다는 설이 있습니다.

또 한 가지는 오사카의 신마찌(新町)라는 유곽(遊郭)에서 유래합니다. 이 유곽은 주위가 강으로 둘러 쌓여 있고, 바깥 세상과는 다리 하나로 연결되어 있었죠. 그런 신마찌의 기생들은 낙적되거나, 계약 기간이 끝나 유곽을 떠날 때면 문 밖에 있는 우물(足洗井)에서 발을 씻었다고 해요. 유곽을 떠나 일반 세상으로 나가기 위해 몸을 깨끗이 한다는 의미였죠. 지금은 그 강이 메워지고, 고속도로가 나 있는데 기생들이 발을 씻고 건너갔다는 신마찌다리(新町橋)의 기념비가 그곳에 세워져 있답니다.

1　意味が最も近い言葉を線で結びなさい。

1) 飼育　　　・　　　　　　　　　　・鳥、虫などが、住むところ

2) 蛇足　　　・　　　　　　　　　　・動物をかい、そだてる

3) 尾行　　　・　　　　　　　　　　・性質が荒々し動物

4) 猛獣　　　・　　　　　　　　　　・余計なもの

5) 巣　　　　・　　　　　　　　　　・人の行動を調べるために、気づかれないように
　　　　　　　　　　　　　　　　　　あとをつけること

2　＿＿＿＿＿の言葉の読み方として最もよいものを、①・②・③・④から一つ選びなさい。

1) 蜂に刺されたところが赤くなった。
　①はえ　　　　②たか　　　　③か　　　　④はち

2) 雄大な自然に囲まれて過ごす。
　①ゆだい　　　②ゆうだい　　③おたい　　④おうたい

3) 2年前からキュウリの栽培を始めた。
　①さいばい　　②せいばい　　③さいべい　　④せいべい

4) 脳卒中で手足が麻痺してしまった。
　①まひ　　　　②まび　　　　③ばいひ　　④ばいび

5) 蛍光ペンを使って色をつける。
　①けこ　　　　②けこう　　　③けいこ　　④けいこう

3 _____の言葉を漢字で書くとき、最もよいものを①・②・③・④から一つ選びなさい。

1) この鳥のめすはしっぽが短い。

   ① 雌   ② 雄   ③ 推   ④ 進

2) バナナの木のみきは直径が30cmもある。

   ① 茎   ② 幹   ③ 柳   ④ 枝

3) 強い精神力をつちかっていきたい。

   ① 賠って   ② 培って   ③ 倍って   ④ 部って

4) 喉のかわきを覚えて目が覚めた。

   ① 湿き   ② 枯き   ③ 渇き   ④ 掲き

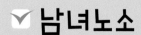
✓ 남녀노소

だんじょろうじゃく
男女老若 (✕)

ろうにゃくなんにょ
老若男女 (◯)

319

1445 鉱
쇳돌 광

- 음 こう　鉱物 광물　鉱山 광산　炭鉱 탄광

1446 銅
구리 동

- 음 どう　銅像 동상　青銅 청동

1447 鉄
쇠 철

- 음 てつ　鉄道 철도　鉄分 철분　鉄棒 철봉　製鉄 제철　地下鉄 지하철

1448 鋼
강철 강

- 훈 鋼 강철
- 음 こう　鋼鉄 강철　製鋼 제강　鉄鋼 철강

1449 冶
풀무 야

- 훈 や　陶冶 도야
- 特 鍛冶 대장일, 대장장이

1450 泥
진흙 니

- 훈 泥 진흙　泥まみれ 진흙 투성이　泥棒 도둑　泥沼 수렁
- 음 でい　雲泥 구름과 진흙, 즉 엄청난 차이　雲泥の差 천양지차

1451 壌
흙덩이 양

- 음 じょう　土壌 토양

1452 掘
팔 굴

- 훈 掘る 파다　穴を掘る 구멍을 파다
- 음 くつ　採掘 채굴　発掘 발굴　掘削機 굴삭기

1453

埋
묻을 매

훈 埋める 묻다/메우다, 채우다　畑にお金を埋める 밭에 돈을 묻다
　　　　穴を埋める 구멍을 메우다　埋め立て 매립
　　　　埋立地 매립지

　　埋まる 묻히다/메워지다　あっという間に観客席が埋まっていった
　　　　　눈 깜짝할 사이에 관객석이 채워졌다

　　埋もれる 파묻히다　車が雪に埋もれてしまった 자동차가 눈에 파묻혀 버렸다

음 まい　　　埋葬 매장　埋没 매몰

1454

坑
구덩이 갱

음 こう　　　炭坑 탄광

1455

鉛
납 연

훈 鉛 납　　鉛色 납빛
음 えん　　　鉛筆 연필　亜鉛 아연　黒鉛 흑연

1456

炭
숯 탄

훈 炭 숯　　炭火 숯불
음 たん　　　炭鉱 탄광　炭酸 탄산　石炭 석탄　木炭 목탄

1457

池
연못 지

- 훈 池 연못
- 음 ち　　　貯水池 저수지　電池 전지

1458

泉
샘 천

- 훈 泉 샘
- 음 せん　　温泉 온천　源泉 원천

1459

湖
호수 호

- 훈 湖 호수
- 음 こ　　　湖畔 호반

1460

河
강 하

- 훈 河 강
- 음 か　　　河口 강어귀　河岸 강기슭　運河 운하　銀河 은하　氷河 빙하

1461

江
강 강

- 훈 江 호수, 바다가 육지로 굽어들어간 곳 = 入り江 후미
- 음 こう　　江湖 강과 호수/세상

1462

津
나루 진

- 훈 津 나루터　津波 해일
- 음 しん　　興味津々 흥미진진

1463

浦
물가 포

- 훈 浦 포구, 해안　津々浦々 방방곡곡

1464

沖
바다 충

- 훈 沖 먼바다
- 음 ちゅう　　沖天 중천, 하늘 높이 오름　沖する 높이 오르다

1465

峡
골짜기 **협**

음 きょう 峡谷 협곡 海峡 해협

1466

沿
물따라갈 **연**

훈 沿う 따르다 川に沿って歩く 강을 따라 걷다
음 えん 沿岸 연안 沿線 연선

1467

谷
골짜기 **곡**

훈 谷 골짜기 谷間 골짜기
음 こく 峡谷 협곡 渓谷 계곡

1468

沼
늪 **소**

훈 沼 늪 沼地 늪지대
음 しょう 湖沼 호수와 늪

1469

井
우물 **정**

훈 井戸 우물
음 せい 市井 시정
  しょう 天井 천장

1470

潮
조수 **조**

훈 潮 조수 潮風 갯바람, 바닷바람
음 ちょう 潮流 조류 風潮 풍조 満潮 만조

1471

湾
물굽이 **만**

음 わん 港湾 항만

1472

滝
비올 **롱**/여울 **랑**

훈 滝 폭포 滝川 골짜기를 흐르는 급류

1473

陸
뭍 **륙(육)**

음 りく 陸上 육상 陸地 육지 大陸 대륙 着陸 착륙 離陸 이륙

1474 丘
언덕 구

- 훈 丘 언덕, 구릉
- 음 きゅう　　丘陵 구릉　　砂丘 사구, 모래 언덕

1475 陵
언덕 릉

- 훈 陵 능, 무덤
- 음 りょう　　丘陵 구릉　　王陵 왕릉

1476 峠
일본한자

- 훈 峠 고개/절정기　　暑さも峠を越したようだ 더위도 고비를 넘긴 것 같다

1477 坂
비탈 판

- 훈 坂 비탈, 고개　　坂道 비탈길, 고갯길　　上り坂 오르막길　　下り坂 내리막길
- 음 はん　　急坂 가파른 비탈

1478 岳
큰산 악

- 훈 岳 높은 산
- 음 がく　　山岳 산악

1479 脈
맥 맥

- 음 みゃく　　脈拍 맥박　　脈絡 맥락　　山脈 산맥　　静脈 정맥　　文脈 문맥

1480 崖
벼랑 애

- 훈 崖 낭떠러지, 벼랑
- 음 がい　　断崖 단애, 깎아지른 듯한 낭떠러지　　断崖絶壁に立つ 단애절벽에 서다

1481 洞
고을 동

- 훈 洞 굴, 동굴
- 음 どう　　洞窟 동굴　　洞察力 통찰력　　空洞 공동

1482 窟
토굴 굴

- 음 くつ　　岩窟 암굴　　巣窟 소굴

1483

堀
팔 굴

🔈 훈 堀 수로　　釣堀 유료 낚시터

1484

岸
언덕 안

🔈 훈 岸 물가　　岸辺 물가, 강변, 바닷가
🔈 음 がん　　岸壁 안벽　沿岸 연안　海岸 해안　彼岸 춘추분을 중심으로 한 7일간

1485

虹
무지개 홍

🔈 훈 虹 무지개

1486

岡
언덕 강

🔈 훈 岡 언덕

1487

洪
클 홍

🔈 음 こう　　洪水 홍수

1488

渓
시냇물 계

🔈 음 けい　　渓谷 계곡　渓流 계류, 산골짜기를 흐르는 냇물

1489

崎
험할 기

🔈 음 さき　　崎 갑, 곶

1490

源
근원 원

🔈 훈 源 근원
🔈 음 げん　　起源 기원　根源 근원　資源 자원　電源 전원

1491

浜
물가 빈

🔈 훈 浜 바닷가, 호숫가　浜辺 해변　砂浜 모래톱
🔈 음 ひん　　海浜 해변

1492

芝
지초 지

훈 芝 ^{しば} 잔디　芝居 ^{しば い} 연극　芝生 ^{しば ふ} 잔디밭

1493

沃
기름질 옥

음 よく　肥沃 ^{ひ よく} 비옥

1494

潟
개펄 석

훈 潟 ^{かた} 개펄　干潟 ^{ひ がた} 간석지

1495

瀬
여울 뢰

음 せ　瀬 ^せ 얕은 내/장소, 처지　立つ瀬がない ^{た せ} (난처한 처지로) 몸 둘 곳이 없다

1496

麓
산기슭 록

훈 麓 ^{ふもと} 산기슭
음 ろく　山麓 ^{さんろく} 산록

1497

墾
개간할 간

음 こん　墾田 ^{こんでん} 개간해서 만든 밭　開墾 ^{かいこん} 개간

1498

露
이슬 로

훈 露 ^{つゆ} 이슬
음 ろ　露骨 ^{ろ こつ} 노골　露出 ^{ろ しゅつ} 노출　露天 ^{ろ てん} 노천　暴露 ^{ばく ろ} 폭로
ろう　披露 ^{ひ ろう} 피로, 공표함

1499

溝
도랑 구

훈 溝 ^{みぞ} 도랑
음 こう　排水溝 ^{はいすいこう} 배수구

1500

畔
두둑 반

음 はん　河畔 ^{か はん} 강변　湖畔 ^{こ はん} 호반

1 ▓にあてはまる漢字を下の□の中から一つ選びなさい。

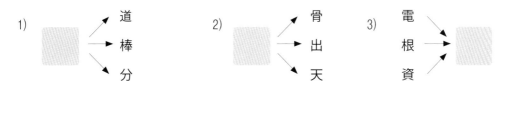

1)	▓ → 道 / 棒 / 分	
2)	▓ → 骨 / 出 / 天	
3)	電 / 根 / 資 → ▓	

鋼　　鉄　　鉱　　露　　芝　　源

2 ＿＿＿＿の言葉の読み方として最もよいものを、①・②・③・④から一つ選びなさい。

1) 小型バイクであの峠を越えるのは難しい。
　　① とうげ　　　　② みぞ　　　　　　③ さか　　　　　④ ふもと

2) ひまわりを植えると放射能で汚染された土壌が浄化されるそうだ。
　　① とよう　　　　② とうよう　　　　③ どじょう　　　④ どうじょう

3) 朝起きて海岸をジョギングした。
　　① かいがん　　　② かいぎし　　　　③ うみがん　　　④ うみぎし

4) 10時に飛行機が着陸する予定です。
　　① きりく　　　　② きりゅく　　　　③ ちゃくりく　　④ ちゃくりゅく

5) 坂道で転んで怪我をした。
　　① さかどう　　　② さかみち　　　　③ はんどう　　　④ はんみち

6) この沼は深くて危険です。
　　① ぬま　　　　　② がた　　　　　　③ つゆ　　　　　④ はま

327

3 _____の言葉を漢字で書くとき、最もよいものを①・②・③・④から一つ選びなさい。

1) あの<u>けいこく</u>はとても美しいです。
   ① 鶏谷　　　　② 鶏俗　　　　③ 渓谷　　　　④ 渓俗

2) <u>たき</u>を見ていると、頭がすっきりする。
   ① 竜　　　　　② 巻　　　　　③ 券　　　　　④ 滝

3) 二人は<u>はまべ</u>に座って話をした。
   ① 兵辺　　　　② 浜辺　　　　③ 兵部　　　　④ 浜部

4) <u>いりえ</u>にごみが溜まっている。
   ① 入り工　　　② 入り江　　　③ 入り可　　　④ 入り河

5) 矢印に<u>そって</u>歩いていた。
   ① 反って　　　② 添って　　　③ 沿って　　　④ 素って

6) 空に<u>にじ</u>が出ている。
   ① 虫　　　　　② 虹　　　　　③ 蚊　　　　　④ 蛇

농업·어업(農業·漁業)과 관련된 한자

1501

耕
밭갈 경

- 훈 耕す (논밭을) 일구다, 경작하다　畑を耕す 밭을 일구다
- 음 こう　　　耕作 경작　耕地 경지　農耕 농경

1502

刈
벨 예

- 훈 刈る 깎다　草を刈る 풀을 깎다　刈り入れ 수확, 추수

1503

堆
흙더미 퇴

- 음 たい　　　堆積 퇴적, 겹겹이 쌓임　堆肥 퇴비

1504

稲
벼 도

- 훈 稲 벼　稲刈り 벼 베기　稲妻 번개
- 음 とう　　　水稲 수도, 무논에 심는 벼

1505

穂
이삭 수

- 훈 穂 이삭　稲穂 벼이삭
- 음 すい　　　穂状 이삭 모양

1506

畝
이랑 묘

- 음 畝 밭이랑의 두둑

1507

苗
싹 묘

- 훈 苗 모종　苗木 묘목
- 음 びょう　　　種苗 종묘

1508

麦
보리 맥

- 훈 麦 보리　麦茶 보리차　小麦 소맥, 밀　小麦粉 밀가루
- 음 ばく　　　麦芽 맥아

1509

穀

곡식 곡

음 こく 　穀物 곡물 　穀類 곡류 　雑穀 잡곡

1510

穫

거둘 확

음 かく 　収穫 수확

1511

牧

목장 목

훈 まき 　牧 목장 　牧場 목장 (「ぼくじょう」라고도 읽음)
음 ぼく 　牧草 목초 　牧畜 목축 　放牧 방목

1512

酪

쇠젖 락

음 らく 　酪農 낙농 　酪農家 낙농가

1513

漁

고기잡을 어

훈 あさ る 찾아다니다, 뒤지고 다니다 　野良犬がごみを漁る 들개가 쓰레기를 뒤지다
음 ぎょ 　漁獲 어획 　漁業 어업 　漁船 어선 　漁村 어촌
　りょう 　漁師 어부 　豊漁 풍어, 물고기가 많이 잡힘

1514

藻

마름 조

훈 も 　藻 말, 해조 및 수초
음 そう 　海藻類 해조류

1515

礁

암초 초

음 しょう 　暗礁 암초 　座礁 좌초 　珊瑚礁 산호초

1516

網

그물 망

훈 あみ 　網 그물 　網棚 그물 선반
음 もう 　網羅 망라 　網膜 망막 　鉄条網 철조망

1517

舶

큰배 박

음 はく 　船舶 선박

帆

돛 범

훈	帆 돛	帆柱 돛대		
음	はん	帆船 범선	出帆 출범	順風満帆 일이 아주 순조로움

舷

뱃전 현

음	げん	舷側 뱃전	右舷 오른쪽 뱃전	左舷 왼쪽 뱃전

칼럼 コラム

고양이는 일본인의 친구!!

일본에 가면 한 쪽 손을 들고 있는 고양이 장식물을 흔히 보게 되죠.

바로 「招き猫」라고 하는데요, 오른손을 들고 있으면 금전 운을, 왼손을 들고 있으면 손님을 부른다 하여 가게 등에서 장식품으로 놓아두는 경우가 많습니다.

뿐만 아니라 고양이를 이용한 다양한 표현들도 있습니다. 고양이는 뜨거운 음식을 싫어한다 해서 뜨거운 걸 못 먹는 사람을 「猫舌(고양이 혀)」라고 하죠. 또한, 너무 바쁠 때는 「猫の手でも借りたい (고양이 손이라도 빌리고 싶다)」라고 말한답니다.

몹시 좁은 공간도 고양이에 빗대어 표현할 수 있어요. 예를 들어 매우 좁은 정원은 「猫の額ほどの庭 (고양이 이마만한 정원)」이라고 말하는데, 머릿속으로 고양이의 이마를 떠올려보면, 금방 그 이유를 이해할 수 있을 거예요. ^^

그 밖에도 고양이가 들어간 재밌는 표현들이 많이 있는데, 고양이는 정말 일본인들의 생활과 뗄래야 뗄 수 없는 친구 같은 존재인 것 같습니다.

1520

里
마을 리

- 훈 里 마을/시골　里芋 토란
- 음 り　　千里眼 천리안　五里霧中 오리무중

1521

郷
마을 향

- 음 きょう　　郷愁 향수　郷土色 향토색　帰郷 귀향　故郷 고향(「ふるさと」라고도 읽음)
- 　ごう　　在郷軍人 재향군인　郷に入っては郷に従え 로마에 가면 로마법을 따라라

1522

州
고을 주

- 음 しゅう　　州 주　欧州 유럽
- 　す　　三角州 삼각주

1523

府
마을 부

- 음 ふ　　府 부(일본의 행정구역)　大阪府 오사카 부　政府 정부

1524

街
거리 가

- 훈 街 거리　街角 길모퉁이
- 음 がい　　街頭 가두　街路樹 가로수　繁華街 번화가　商店街 상점가

1525

周
두루 주

- 훈 周り 주위, 주변
- 음 しゅう　　周囲 주위　周辺 주변　一周 일주

1526

洋
큰바다 양

- 음 よう　　洋服 양복　洋室 양실, 서양식 방　東洋 동양　西洋 서양　太平洋 태평양

1527

宮
궁궐 궁

- 훈 宮 신사
- 음 きゅう　　宮殿 궁전　宮廷 궁정
- 　ぐう　　宮司 신사의 일을 맡아보는 우두머리

1528

欧
유럽 구

🔊 おう 欧米 ^{おうべい} 구미   欧州 ^{おうしゅう} 구주

1529

郊
교외 교

🔊 こう 郊外 ^{こうがい} 교외   近郊 ^{きんこう} 근교

1530

圏
범위 권

🔊 けん 圏内 ^{けんない} 권내   大気圏 ^{たいきけん} 대기권   首都圏 ^{しゅとけん} 수도권

1531

郡
고을 군

🔊 ぐん 郡民 ^{ぐんみん} 군민

1532

郭
바깥성 곽

🔊 かく 輪郭 ^{りんかく} 윤곽   城郭 ^{じょうかく} 성곽   外郭 ^{がいかく} 외곽

1533

岬
산허리 갑

🔊 岬 ^{みさき} 갑, 곶

1534

緯
씨 위

🔊 い 緯度 ^{いど} 위도   経緯 ^{けいい} 경위   北緯 ^{ほくい} 북위

1535

堤
제방 제

🔊 堤 ^{つつみ} 둑, 제방
🔊 てい 堤防 ^{ていぼう} 제방, 둑

1536

藩
덮을 번

🔊 はん 藩 에도(江戸)시대에 봉건영주가 지배했던 영역 ^{はん} ^{えど}

1537

倫
인륜 륜

- 음 りん　　倫理 윤리　不倫 불륜　人倫 인륜

1538

亜
아세아 아

- 음 あ　　亜細亜 아시아　亜熱帯 아열대

1539

韓
나라이름 한

- 음 かん　　韓国 한국　韓国語 한국어　訪韓 방한

1540

漢
한나라 한

- 음 かん　　漢詩 한시　漢字 한자

1541

秩
차례 질

- 음 ちつ　　秩序 질서

1542

党
무리 당

- 음 とう　　党 당　党争 당쟁　悪党 악당　政党 정당　野党 야당　与党 여당

1543

閣
내각 각

- 음 かく　　閣僚 각료　内閣 내각　楼閣 누각

1544

派
갈래 파

- 음 は　　派遣 파견　派生 파생　派手 화려함　党派 당파　立派 훌륭함

1545

閥

문벌 벌

🔈 ばつ　　学閥 학벌　財閥 재벌　派閥 파벌

1546

劾

캐물을 핵

🔈 がい　　弾劾 탄핵

1547

渉

관계할 섭

🔈 しょう　　干渉 간섭　交渉 교섭

1548

祉

복 지

🔈 し　　福祉 복지　社会福祉 사회복지

1549

貢

바칠 공

🔈 貢ぐ 상납하다/금품을 주다　お金を貢ぐ 돈을 대주다
🔈 こう　　貢献 공헌

1550

献

드릴 헌

🔈 けん　　献金 헌금　献身 헌신　献血 헌혈　文献 문헌
　こん　　献立 식단

1551

勲

공 훈

🔈 くん　　勲章 훈장　殊勲 수훈

1552

勃

노할 발

🔈 ぼつ　　勃発 발발, 큰일이 갑자기 일어남

1553

遷

옮길 천

🔈 せん　　遷都 천도　左遷 좌천　変遷 변천

1554 邦 나라 방	음 ほう	連邦 연방
1555 賦 세금거둘 부	음 ふ	賦課 부과　月賦 월부
1556 轄 다스릴 할	음 かつ	管轄 관할　直轄 직할　所轄 관할
1557 准 승인할 준	음 じゅん	批准 비준
1558 盟 맹세할 맹	음 めい	加盟 가맹　同盟 동맹　連盟 연맹

1559 廃 버릴 폐	훈 廃れる 쓸모 없어지다, 한물가다　流行はすぐ廃れてしまう 유행은 금방 한물가 버린다 廃る 손상되다, 깎이다　本店の名が廃る 본점의 이름이 깎이다 음 はい 廃棄 폐기　廃止 폐지　荒廃 황폐

1 意味が最も近い言葉を線で結びなさい。

1) 立派　　　・　　　　　　　　　　　　・大資本、大企業を支配する人。お金持ち

2) 欧米　　　・　　　　　　　　　　　　・アメリカとヨーロッパ

3) 財閥　　　・　　　　　　　　　　　　・優れていること

2 ＿＿＿＿＿の言葉の読み方として最もよいものを、①・②・③・④から一つ選びなさい。

1) 社会の秩序を守りましょう。
　　① しつじょ　　　② しっちょ　　　③ ちつじょ　　　④ ちっちょ

2) 毎日の献立を考えるのは大変です。
　　① けんりつ　　　② けんだて　　　③ こんりつ　　　④ こんだて

3) 津波で堤防が壊れてしまった。
　　① てほう　　　② ていぼう　　　③ せほう　　　④ せいぼう

4) 今回の内閣には期待が持てない。
　　① うちかく　　　② うちきゃく　　　③ ないかく　　　④ ないきゃく

3 (　　　) に入れるのに最もよいものを、①・②・③・④から一つ選びなさい。

1) 首都とその周辺を含む地域を首都(　　　) という。
① 園　　　　　② 圏　　　　　③ 堂　　　　　④ 署

2) この商店(　　　) は有名で、いつも人でいっぱいです。
① 街　　　　　② 町　　　　　③ 通　　　　　④ 道

3) 太平(　　　)は地球の表面のおよそ3分の1を占めている。
① 里　　　　　② 周　　　　　③ 洋　　　　　④ 郡

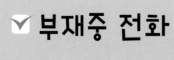

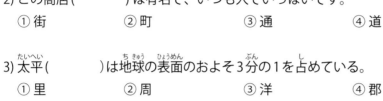

不在中電話 (×)

留守番電話 (○)

전쟁 · 파괴(戦争せんそう · 破壊はかい)와 관련된 한자

1560 矛 창 모

- 훈 矛ほこ 창 　　矛先ほこさき 창끝/공격의 방향
- 음 む 　　矛盾むじゅん 모순

1561 盾 방패 순

- 훈 盾たて 방패 　　後ろ盾うしろだて 뒤를 막는 방패/후원자
- 음 じゅん 　　矛盾むじゅん 모순

1562 核 씨 핵

- 음 かく 　　核かく 핵　核心かくしん 핵심　核家族かくかぞく 핵가족　核爆発かくばくはつ 핵폭발　結核けっかく 결핵

1563 武 호반 무

- 음 む 　　武者むしゃ 무사
- 　　ぶ 　　武器ぶき 무기　武芸ぶげい 무예　武士ぶし 무사　武力ぶりょく 무력

1564 矢 화살 시

- 훈 矢や 화살 　　矢印やじるし 화살표
- 음 し 　　一矢いっし 한 개의 화살　一矢を報いるいっしをむくいる 반격하다, 반론하다

1565 刀 칼 도

- 훈 刀かたな 칼
- 음 とう 　　刀剣とうけん 도검　短刀たんとう 단도, 비수　名刀めいとう 명도, 명검
- 특 太刀たち 허리에 차는 긴 칼　竹刀しない 죽도

1566 剣 칼 검

- 훈 剣つるぎ 검, 양날 칼
- 음 けん 　　剣道けんどう 검도　銃剣じゅうけん 총검　真剣しんけん 진지함　名剣めいけん 명검

1567 刃 칼날 인

- 훈 刃は 칼날 　　刃物はもの 칼날이 붙어 있는 도구 (칼, 도끼 등)
- 음 じん 　　凶刃きょうじん 살상에 쓰이는 칼

339

1568

銃
총 총

음 じゅう　銃 총　銃口 총구　機関銃 기관총　拳銃 권총　猟銃 엽총

1569

砲
대포 포

음 ほう　砲撃 포격　砲弾 포탄　大砲 대포　発砲 발포

無鉄砲 무대포, 앞뒤 생각없이 무턱대고 함

1570

紛
어지러울 분

훈 紛らす 얼버무리다/마음을 달래다　寂しさを紛らす 쓸쓸함을 달래다

紛れる 혼동되다/다른 것에 마음을 뺏겨 잊혀지다

チョコレートを食べると、悲しみが紛れる 초콜릿을 먹으면 슬픔이 잊혀진다

紛らわす 얼버무리다/마음을 달래다 = 紛らす

紛らわしい 헷갈리기 쉽다　紛らわしい漢字 헷갈리기 쉬운 한자

음 ふん　紛失 분실　紛争 분쟁　内紛 내분

1571

敵
원수 적

훈 敵 원수　敵討ち 원수를 갚음, 복수

음 てき　敵 적　敵軍 적군　強敵 강적　匹敵 필적　無敵 무적

1572

闘
싸울 투

훈 闘う (장해, 곤란과) 싸우다　病魔と闘う 병마와 싸우다

음 とう　闘志 투지　闘争 투쟁　悪戦苦闘 악전고투　奮闘 분투　健闘 건투

유의어

< '싸우다'는 戦う? 闘う? >

· 戦う : 전쟁에서의 적, 운동경기 등에서의 대전상대와 이기기 위해 승부를 하는 것

優勝をかけて戦う 우승을 걸고 싸우다　敵と戦う 적과 싸우다

· 闘う : 곤란한 상황, 장해와 싸우는 것

偏見と闘う 편견과 싸우다　睡魔と闘う 수마와 싸우다

1573

挑
돋울 도

훈 挑む 도전하다　新記録に挑む 신기록에 도전하다

음 ちょう　挑戦 도전　挑発 도발

1574

逃
도망갈 도

- 훈 逃がす 놓치다　犯人を逃がす 범인을 놓치다
  逃げる 도망가다　現実から逃げたい 현실에서 도망치고 싶다
  逃す 놓치다　チャンスを逃す 찬스를 놓치다
  見逃す 눈감아주다　間違いを見逃す 잘못을 눈감아주다
  逃れる 도망가다/벗어나다, 면하다　災難を逃れる 재난을 면하다
- 음 とう　逃走 도주　逃避 도피　逃亡 도망

1575

虜
포로 로

- 음 りょ　捕虜 포로

1576

縛
묶을 박

- 훈 縛る 묶다　手足を縛る 손발을 묶다
- 음 ばく　束縛 속박

1577

艦
싸움배 함

- 음 かん　艦船 함선　軍艦 군함　潜水艦 잠수함

1578

隊
군대 대

- 음 たい　隊員 대원　軍隊 군대　探検隊 탐험대　自衛隊 자위대

1579

兵
군사 병

- 음 へい　兵器 병기　兵士 병사
  ひょう　兵糧 병량, 식량

1580

陣
진칠 진

- 음 じん　陣頭 진두　陣営 진영　陣痛 진통　報道陣 보도진　背水の陣 배수의 진

1581

征
갈 정

- 음 せい　征伐 정벌　征服 정복　遠征 원정

341

1582

攻
칠 공

- 훈 攻める 공격하다　急所を攻める 급소를 공격하다
- 음 こう　　攻撃 공격　攻略 공략　専攻 전공　難攻不落 난공불락

1583

撃
칠 격

- 훈 撃つ 쏘다, 사격하다　拳銃を撃つ 권총을 쏘다
- 음 げき　　撃退 격퇴　射撃 사격　襲撃 습격　衝撃 충격　目撃 목격

1584

撲
칠 박

- 음 ぼく　　撲殺 박살　撲滅 박멸　打撲傷 타박상
- 特 相撲 스모, 일본 씨름　腕相撲 팔씨름

1585

殴
때릴 구

- 훈 殴る 때리다　相手を殴る 상대방을 때리다
- 음 おう　　殴打 구타

1586

甲
갑 갑

- 음 こう　　甲乙 갑을　装甲車 장갑차　手の甲 손등
- かん　　甲板 갑판　甲高い 목소리가 날카롭고 높다
- 特 甲斐 보람

1587

裂
찢을 렬

- 훈 裂く 찢다　紙を裂く 종이를 찢다
- 裂ける 찢어지다　胸が裂けるような悲しみ 가슴이 찢어지는 듯한 슬픔
- 음 れつ　　決裂 결렬　亀裂 균열　分裂 분열　破裂 파열

1588

毀
헐 훼

- 음 き　　毀損 훼손

1589

崩
무너질 붕

- 훈 崩す 무너뜨리다　建物を崩す 건물을 무너뜨리다
- 崩れる 무너지다　山が崩れる 산이 무너지다　天気が崩れる 날씨가 궂어지나
- 음 ほう　　崩壊 붕괴
- 特 雪崩 눈사태

1590

綻
터질 탄

- 훈 綻びる (실밥이) 터지다, (꽃봉오리가) 벌어지다　ズボンの裾が綻びる 바짓단의 실밥이 터지다
　　　　　　　　　　　　　　　　　　　　　桜の花が綻びる 벚꽃이 피기 시작하다
- 음 たん　　　　破綻 파탄

1591

砕
부술 쇄

- 훈 砕く (단단한 것을) 부수다　岩を砕く 바위를 부수다
　砕ける (단단한 것이) 부서지다
　　　　　　　　　当たって砕けろ 부딪쳐서 깨져라 (되든 안 되든 과감히 부딪쳐 보라는 관용어구)
- 음 さい　　　　砕石 쇄석, 암석을 부숨　粉砕 분쇄

1592

覇
으뜸 패

- 음 は　　　　覇気 패기　覇権 패권　制覇 제패　連覇 연패

1593

斬
벨 참

- 훈 斬る (칼로) 베다, 자르다　首を斬る 목을 베다
- 음 ざん　　　　斬首 참수　斬新 참신함

1594

襲
엄습할 습

- 훈 襲う 덮치다, 습격하다　敵を襲う 적을 습격하다
- 음 しゅう　　　　襲撃 습격　逆襲 역습　急襲 급습　踏襲 답습

1595

逐
쫓을 축

- 음 ちく　　　　逐次 순차적으로　角逐 각축, 이기려고 맞서 다툼　駆逐 구축

1596

拷
두드릴 고

- 음 ごう　　　　拷問 고문

법률 · 범죄(法律·犯罪)와 관련된 한자

1597

律
법 률(율)

- 음 りつ
  - 規律 규율　法律 법률　一律 일률　千篇一律 천편일률　自律 자율

1598

憲
법 헌

- 음 けん
  - 憲法 헌법　憲兵 헌병　改憲 개헌　立憲 입헌　違憲 위헌

1599

条
조리 조

- 음 じょう
  - 条件 조건　条例 조례　条約 조약　条項 조항　生活信条 생활신조

1600

維
지탱할 유

- 음 い
  - 維持 유지　繊維 섬유

1601

拠
의지할 거

- 훈 拠る 의거하다　拠り所 의지할 곳/근거
- 음 きょ
  - 拠点 거점　依拠 의거　根拠 근거　占拠 점거
  - こ
  - 証拠 증거

1602

則
법 칙

- 음 そく
  - 校則 교칙　規則 규칙　原則 원칙　法則 법칙

1603

遵
따를 준

- 음 じゅん
  - 遵守 준수

1604

偵
염탐할 정

- 음 てい
  - 偵察 정찰　探偵 탐정　内偵 내정

1605

裁
마름질할 재

- 훈 裁つ 재단하다　布地を裁つ 천을 재단하다
  裁く 심판하다, 재판하다　罪を裁く 죄를 심판하다
- 음 さい　裁断 재단　裁判 재판　裁縫 재봉　独裁 독재

1606

曹
관청 조

- 음 そう　法曹 법조　法曹界 법조계

1607

遭
만날 조

- 훈 遭う (어떤 일을) 당하다, 겪다　事故に遭う 사고를 당하다
- 음 そう　遭難 조난　遭遇 조우

1608

被
받을 피

- 훈 被る 뒤집어쓰다　猫を被る 내숭떨다 (관용어구)
- 음 ひ　被害 피해　被害者 피해자　被告 피고

1609

訴
하소연할 소

- 훈 訴える 고소하다/호소하다　セクハラで上司を訴える 성희롱으로 상사를 고소하다
- 음 そ　訴状 소장　告訴 고소　勝訴 승소　敗訴 패소

1610

訟
송사할 송

- 음 しょう　訴訟 소송　民事訴訟 민사 소송　刑事訴訟 형사 소송

1611

償
갚을 상

- 훈 償う 변상하다/속죄하다, 죄 갚음을 하다　罪を償う 죗값을 치르다
- 음 しょう　償金 상금　無償 무상　賠償 배상　弁償 변상

1612

懲
경계할 징

- 훈 懲りる 넌더리나다, 데다
  前の失敗に懲りて、用心しすぎる 이전의 실수에 데여서 너무 조심하다
  懲らしめる 벌주다, 응징하다 ＝ 懲らす 벌주다, 응징하다
  悪党を懲らしめる 악당을 응징하다
- 음 ちょう　懲罰 징벌　懲役 징역　勧善懲悪 권선징악

1613

猶
오히려 유

音 ゆう　　猶予 유예

1614

戒
경계할 계

訓 戒める 훈계하다, 징계하다　無礼を戒める 무례함을 훈계하다
音 かい　　警戒 경계　懲戒 징계　訓戒 훈계

1615

刑
형벌 형

音 けい　　刑事 형사　刑務所 형무소　死刑 사형　処刑 처형

1616

罰
벌줄 벌

音 ばつ　　罰 벌　天罰 천벌　刑罰 형벌　罰金 벌금　罰則 벌칙
　　ばち　　罰 벌, 천벌

1617

詐
속일 사

音 さ　　詐欺 사기　詐称 사칭

1618

欺
속일 기

訓 欺く 속이다, 기만하다　消費者を欺く 소비자를 속이다
音 ぎ　　詐欺師 사기꾼

1619

拐
유괴할 괴

音 かい　　誘拐 유괴

1620

拉
꺾을 랍

音 ら　　拉致 납치

1621

踪
자취 종

音 そう　　失踪 실종

1622

奪
빼앗을 탈

- 훈 奪う 빼앗다　女性の心を奪う 여성의 마음을 빼앗다
- 음 だつ　強奪 강탈　争奪 쟁탈　奪還 탈환

1623

窃
도둑질할 절

- 음 せつ　窃盗 절도

1624

賊
도둑 적

- 음 ぞく　海賊 해적　山賊 산적　盗賊 도적

1625

賄
뇌물 회

- 훈 賄う 대주다, 조달하다　経費を賄う 경비를 조달하다
- 음 わい　収賄 수뢰, 뇌물을 받음　贈賄 증뢰, 뇌물을 줌

1626

賂
뇌물줄 뢰

- 훈 賂 뇌물
- 음 ろ　賄賂 뇌물

1627

捜
찾을 수

- 훈 捜す 찾다　紛失した手帳を捜す 분실한 수첩을 찾다
- 음 そう　捜査 수사　捜索 수색

<'찾다'는 捜す? 探す?>

· 捜す : 원래 있었는데 보이지 않게 된 것, 잃어버린 것을 찾을 때 사용한다.
　　迷子を捜す 미아를 찾다　忘れ物を捜す 분실물을 찾다
· 探す : 갖고 싶은 것, 필요한 것을 찾을 때 사용한다.
　　就職先を探す 취직자리를 찾다　安いかばんを探す 싼 가방을 찾다

1628

逮
잡을 체

- 음 たい　逮捕 체포

347

1629

捕 잡을 포

훈 捕まる 잡히다　警察に捕まる 경찰에게 붙잡히다
捕まえる 잡다, 붙잡다　泥棒を捕まえる 도둑을 붙잡다
捕る 잡다, 포획하다　鯨を捕る 고래를 잡다
捕らえる 붙잡다/파악하다　心を捕らえる 마음을 사로잡다
捕らわれる 사로잡히다, 얽매이다　形式に捕らわれる 형식에 얽매이다
음 ほ　捕獲 포획　逮捕 체포

1630

拘 잡을 구

음 こう　拘束 구속　拘置所 구치소
拘留 구류 (30일 미만의 기간동안 구치소에 가두는 형벌)

1631

勾 굽을 구

음 こう　勾留 구류 (피의자, 피고인을 구금하는 형사 수속 상의 강제 처분)

1632

獄 감옥 옥

음 ごく　監獄 감옥　地獄 지옥　投獄 투옥

1633

囚

음 しゅう　囚人 죄수　死刑囚 사형수

1634

錮 막을 고

음 こ　禁錮刑 (법) 금고형

1635

赦 놓아줄 사

음 しゃ　赦免 사면　容赦 용서

1 意味が一番近い言葉を線で結びなさい。

1) 角逐（かくちく）・　　　　　　　　・万一（まんいち）に備（そな）えて注意（ちゅうい）すること

2) 賄賂（わいろ）・　　　　　　　　・相手（あいて）を落（お）とそうと争（あらそ）うこと

3) 警戒（けいかい）・　　　　　　　　・他人（たにん）を騙（だま）してお金（かね）や品物（しなもの）をとること

4) 毀損（きそん）・　　　　　　　　・利益（りえき）を得（え）る目的（もくてき）でひそかに財物（ざいぶつ）を贈（おく）ること

5) 詐欺（さぎ）・　　　　　　　　・物（もの）を壊（こわ）すこと、物（もの）が壊（こわ）れること

6) 襲撃（しゅうげき）・　　　　　　　　・目標物（もくひょうぶつ）を攻（せ）めること

2 ＿＿＿＿＿の言葉の読み方として最もよいものを、①・②・③・④から一つ選びなさい。

1) 犯人（はんにん）は子供（こども）を誘拐（みのしろきん）し、身代金（みのしろきん）を要求（ようきゅう）した。
　① ゆかい　　　② ゆうかい　　　③ ゆけい　　　④ ゆうけい

2) 彼女（かのじょ）は英文学（えいぶんがく）を専攻している。
　① てんこ　　　② てんこう　　　③ せんこ　　　④ せんこう

3) コンビニ強盗（ごうとう）事件（じけん）の犯人（はんにん）が逮捕された。
　① たいほ　　　② たいほう　　　③ ていほ　　　④ ていほう

4) ご健闘をお祈（いの）りします。
　① けんと　　　② けんとう　　　③ かんと　　　④ かんとう

5) 彼女（かのじょ）は言葉（ことば）と行動（こうどう）が矛盾しています。
　① もしゅん　　　② もじゅん　　　③ むしゅん　　　④ むじゅん

3 ＿＿＿＿＿の言葉を漢字で書くとき、最もよいものを①・②・③・④から一つ選びなさい。

1) 社長は<ruby>じんとう<rt></rt></ruby>に立って、現場を指揮した。

   ① 陳頭   ② 陳列   ③ 陣頭   ④ 陣列

2) せっかくのチャンスを<u>のがして</u>しまった。

   ① 訴して   ② 砕して   ③ 逃して   ④ 捕して

3) 今も世界各地で<u>ふんそう</u>が起こっている。

   ① 粉争   ② 紛争   ③ 粉戦   ④ 紛戦

4) 彼は<u>かくしん</u>を突く質問をした。

   ① 核心   ② 刻心   ③ 核身   ④ 刻身

5) 仕事のストレスで体調を<u>くずして</u>しまった。

   ① 壊して   ② 崩して   ③ 殴して   ④ 裂して

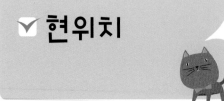

✔ 현위치

現位置（×）

現在地（○）

다음은 일본어능력시험 N1 수준의 독해 지문입니다. 독해 지문 속에 쓰인 한자를 익히면서 독해 실력도 함께 키워 보세요.

真夜中の初体験

楢 蓮花

この間、ビックリの初体験！をした。

仕事が終わったのが午前１時20分。それからメールのチェックをすませ、かねてから懸案の「物件」をインターネットで探す。今年こそ、オーガニックカフェをオープンするんだ！

「あら、これ、いいんじゃない？」場所といい、広さといい、思い描くカフェにピッタリ！おまけにすぐそば！すぐ見たい！

そう思うと、いても立ってもいられず、物件をプリントアウトするのももどかしく、番地をメモる。たぶん、歩いて3、4分というところだろう。玄関にあったゲタを突っかけて外へ出たのが２時くらい。小雨がひんやり。傘を取りに戻ろうかと一瞬悩んだけれど、そのまま小走りに目的地へ向かった。ゲタの音が思いのほか元気に「カラコロカラコロ」と深夜の街に響いて、ちょっとバツが悪い。

確かこのあたり……。あれ？ 商店街に面してないじゃない。人通りは期待できないじゃない……。そう思いつつ、書き留めた番地にたどり着くと、目の前に現れたのは、かなりクラシックな木造の一軒家。ふーん、ここか……。店舗物件じゃないのね。ま、個性的なカフェにはなるかも。取りあえず、明日デジカメ持ってもう一度来よぉっと、などと思いながらその場を立ち去ろうとしたら……

そうしたら！そうしたら！

そのおうちの木戸の向こうから、「すいません……すいません……」って聞こえるではないですか！はん？気のせいかなって、立ち去ろうとしたら、やっぱり聞こえる「すいません……すいません……」。え？ワタシ？

□ いても立ってもいられず 안절부절 못하고
□ メモる 메모를 하다
□ バツが悪い 겸연쩍다

□ もどかしい 안타깝다
□ ゲタを突っかけて 게다(나막신)를 대충 걸쳐 신고
□ 木戸 (지붕이 없는) 일각 대문

今、思い出すと、かなり間の抜けた言い方で、「ワタシですかぁ？」なんて声を掛けながら、ちょっとためらったけれど、そのわりに警戒もせず木戸を押した。

　木戸はすんなり開いて、耳を澄ますと「あのー、倒れちゃったんです……」っていう、かすれた男の人の声！ 確かにそう聞こえる！

　たいへんだァ！！

　もう、躊躇しなかった。木戸を全開して、そこに見える玄関まで、大股で３歩。玄関の戸は開いていて、声は下のほうから聞こえる。ふと目線を下げると……。

　たいへんだァ！！！

　確かに、人が倒れている！ 70歳くらいのオジサマだ！ それも、部屋の床から玄関のたたきに、頭を下に斜めの「半逆さま状態」になっちゃってる！

　どうしたらいいのどうしたらいいのどうしたらいいのーーーーーッ？！

　いつもはあまりパニくらないほうだけれど、かなり焦る。

　「どうしたんですかッ！ 起こしますかッ？！ どうして欲しいですかッ？！」って尋ねながら、でも一応、意識がどの程度あるのか、怪我しているのか、を確認した。オジサマは意外に冷静で、「倒れちゃって、動けないんです。（起こさないで）このままのほうがいいと思います」と。

　「救急車は、ワタシが呼びます！」と言い残し、「カラッコロカラッコロ」大きな音を立てながら、自宅に走って戻った。

　……ゲタなんか履いてくるんじゃなかった……。

　受話器をむんずとつかみ、119番する。初めての体験だ。

　テレビで見た「密着！ 救急病棟24時」が脳裏に浮かぶ。

□ **すんなり** 간단하게, 순순히, 쉽게
□ **たたき** (현관, 부엌의) 시멘트 바닥
□ **むんずとつかむ** 꽉 집다

□ **躊躇する** 주저하다
□ **パニくる** 패닉이 되다, 당황하다

確か最初に「火事ですか？　救急ですか?」ってきかれるんだよなと思い出した。まさにその通りのやりとり。オジサマの容態の説明も落ち着いてできて、ほっとした。あーだめだめ、ほっとするのは、まだ早い！半開きの玄関に吹き込む冷たい雨で、オジサマはかなり冷えてしまっているはず。押し入れから毛布を引っ張り出して、再び現場に急行した。走りながら、またまたゲタを履いてきてしまったことに気がつき、苦笑した。

　半逆さま状態のままでお気の毒だけれど、動かしてはいけないかもしれないので、そのまま毛布を掛けた。オジサマも少しほっとした様子で「早起きですね、あなた」などとおっしゃる。……いやいや、ワタシまだ寝てないの……。どうやら、倒れてから少なくとも４、５時間はたっているらしい。通りに人の気配がするたびに声を掛けたけれど、雨のせいで聞こえなかったらしい。すっかり力尽きて、しんと静まる闇の中、もう新聞配達の人が来るまで、と諦めかけたところに、静寂を破るカラコロの音。なにげなくゲタを突っかけて飛び出してきたのだけれど、これぞ怪我の功名だ。

　それにしても、救急車遅い！コールしてから15分は過ぎてる！救急車を誘導するため、通りへ出た。こういう時の１分は、もう、何十分にも感じるよ！ジリジリとさらに待つこと10分。そして、ついに通りにピーポーピーポーが鳴り響く！ワタシのゲタの音も鳴り響く！狭い路地は超緊迫！

　……と思いきや、救急車から降りてきた隊員３人組は、予想外にのんびりムードで、オジサマに歩み寄り「○○さん、今日はどうしたのー?」ですと！　キョ、キョウハって……。

□ 容態 병세
□ ジリジリと 초조한 모양
□ 怪我の功名 실패했다고 생각하거나 무심코 한일이 좋은 결과를 낳음
□ 検分 검사

353

オジサマの検分がすんで、ストレッチャーに載せてもらえるまで15分。車内に搬入されるまで、さらに５分。おまけに収容先の病院がなかなか決まらず、出発したのは、それから20分後だった。オジサマ、お大事に……。

　走り去る救急車を見送った。気がつけば雨は上がっている。今度は、なるべくゲタの音を立てないよう、静かに自宅に向かった。

　家に着くと、もう、３時半を回っていた。物件はお預けだね。オジサマが快復して戻ってきたら、中を見せてもらおうっと。でも……なんか変。さっき画面で見た物件とは、どうも違う気がする。確認のつもりでマウスを動かし、物件の詳細をもう一度見た。へっ？　△△町2−31−33だって？

　まだ握りしめていたメモを開く。

　「2−13−33」……　ワタシって、いったい……。

　これが、この間の、ビックリの初体験！

회사·일(会社·仕事)과 관련된 한자

1636
努
힘쓸 노

- 훈 努める 힘쓰다, 노력하다   安全運転に努めている 안전운전에 힘쓰고 있다
- 음 ど   努力 노력

1637
隆
성할 륭

- 음 りゅう   隆起 융기, 솟아 오름   隆盛 융성

1638
旺
성할 왕

- 음 おう   旺盛 왕성

1639
捗
나갈 척

- 훈 捗る 일이 순조롭게 되어가다   仕事が捗らない 일이 진척되지 않는다
- 음 ちょく   進捗 진척

1640
揮
휘두를 휘

- 음 き   揮発性 휘발성   指揮 지휘   発揮 발휘

1641
属
무리 속

- 음 ぞく   属性 속성   帰属 귀속   金属 금속   所属 소속

1642
僚
벼슬아치 료

- 음 りょう   官僚 관료   同僚 동료

1643
株
그루 주

- 훈 株 그루터기/주식   株価 주가   株式会社 주식회사   株主 주주

1644

兼
겸할 겸

(훈) 兼ねる 겸하다　仕事と趣味を兼ねる 일과 취미를 겸하다

(음) けん　　兼任 겸임　兼用 겸용

1645

賃
품삯 임

(음) ちん　　賃金 임금　賃貸 임대　運賃 운임　家賃 집세

1646

赴
다다를 부

(훈) 赴く 향해 가다　任地に赴く 임지로 가다, 부임하다

(음) ふ　　　赴任 부임　赴任地 부임지

1647

雇
고용할 고

(훈) 雇う 고용하다　職員を雇う 직원을 고용하다

(음) こ　　　雇用 고용　解雇 해고

1648

標
표적 표

(음) ひょう　標本 표본　標語 표어　標準 표준　目標 목표

1649

遂
이룰 수

(훈) 遂げる 이루다, 달성하다　目的を遂げる 목적을 달성하다

(음) すい　　遂行 수행　完遂 완수　未遂 미수

1650

績
자을 적

(음) せき　　業績 업적　功績 공적　成績 성적

1651

獲
얻을 획

(훈) 獲る (사냥으로) 획득하다　山でいのししを獲る 산에서 멧돼지를 잡다
獲物 사냥감

(음) かく　　獲得 획득　捕獲 포획　漁獲量 어획량

1652

妥
온당할 타

(음) だ　　　妥協 타협　妥結 타결　妥当 타당

1653

璧
둥근옥 벽

음 へき   完璧 _{かんぺき} 완벽

1654

俸
녹 봉

음 ほう   年俸 _{ねんぼう} 연봉   減俸 _{げんぼう} 감봉

1655

罷
파할 파

음 ひ   罷免 _{ひめん} 파면

1656

迭
바꿀 질

음 てつ   更迭 _{こうてつ} 경질

1657

潰
무너질 궤

훈 潰す 부수다, 으깨다/파산시키다/시간을 보내다
      喫茶店で時間を潰す 찻집에서 시간을 때우다
潰れる 부서지다, 찌부러지다/파산하다
      箱が潰れる 상자가 찌부러지다   会社が潰れる 회사가 망하다

음 かい   潰瘍 _{かいよう} 궤양

1658

処
곳 처

음 しょ   処方 _{しょほう} 처방   処分 _{しょぶん} 처분   処理 _{しょり} 처리   処罰 _{しょばつ} 처벌   対処 _{たいしょ} 대처

1659

貨
재화 화

- 음 か
  - 貨物 화물　貨幣 화폐　銅貨 동화, 동전

1660

幣
지폐 폐

- 음 へい
  - 貨幣単位 화폐 단위　紙幣 지폐

1661

貯
쌓을 저

- 음 ちょ
  - 貯金 저금　貯蔵 저장　貯蓄 저축　貯水池 저수지

1662

蓄
쌓을 축

- 훈 蓄える 비축하다, 모아두다　燃料を蓄えておく 연료를 비축해 두다
- 음 ちく
  - 蓄積 축적　含蓄 함축　貯蓄 저축　備蓄 비축

1663

預
맡길 예

- 훈 預ける 맡기다, 보관시키다　ホテルに荷物を預ける 호텔에 짐을 맡기다
  - 預かる 맡다, 보관하다　他人のお金を預かる 타인의 돈을 맡다
- 음 よ
  - 預金 예금　預託 예탁

1664

裕
넉넉할 유

- 음 ゆう
  - 裕福 유복　余裕 여유

1665

浪
물결 랑

- 음 ろう
  - 浪費 낭비　浪漫 낭만　波浪 파랑, 파도　放浪 방랑

1666

札
뽑을 찰

- 훈 札 표찰　切り札 비장의 수단　立て札 팻말　名札 명찰
- 음 さつ
  - 札 지폐　改札口 개찰구　表札 표찰　入札 입찰

1667

錢
돈 전

- 훈 錢 돈, 동전　小錢 ^{こぜに} 잔돈
- 음 せん　銭湯 ^{せんとう} 공중목욕탕　金銭 ^{きんせん} 금전

1668

需
구할 수

- 음 じゅ　需給 ^{じゅきゅう} 수급　需要 ^{じゅよう} 수요　必需品 ^{ひつじゅひん} 필수품

1669

租
구실 조

- 음 そ　租税 ^{そぜい} 조세

1670

税
세금 세

- 음 ぜい　税関 ^{ぜいかん} 세관　税金 ^{ぜいきん} 세금　関税 ^{かんぜい} 관세　免税店 ^{めんぜいてん} 면세점

1671

納
들일 납

- 훈 納める ^{おさ} 납부하다　授業料を納める ^{じゅぎょうりょう おさ} 수업료를 납부하다
- 음 のう　納期 ^{のうき} 납기　納入 ^{のうにゅう} 납입　収納 ^{しゅうのう} 수납
- なっ　納豆 ^{なっとう} 낫토　納得 ^{なっとく} 납득
- とう　出納 ^{すいとう} 출납

1672

賭
내기할 도

- 훈 賭ける ^か 걸다, 내기하다　お金を賭けて勝負する ^{かね か しょうぶ} 돈을 걸고 승부하다　賭け事 ^{か ごと} 내기, 노름
- 음 と　賭博 ^{とばく} 도박

1673

債
빚 채

- 음 さい　債券 ^{さいけん} 채권　債務 ^{さいむ} 채무　国債 ^{こくさい} 국채　負債 ^{ふさい} 부채

1674

乞
구걸할 걸

- 훈 乞う ^こ 청하다, 바라다　許しを乞う ^{ゆる こ} 용서를 바라다　乞食 ^{こじき} 거지

1675

乏

모자랄 핍

훈 乏しい 모자라다, 부족하다　説得力に乏しい 설득력이 부족하다
음 ぼう　　　窮乏 궁핍　欠乏 결핍　貧乏 빈곤

1676

飢

굶주릴 기

훈 飢える 굶주리다　飢え死に 굶어 죽음
음 き　　　飢餓 기아

1677

餓

주릴 아

음 が　　　餓死 아사

1 ＿＿＿＿＿の言葉の読み方として最もよいものを、①・②・③・④から一つ選びなさい。

1) 日本は天然資源に乏しい。
　　① まずしい　　　② まぶしい　　　③ おそろしい　　　④ とぼしい

2) これは妥当な判断だと思う。
　　① たとう　　　② たどう　　　③ だとう　　　④ だどう

3) 彼らは賃金の引き上げを要求した。
　　① いんぎん　　　② いんごん　　　③ ちんぎん　　　④ ちんごん

4) 交通安全の標語を作って応募した。
　　① ひょご　　　② ひょうご　　　③ ひょげん　　　④ ひょうげん

5) 需要が供給を生む。
　　① しゅよう　　　② しゅうよう　　　③ じゅよう　　　④ じゅうよう

2 ＿＿＿＿＿の言葉を漢字で書くとき、最もよいものを①・②・③・④から一つ選びなさい。

1) 彼はかぶしき会社を設立しようとする。
　　① 朱式　　　② 朱拭　　　③ 株式　　　④ 株拭

2) 土曜日の夜はいつもどうりょうとビールを飲んで帰ります。
　　① 同療　　　② 筒療　　　③ 同僚　　　④ 筒僚

3) 単身ふにんで、週末だけ家に帰る。
　　① 趣任　　　② 赴任　　　③ 趣妊　　　④ 赴妊

3 (　　　　) に入れるのに最もよいものを、①・②・③・④から一つ選びなさい。

1) 子供を親に (　　　　) 旅行に行った。

　① 預けて　　　　② 兼ねて　　　　③ 潰れて　　　　④ 従って

2) できれば経験者を (　　　　) んですが。

　① 蓄えたい　　　② 働きたい　　　③ 賭けたい　　　④ 雇いたい

3) この任務は必ず (　　　　) しなければならない。

　① 旺盛　　　　　② 所属　　　　　③ 遂行　　　　　④ 処方

4) 高校生の弟は食欲が (　　　　) だ。

　① 隆盛　　　　　② 旺盛　　　　　③ 衰弱　　　　　④ 衰退

✔ 연예인　　　　演芸人（×）

　　　　　　　　芸能人（○）

1678

彫
새길 조

- 훈 彫る 새기다, 조각하다　　仏像を彫る 불상을 조각하다
- 음 ちょう　　彫刻 조각

1679

刻
새길 각

- 훈 刻む 잘게 썰다/칼로 새기다
  - 野菜を細かく刻む 채소를 잘게 썰다　　石に名前を刻む 돌에 이름을 새기다
- 음 こく　　時刻 시각　　深刻 심각　　遅刻 지각

1680

款
새길 관

- 음 かん　　約款 약관

1681

塑
흙 빚을 소

- 음 そ　　彫塑 조소　　可塑性 가소성

1682

塗
바를 도

- 훈 塗る 칠하다　　ペンキを塗る 페인트를 칠하다
- 음 と　　塗布 도포　　塗料 도료

1683

漆
옻칠할 칠

- 훈 漆 옻나무, 옻칠
- 음 しつ　　漆器 칠기

1684

像
형상 상

- 음 ぞう　　銅像 동상　　仏像 불상　　想像 상상　　映像 영상　　胸像 흉상

1685

陶
질그릇 도

- 훈 とう　　陶器 도기　　陶芸 도예　　陶磁器 도자기　　陶酔 도취

1686

匠
장인 장

음 しょう　巨匠 <small>きょしょう</small> 거장　名匠 <small>めいしょう</small> 명장　師匠 <small>ししょう</small> 스승, 사범

1687

巧
교묘할 교

훈 巧み <small>たく</small> 능숙함, 솜씨 좋음　巧みな話術 <small>たく わじゅつ</small> 능숙한 화술

음 こう　巧妙 <small>こうみょう</small> 교묘　技巧 <small>ぎこう</small> 기교　精巧 <small>せいこう</small> 정교

1688

拍
박자 박

음 はく　拍手 <small>はくしゅ</small> 박수　拍車 <small>はくしゃ</small> 박차　拍車をかける <small>はくしゃ</small> 박차를 가하다　一拍 <small>いっぱく</small> 한 박자

　　ひょう　拍子 <small>ひょうし</small> 박자, 장단

1689

譜
계보 보

음 ふ　系譜 <small>けいふ</small> 계보　楽譜 <small>がくふ</small> 악보　年譜 <small>ねんぷ</small> 연보 (개인의 이력을 연대순으로 적은 기록)

1690

琴
거문고 금

훈 琴 <small>こと</small> 고토 (중국에서 전래된 일본 전통 현악기)

음 きん　琴線に触れる <small>きんせん ふ</small> 심금을 울리다　木琴 <small>もっきん</small> 실로폰

1691

笛
피리 적

훈 笛 <small>ふえ</small> 피리　口笛 <small>くちぶえ</small> 휘파람

음 てき　汽笛 <small>きてき</small> 기적　警笛 <small>けいてき</small> 경적

1692

奏
연주할 주

훈 奏でる <small>かな</small> 연주하다　名曲を奏でる <small>めいきょく かな</small> 명곡을 연주하다

음 そう　演奏 <small>えんそう</small> 연주　合奏 <small>がっそう</small> 합주　独奏 <small>どくそう</small> 독주　伴奏 <small>ばんそう</small> 반주

1693

唄
찬불노래 패

훈 唄 <small>うた</small> 노래

1694

謡
노래 요

훈 謡う <small>うた</small> 노래하다

음 よう　歌謡 <small>かよう</small> 가요　童謡 <small>どうよう</small> 동요　民謡 <small>みんよう</small> 민요

1695

唱
노래 창

- 훈 唱(とな)える 읊다/주창하다, 주장하다 自由(じゆう)を唱(とな)える 자유를 부르짖다
- 음 しょう 合唱(がっしょう) 합창 独唱(どくしょう) 독창 提唱(ていしょう) 제창

1696

稽
머무를 계

- 음 けい 稽古(けいこ) (학문, 기술, 예능 등을) 익힘, 공부함 滑稽(こっけい) 골계

1697

劇
연극 극

- 음 げき 劇団(げきだん) 극단 劇場(げきじょう) 극장 演劇(えんげき) 연극 悲劇(ひげき) 비극 喜劇(きげき) 희극

1698

伎
재주 기

- 음 き 歌舞伎(かぶき) 가부키

1699

俳
배우 배

- 음 はい 俳句(はいく) 하이쿠 (17음절로 이루어진 일본 고유의 단시) 俳優(はいゆう) 배우

1700

漫
흩어질 만

- 음 まん 漫画(まんが) 만화 漫才(まんざい) 만담 散漫(さんまん) 산만 浪漫(ろうまん) 낭만

1701

鑑
모범 감

- 훈 鑑(かんが)みる 선례에 비추어 생각하다, 거울 삼다 過去(かこ)の失敗(しっぱい)を鑑(かんが)みる 과거의 실패를 거울로 삼다
- 음 かん 鑑別(かんべつ) 감별 鑑賞(かんしょう) 감상 鑑識(かんしき) 감식 図鑑(ずかん) 도감 印鑑(いんかん) 인감

1702

瑠
유리 류

- 음 る 浄瑠璃(じょうるり) 샤미센의 반주에 맞추어 읊는 이야기

1703

璃
유리 리

- 음 り 瑠璃(るり) 칠보(七宝)의 하나, 청색 보석 瑠璃色(るりいろ) 자색을 띤 짙은 청색

1704

著
나타날 저

- 訓 著す 저술하다, 책을 펴내다　自伝を著す 자서전을 펴내다
　著しい 현저하다, 두드러지다　著しい差がある 현저한 차이가 있다
- 音 ちょ　著書 저서　著述 저술　著者 저자　著名 저명　顕著 현저함

1705

刷
인쇄할 쇄

- 訓 刷る 인쇄하다, 박다　名刺を刷る 명함을 인쇄하다
- 音 さつ　印刷 인쇄　増刷 증쇄　刷新 쇄신

1706

版
인쇄 판

- 音 はん　版権 판권　木版 목판　改訂版 개정판　出版 출판　絶版 절판

1707

籍
서적 적

- 音 せき　書籍 서적　国籍 국적　在籍 재적　学籍簿 학적부

1708

巻
책 권

- 訓 巻く 말다, 감다　新聞紙をくるくる巻く 신문지를 둘둘 말다
- 音 かん　巻 시리즈로 구성된 책 단권을 세는 단위

1709

刊
책 펴낼 간

- 音 かん　刊行 간행　発刊 발간　月刊誌 월간지　週刊誌 주간지

1710

翻
번역할 번

- 訓 翻す 뒤집다/나부끼게 하다/번복하다　これまでの主張を翻す 이제까지의 주장을 번복하다
　翻る 뒤집히다/바람에 날리다/(태도, 입장이) 바뀌다　旗が風に翻る 깃발이 바람에 날리다
- 音 ほん　翻訳 번역

1711

稿
원고 고

- 音 こう　原稿 원고　投稿 투고

1712

叙
쓸 서

🔊 じょ　　叙事詩 서사시　叙述 서술

1713

陳
진술할 진

🔊 ちん　　陳述 진술　陳列 진열　陳腐 진부

1714

訂
바로잡을 정

🔊 てい　　訂正 정정　改訂 개정

1715

欄
난간 란

🔊 らん　　欄干 난간　空欄 공란　備考欄 비고란

1716

掲
높이들 게

🔊 掲げる 높이 내걸다　看板を掲げる 간판을 내걸다
🔊 けい　　掲示 게시　掲示板 게시판　掲揚 게양

1717

載
실을 재

🔊 載せる 싣다, 게재하다　新聞に広告を載せる 신문에 광고를 싣다
　　載る 실리다, 게재되다　雑誌に記事が載る 잡지에 기사가 실리다
🔊 さい　　記載 기재　掲載 게재　連載 연재

1718

韻
운 운

🔊 いん　　韻律 운율　音韻 음운　余韻 여운

1719

詞
말 사

🔊 し　　歌詞 가사　作詞 작사　祝詞 축사

1720

談
말씀 담

🔊 だん　　談笑 담소　座談 좌담　雑談 잡담　相談 상담　冗談 농담

1721

弁
따질 변

음 べん 　弁当 도시락　弁償 변상　弁護士 변호사　弁論 변론　雄弁 웅변

1722

討
칠 토

훈 討つ 공격하다　敵討ち 원수를 갚음, 복수

음 とう 　討議 토의　討論 토론　討伐 토벌　検討 검토

1723

帳
휘장 장

음 ちょう 　帳簿 장부　手帳 수첩　単語帳 단어장　通帳 통장

훈 蚊帳 모기장

1724

簿
장부 부

음 ぼ 　簿記 부기　家計簿 가계부　名簿 명부　出席簿 출석부

1725

彙
무리 휘

음 い 　語彙 어휘

1726

楷
해서 해

음 かい 　楷書 해서, 한자 서체의 한 가지

1727

宣
널리펼 선

음 せん 　宣言 선언　宣伝 선전　宣戦布告 선전포고

1728

閲
읽을 열

음 えつ 　閲覧 열람　検閲 검열　校閲 교열

1729

喩
비유할 유

훈 ゆ 　比喩 비유　隠喩 은유

1730

吟
읊을 음

음 ぎん   吟^{ぎん}味^み 음미

1731

詠
읊을 영

훈 詠^よむ 시가를 짓다, 읊다   詩^し歌^かを詠^よむ 시가를 읊다

음 えい   詠^{えい}嘆^{たん} 영탄, 깊이 감동함

1732

諧
화할 해

음 かい   諧^{かい}謔^{ぎゃく} 해학   俳^{はい}諧^{かい} 익살스러운 내용의 和^わ歌^か의 한 형식

1733

詔
고할 조

훈 詔^{みことのり} 일왕의 명령, 조칙

음 しょう   詔^{しょう}書^{しょ} 조서   詔^{しょう}勅^{ちょく} 조칙

1734

勅
조서 칙

음 ちょく   勅^{ちょく}書^{しょ} 칙서, 조서   勅^{ちょく}命^{めい} 칙명

1735

抄
베낄 초

음 しょう   抄^{しょう}録^{ろく} 초록   抄^{しょう}本^{ほん} 초본, 원본에서 일부 내용만 뽑아 베낀 문서

1736

謄
베낄 등

음 とう   謄^{とう}本^{ほん} 등본

1737

璽
도장 새

음 じ   国^{こく}璽^じ 국새, 국가를 표시하는 인장

연습문제

1 ■にあてはまる漢字を下の□の中から一つ選びなさい。

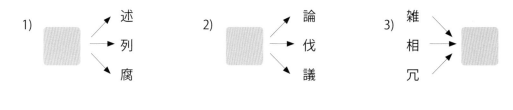

1) □ → 述
        → 列
        → 腐

2) □ → 論
        → 伐
        → 議

3) 雑 相 冗 → □

| 翻 陳 訂 討 弁 談 |

2 ＿＿＿＿＿の言葉の読み方として最もよいものを、①・②・③・④から一つ選びなさい。

1) 彼女にピアノの<u>伴奏</u>を頼んだ。
　　① はんそ　　　② はんそう　　　③ ばんそ　　　④ ばんそう

2) 広場に様々な<u>国籍</u>の人が集まってきた。
　　① こくせき　　② こくてき　　　③ こっせき　　④ こってき

3) 彼女との約束を忘れないように、<u>手帳</u>にメモした。
　　① しゅちょ　　② しゅちょう　　③ てちょ　　　④ てちょう

4) 会議の参加者<u>名簿</u>をチェックした。
　　① めいぼ　　　② めいぼう　　　③ みょうぼ　　④ みょうぼう

5) レポートの誤字や脱字などを<u>訂正</u>した。
　　① てせい　　　② ていせい　　　③ しゅせい　　④ しゅうせい

370

3 _____の言葉を漢字で書くとき、最もよいものを①・②・③・④から一つ選びなさい。

1) 週末は美術館に行って、絵画や彫刻などの芸術作品を<u>かんしょう</u>する。

   ① 監賞   ② 監償   ③ 鑑賞   ④ 鑑償

2) 傷口に薬を<u>ぬって</u>寝た。

   ① 刻って   ② 縫って   ③ 塗って   ④ 刷って

3) 指定された<u>げんこう</u>の締切日は厳守してください。

   ① 原稿   ② 源稿   ③ 原橋   ④ 源橋

4) 観客の心に感動と<u>よいん</u>を残して、映画は終わった。

   ① 余員   ② 余韻   ③ 除員   ④ 除韻

5) <u>じょうだん</u>を言って友達を笑わせた。

   ① 几談   ② 几淡   ③ 冗談   ④ 冗淡

1738 戻 돌려줄 려

- 훈 戻す 돌려보내다　元の場所に戻す 원래 장소로 돌려보내다
　取り戻す 되찾다, 회복하다　信頼を取り戻す 신뢰를 되찾다
　戻る 돌아가(오)다　前の位置に戻る 이전 위치로 돌아가다
- 음 れい　返戻 반려　返戻金 반려금

1739 駐 머무를 주

- 음 ちゅう　駐在 주재　駐屯 주둔　駐車場 주차장　駐輪場 자전거 보관소

1740 停 머무를 정

- 음 てい　停留所 정류소　停泊 정박　停電 정전　停車 정차　バス停 버스 정류장

1741 汽 증기 기

- 음 き　汽船 기선　汽笛 기적　汽車 기차

1742 軌 수레바퀴 궤

- 음 き　軌道 궤도　軌道に乗る 궤도에 오르다

1743 距 떨어질 거

- 음 きょ　距離 거리

1744 途 길 도

- 음 と　途上国 도상국　途中 도중　中途 중도　別途 별도　用途 용도

1745

航 비행할 항

🔊 こう   航空 항공   航海 항해   欠航 결항   運航 운항   難航 난항

1746

搭 탈 탑

🔊 とう   搭載 탑재   搭乗 탑승   搭乗券 탑승권

1747

寄 부칠 기

🔊 寄る 다가서다/들르다/비키다
　　　　コンビニに寄ってジュースを買う 편의점에 들러서 주스를 사다
　　寄り道 가는 길에 다른 곳에 들름
　　　　寄り道しないで帰ってください 다른 곳에 들리지 말고 돌아가세요
　　寄せる (마음을) 기울이다, 품다/한데 모으다
　　　　期待を寄せる 기대를 걸다   机の端に寄せる 책상 가장자리로 모으다
🔊 き   寄生虫 기생충   寄贈 기증   寄付 기부   寄与 기여

1748

宛 지정할 완

🔊 宛てる (편지, 짐 등을) ~앞으로 보내다
　　　　宛名 우편물의 상대 이름, 주소 성명   宛先 수신처, 수신인

1749

逓 전할 체

🔊 てい   逓減 체감, 점점 줆

1750

艇 거룻배 정

🔊 てい   艦艇 함정, 크고 작은 군함의 총칭   競艇 경정, 모터보트 경주

1751

搬 운반할 반

🔊 はん   搬送 반송   搬入 반입   搬出 반출   運搬 운반

1752

岐 가닥나뉠 기

🔊 き   岐路 기로   分岐点 분기점

1753

跡
발자취 적

- 훈 跡 자국, 자취, 흔적　足跡 발자국
- 음 せき　遺跡 유적　奇跡 기적　追跡 추적

1754

睡
졸 수

- 음 すい　睡眠 수면　熟睡 숙면

1755

稼
심을 가

- 훈 稼ぐ (일해서) 돈을 벌다　生活費を稼ぐ 생활비를 벌다　共稼ぎ 맞벌이
- 음 か　稼業 생업, 직업　稼動 가동, 돈벌이를 위해 일함

1756

携
가질 휴

- 훈 携える 휴대하다/거느리다　小さなバッグを携える 작은 가방을 휴대하다
  携わる 종사하다, 관계하다　教育に携わる 교육에 종사하다
- 음 けい　携帯 휴대　携帯電話 휴대전화　携帯品 휴대품　提携 제휴

1757

玩
놀 완

- 음 がん　玩具店 완구점　愛玩動物 애완동물

1758

憩
쉴 게

- 훈 憩う 쉬다, 휴식하다　市民の憩いの場 시민의 휴식처
- 음 けい　休憩 휴게　休憩室 휴게실

1759

宴
잔치 연

- 음 えん　宴会 연회　宴席 연석　披露宴 피로연

1760

俗
풍속 속

- 음 ぞく　俗説 속설　土俗 토속　通俗 통속　風俗 풍속

1761

吐
토할 토

- 훈 吐く 토하다/토로하다　吐き気 구역질　吐き気がする 구역질이 나다
- 음 と　　　　吐露 토로　吐血 피를 토함

1762

択
고를 택

- 음 たく　　択一 택일　選択 선택　取捨選択 취사선택　採択 채택

1763

雰
안개 분

- 음 ふん　　雰囲気 분위기

1764

倹
검소할 검

- 음 けん　　倹約 검약

1765

釣
낚시 조

- 훈 釣る 낚다, 잡다　魚を釣る 물고기를 낚다　釣り 낚시
- 음 ちょう　　釣果 조황, 낚시의 성과　釣魚 낚시질

1766

舞
춤출 무

- 훈 舞う 흩날리다/춤추다　花びらがひらひらと舞う 꽃잎이 팔랑팔랑 흩날리다　舞姫 무희
  舞い上がる (너울거리며) 날아오르다
  見舞う 위문하다, 문병하다　お見舞い 병문안
- 음 ぶ　　舞台 무대　舞踊 무용　鼓舞 고무, 격려하여 기세를 돋움

1767

碁
바둑 기

- 음 ご　　碁盤 바둑판　碁石 바둑돌　囲碁 바둑

1768

棋
바둑 기

- 훈 き　　将棋 장기　棋士 (장기, 바둑의) 기사

1769

巡
돌 순

- 훈 巡る 돌다, 순환하다, 차례로 돌다　全国の温泉地を巡る旅 전국의 온천지를 도는 여행
- 음 じゅん　巡回 순회　巡査 순사, 경관　一巡 일순, 한 차례 돎
- 特 お巡りさん 「巡査」의 친근한 호칭　交番のお巡りさん 파출소의 경찰관

1770

換
바꿀 환

- 훈 換える 바꾸다, 교환하다　空気を換える 환기시키다
　換わる 바뀌다, 교환되다　家具の配置が換わる 가구 배치가 바뀌다
- 음 かん　換気 환기　換算 환산　交換 교환　転換 전환　変換 변환

1771

替
바꿀 체

- 훈 替える 바꾸다, 교체하다　毎日シーツを替える 매일 시트를 바꾸다
　着替える 옷을 갈아입다　両替 환전, 돈을 바꿈
　替わる 바뀌다, 교체되다　政権が替わる 정권이 바뀌다
- 음 たい　交替 교대　代替 대체
- 特 為替 환(經)

유의어

<'바꾸다'는 変える? 換える? 替える?>

- ·変える : 상태를 변화시키다　住所を変える 주소를 바꾸다
- ·換える : 다른 것과 교환하다　宝石をお金に換える 보석을 돈으로 바꾸다
- ·替える : 동종의 것과 교체하다　メンバーを替える 멤버를 바꾸다

1 ■にあてはまる漢字を下の□の中から一つ選びなさい。

1)
　→ 付
□→ 与
　→ 贈

2)
　→ 送
□→ 出
　→ 入

3)
土 →
通 → □
風 →

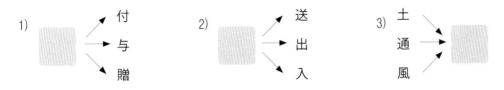

玩　俗　稼　宴　搬　寄

2 ＿＿＿の言葉の読み方として最もよいものを、①・②・③・④から一つ選びなさい。

1) 家に帰る<u>途中</u>、雨が降ってきた。
　① とちゅう　　　② どちゅう　　　③ とうじゅう　　④ どうじゅう

2) ソウルへ向う飛行機に<u>搭乗</u>した。
　① としょう　　　② とじょう　　　③ とうしょう　　④ とうじょう

3) 5階にある屋外ステージは<u>休憩</u>場所として利用されている。
　① きゅそく　　　② きゅうそく　　③ きゅけい　　　④ きゅうけい

4) みんなの努力が<u>奇跡</u>を起こしました。
　① きてき　　　　② きせき　　　　③ ぎてき　　　　④ ぎせき

3 (   ) に入れるのに最もよいものを、①・②・③・④から一つ選びなさい。

1) 両国の和平交渉は (   ) している。

 ① 岐路 ② 分岐 ③ 難航 ④ 欠航

2) 私はいつも折りたたみ傘を (   ) している。

 ① 倹約 ② 喚起 ③ 用途 ④ 携帯

3) いきなり (   ) になって、テレビが見られなかった。

 ① 停泊 ② 停電 ③ 発電 ④ 発光

4) 人工衛星が (   ) に乗った。

 ① 軌道 ② 狭軌 ③ 航海 ④ 運航

5) 学費を (   ) ために、アルバイトをしている。

 ① 赴く ② 稼ぐ ③ 潰す ④ 使う

1772

授
줄 수

- 훈 <ruby>授<rt>さず</rt></ruby>ける 수여하다/전수하다　<ruby>賞状<rt>しょうじょう</rt></ruby>を<ruby>授<rt>さず</rt></ruby>ける 상장을 수여하다
  <ruby>授<rt>さず</rt></ruby>かる 부여받다, 내려받다　<ruby>子供<rt>こども</rt></ruby>を<ruby>授<rt>さず</rt></ruby>かる 아이를 점지 받다
- 음 じゅ　<ruby>授業<rt>じゅぎょう</rt></ruby> 수업　<ruby>授賞式<rt>じゅしょうしき</rt></ruby> 수상식　<ruby>授受<rt>じゅじゅ</rt></ruby> 수수　<ruby>授与<rt>じゅよ</rt></ruby> 수여　<ruby>伝授<rt>でんじゅ</rt></ruby> 전수

1773

養
기를 양

- 훈 <ruby>養<rt>やしな</rt></ruby>う 기르다, 양성하다, 부양하다　<ruby>集中力<rt>しゅうちゅうりょく</rt></ruby>を<ruby>養<rt>やしな</rt></ruby>う 집중력을 기르다
- 음 よう　<ruby>養成<rt>ようせい</rt></ruby> 양성　<ruby>教養<rt>きょうよう</rt></ruby> 교양　<ruby>培養<rt>ばいよう</rt></ruby> 배양　<ruby>扶養<rt>ふよう</rt></ruby> 부양　<ruby>栄養<rt>えいよう</rt></ruby> 영양

1774

徒
무리 도

- 음 と　<ruby>徒歩<rt>とほ</rt></ruby> 도보　<ruby>生徒<rt>せいと</rt></ruby> 중·고등학생　<ruby>暴徒<rt>ぼうと</rt></ruby> 폭도

1775

寮
집 료

- 음 りょう　<ruby>寮<rt>りょう</rt></ruby> 기숙사　<ruby>学生寮<rt>がくせいりょう</rt></ruby> 학생 기숙사　<ruby>社員寮<rt>しゃいんりょう</rt></ruby> 사원 기숙사

1776

礎
주춧돌 초

- 훈 <ruby>礎<rt>いしずえ</rt></ruby> 초석, 주춧돌
- 음 そ　<ruby>基礎<rt>きそ</rt></ruby> 기초

1777

啓
열 계

- 음 けい　<ruby>啓示<rt>けいじ</rt></ruby> 계시　<ruby>啓蒙<rt>けいもう</rt></ruby> 계몽　<ruby>拝啓<rt>はいけい</rt></ruby> 배계 (삼가 아룀, 편지 머리에 쓰는 말)

1778

博
넓을 박

- 음 はく　<ruby>博士<rt>はくし</rt></ruby> 박사 (「はかせ」라고도 읽음)　<ruby>博識<rt>はくしき</rt></ruby> 박식　<ruby>博物館<rt>はくぶつかん</rt></ruby> 박물관
  　　　<ruby>博覧会<rt>はくらんかい</rt></ruby> 박람회
  ばく　<ruby>賭博<rt>とばく</rt></ruby> 도박

1779

修
닦을 수

- 훈 <ruby>修<rt>おさ</rt></ruby>める 닦다, 수양하다, 익히다　<ruby>武芸<rt>ぶげい</rt></ruby>を<ruby>修<rt>おさ</rt></ruby>める 무예를 닦다
- 음 しゅう　<ruby>修士<rt>しゅうし</rt></ruby> 석사　<ruby>修飾<rt>しゅうしょく</rt></ruby> 수식　<ruby>修正<rt>しゅうせい</rt></ruby> 수정　<ruby>修繕<rt>しゅうぜん</rt></ruby> 수선　<ruby>修理<rt>しゅうり</rt></ruby> 수리　<ruby>研修<rt>けんしゅう</rt></ruby> 연수
  しゅ　<ruby>修行<rt>しゅぎょう</rt></ruby> 수행

1780

了

깨달을 료

음 りょう　了解 잘 이해함　完了 완료　修了 수료　終了 종료

1781

釈

풀 석

음 しゃく　釈放 석방　釈明 석명　解釈 해석　注釈 주석

1782

項

조목 항

음 こう　項目 항목　事項 사항　要項 요항　条項 조항

1783

詮

설명할 전

음 せん　詮索 탐색, 세세하게 파고 듦　所詮 결국, 어차피

1784

索

찾을 색

음 さく　索引 색인　検索 검색　捜索 수색　探索 탐색　模索 모색

1785

析

가를 석

음 せき　分析 분석

1786

奨

도울 장

음 しょう　奨学金 장학금　奨励 장려　勧奨 권장

1787

把

쥘 파

음 は　把握 파악

1788

挙

들 거

훈 挙げる (예를) 들다/다하다　例を挙げて説明する 예를 들어서 설명하다
挙がる (범인이) 잡히다, 검거되다　犯人が挙がった 범인이 검거되었다
음 きょ　挙手 거수, 손을 듦　一挙 일거, 한번의 행동　快挙 쾌거　検挙 검거　選挙 선거

1789

倣
본뜰 방

- 훈 倣う 모방하다, 따르다　先例に倣う 선례에 따르다
- 음 ほう　　　　模倣 모방

1790

宿
묵을 숙

- 훈 宿 숙소　　宿賃 숙박료　　宿屋 숙박소
  宿る 거주하다/깃들다　健全なる精神は健全なる肉体に宿る
  　　　　　　　　　건전한 정신은 건전한 육체에 깃든다
  宿す 품다, 임신하다　亡き妻の面影を宿す 죽은 아내의 모습을 가슴에 묻다
  　　　　　　　　　子どもを宿す 아이를 임신하다
- 음 しゅく　　宿題 숙제　　宿泊 숙박　　合宿 합숙　　下宿 하숙

1791

塾
글방 숙

- 음 じゅく　　塾 사설 학원

1792

熟
익을 숙

- 훈 熟れる 익다, 여물다　果物が熟れる 과일이 익다
- 음 じゅく　　熟成 숙성　　熟練 숙련　　未熟 미숙

1793

哲
밝을 철

- 음 てつ　　哲学 철학　　哲学者 철학자　　先哲 선현

1794

儒
선비 유

- 음 じゅ　　儒学 유학　　儒教 유교

1795

班
나눌 반

- 음 はん　　班長 반장　　救護班 구호반

1796

壇
단 단

- 음 だん　　壇上 단상　　演壇 연단　　教壇 교단　　仏壇 불단　　花壇 화단
  たん　　土壇場 막판, 마지막 순간

1797

彰

밝을 창

🔊 しょう　　表彰 표창　　顕彰 현창, 공적 등을 세상에 알려 표창함

1798

矯

바로잡을 교

🔊 きょう　　矯正 교정

과학(科学)과 관련된 한자

1799

窒
막힐 질

- 음 ちっ　　窒息 질식　　窒息死 질식사　　窒素 질소

1800

酸
실 산

- 훈 酸い 시다　　酸っぱい 시다
- 음 さん　　酸性 산성　　酸性雨 산성비　　酸素 산소　　胃酸 위산　　炭酸 탄산

1801

酵
곰팡이 효

- 음 こう　　酵母 효모　　酵素 효소　　発酵 발효

1802

磁
자석 자

- 음 じ　　磁気 자기　　磁石 자석　　陶磁器 도자기

1803

酢
초산 초

- 훈 酢 식초
- 음 さく　　酢酸 초산

1804

硝
초석 초

- 음 しょう　　硝酸 질산　　硝石 초석

1805

硫
유황 류

- 음 りゅう　　硫酸 황산　　硫化 황화
- 특 硫黄 유황

1 ＿＿＿＿の言葉の読み方として最もよいものを、①・②・③・④から一つ選びなさい。

1) 学校で哲学の授業を受けている。

① てつがく　　② てっかく　　③ せつがく　　④ せっかく

2) 香水のにおいで窒息しそうだ。

① ちつしき　　② ちっしき　　③ ちつそく　　④ ちっそく

3) 会社は駅から徒歩10分のところにある。

① とほ　　　　② とぼう　　　③ とうほ　　　④ とうぼう

4) 貧血とは、ヘモグロビンの不足で体に酸素が足りなくなることだ。

① たんそ　　　② さんそ　　　③ たんそう　　④ さんそう

5) 磁石は N 極と S 極に分かれている。

① しせき　　　② じせき　　　③ ししゃく　　④ じしゃく

2 ＿＿＿＿の言葉を漢字で書くとき、最もよいものを①・②・③・④から一つ選びなさい。

1) このりょうには世界各国から来た留学生が住んでいる。

① 療　　　　　② 寮　　　　　③ 瞭　　　　　④ 僚

2) 私はすっぱいものは好きではありません。

① 素っぱい　　② 酢っぱい　　③ 酸っぱい　　④ 窒っぱい

3) 見本にならって、記入してください。

① 放って　　　② 倣って　　　③ 防って　　　④ 妨って

4) じゅくれんした先輩たちの仕事振りをよく見ることは大切だ。

① 熟練　　　　② 熟連　　　　③ 塾練　　　　④ 塾連

5) 具体的な例をあげて説明したほうがいい。

    ① 揚げて   ② 掲げて   ③ 倣げて   ④ 挙げて

✓ 초봉

初俸（×）

初任給（○）

1806

弓
활 궁

- 훈 弓 활 ゆみ   弓矢 활과 화살 ゆみ や
- 음 きゅう   弓道 궁도 きゅうどう

1807

投
던질 투

- 훈 投げる 던지다 な   石を投げる 돌을 던지다 いし な
- 음 とう   投稿 투고 とうこう   投手 투수 とうしゅ   投入 투입 とうにゅう   投資 투자 とうし   投票 투표 とうひょう

1808

監
볼 감

- 음 かん   監禁 감금 かんきん   監査 감사 かんさ   監視 감시 かんし   監察 감찰 かんさつ

1809

督
감독할 독

- 음 とく   督促 독촉 とくそく   監督 감독 かんとく

1810

蹴
찰 축

- 훈 蹴る 차다 (예외1그룹 동사) け   空き缶を蹴る 빈 깡통을 차다 あ かん け
- 음 しゅう   一蹴 일축 いっしゅう

1811

跳
뛸 도

- 훈 跳ねる 튀다 は   ズボンに泥が跳ねる 바지에 진흙이 튀다 どろ は
- 음 ちょう   跳躍 도약 ちょうやく

1812

躍
뛸 약

- 훈 躍る 뛰어오르다, 튀어오르다/두근거리다 おど   心が躍る 마음이 설레다 こころ おど
- 음 やく   躍動 약동 やくどう   一躍 일약, 단숨에 いちやく   活躍 활약 かつやく   飛躍 비약 ひやく

1813

鍛
단련할 단

- 훈 鍛える 단련하다 きた   腕の筋肉を鍛える 팔 근육을 단련하다 うで きんにく きた
- 음 たん   鍛錬 단련 たんれん

1814

錬
불릴 련

🔊 れん　　　錬金術 연금술　　錬磨 연마

1815

猟
사냥할 렵

🔊 りょう　　　猟奇的 엽기적　　猟銃 엽총　　狩猟 수렵　　密猟 밀렵

1816

騎
말탈 기

🔊 き　　　騎士 기사　　騎手 기수　　騎馬 기마

1817

塁
진 루

🔊 るい　　　盗塁 (야구에서) 도루　　満塁ホームラン 만루 홈런

1818 康 편안할 강

- 음 こう 　　健康 건강

1819 診 볼 진

- 훈 診る 진찰하다 　医者に診てもらう 의사에게 진찰받다
- 음 しん 　診察 진찰 　診断 진단 　診療 진료 　往診 왕진 　検診 검진

1820 療 고칠 료

- 음 りょう 　療法 요법 　療養 요양 　医療 의료 　治療 치료

1821 看 볼 간

- 음 かん 　看護 간호 　看板 간판 　看病 간병

1822 疾 병 질

- 음 しつ 　疾患 질환 　疾走 질주 　疾病 질병

1823 患 근심 환

- 훈 患う 앓다 　胃炎を患う 위염을 앓다
- 음 かん 　患部 환부 　患者 환자 　急患 급한 환자

1824 挫 꺾을 좌

- 훈 挫く 삐다/기세를 꺾다 　足首を挫く 발목을 삐다
- 음 ざ 　挫傷 좌상 　挫折 좌절

1825 擦 비빌 찰

- 훈 擦る 문지르다, 비비다 　マッチを擦る 성냥을 긋다
  　擦れる 스치다/닳다 　擦れ違う 스칠 정도로 가깝게 마주 지나가다/엇갈리다
- 음 さつ 　摩擦 마찰

1826

痕
흉 흔

- 훈 痕 상처 자국, 흉터　手術の痕 수술 자국
- 음 こん　　痕跡 흔적　血痕 혈흔

1827

剤
약지을 제

- 음 ざい　　薬剤師 약사　殺菌剤 살균제　錠剤 정제, 알약　消化剤 소화제

1828

剖
쪼갤 부

- 음 ぼう　　解剖 해부

1829

痘
마마 두

- 음 とう　　種痘 종두 (천연두 면역을 위해 우두를 접종하는 일)　水痘 수두
　　　　　天然痘 천연두

1830

染
물들일 염

- 훈 染める 물들이다　白髪を黒く染める 흰머리를 검게 염색하다
　染まる 물들다　空が赤く染まる 하늘이 붉게 물들다
　染みる 번지다, 스며들다　シャツに汗が染みる 셔츠에 땀이 배다
　染み 얼룩　ソファーに染みがつく 소파에 얼룩이 지다
- 음 せん　　染料 염료　汚染 오염　感染 감염　伝染 전염

1831

疫
돌림병 역

- 음 えき　　疫病 역병　検疫 검역　防疫 방역　免疫 면역
　やく　　疫病神 역귀, 전염병을 퍼뜨리는 귀신

1832

痢
설사 리

- 음 り　　下痢 설사

1833

菌
곰팡이 균

- 음 きん　　細菌 세균　殺菌 살균　雑菌 잡균　保菌者 보균자

毒
독 독

- 음 どく　毒殺 독살　毒性 독성　毒薬 독약　消毒 소독　中毒 중독　猛毒 맹독

腫
부스럼 종

- 훈 腫れる 붓다　傷が赤く腫れている 상처가 빨갛게 부어 있다
- 음 しゅ　腫瘍 종양

瘍
종기 양

- 음 よう　潰瘍 궤양

症
증세 증

- 음 しょう　症候群 증후군　症状 증상　炎症 염증　重症 중증

梗
막을 경

- 음 こう　心筋梗塞 심근경색　脳梗塞 뇌경색

泌
분비할 비

- 음 ひ　泌尿器 비뇨기
- ぴつ　分泌 분비 (「ぶんぴ」라고도 읽음)

盲
장님 맹

- 음 もう　盲点 맹점　盲目 맹목　盲導犬 맹도견

鎮
누를 진

- 훈 鎮める 평정하다, 가라앉히다　反乱を鎮める 반란을 평정하다
　　鎮まる 진정되다, 가라앉다　頭痛が鎮まる 두통이 가라앉다
- 음 ちん　鎮圧 진압　鎮静剤 진정제　鎮痛剤 진통제

癒
나을 유

- 훈 癒す 낫게 하다, 치유하다　ペットは心を癒してくれる 애완동물은 마음을 치유해준다
　　癒える 낫다, 치유되다　悲しみが癒える 슬픔이 치유된다
- 음 ゆ　癒着 유착　治癒 치유

1 _____の言葉の読み方として最もよいものを、①・②・③・④から一つ選びなさい。

1) 自然の中で心身を錬磨する。
　① ねんま　　　　② ねんば　　　　③ れんま　　　　④ れんば

2) この問題は投票で決めることにした。
　① とひょう　　　② とぴょう　　　③ とうひょう　　④ とうぴょう

3) 彼は相手の提案を一蹴した。
　① いちしゅく　　② いっしゅく　　③ いちしゅう　　④ いっしゅう

4) ひどい下痢で脱水症状になった。
　① かり　　　　　② げり　　　　　③ かさ　　　　　④ げさ

5) スポーツを通して心身を鍛える。
　① となえる　　　② そなえる　　　③ きたえる　　　④ おとろえる

2 _____の言葉を漢字で書くとき、最もよいものを①・②・③・④から一つ選びなさい。

1) ここにはかんしカメラが設置されている。
　① 監視　　　　　② 濫視　　　　　③ 監礼　　　　　④ 濫礼

2) しんさつを受けるのに2時間も待たされた。
　① 珍察　　　　　② 診察　　　　　③ 珍擦　　　　　④ 診擦

3) 生物の授業でカエルをかいぼうした。
　① 壊剖　　　　　② 壊部　　　　　③ 解剖　　　　　④ 解部

4) 料理中に油がはねてやけどをした。
　① 重ねて　　　　② 躍ねて　　　　③ 打ねて　　　　④ 跳ねて

5) 検査の結果、脳にしゅようがあることがわかった。
　① 重陽　　　　　② 重瘍　　　　　③ 腫陽　　　　　④ 腫瘍

河童

あくたがわ りゅうのうすけ
芥川 龍之介

　僕は一週間ばかりたった後、この国の法律の定めるところにより、「特別保護住民」としてチャックの隣に住むことになりました。僕のうちは小さいわりにいかにも瀟洒とできあがっていました。もちろんこの国の文明はわれわれ人間の国の文明 —— 少なくとも日本の文明などとあまり大差はありません。

　往来に面した客間の隅には小さいピアノが一台あり、それからまた壁には額縁へ入れたエッチングなども掛かっていました。ただ肝心の家をはじめ、テーブルや椅子の寸法も河童の身長に合わせてありますから、子どもの部屋に入れられたようにそれだけは不便に思いました。

　僕はいつも日暮れ方になると、この部屋にチャックやバッグを迎え、河童の言葉を習いました。

＊ ＊ ＊ ＊ ＊ ＊ ＊ ＊ ＊ ＊ ＊ ＊ ＊ ＊ ＊ ＊ ＊

　僕はこの先を話す前にちょっと河童というものを説明しておかなければなりません。河童はいまだに実在するかどうかも疑問になっている動物です。が、それは僕自身が彼らの間に住んでいた以上、少しも疑う余地はないはずです。

　ではまたどういう動物かと言えば、頭に短い毛のあるのはもちろん、手足に水掻きのついていることも「水虎考略」などに出ているのと著しい違いはありません。

かっぱ
□ 河童 갓파, 물 속에 산다는 어린 아이 모양을 한 상상의 동물
しょうしゃ
□ 瀟洒な 산뜻한

かみこうち
□ 上高地 가미코지, 나가노현 지명
すい こ こうりゃく
□ 水虎考略 에도 시대에 쓰인 갓파 연구서

身長もざっと一メートルを越えるか越えぬくらいでしょう。体重は医者のチャックによれば、二十ポンドから三十ポンドまで、── まれには五十何ポンドぐらいの大河童もいると言っていました。

　それから頭のまん中には楕円形の皿があり、そのまた皿は年齢により、だんだん固さを加えるようです。現に年をとったバッグの皿は若いチャックの皿などとは全然手ざわりも違うのです。

　しかし一番不思議なのは河童の皮膚の色のことでしょう。河童はわれわれ人間のように一定の皮膚の色を持っていません。なんでもその周囲の色と同じ色に変わってしまう、── たとえば草の中にいるときには草のように緑色に変わり、岩の上にいるときには岩のように灰色に変わるのです。

　これはもちろん河童に限らず、カメレオンにもあることです。あるいは河童は皮膚組織の上に何かカメレオンに近いところを持っているのかもしれません。

　僕はこの事実を発見したとき、西国の河童は緑色であり、東北の河童は赤いという民俗学上の記録を思い出しました。のみならずバッグを追いかけるとき、突然どこへ行ったのか、見えなくなったことを思い出しました。

＊　＊　＊　＊　＊　＊　＊　＊　＊　＊　＊　＊　＊　＊　＊　＊

　僕はだんだん河童の使う日常の言葉を覚えてきました。したがって河童の風俗や習慣も飲み込めるようになってきました。その中でも一番不思議だったのは河童はわれわれ人間の真面目に思うことをおかしがる、同時にわれわれ人間のおかしがることを真面目に思う ── こういうとんちんかんな習慣です。

　たとえばわれわれ人間は正義とか人道とかいうことを真面目に思う、しかし河童はそんなことを聞くと、腹をかかえて笑い出すのです。つまり彼らの滑稽という観念はわれわれの滑稽という観念と全然標準を異にしているのでしょう。

□ **ポンド**　(무게 단위) 파운드　　　　　　□ **とんちんかんな**　종잡을 수 없음, 엉뚱함

僕はあるとき医者のチャックと産児制限の話をしていました。するとチャックは大口をあいて、鼻眼鏡の落ちるほど笑い出しました。僕はもちろん腹が立ちましたから、何がおかしいかと詰問しました。

　なんでもチャックの返答はだいたいこうだったように覚えています。もっとも多少細かいところは間違っているかもしれません。なにしろまだそのころは僕も河童の使う言葉をすっかり理解していなかったのですから。

　「しかし両親の都合ばかり考えているのはおかしいですからね。どうもあまり手前勝手ですからね。」

　その代わりにわれわれ人間から見れば、実際また河童のお産ぐらい、おかしいものはありません。現に僕はしばらくたってから、バッグの細君のお産をするところをバッグの小屋へ見物にゆきました。

　河童もお産をするときにはわれわれ人間と同じことです。やはり医者や産婆などの助けを借りてお産をするのです。けれどもお産をするとなると、父親は電話でもかけるように母親の生殖器に口をつけ、「お前はこの世界へ生まれてくるかどうか、よく考えたうえで返事をしろ」と大きな声で尋ねるのです。バッグもやはり膝をつきながら、何度も繰り返してこう言いました。それからテーブルの上にあった消毒用の水薬でうがいをしました。

　すると細君の腹の中の子は多少兼ねでもしているとみえ、こう小声に返事をしました。

　「僕は生まれたくはありません。第一、僕のお父さんの遺伝は精神病だけでも大変です。そのうえ僕は、河童的存在を悪いと信じていますから。」

□ 鼻眼鏡（はなめがね） 코안경
□ 手前勝手（てまえがって） 제멋대로 함
□ 細君（さいくん） 아내
□ 気兼ねする（きがね） 사양하다, 스스러워하다
□ 詰問（きつもん） 힐문, 나무라고 따짐
□ お産（さん） 출산
□ 産婆（さんば） 산파

394

1843

衣
옷 의

훈 衣 옷, 의복 _{ころも}

음 い 　衣食住 의식주　衣服 의복　衣類 의류

1844

装
꾸밀 장

훈 装う 치장하다/가장하다　別人を装う 딴사람을 가장하다

음 そう 　装飾 장식　装置 장치　装備 장비　服装 복장

しょう 　衣装 의상

1845

巾
수건 건

음 きん 　頭巾 두건　雑巾 걸레　雑巾掛け 걸레질　布巾 행주

1846

帽
모자 모

음 ぼう 　帽子 모자　脱帽 모자를 벗음, 항복함

1847

襟
옷깃 금

훈 襟 옷깃　襟巻き 목도리

음 きん 　胸襟 흉금

1848

袖
소매 수

훈 袖 소매　袖無し 민소매　半袖 반소매　長袖 긴소매

1849

綿
솜 면

훈 綿 솜　綿あめ 솜사탕　綿毛 솜털

음 めん 　綿密 면밀　木綿 목면

1850

裾
옷자락 거

훈 裾 옷자락　お裾分け 얻은 물건이나 이득의 일부를 남에게 나누어 줌

1851

錦
비단 금

- 훈 錦 비단 ^{にしき}
- 음 きん　錦秋 ^{きんしゅう} 단풍이 비단처럼 아름다운 가을

1852

絹
비단 견

- 훈 絹 비단, 견직물 ^{きぬ}　絹糸 견사, 명주실 ^{きぬいと}

1853

紋
무늬 문

- 음 もん　家紋 ^{か もん} 가문, 집안마다의 특정 무늬　指紋 ^{し もん} 지문　波紋 ^{は もん} 파문
　全国に波紋が広がる ^{ぜんこく　　は もん　　ひろ} 전국에 파문이 퍼지다

1854

繭
누에고치 견

- 훈 繭 누에고치 ^{まゆ}
- 음 けん　繭糸 ^{けん し} 견사

1855

蚕
누에 잠

- 훈 蚕 누에 ^{かいこ}
- 음 さん　養蚕 ^{ようさん} 양잠, 누에를 침

1856

編
엮을 편

- 훈 編む 짜다, 엮다 ^あ　マフラーを編む ^あ 머플러를 짜다　編み物 ^{あ　もの} 뜨게질　編み棒 ^{あ　ぼう} 뜨게 바늘
- 음 へん　編集 ^{へんしゅう} 편집　編成 ^{へんせい} 편성　編入 ^{へんにゅう} 편입

1857

繕
기울 선

- 훈 繕う 수선하다, 수리하다 ^{つくろ}　服の綻びを繕う ^{ふく　　ほころ　　　つくろ} 옷의 찢어진 부분을 수선하다
- 음 ぜん　修繕 ^{しゅうぜん} 수선

1858

縫
꿰맬 봉

- 훈 縫う 꿰매다 ^ぬ　人形の服を縫う ^{にんぎょう　ふく　　ぬ} 인형 옷을 꿰매다
- 음 ほう　縫合 ^{ほうごう} 봉합　縫製 ^{ほうせい} 봉제　裁縫 ^{さいほう} 재봉

1859

紡
지을 방

- 훈 紡ぐ (물레 등으로 실을) 뽑다, 잣다 ^{つむ}　糸を紡ぐ ^{いと　　つむ} 실을 잣다
- 음 ぼう　紡績工場 ^{ぼうせきこうじょう} 방적 공장

1860

織
짤 직

- 훈 織る 직물을 짜다　織物 직물
- 음 しょく　　紡織 방직　織機 직기, 베틀
- 특 組織 조직

1861

繊
가늘 섬

- 음 せん　　繊維 섬유　繊細 섬세

1862

履
신 리

- 훈 履く (신발을) 신다, (하의를) 입다　スカートを履く 스커트를 입다　履物 신, 신발
- 음 り　　履行 이행　約束を履行する 약속을 이행하다　履修 이수　履歴書 이력서

1863

珠
구슬 주

- 음 しゅ　　真珠 진주

397

요리(料理)와 관련된 한자

1864

渋
떫을 삽

- 훈 渋い 떫다/차분하며 깊은 맛이 있다/(표정이) 떫떠름하다
  - この柿はまだ渋い 이 감은 아직 떫다   渋い色の着物 차분한 색의 기모노
  - 渋い顔をする 언짢은 얼굴을 하다
  - 渋る 원활하지 않다/주저하다   返事を渋る 대답을 주저하다
- 음 じゅう   渋滞 정체   苦渋 괴로움

1865

汁
즙 즙

- 훈 汁 즙, 국   味噌汁 된장국
- 음 じゅう   果汁 과즙   肉汁 육즙

1866

喫
마실 끽

- 음 きつ   喫煙 흡연   満喫 만끽   喫茶店 다방, 찻집

1867

膳
반찬 선

- 음 ぜん   膳 상, 밥상   膳立て 상 차리기

1868

丼
우물 정

- 훈 丼 덮밥   丼 덮밥(「どんぶり」의 줄임말)   牛丼 소고기 덮밥   天丼 튀김 덮밥

1869

餅
떡 병

- 훈 餅 떡
- 음 へい   煎餅 전병

1870

麺
밀가루 면

- 음 めん   麺類 면류

1871

桃
복숭아 도

훈 桃 복숭아　　桃色 분홍색
음 とう　　　桜桃 앵두　白桃 백도　扁桃腺 편도선

1872

梨
배나무 리

훈 梨 배

1873

柿
감나무 시

훈 柿 감　　干し柿 곶감

1874

芋
토란 우

훈 芋 감자, 고구마, 토란 등의 총칭　里芋 토란　焼き芋 군고구마

1875

糖
사탕 당

음 とう　　糖分 당분　砂糖 설탕

1876

蜜
꿀 밀

음 みつ　　蜜 꿀　蜜蜂 밀봉, 꿀벌　蜂蜜 벌꿀

1877

皮
가죽 피

훈 皮 가죽, 껍질　毛皮 모피
음 ひ　　皮脂 피지　皮肉 빈정거림, 비아냥　皮膚 피부

1878

殻
껍질 각

훈 殻 껍데기, 껍질　貝殻 조개껍데기　吸殻 담배꽁초
음 かく　　甲殻類 갑각류　地殻 지각　地殻変動 지각 변동

1879

鍋
냄비 과

훈 鍋 냄비　　鍋料理 냄비 요리, 냄비 채 식탁 위에 올려놓고 끓이면서 먹는 요리

1880

釜 가마 부

- 훈 釜(かま) 솥, 가마솥　茶釜(ちゃがま) 차관, 찻물을 달이는 솥

1881

臼 절구 구

- 훈 臼(うす) 절구, 맷돌　石臼(いしうす) 돌절구
- 음 きゅう　臼歯(きゅうし) 어금니

1882

炊 불땔 취

- 훈 炊(た)く (밥을) 짓다　ご飯(はん)を炊(た)く 밥을 짓다
- 음 すい　炊事場(すいじば) 취사장　炊飯器(すいはんき) 전기밥솥　自炊(じすい) 자취

1883

煮 삶을 자

- 훈 煮(に)る 끓이다　弱火(よわび)で煮(に)る 약한 불로 끓이다
  煮(に)える 삶아지다, 익다　野菜(やさい)が煮(に)えるまで待(ま)つ 채소가 익을 때까지 기다리다
  煮(に)やす 화가 나서 애태우다　業(ごう)を煮(に)やす 일이 뜻대로 되지 않아 애태우다 (관용구)
- 음 しゃ　煮沸(しゃふつ) 펄펄 끓임

1884

蒸 김오를 증

- 훈 蒸(む)す 찌다/무덥다　かぼちゃを蒸(む)す 호박을 찌다
  蒸(む)し暑(あつ)い 무덥다, 푹푹 찌다　日本(にほん)の夏(なつ)は蒸(む)し暑(あつ)い 일본의 여름은 무덥다
  蒸(む)らす 뜸들이다　ご飯(はん)を蒸(む)らす 밥을 뜸들이다
  蒸(む)れる 후끈거리다　靴(くつ)の中(なか)が蒸(む)れる 구두 안이 후끈거리다
- 음 じょう　蒸気(じょうき) 증기　蒸発(じょうはつ) 증발

1885

沸 끓을 비

- 훈 沸(わ)かす 끓이다/열광시키다　お湯(ゆ)を沸(わ)かす 물을 끓이다
  沸(わ)く 끓다/들끓다, 열광하다　お風呂(ふろ)が沸(わ)く 목욕물이 끓다
- 음 ふつ　沸騰(ふっとう)する 끓어오르다　沸点(ふってん) 비점, 끓는 점

1886

漬 담글 지

- 훈 漬(つ)ける 절이다, 담그다　キムチを漬(つ)ける 김치를 담그다　漬物(つけもの) 채소 절임
  漬(つ)かる 익다, 맛이 들다　よく漬(つ)かったキムチ 잘 익은 김치

1887

煎 달일 전

- 훈 煎(い)る 볶다　銀杏(ぎんなん)を煎(い)る 은행을 볶다
- 음 せん　煎茶(せんちゃ) 엽차를 더운 물에 우림, 엽차　煎餅(せんべい) 전병

1888

剥
벗길 박

- 훈 剥がす 벗기다, 떼내다　粘着テープを剥がす 점착 테이프를 벗겨내다
　剥ぐ 벗기다　包装紙を剥ぐ 포장지를 벗기다
　剥く 껍질을 벗기다　オレンジの皮を剥く 오렌지 껍질를 벗기다
　剥げる 벗겨지다　ペンキが剥げる 페인트가 벗겨지다
- 음 はく　　　剥製 박제　剥奪 박탈

1889

串
꿸 관/꿸 천

- 훈 串 꼬치, 꼬챙이　串焼き 고기, 채소 등의 꼬치

1890

醸
빚을 양

- 훈 醸す 빚다, 양조하다/조성하다, 자아내다
　　　　　酒を醸す 술을 빚다　温かい雰囲気を醸し出す 따뜻한 분위기를 자아내다
- 음 じょう　　　醸成 양성　醸造 양조

1891

酎
전국술 주

- 음 ちゅう　　　焼酎 소주

1892

酌
술따를 작

- 훈 酌む (술 등을) 따르다　友達と酒を酌み交わす 친구와 술을 주고 받다
- 음 しゃく　　　晩酌 저녁 반주　手酌 자작

1893

腐
썩을 부

- 훈 腐る 썩다, 부패하다　腐った牛乳を飲んでしまった 상한 우유를 마셔 버렸다
- 음 ふ　　　腐食 부식　腐敗 부패　豆腐 두부　陳腐 진부

1894

鮮
고울 선

- 훈 鮮やか 선명함　鮮やかな色 선명한 색깔
- 음 せん　　　鮮魚 신선한 생선　鮮明 선명함　新鮮 신선함

1895

摂
잡을 섭

- 음 せつ　　　摂理 섭리　摂氏 섭씨　摂取 섭취

1896

滋
불을 자

음 じ 　　　滋養 자양

1897

糧
양식 량

훈 糧 양식 　　　心の糧 마음의 양식
음 りょう 　　　糧食 양식 　食糧 식량
　　ろう 　　　兵糧 병량, 군량

청결 · 아름다움(清潔·美しさ)과 관련된 한자

1898

拭
닦을 식

- 훈 拭う 닦다, 훔치다　手拭い 수건
  拭く 닦다, 훔치다　食器を拭く 식기를 닦다
- 음 しょく　払拭 불식

1899

整
가지런할 정

- 훈 整える 가다듬다, 정돈하다　髪や服装を整える 머리와 복장을 가다듬다
  整う 다듬어지다, 정돈되다　整った身なり 정돈된 옷차림
- 음 せい　整頓 정돈　整理 정리　整備 정비　調整 조정

유의어

<調えると整えるの차이는?>

- 調える : 부족함 없이 '갖추다, 마련하다, 준비하다'라는 의미로 쓰인다.
  会議に必要な資料を調える 회의에 필요한 자료를 갖추다
- 整える : 흐트러짐 없이 '가지런히 하다, 정돈하다'라는 의미로 쓰인다.
  机の上を整える 책상 위를 정리하다　服装を整える 복장을 가다듬다

1900

潔
깨끗할 결

- 훈 潔い 맑고 깨끗하다, 결백하다
- 음 けつ　簡潔 간결　純潔 순결　清潔 청결　潔癖 결벽

1901

浄
깨끗할 정

- 음 じょう　浄水器 정수기　浄化 정화

1902

澄
맑을 징

- 훈 澄ます 맑게 하다/집중하다　耳を澄ます 귀를 기울이다
  澄む 맑다, 맑아지다　心が澄む 마음이 맑아지다
- 음 ちょう　清澄 맑고 깨끗함

1903

純
순수할 순

- 음 じゅん　単純 단순　清純 청순　不純 불순

1904

粋
순수할 수

- 훈 粋(いき) 세련됨, 멋있음
- 음 すい　抜粋(ばっすい) 발췌　純粋(じゅんすい) 순수

1905

粧
단장할 장

- 음 しょう　化粧(けしょう) 화장　薄化粧(うすげしょう) 옅은 화장　厚化粧(あつげしょう) 두꺼운 화장

 칼럼 コラム

일본에도 '복날'이 있을까?

우리나라는 여름날 몸보신을 위해서 삼계탕을 먹는 날이 있죠~ 일본에는 장어(うなぎ)를 먹는 날이 있답니다. 「土用(どよう)の丑(うし)の日(ひ)」라고 부르는 날인데요, 이날 장어를 먹으면 더위를 타지 않는다고 합니다. 「土用(どよう)の丑(うし)の日(ひ)」는 해마다 달라지는데, 대체로 매해 7월 말쯤에 돌아옵니다. 이날이 되면 유명한 가게들 앞에는 사람들이 줄을 서서 기다리는 진풍경을 보게 된답니다.

과학적으로 이 시기의 장어가 특별히 더 영양가가 높다거나 한 것은 아니지만, 더위로 인해 식욕이 떨어지는 계절에 맛있는 장어를 먹으면 힘이 불끈불끈 솟아나겠죠!

1 _____の言葉の読み方として最もよいものを、①・②・③・④から一つ選びなさい。

1) 宇宙船の中には空気を浄化する装置がある。
　① しょち　　　② しょうち　　　③ そち　　　④ そうち

2) 妻が穴のあいた靴下を繕ってくれた。
　① つくろって　　② おって　　　③ ぬって　　　④ くさって

3) 服装の乱れを整えて教室に入った。
　① そろえて　　② ととのえて　　③ かかえて　　④ ふるえて

4) これは母が編んでくれたマフラーだ。
　① あんで　　　② くんで　　　③ よんで　　　④ たたんで

5) 昨日は友達と焼酎を飲みながらいろんな話をした。
　① そちゅ　　　② そうちゅう　　③ しょちゅ　　④ しょうちゅう

2 _____の言葉を漢字で書くとき、最もよいものを①・②・③・④から一つ選びなさい。

1) お風呂をわかして入る。
　① 煮かして　　② 炊かして　　③ 蒸かして　　④ 沸かして

2) 家族となべを囲んで楽しいひとときを過ごした。
　① 鍋　　　　② 渦　　　　③ 過　　　　④ 寡

3) 彼女は週刊誌のへんしゅうの仕事をしている。
　① 偏執　　　② 偏集　　　③ 編執　　　④ 編集

3 (　　　　) に入れるのに最もよいものを、①・②・③・④から一つ選びなさい。

1) もっと (　　　　) 計画（けいかく）が必要（ひつよう）だ。
　① 零細な　　　　② 綿密な　　　　③ 繊細な　　　　④ 濃密な

2) 受験（じゅけん）から開放（かいほう）されて、自由（じゆう）を (　　　　) した。
　① 満喫　　　　② 剥奪　　　　③ 鮮明　　　　④ 摂取

3) 道路（どうろ）が (　　　　) して、約束（やくそく）の時間（じかん）に遅（おく）れた。
　① 簡潔　　　　② 単純　　　　③ 渋滞　　　　④ 整理

4) この音楽（おんがく）を聞（き）いていると、頭（あたま）が (　　　　) されるような気（き）がする。
　① 化粧　　　　② 摂理　　　　③ 浄化　　　　④ 調整

정규직·
비정규직

定規職（ていきしょく）・非定規職（ひていきしょく）（×）

正社員（せいしゃいん）・契約社員（けいやくしゃいん）（○）

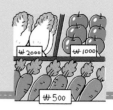

1906
舗
펼 포

🔊 ほ

舗装 포장　舗装道路 포장도로　店舗 점포

1907
購
살 구

🔊 こう

購読 구독　購入 구입　購買 구매

1908
較
비교할 교

🔊 かく

比較 비교

1909
賓
손님 빈

🔊 ひん

貴賓室 귀빈실　迎賓館 영빈관　国賓 국빈　来賓 내빈

1910
卸
풀 사

🔊 卸す 도매하다　卸 도매　卸売業 도매업

1911
繁
무성할 번

🔊 はん

繁栄 번영　繁華街 번화가　繁盛 번성　繁殖 번식　頻繁 빈번

물건(品物)과 관련된 한자

1912 荷
짐 하

- 훈 荷 짐　　　荷物 짐, 화물
- 음 か　　　負荷 부하　集荷 집하　出荷 출하　入荷 입하

1913 芯
동심초 심

- 음 しん　　　芯 심, 심지　鉛筆の芯 연필심

1914 瓶
병 병

- 음 びん　　　瓶 병　瓶詰め 병에 담음, 담은 것　花瓶 화병　魔法瓶 보온병

1915 栓
나무못 전

- 음 せん　　　栓 마개, 꼭지　栓抜き 병따개　消火栓 소화전

1916 槽
구유 조

- 음 そう　　　水槽 수조　浴槽 욕조

1917 脚
다리 각

- 훈 脚 다리　　机の脚 책상다리
- 음 きゃく　　脚色 각색　脚本 각본　脚光 각광

1918 鐘
쇠북 종

- 훈 鐘 종
- 음 しょう　　警鐘 경종　警鐘を鳴らす 경종을 울리다

1919 鼓
북 고

- 훈 鼓 북　　　舌鼓 입맛을 다심　舌鼓を打つ 입맛을 다시다
- 음 こ　　　鼓舞 고무　太鼓 북

1920
弦
시위 현

- 훈 弦 현, 활 시위
- 음 げん バイオリンの弦 바이올린 줄 弦楽器 현악기

1921
鈴
방울 령

- 훈 鈴 방울
- 음 れい 予鈴 예비종
  りん 風鈴 풍경 呼び鈴 초인종

1922
蓋
덮을 개

- 훈 蓋 뚜껑 蓋をする 뚜껑을 덮다
- 음 がい 頭蓋骨 두개골

1923
盤
소반 반

- 음 ばん 円盤 원반 基盤 기반 算盤 주판 胎盤 태반 羅針盤 나침반

1924
筒
대통 통

- 훈 筒 통 筒抜け 말소리가 다 들림/한 귀로 듣고 한 귀로 흘림
- 음 とう 円筒形 원통형 水筒 물통 封筒 봉투

1925
板
널 판

- 훈 板 판자 板前 주로 일본 음식을 만드는 요리사, 주방장
- 음 ばん 板書 판서 黒版 칠판 看板 간판 掲示板 게시판
  はん 鉄板 철판

1926
枠
일본 한자

- 훈 枠 테, 테두리 枠組み 틀 枠内 테두리 안, 범위 내 窓枠 창틀

1927
旗
깃발 기

- 훈 旗 기 旗を掲げる 기를 게양하다
- 음 き 旗手 기수 国旗 국기

1928
縄
줄 승

- 훈 縄 새끼줄, 밧줄 縄飛び 줄넘기

1929

扇 부채 선

- 훈 扇 부채
- 음 せん 扇子 부채 ＝扇 扇動 선동 扇風機 선풍기

<유의어>

<'부채'는 扇? うちわ?>

「扇」는 접이식 쥘부채를 말하며, 「うちわ」는 가느다란 나무를 뼈대로 해서 종이를 붙인 형태의 부채를 가리킨다.

1930

綱 벼리 강

- 훈 綱 밧줄, 로프 横綱 요코즈나, 스모에서 최고 등급
- 음 こう 要綱 요강

1931

鋳 부어만들 주

- 훈 鋳る 주조하다 鋳型 거푸집

1932

鎖 쇠사슬 쇄

- 훈 鎖 쇠사슬
- 음 さ 鎖国 쇄국 鎖骨 쇄골 封鎖 봉쇄 閉鎖 폐쇄 連鎖 연쇄

1933

鎌 낫 겸

- 훈 鎌 낫 鎌倉時代 가마쿠라 시대 (1185년 ~ 1333년까지의 시대)

1934

棺 널 관

- 음 かん 棺 관 出棺 출관, 발인

1935

箋 기록할 전

- 음 せん 処方箋 처방전 便箋 편지지

1936

符 부신 부

- 음 ふ　　　　符号 부호　切符 표, 티켓

1937

墨 먹 묵

- 훈 墨 먹, 먹물　墨色 먹빛
- 음 ぼく　　　水墨画 수묵화

1938

椅 걸상 의

- 음 い　　　　椅子 의자

1939

枕 베개 침

- 훈 枕 베개　　枕元 베갯머리

1940

幕 장막 막

- 음 まく　　　幕 막　開幕 개막　閉幕 폐막　字幕 자막
- ばく　　　幕府 막부

1941

窯 가마 요

- 훈 窯 도자기, 기와, 숯 등을 구워내는 가마　炭窯 숯가마

1942

俵 나눠줄 표

- 훈 俵 가마니　米俵 쌀가마니
- 음 ひょう　　土俵 씨름판

범위(範囲)와 관련된 한자

_{はん い}

1943

系
계통 계

음 けい   系統 _{けいとう} 계통   系列 _{けいれつ} 계열   家系 _{か けい} 가계   体系 _{たいけい} 체계

1944

凡
대강 범

음 ぼん   凡人 _{ぼんじん} 범인   非凡 _{ひ ぼん} 비범   平凡 _{へいぼん} 평범

음 はん   凡例 _{はんれい} 범례, 책머리에 그 책을 읽는데 필요한 사항을 적은 글

1945

遍
두루 편

음 へん   一遍 _{いっぺん} 한 번/형식적임   普遍 _{ふ へん} 보편

1946

及
미칠 급

훈 及ぶ _{およ} 이르다, 미치다   数千キロに及ぶ距離 _{すうせん　およ きょり} 수 천 킬로미터에 이르는 거리

及ぼす _{およ} 미치게 하다, 끼치다   影響を及ぼす _{えいきょう　およ} 영향을 끼치다

及び _{およ} 및   在学生及び教職員 _{ざいがくせいおよ きょうしょくいん} 재학생 및 교직원

음 きゅう   言及 _{げんきゅう} 언급   波及 _{は きゅう} 파급   普及 _{ふ きゅう} 보급

1947

超
뛰어넘을 초

훈 超す _こ 넘다, 초과하다   制限重量を超す _{せいげんじゅうりょう　こ} 제한 중량을 초과하다

超える _こ 넘다, 초과하다   限界を超える _{げんかい　こ} 한계를 넘어서다

음 ちょう   超音波 _{ちょうおん ぱ} 초음파   超過 _{ちょう か} 초과   超人 _{ちょうじん} 초인   超満員 _{ちょうまんいん} 초만원

1948

占
차지할 점

훈 占める _し 차지하다   過半数を占める _{か はんすう　し} 과반수를 차지하다

占う _{うらな} 점치다   占い師に占ってもらう _{うらな　し　うらな} 점쟁이에게 점을 보다

음 せん   占拠 _{せんきょ} 점거   占有 _{せんゆう} 점유   占領 _{せんりょう} 점령   独占 _{どくせん} 독점

1949

羅
벌일 라

음 ら   羅針盤 _{ら しんばん} 나침반   羅列 _{ら れつ} 나열   網羅 _{もう ら} 망라

1950 越 넘을 월

- 훈 越す 넘다, 지나다　年を越す 해를 넘기다
　越える 넘다, 지나다　国境を越える 국경을 지나다
　追い越す 앞지르다, 추월하다
　引っ越す 이사하다
- 음 えつ　　卓越 탁월　超越 초월　優越 우월

<'넘다'는 越える? 超える?>

· 越える : 장소·시점·시기를 지나치는 것
　　　　山を越える 산을 넘다　寒い冬を越える 추운 겨울을 나다
· 超える : 수량·기준·한도 등이 정해진 목표나 범위를 넘어서는 것
　　　　定員を超える 정원을 초과하다　体力の限界を超える 체력의 한계를 넘어서다

1951 氾 넘칠 범

- 음 はん　　氾濫 범람

1952 括 묶을 괄

- 훈 括る 묶다　括弧で括る 괄호로 묶다
- 음 かつ　　括弧 괄호　一括 일괄　総括 총괄

1953 総 합칠 총

- 음 そう　　総括 총괄　総合 종합　総務 총무　総理 총리　総力 총력

1954 覆 덮을 복

- 훈 覆う 덮다/가리다, 막다　ハンカチで口を覆う 손수건으로 입을 가리다
　覆す 뒤엎다　決心を覆す 결심을 뒤엎다
　覆る 뒤집히다　定説が覆る 정설이 뒤집히다
- 음 ふく　　覆面 복면　転覆 전복

1955 汎 넓을 범

- 음 はん　　汎用 범용

1956

該
갖출 해

- 음 がい　　該当 _{がいとう} 해당

1957

削
깎을 삭

- 훈 削る _{けず} 깎다/삭감하다, 삭제하다　　鉛筆を削る _{えんぴつ けず} 연필을 깎다　　費用を削る _{ひよう けず} 비용을 삭감하다
- 음 さく　　削減 _{さくげん} 삭감　　削除 _{さくじょ} 삭제　　添削 _{てんさく} 첨삭

1958

径
지름 경

- 음 けい　　口径 _{こうけい} 구경　　直径 _{ちょっけい} 직경, 지름　　半径 _{はんけい} 반경, 반지름

1959

軸
굴대 축

- 음 じく　　軸 _{じく} 축　　地軸 _{ちじく} 지축

1 _____の言葉の読み方として最もよいものを、①・②・③・④から一つ選びなさい。

1) 監督はチームの士気を鼓舞した。
　　① こぶ　　　　　② こうぶ　　　　　③ こぶう　　　　④ こうぶう

2) 観光客が多いので、お土産を販売している店はどこも繁盛している。
　　① はんせい　　　② ばんせい　　　　③ はんじょう　　④ ばんじょう

3) 赤いバラの花を花瓶に挿した。
　　① かびょう　　　② かびん　　　　　③ はなびん　　　④ はなびょう

4) 迷惑メールを削除した。
　　① さくじょ　　　② さくじょう　　　③ せきじょ　　　④ せきじょう

2 (　　　　　) に入れるのに最もよいものを、①・②・③・④から一つ選びなさい。

1) 賛成意見が半分以上を (　　　　　) いる。
　　① 括って　　　　② 覆って　　　　　③ 占めて　　　　④ 削って

2) 川が (　　　　　) して家が流された。
　　① 沈没　　　　　② 氾濫　　　　　　③ 転覆　　　　　④ 波及

3) 韓国の大統領が (　　　　　) として日本を訪れた。
　　① 総括　　　　　② 看板　　　　　　③ 横綱　　　　　④ 国賓

4) 病院からもらった (　　　　　) を持って、薬局へ行った。
　　① 便箋　　　　　② 処方箋　　　　　③ 掲示板　　　　④ 羅針盤

5) ピカソの絵は、(　　　　　) の私には理解できない。
　　① 超人　　　　　② 卓越　　　　　　③ 凡人　　　　　④ 迎賓

6) 自分に合わない (　　　　) は肩こりの原因になる。

①枕 ②鎖 ③墨 ④鈴

7) 窓の (　　　　) を赤く塗った。

①筒 ②俵 ③蓋 ④枠

✓ 포장마차

包装馬車 (✕)

屋台 (◯)

1960

凹
오목할 요

음 おう　　　凹凸 요철

1961

凸
볼록할 철

음 とつ　　　凸レンズ 볼록 렌즈

특 凸凹 요철, 울퉁불퉁

1962

輪
바퀴 륜(윤)

훈 輪 원형, 고리　指輪 반지

음 りん　　　輪郭 윤곽　一輪 (꽃) 한 송이　車輪 자동차 바퀴

1963

管
대롱 관

훈 管 관

음 かん　　　管轄 관할　管弦楽 관현악　管理 관리　血管 혈관　保管 보관

1964

弧
활 호

음 こ　　　弧 호, 활 모양　括弧 괄호

1965

粒
낱알 립

훈 粒 알, 낱알　米粒 쌀알　雨粒 빗방울　豆粒 콩알　大粒 큰 알　小粒 잔 알

음 りゅう　　　粒子 입자

1966

泡
물거품 포

훈 泡 거품　泡が立つ 거품이 일다

음 ほう　　　気泡 기포　水泡 수포

1967

斑
얼룩 반

훈 斑 얼룩

음 はん　　　斑点 반점

1968

模
법 모

음 も 模擬 모의　模型 모형　模索 모색　模造 모조　模範 모범

ぼ 規模 규모

 칼럼 コラム

액년(厄 年)이란?

일본에는 액년이라는 것이 있는데, 이것은 특별히 사고나 일의 실패 등을 조심해야 하는 해를 말합니다. 보통 남자는 25세와 42세, 그리고 여자는 19세와 33세를 말하죠. 그 중에서도 특히나 여자 나이 33세, 남자 나이 42세를 대액년이라 하는데, 그 이유가 재미있답니다.

바로 발음에서 연상되는 이미지 때문인데요, 33이란 발음은 일본어의 「さんざん」라는 단어의 발음을 연상시킵니다. 「さんざん」이란, '비참한 꼴, 몹시 흉한 꼴, 형편없음'이란 의미죠. 그래서 여자 나이 33세는 흉한 일을 당할 수 있는 나이란 의미에서 액년인 것입니다. 또한 남자 나이 42는 「死に」라는 발음을 연상시키기 때문에 조심해야 하는 나이가 되었다고 합니다.

색(色)과 관련된 한자

1969

濃
짙을 농

- 훈 濃い 진하다　濃いオレンジ色の花 진한 오렌지색 꽃
- 음 のう　濃淡 농담　濃度 농도　濃縮 농축　濃厚 진함

1970

紫
자줏빛 자

- 훈 紫 지치(植), 자색, 보라　紫色 보라색
- 음 し　紫外線 자외선

1971

紺
감색 감

- 음 こん　紺色 감색　濃紺 짙은 감색

1972

藍
남빛 람

- 훈 藍 쪽(植. 잎은 남빛을 물들이는 물감의 원료로 쓰임)　藍色 남색
- 음 らん　出藍 출람, 제자가 스승보다 나음

1973

朱
붉을 주

- 음 しゅ　朱肉 인주　朱色 주홍색

1974

丹
붉을 단

- 음 たん　丹念 단념, 정성을 들임　牡丹 모란(植)

1975

褐
갈색 갈

- 음 かつ　褐色 갈색

1976

彩
채색 채

- 훈 彩る 색칠하다, 채색하다　部屋を華やかに彩る 방을 화려하게 채색하다
- 음 さい　色彩 색채　多彩 다채로움

1977

陰
그늘 음

- 훈 陰る 그늘지다   陰 그늘   木陰 나무 그늘   日陰 응달, 음지
- 음 いん   陰陽 음양   陰気 음기   陰性 음성

1978

昧
어두울 매

- 음 まい   曖昧 애매   三昧 삼매, 열중함   読書三昧 독서 삼매

1979

冥
어두울 명

- 음 めい   冥福 명복   故人の冥福を祈る 고인의 명복을 빌다

1980

闇
어두울 암

- 훈 闇 어둠, 암흑   闇取引 암거래, 뒷거래   暗闇 어둠

1981

瞭
눈밝을 료

- 음 りょう   一目瞭然 일목요연   明瞭 명료

1982

輝
빛날 휘

- 훈 輝く 빛나다   星がキラキラ輝く 별이 반짝반짝 빛나다
  輝かしい 빛나다, 훌륭하다   輝かしい将来 빛나는 장래
- 음 き   輝石 휘석   光輝 광휘, 환하게 빛남

1983

照
비출 조

- 훈 照らす 비추다   懐中電灯で照らす 회중전등으로 비추다
  照る (해, 달 등이) 비치다   日が照る 해가 비치다   日照り 가뭄
  照れる 쑥스러워하다   照れくさい 멋쩍다   照れ屋 수줍음을 잘 타는 사람
- 음 しょう   照会 조회   照明 조명   対照 대조   参照 참조

晶
밝을 정

音 しょう　　結晶 결정　水晶 수정

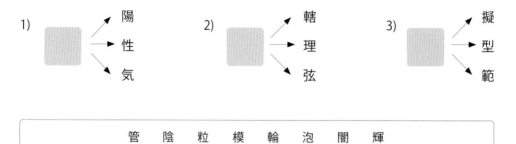

연습문제

1 ■にあてはまる漢字を下の□の中から一つ選びなさい。

1) ■ → 陽
       → 性
       → 気

2) ■ → 轄
       → 理
       → 弦

3) ■ → 擬
       → 型
       → 範

管　陰　粒　模　輪　泡　闇　輝

2 ＿＿＿＿の言葉の読み方として最もよいものを、①・②・③・④から一つ選びなさい。

1) いろいろな論文を参照しながら報告書を作成する。
　　① ちゃんしょう　　② ちゃんそう　　　③ さんしょう　　④ さんそう

2) 暗闇の中から一匹の大きな犬が飛び出してきた。
　　① あんこく　　　　② あんやみ　　　　③ くらこく　　　④ くらやみ

3) 雪の結晶は六角形をしていて、とてもきれいだ。
　　① けつしょう　　　② けっしょう　　　③ けつそう　　　④ けっそう

4) 市民会館では、毎日多彩なイベントが開かれる。
　　① おおさい　　　　② おおよう　　　　③ たさい　　　　④ たよう

422

3 ＿＿＿＿＿の言葉を漢字で書くとき、最もよいものを①・②・③・④から一つ選びなさい。

1) 彼女はおおつぶの涙をポロポロと流した。

① 太粉　　　　② 太粒　　　　③ 大粉　　　　④ 大粒

2) 彼はアナウンサーなので、発音がめいりょうで聞き取りやすい。

① 明僚　　　　② 名僚　　　　③ 明瞭　　　　④ 名瞭

3) その試合は彼女の人生において一番かがやかしい瞬間だった。

① 輝かしい　　② 光かしい　　③ 揮かしい　　④ 照かしい

4) 眠気を払うためにこいコーヒーを飲んだ。

① 薄い　　　　② 熱い　　　　③ 濃い　　　　④ 粗い

5) 説明書は大切にほかんしてください。

① 補官　　　　② 補管　　　　③ 保官　　　　④ 保管

ぶんしん
文身（×）

いれずみ
入墨（○）

1985 軟 연약할 연

- 훈 軟らか 부드러움　軟らかな文章 부드러운 문장
  軟らかい 부드럽다　軟らかいご飯 부드러운 밥, 진밥
- 음 なん　　軟骨 연골　軟弱 연약　柔軟 유연함

1986 淡 묽을 담

- 훈 淡い 연하다/희미하다, 아련하다　淡い初恋の思い出 아련한 첫사랑의 추억
- 음 たん　　淡白 담백　淡水 담수, 민물　濃淡 농담　冷淡 냉담

1987 激 과격할 격

- 훈 激しい 심하다, 격렬하다　激しい雨が降っている 세찬 비가 내리고 있다
- 음 げき　　激動 격동　激励 격려　感激 감격　急激 급격　刺激 자극

1988 荒 거칠 황

- 훈 荒らす 엉망으로 만들다/부수다, 해치다
  　　　カラスがゴミ置き場を荒らす 까마귀가 쓰레기장을 엉망으로 만들다
  荒れる 험악해지다, 거세지다/황폐해지다　海が荒れて欠航した 바다가 거세져서 결항했다
  荒い 거칠다, 난폭하다　呼吸が荒い 호흡이 거칠다
- 음 こう　　荒廃 황폐

1989 苛 가혹할 가

- 훈 苛立つ 초조해지다, 조바심 나다　苛立つ心を抑える 조바심 나는 마음을 억누르다
- 음 か　　苛酷 가혹

1990 猛 사나울 맹

- 음 もう　　猛攻 맹공　猛獣 맹수

1991 烈 사나울 렬

- 음 れつ　　強烈 강렬　猛烈 맹렬　熱烈 열렬

1992

凄
쓸쓸할 처

㉠ せい   凄惨 처참

1993

酷
혹독할 혹

㉠ こく   酷使 혹사   過酷 과혹   冷酷 냉혹   残酷 잔혹

1994

辣
매울 랄

㉠ らつ   辣腕 일처리 능력이 뛰어남   辛辣 신랄

1995

甚
심할 심

㉢ 甚だ 심히, 대단히   甚だ恥ずかしい 심히 부끄럽다
甚だしい 매우 심하다, 격심하다   甚だしい判断ミス 심한 판단 미스

㉠ じん   甚大 심대함, 지대함

1996

極
지극할 극

㉢ 極める 끝까지 가다, 극도로 하다   極めて役に立ちます 상당히 도움이 됩니다
極まる 극도에 이르다, 다하다   無礼極まりない 무례하기 짝이 없다

㉠ きょく   極端 극단   南極 남극   北極 북극   積極的 적극적   消極的 소극적
ごく   極秘 극비   至極 지극

1997

窮
궁할 궁

㉢ 窮める 구명하다, 끝까지 파고들어 밝히다   奥義を窮める 오의를 터득하다
窮まる 다하다, 막다르다   進退窮まる 진퇴유곡, 진퇴양난이다

㉠ きゅう   窮屈 갑갑함, 답답함   困窮 곤궁

1998

尽
다할 진

㉢ 尽かす 다해 없어지다, 소진되다   愛想を尽かす 정나미가 떨어지다
尽きる 떨어지다, 바닥나다   資金が尽きる 자금이 떨어지다
尽くす 다하다   最善を尽くす 최선을 다하다

㉠ じん   尽力 진력   縦横無尽 종횡무진
理不尽 도리에 맞지 않음   理不尽な要求 터무니없는 요구

1999

剛
굳셀 강

㉠ ごう   剛健 강건   剛毛 강모, 뻣뻣한 털

2000

顕
나타날 현

🔊 けん　　顕微鏡 현미경　顕著 현저

2001

緻
빽빽할 치

🔊 ち　　緻密 치밀

2002

貫
꿰뚫을 관

🔊 貫く 꿰뚫다/일관하다, 관철하다　自分の志を貫く 자신의 뜻을 관철하다
🔊 かん　　貫徹 관철　貫禄 관록

2003

篤
두터울 독

🔊 とく　　危篤 위독

2004

巨
클 거

🔊 きょ　　巨大 거대　巨木 거목　巨匠 거장

2005

頑
완고할 완

🔊 がん　　頑固 완고　頑丈 튼튼함, 옹골참　頑張る 분발하다

2006

隔
막힐 격

🔊 隔てる 사이에 두다, 거리를 두다　壁一枚隔てた隣の部屋 벽 한 장을 사이에 둔 옆 방
　　隔たる 사이가 떨어지다, 멀어지다　東京から遠く隔たったところ 도쿄에서 멀리 떨어진 곳
🔊 かく　　隔日 격일　隔週 격주　隔離 격리　遠隔 원격　間隔 간격

2007

鋭
날카로울 예

🔊 鋭い 예리하다, 날카롭다　鋭い批評 날카로운 비평
🔊 えい　　鋭利 예리　鋭敏 예민　新鋭 신예　新鋭作家 신예 작가

2008

鈍
둔할 둔

🔊 鈍い 무디다, 둔하다　運動神経が鈍い 운동 신경이 둔하다
　　鈍る 무디어지다, 둔해지다　記憶力が鈍る 기억력이 둔해지다
🔊 どん　　鈍感 둔감　鈍器 둔기

2009
枢
지도리 추

- 음 すう 　中枢 중추　中枢神経 중추 신경

2010
炎
불꽃 염

- 훈 炎 화염, 불길　炎に包まれる 불길에 휩싸이다
- 음 えん　炎症 염증　炎上 타오름　結膜炎 결막염　胃炎 위염

2011
徐
천천히할 서

- 음 じょ　徐々に 서서히　徐行 서행

2012
漸
점점 점

- 음 ぜん　漸進的 점진적　漸次 점차

2013
緩
느릴 완

- 훈 緩い 느슨하다, 헐렁하다　この靴は緩い 이 구두는 헐렁하다
　緩やか 느슨함, 완만함, 느긋함　緩やかなルール 느슨한 룰, 규칙
　緩む 느슨해지다　ゴムひもが緩む 고무줄이 느슨해지다　緊張が緩む 긴장이 풀리다
　緩める 완화하다, 늦추다　警戒を緩める 경계를 완화하다
- 음 かん　緩急 완급　緩慢 완만　緩和 완화

2014
頻
자주 빈

- 음 ひん　頻度 빈도　頻発 빈발　頻繁 빈번

2015
迅
빠를 신

- 음 じん　迅速 신속

2016
概
대개 개

- 음 がい　概して 대개, 대체로　概念 개념　概論 개론　概要 개요
　一概に 일률적으로, 무조건

2017
均 고를 균

 きん 　 均等 균등 　 均一 균일 　 均衡 균형

2018
殊 다를 수

훈 殊に 특별히, 특히
음 しゅ 　 殊勲 수훈 　 特殊 특수

2019
更 고칠 경/다시 갱

훈 更に 더욱더 　 売り上げは更に伸びた 매상은 더욱더 늘었다
更かす 밤 늦도록 깨어 있다
　 高校生の時はよく夜更かしをした 고등학생 때는 자주 밤을 샜다
更ける (밤, 계절이) 깊어지다 　 夏の夜が更けていく 여름 밤이 깊어간다
음 こう 　 更新 갱신 　 更年期 갱년기 　 変更 변경

2020
添 더할 첨

훈 添える 첨부하다 　 料金を添えて申し込む 요금을 첨부해서 신청하다
添う 따르다 　 付き添う 곁에 따르다, 시중들다
　 子供の受験に親が付き添う 아이의 수험에 부모가 따라가다
음 てん 　 添加 첨가 　 添削 첨삭 　 添付 첨부

2021
準 법도 준

음 じゅん 　 準備 준비 　 基準 기준 　 水準 수준 　 標準 표준

2022
漠 아득할 막

음 ばく 　 漠然 막연 　 砂漠 사막

2023
至 이를 지

훈 至る 이르다, 다다르다 　 成功に至る道 성공에 이르는 길
음 し 　 至極 지극 　 夏至 하지 　 冬至 동지

2024
寡 적을 과

음 か 　 寡黙 과묵

2025

僅 겨우 근

- 훈 僅か_{わず} 약간, 불과　僅かのお金_{わず かね} 약간의 돈
- 음 きん　　僅少_{きんしょう} 근소　僅差_{きん さ} 근소한 차

2026

寸 마디 촌

- 음 すん　　寸法_{すんぼう} 치수
　　　　一寸_{いっすん} 한치/매우 짧은 길이, 시간　一寸の誤差もない_{いっすん ご さ} 한치의 오차도 없다

1 ①・②・③・④の言葉を並べ替えて正しい文を作りなさい。

1) これは_____ _____ _____ _____問題です。

① にかかわる　　② 人の命　　③ 重大な　　④ 極めて

2) 大学時代というのは学問を探求する_____、_____ _____ _____でもある。

① 準備期間　　② 社会人になる　　③ ための　　④ と同時に

3) 彼女は_____ _____ _____ _____いった。

① 彼に　　② 尽かして　　③ 出て　　④ 愛想を

2 _____の言葉の読み方として最もよいものを、①・②・③・④から一つ選びなさい。

1) 商品の売れ行きが鈍ってきた。

① いらだって　　② つぶって　　③ にぶって　　④ きって

2) 凄惨な事故現場を目撃した。

① さいさん　　② さいざん　　③ せいさん　　④ せいざん

3) 登録方法の変更についてお知らせします。

① へんこう　　② へんけい　　③ はんこう　　④ はんけい

4) もう少し間隔をつめて座ってください。

① かんかく　　② かんけき　　③ まかく　　④ まけき

5) 将来に対して漠然とした不安を抱えている。

① まくぜん　　② まくねん　　③ ばくぜん　　④ ばくねん

6) この仕事に必要なのは、柔軟な発想力だ。

① ゆうなん　　② ゆうらん　　③ じゅうなん　　④ じゅ１うらん

3 ( ) に入れるのに最もよいものを、①・②・③・④から一つ選びなさい。

1) 台風の影響で、( ) 雨が降っています。

① 鋭い   ② 激しい   ③ 濃い   ④ 淡い

2) 必要な書類を ( ) 提出してください。

① 極めて   ② 荒れて   ③ 添えて   ④ 概して

3) 最善を ( )、駄目なものは駄目ですね。

① 尽くしても   ② 荒らしても   ③ 緩くしても   ④ 試しても

4) 彼は ( ) な労働で倒れてしまった。

① 剛健   ② 剛直   ③ 酷使   ④ 過酷

상태(状態)와 관련된 한자
じょうたい

2027

硬
굳을 경

- 훈 硍い 딱딱하다　硬い石 딱딱한 돌
- 음 こう　硬貨 금속화폐　硬直 경직　強硬 강경

2028

堅
굳을 견

- 훈 堅い 단단하다, 견고하다　口が堅い 입이 무겁다
- 음 けん　堅固 견고　堅実 견실　中堅 중견

유 의 어

＜'딱딱하다'는 固い? 硬い? 堅い?＞

- ·固い : 굳다, 단단하다 ⇔ ゆるい 느슨하다

　　固い信念 굳은 신념　頭が固い 완고하다

- ·硬い : 딱딱하다 ⇔ やわらかい 부드럽다

　　表情が硬い 표정이 딱딱하다　硬い文章 딱딱한 문장

- ·堅い : 단단하다, 견고하다 ⇔ もろい 무르다, 부서지기 쉽다

　　堅い材木 견고한 재목

2029

荘
장엄할 장

- 음 そう　荘厳 장엄　別荘 별장

2030

壮
굳셀 장

- 음 そう　壮観 장관　悲壮 비장

2031

粗
거칠 조

- 훈 粗い 성기다, 엉성하다　縫い目が粗い 솔기가 성기다
- 음 そ　粗大ごみ 대형 쓰레기　粗末 변변치 못함　粗末にする 소홀히 하다

2032

溶
녹을 용

- 訓 溶かす 녹이다　雪を溶かす 눈을 녹이다
　溶く 풀다, 용해시키다　卵を溶く 달걀을 풀다
　溶ける 녹다　塩は水に溶ける 소금은 물에 녹는다
- 音 よう　溶岩 용암　溶液 용액　溶接 용접　溶解 용해

2033

浸
잠길 침

- 訓 浸す 담그다　お湯に足を浸す 따뜻한 물에 발을 담그다
　浸る 잠기다　思い出に浸る 추억에 잠기다
- 音 しん　浸食 침식　浸水 침수

2034

透
통할 투

- 訓 透く 들여다보이다　見え透く 빤히 들여다보이다
　　　　見え透いたうそ 빤히 들여다보이는 거짓말
　透かす 틈새를 내다/통해서 보다　ガラスを透かして見る 유리를 통해서 보다
　透ける 들여다보이다　血管が透けて見える 혈관이 들여다보이다
- 音 とう　透視 투시　透明 투명　浸透 침투

2035

潤
윤택할 윤

- 訓 潤う 축축해지다, 넉넉해지다　生活が潤う 생활이 넉넉해지다
　潤す 축이다, 윤택하게 하다　喉を潤す 목을 축이다
　潤む 촉촉히 젖다, 울먹이다　彼女の目が潤んだ 그녀의 눈이 촉촉해졌다
- 音 じゅん　潤沢 윤택　潤滑油 윤활유　湿潤 습윤

2036

滴
물방울 적

- 訓 滴 물방울　雨の滴 빗방울
　滴る 방울져 떨어지다/철철 넘치다　果汁が滴る新鮮な桃 과즙이 넘치는 신선한 복숭아
- 音 てき　水滴 물방울　点滴注射 링거

2037

粘
끈끈할 점

- 訓 粘る 끈적거리다, 잘 달라붙다/끈질기게 버티다　粘り強い 끈질기다
- 音 ねん　粘液 점액　粘着 점착　粘土 점토

2038

密
빽빽할 밀

- 音 みつ　緊密 긴밀　秘密 비밀　精密 정밀　親密 친밀　密接 밀접　密閉 밀폐

2039

틈 극

- 訓 隙 틈　隙間 틈, 짬
- 音 げき　間隙 간극, 틈

2040 混 섞일 혼

훈 混ぜる 섞다　塩と砂糖を混ぜる 소금과 설탕을 섞다
混じる 섞이다 (예외 1그룹 동사)　コーヒーと牛乳が混じる 커피와 우유가 섞이다
混ざる 섞이다　水に絵の具が混ざる 물에 물감이 섞이다

음 こん　混合 혼합　混雑 혼잡　混同 혼동　混乱 혼란

<유의어>

<'섞이다'는 混じる? 交じる?>

・交じる : 섞여 있는 것 중에서 구별이 되는 경우에 쓰인다.
男の中に女が一人交じっている 남자들 중에 여자가 한 명 섞여 있다

・混じる : 섞여 있는 것 중에서 구별이 되지 않는 경우에 쓰인다.
お茶に味噌汁が混じった 차에 된장국이 섞였다

2041 泰 클 태

음 たい　泰然 태연　泰平 태평　安泰 무사태평

2042 肥 살찔 비

훈 肥える 살찌다/(느낌, 안목이) 높아지다　絵を見る目が肥えている 그림을 보는 안목이 높다
肥やす 살찌우다/(감상력, 안목을) 키우다　土地を肥やす 땅을 기름지게 하다

음 ひ　肥大 비대　肥満 비만　肥料 비료　堆肥 퇴비

2043 微 적을 미

음 び　微動 미동　微細 미세　微生物 미생물　微弱 미약　微妙 미묘

훈 微笑む 미소 짓다　微笑み 미소

2044 朽 썩을 후

훈 朽ちる 썩다, 쇠하다　朽ち果てた家 완전히 썩은 집

음 きゅう　不朽 불후　不朽の名作 불후의 명작　老朽化 노후화

2045 傾 기울 경

훈 傾ける 기울이다　耳を傾ける 귀를 기울이다
傾く 기울다　斜めに傾いている 비스듬하게 기울어져 있다

음 けい　傾聴 경청　傾向 경향

2046 斜 비스듬할 사

훈 斜め 비스듬함

음 しゃ　斜面 경사면　斜線 사선　傾斜 경사

2047

偏
치우칠 편

- 훈 偏る 기울다, 치우치다　偏った報道 치우쳐 있는 보도
- 음 へん　　　偏見 편견　偏向 편향　偏食 편식

2048

衡
저울 형

- 음 こう　　　均衡 균형　平衡 평형

2049

垂
드리울 수

- 훈 垂らす 늘어뜨리다/뚝뚝 떨어뜨리다　汗を垂らしている 땀을 뚝뚝 떨어뜨리다
  垂れる 드리워지다, 늘어지다　雨垂れ 낙숫물
- 음 すい　　　垂直 수직　懸垂 현수, 매달림

2050

漂
뜰 표

- 훈 漂う 떠다니다/감돌다　落ち着いた雰囲気が漂う 차분한 분위기가 감돌다
- 음 ひょう　　漂流 표류　漂白 표백

2051

揚
날릴 양

- 훈 揚げる 게양하다, 올리다/튀기다　旗を揚げる 깃발을 올리다
  　　　　　　　　　　　　　　天ぷらを揚げる 튀김을 튀기다
  揚がる 높이 걸리다/튀겨지다　カラッと揚がった天ぷら 바싹 튀겨진 튀김
- 음 よう　　　意気揚々 의기양양　掲揚 게양　抑揚 억양

2052

振
떨 진

- 훈 振る 흔들다　首を横に振る 고개를 옆으로 흔들다
  振り向く 뒤돌아보다　後ろを振り向く 뒤를 돌아보다
  振るう 휘두르다/발휘하다/떨치다, 번창하다　腕を振るう 솜씨를 발휘하다
- 음 しん　　　振興 진흥　振動 진동 (일반적 진동, 과학·수학적 진동)　不振 부진

2053

震
진동할 진

- 훈 震える 흔들리다/(두려움, 추위 등으로) 떨리다
  　　　緊張すると、声が震える 긴장하면, 목소리가 떨린다
- 음 しん　　　震度 진도　震動 진동 (자연 현상, 지진에 의한 진동)　震源地 진원지
  　　　　　　地震 지진　余震 여진

2054

揺
흔들릴 요

훈 揺れる 흔들리다　台風で家が揺れる 태풍으로 집이 흔들리다
揺るがす 뒤흔들다, 요동시키다　日本中を揺るがした事件 전일본을 뒤흔든 사건
揺らぐ 흔들리다, 불안정해지다　決心が揺らぐ 결심이 흔들리다
揺する 흔들다　体を揺すって起こす 몸을 흔들어 깨우다

음 よう　　動揺 동요

2055

濫
넘칠 람

음 らん　　濫用 남용　氾濫 범람

2056

噴
뿜을 분

훈 噴く 뿜다, 솟아나다　火を噴く火山 불을 뿜어내는 화산

음 ふん　　噴火口 분화구　噴出 분출　噴射 분사　噴水 분수

2057

湧
물솟을 용

훈 湧く 솟다, 분출하다　勇気が湧く 용기가 솟다

음 ゆう　　湧水 용수

2058

渦
소용돌이 와

훈 渦 소용돌이　渦を巻く 소용돌이치다　渦巻き 소용돌이, 소용돌이 모양

음 か　　渦中 와중, 소용돌이 속

2059

騰
오를 등

음 とう　　高騰 고등　急騰 급등　暴騰 폭등
沸騰 비등, 여론·인기 등이 물 끓듯 일어남

2060

剰
남을 잉

음 じょう　　過剰 과잉　余剰 잉여

2061

漏
샐 루

훈 漏る (물 등이) 새다　雨が漏る 비가 새다
漏らす 새게 하다/누설하다　秘密を漏らす 비밀을 누설하다
漏れる 새다, 누설되다　個人情報が漏れる 개인 정보가 누설되다

음 ろう　　漏えい 누설　漏水 누수　漏電 누전

2062

没 빠질 몰

음 ぼつ　没落 몰락　出没 출몰　沈没 침몰　没収 몰수　没頭 몰두

2063

溺 빠질 닉

훈 溺れる 빠지다, 익사하다　溺れた少年を助ける 물에 빠진 소년을 살리다
음 でき　溺愛 맹목적으로 몹시 사랑함　溺死 익사　耽溺 탐닉

2064

墜 떨어질 추

음 つい　墜落 추락　撃墜 추격　失墜 실추

2065

堕 떨어질 타

음 だ　堕落 타락

2066

陥 빠질 함

훈 陥る (좋지 못한 상태, 계략에) 빠지다 (예외 1그룹 동사)　甘い誘惑に陥る 달콤한 유혹에 빠지다
음 かん　陥没 함몰　陥落 함락　欠陥 결함

2067

潜 잠잘 잠

훈 潜む 숨다/잠재하다　優れた能力が潜んでいる 뛰어난 능력이 잠재되어 있다
潜る 잠수하다/숨다, 몰래하다　深海に潜る 깊은 바다에 잠수하다
음 せん　潜在 잠재　潜水 잠수　潜入 잠입　潜伏期 잠복기

2068

衝 찌를 충

음 しょう　衝撃 충격　衝動 충동　衝突 충돌　折衝 절충

2069

迫 닥칠 박

훈 迫る 다가오다/강요하다　重大な決断を迫られる 중대한 결단을 강요당하다
음 はく　迫力 박력　脅迫 협박　圧迫 압박　緊迫 긴박　切迫 절박

2070

融 녹을 융

음 ゆう　融合 융합　融解 융해　融和 융화　金融 금융

437

2071

詰
꾸짖을 힐

- 훈 詰める 채우다/사이를 좁히다　箱にぎっしり詰める 상자를 가득 채우다
  　間隔を詰める 간격을 좁히다　缶詰 통조림
  詰まる 가득 차다/막히다　鼻が詰まる 코가 막히다
- 음 きつ　詰問 힐문, 책망하며 따져 물음

2072

怪
괴이할 괴

- 훈 怪しい 의심스럽다, 수상하다　怪しい男性 수상한 남성
  怪しむ 이상히 여기다, 수상해하다　警官に怪しまれる 경관에게 의심받다, 수상히 여겨지다
- 음 かい　怪奇 괴기　怪談 괴담　怪物 괴물　妖怪 요괴
- 특 怪我 부상　怪我人 부상자

2073

奇
기이할 기

- 음 き　奇怪 기괴　奇抜 기발　奇数 홀수　奇跡 기적　奇妙 기묘
  好奇心 호기심

2074

妙
묘할 묘

- 음 みょう　妙案 묘안　巧妙 교묘　奇妙 기묘　微妙 미묘　絶妙 절묘

2075

狂
미칠 광

- 훈 狂う 미치다/고장 나다, 정상이 아니다
  　生活のリズムが狂ってしまった 생활 리듬이 깨져 버렸다
- 음 きょう　狂気 광기　発狂 발광　熱狂 열광

2076

仮
거짓 가

- 훈 仮 임시/가짜　仮免許 임시 면허　仮に 가령, 만일, 임시로
- 음 か　仮説 가설　仮想 가상　仮面 가면　平仮名 히라가나
  け　仮病 꾀병

2077

肅
엄숙할 숙

- 음 しゅく　厳粛 엄숙　自粛 자숙　静粛 조용하고 엄숙함

2078

淑
맑을 숙

- 음 しゅく　淑女 숙녀　貞淑 정숙, 행실이 얌전하고 고움

438

2079

穏
편안할 온

훈 穏やか 평온함, 차분함　穏やかな生活が続く 평온한 생활이 계속되다

음 おん　穏健 온건　穏和 온화　平穏 평온

2080

悠
한가할 유

음 ゆう　悠久 유구, 영구　悠然 유연　悠々自適 유유자적

2081

閑
한가할 한

음 かん　閑散 한산　閑寂 한적

2082

華
빛날 화

훈 華やか 화려함　華やかな服装 화려한 복장　華々しい 화려하다, 찬란하다

음 か　華麗 화려　豪華 호화　繁華街 번화가

2083

萎
시들 위

훈 萎える 쇠약해지다/시들다　気力が萎える 기력이 쇠잔해지다

음 い　萎縮 위축

2084

騒
시끄러울 소

훈 騒がしい 소란스럽다　世間が騒がしい 세상이 시끄럽다
騒ぐ 떠들다　酔っ払いが騒いでいる 술주정꾼이 떠들고 있다

음 そう　騒音 소음　騒動 소동　騒乱 소란　騒々しい 떠들썩하다

2085

奔
부주할 분

음 ほん　奔走 분주　自由奔放 자유분방

2086

緊
팽팽할 긴

음 きん　緊急 긴급　緊張 긴장　緊密 긴밀　緊迫 긴박

2087

敏
예민할 민

음 びん　敏感 민감　敏捷 민첩　過敏 과민

2088 屈 굽을 굴

- 음 くつ 窮屈 갑갑함, 답답함　退屈 지루함　理屈 이치/억지 구실, 핑계　屈折 굴절

2089 継 이을 계

- 훈 継ぐ 잇다, 계승하다　家業を継ぐ 가업을 잇다
- 음 けい 継承 계승　継続 계속　中継 중계

2090 弾 탄알 탄

- 훈 弾く (악기를) 켜다, 치다　バイオリンを弾く 바이올린을 켜다
  弾む 튀다/들뜨다, 활기를 띠다　心が弾む 마음이 들뜨다　話が弾む 이야기가 활기를 띠다
  弾 탄환, 총알　ピストルの弾 권총 탄환
- 음 だん 弾圧 탄압　弾力 탄력　糾弾 규탄　爆弾 폭탄

2091 凝 엉길 응

- 훈 凝らす 집중시키다　工夫を凝らす 궁리를 하다
  凝る 열중하다, 미치다/뻐근하다　ゴルフに凝る 골프에 열중하다　肩が凝る 어깨가 결리다
- 음 ぎょう 凝固 응고　凝視 응시　凝縮 응축

2092 塊 덩어리 괴

- 훈 塊 덩어리, 뭉치
- 음 かい 金塊 금괴

2093 飽 물릴 포

- 훈 飽きる 질리다, 싫증 나다　飽きっぽい性格 싫증 잘 내는 성격
- 음 ほう 飽食 포식　飽和 포화

2094 屯 지칠 둔

- 음 とん 駐屯 주둔

2095 沢 윤날 택

- 훈 沢 물이 얕게 괴고 풀이 난 습지, 얕은 못
- 음 たく 沢山 많이　光沢 광택　潤沢 윤택

2096

滞 막힐 체

- 훈 滞る 밀리다, 정체되다　家賃が滞る 집세가 밀리다
- 음 たい　滞納 체납　滞留 체류　延滞 연체　渋滞 정체　沈滞 침체

2097

循 돌 순

- 음 じゅん　循環 순환　悪循環 악순환

2098

痩 여윌 수

- 훈 痩せる 마르다, 살이 빠지다　去年より少し痩せた 작년보다 조금 살이 빠졌다

2099

併 아우를 병

- 훈 併せる 합치다　二つの会社を併せる 두 개의 회사를 합병하다
- 음 へい　併記 병기　併用 병용　併合 병합　合併 합병

2100

柄 자루 병

- 훈 柄 자루, 손잡이　傘の柄 우산 사루　取り柄 상점, 쓸모
  柄 몸집, 무늬, 본래 가진 성질　大柄 몸집이 큼　小柄 몸집이 작음　花柄 꽃무늬
  人柄 인품, 사람 됨됨이　事柄 사항, 내용　手柄 공적, 공로
- 음 へい　横柄 건방짐

2101

燃 탈 연

- 훈 燃やす 태우다　彼女にライバル心を燃やす 그녀에게 라이벌 감정을 불태우다
  燃える 불타다　火事で隣の家が燃えた 화재로 옆집이 불탔다
- 음 ねん　燃焼 연소　燃料 연료　燃費 연비　可燃性 가연성

2102

肖 닮을 초

- 음 しょう　肖像 초상　不肖 불초

2103

擬 비길 의

- 음 ぎ　擬声語 의성어　擬人化 의인화　擬態語 의태어

2104 況 형편 황

🔉 きょう

<ruby>近<rt>きん</rt></ruby><ruby>況<rt>きょう</rt></ruby> 근황　<ruby>好<rt>こう</rt></ruby><ruby>況<rt>きょう</rt></ruby> 호황　<ruby>盛<rt>せい</rt></ruby><ruby>況<rt>きょう</rt></ruby> 성황　<ruby>状<rt>じょう</rt></ruby><ruby>況<rt>きょう</rt></ruby> 상황　<ruby>不<rt>ふ</rt></ruby><ruby>況<rt>きょう</rt></ruby> 불황

2105 頓 조아릴 돈

🔉 とん

<ruby>整<rt>せい</rt></ruby><ruby>頓<rt>とん</rt></ruby> 정돈　<ruby>頓<rt>とん</rt></ruby><ruby>着<rt>ちゃく</rt></ruby> 신경 씀　<ruby>無<rt>む</rt></ruby><ruby>頓<rt>とん</rt></ruby><ruby>着<rt>ちゃく</rt></ruby> 무관심함, 개의치 않음

1 ＿＿＿の漢字として正しいほうに○をつけなさい。

1) 昨日、きみょうな光景を目撃しました。 　　　（a. 奇妙　　b. 寄妙）

2) この公園には大きなふんすいがある。 　　　（a. 噴水　　b. 憤水）

3) 三歳の娘のへんしょくがひどくて困っている。　（a. 編食　　b. 偏食）

4) この店はいつもこんざつしている。 　　　（a. 混雑　　b. 昆雑）

5) アカシアの花の香りがただよう。 　　　（a. 漂う　　b. 標う）

2 ＿＿＿の言葉の読み方として最もよいものを、①・②・③・④から一つ選びなさい。

1) 公共の場では騒いではいけないということを教えなければならない。
　① およいでは　　② かいでは　　　③ ついでは　　　④ さわいでは

2) ポスターを粘着テープで貼る。
　① てんちゃく　　② てんじゃく　　③ ねんちゃく　　④ ねんじゃく

3) 野球の試合がテレビ中継される。
　① ちゅうけ　　② ちゅうけい　　③ じゅうけ　　　④ じゅうけい

4) この部屋は狭くて窮屈だ。
　① たいくつ　　② たいこつ　　　③ きゅうくつ　　④ きゅうこつ

5) 相手の言葉に過剰に反応してしまった。
　① かじょう　　② かいん　　　　③ すぎじょう　　④ すぎいん

6) ワールドカップが華々しく開幕した。
　① はなばなしく　② おもおもしく　③ ものものしく　④ そうぞうしく

3 _____の言葉を漢字で書くとき、最もよいものを①・②・③・④から一つ選びなさい。

1) 海でおぼれそうになったことがある。

   ① 迫れ   ② 溺れ   ③ 揺れ   ④ 漏れ

2) 韓国と日本は歴史的にみっせつな関係にある。

   ① 直接   ② 密接   ③ 密閉   ④ 密切

3) この会社は経営難におちいっている。

   ① 凝って   ② 混って   ③ 陥って   ④ 漂って

4) 10年ぶりに友人に会って、話がはずんだ。

   ① 弾んだ   ② 潤んだ   ③ 潜んだ   ④ 怪んだ

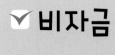

☑ 비자금

秘資金（×）

裏金（○）

지역 · 시대명(地域·時代名)과 관련된 한자

2106

奈
어찌 나

음 な   奈良県 나라 현   奈落 나락

2107

栃
상수리나무 회

훈 栃木県 도치기 현

2108

阜
언덕 부

음 ふ   岐阜県 기후 현

2109

埼
갑 기

훈 埼玉県 사이타마 현

2110

畿
경기 기

음 き   近畿 긴키 (교토를 중심으로 한 지방)

2111

唐
당나라 당

음 とう   唐 당나라   唐突 갑작스러움

2112

弥
미륵 미

훈 弥生時代 야요이 시대 (기원전 3 ~ 4세기 일본의 농경시대)

2113

昭
밝을 소

음 しょう   昭和 1926년 말 ~ 1989년 1월 7일까지의 일본의 연호

2114

阪
언덕 판

🔊 はん

阪神 ^{はんしん} 오사카(大阪)와 고베(神戸)를 중심으로 하는 지방
京阪 ^{けいはん} 교토(京都)와 오사카(大阪)

🔊 大阪 오사카

그 밖의 한자들

2115

又
또 우

훈 又^{また} 또

2116

且
또 차

훈 且つ^か 또, 게다가

2117

但
다만 단

훈 但し^{ただ} 단, 다만　但し書き^{ただ　が} 단서

2118

房
방 방

훈 房^{ふさ} 송이　一房のぶどう^{ひとふさ} 한 송이의 포도

음 ぼう　暖房^{だんぼう} 난방　冷房^{れいぼう} 냉방　女房^{にょうぼう} 아내, 마누라

2119

采
캘 채

음 さい　喝采^{かっさい} 갈채

2120

沙
모래 사

음 さ　沙汰^{さ　た} 시비를 가림/기별, 소식

2121

汰
말릴 태

음 た　無沙汰^{ぶ　さ　た} 소식을 전하지 않음, 격조
ご無沙汰しております^{ぶ　さ　た} 그간 격조했습니다
(오랜만에 연락을 하거나 만났을 때의 인사말)

2122

措
새길 조

음 そ　措置^{そ　ち} 조치

| 2123 玄
검을 현 | げん 玄関 현관 玄米 현미
特 玄人 전문가, 숙련자 |

| 2124 耗
덜 모 | もう 消耗 소모 摩耗 마모 |

| 2125 須
모름지기 수 | す 必須 필수 |

| 2126 尚
오히려 상 | しょう 尚早 상조 時期尚早 시기상조
特 尚 또한, 덧붙여 말해서 |

| 2127 如
같을 여 | 音 じょ 欠如 결여 突如 갑자기, 돌연
にょ 如実 여실 感情を如実に表す 감정을 여실히 드러내다 |

| 2128 穴
구멍 혈 | 訓 穴 구멍 穴埋め 결손 메우기, 부족한 부분의 보충 鍵穴 열쇠 구멍
音 けつ 墓穴 무덤 구덩이 墓穴を掘る 자기가 자기 무덤을 파다 |

| 2129 呉
나라이름 오 | 音 ご 呉服 옷감으로 쓰이는 직물의 총칭, 포목
呉越同舟 오월동주 (서로 적대감을 가진 사람들끼리 공통의 어려움에 대해서는 협력하는 경우를 비유) |

| 2130 込
일본 한자 | 込む 붐비다 道が込んでいる 길이 막히다
込み (명사에 붙어) ~포함 税込み5千円だ 세금 포함해서 5천 엔이다
込める 담다/포함시키다 心を込めて祈る 마음을 담아서 기도하다 |

| 2131 謎
수수께끼 미 | 謎 수수께끼 謎解き 수수께끼를 품 |

2132

盆
동이 분

 ぼん　　お盆 [ぼん] 오봉, 조상의 혼을 맞이하고 공양하는 명절 (8월 13일에서 16일이 일반적)

盆栽 [ぼんさい] 분재　盆地 [ぼんち] 분지

2133

某
아무 모

 ぼう　　某氏 [ぼうし] 모씨, 어떤 분　某所 [ぼうしょ] 모처, 어느 곳

2134

抽
빼낼 추

 ちゅう　　抽出 [ちゅうしゅつ] 추출　抽象的 [ちゅうしょうてき] 추상적　抽選 [ちゅうせん] 추첨

2135

享
드릴 향

 きょう　　享受 [きょうじゅ] 향수　享年 [きょうねん] 향년, 죽었을 때의 나이　享楽 [きょうらく] 향락

2136

遣
보낼 견

 遣う [つかう] 쓰다, 사용하다 (주로 명사에 붙어서 한정적인 단어로 사용)

お小遣い [こづかい] 용돈　気遣い [きづかい] 염려, 마음 씀　言葉遣い [ことばづかい] 말씨, 말투

遣わす [つかわす] 보내다, 파견하다

 けん　　派遣 [はけん] 파견

다음은 일본어능력시험 N1 수준의 독해 지문입니다. 독해 지문 속에 쓰인 한자를 익히면서 독해 실력도 함께 키워 보세요.

瓜姫物語

『御伽草子』より

昔、大和国(今の奈良県)に、瓜を作って暮らしを立てている老夫婦が住んでいました。貧しいながらも仲良く暮らしていたのですが、子どものいないことだけが嘆きの種でした。

ある日、おじいさんは、畑から、それはかわいらしい瓜を一つ取ってきました。そして、

「おばあさんや、なんと愛らしい瓜ではないか。こんな子どもがいたらどんなにうれしいだろうねえ。これをわが子のかわりにでもしようか」

と言いますので、おばあさんは、その瓜を漆塗りの桶の中に大切に大切に入れておきました。

その夜、二人は不思議な夢を見ました。おじいさんの夢には天の神様が現れて、「これをお前の子どもにしなさい」と言って、美しい手まりをくださったのです。おばあさんの夢は、自分にかわいらしい娘がいて、その子に絵本を読んであげている夢でした。

「子どもがほしいと、いつも心で願っているから、二人そろって夢にまで見るのでしょうねえ」

そして数日後、おじいさんが、桶の中をのぞいてみますと、そこには瓜はなくて、とてもかわいい女の子が一人いたのです。おじいさんとおばあさんは、とても驚きましたが、子どもができたことを喜び、この子を「瓜姫」と名づけて、大切に育てることにしました。

□ **暮らしを立てる** 생계를 꾸리다, 밥벌이를 하다　　　□ **手まり** 손으로 치면서 노는 공, 공놀이

瓜姫はすくすくと育ちました。顔形がかわいいだけでなく、人柄も優しく、賢く、手先も器用で、習字や絵や手芸を教えると、どんどん上手になりました。おじいさんとおばあさんは、「私たちはもうあと何年も生きられないのだから、はやく独り立ちできるようになるとよいのだがなあ」と心配していたのですが、瓜姫は何年もたたないうちに、15歳ぐらいに見えるようになりました。そして、その美しさは世間の評判となるほどになりました。

　ある日、大和国の守護代から瓜姫に求婚の手紙が届きました。おじいさんは、「国の守護代様の奥方になれるほどの娘ではございません」と何度もお断りしたのですが、守護代はあきらめません。結局、

　「守護代様のお心が変わらないかと心配だが、考えてみればありがたいお話だ。お受けすることにしよう」

　とおじいさんが言い、おばあさんも瓜姫も結婚を承諾しました。

　同じころ、この世のすべてに災いをもたらす「あまのさぐめ」という名の悪者がいました。あまのさぐめは、瓜姫の結婚の噂を聞いて、

　「瓜姫になりすまして守護代の奥方になれば、ぜいたくな暮らしができるだろうよ」

　とたくらんでいました。

　瓜姫の結婚の日が近づき、おばあさんは瓜姫の嫁入りの支度に忙しくなってきました。ある日、おばあさんは、用事ができたので、

　「瓜姫や、誰かが訪ねてきても、けっして戸を開けてはいけませんよ」と言い聞かせて出かけていきました。瓜姫は一人で留守番です。

　その日の昼のこと。

　「瓜姫や。おばあさんが帰ってきましたよ。開けておくれ」

　と、戸をたたく人がいます。けれど、どうも、おばあさんの声とは違うようです。瓜姫が様子をうかがっていると、

□ 守護代（しゅごだい） 봉건시대 지방관
□ 災いをもたらす（わざわい） 재앙을 초래하다

□ 奥方（おくがた） 신분이 높은 사람의 아내, 마님
□ なりすます ~인 양 행세하다

「美しいお花があるのですよ。これを差し上げましょう」

と言います。瓜姫は花が大好きなので、「どんなお花かしら。ちょっとだけのぞいてみましょう」と少しだけ戸を開けてみました。

そのすき間に手を入れて、中に入ってきたのは、あの悪者の「あまのさぐめ」です。あまのさぐめは、あっという間に、瓜姫を抱きかかえ、さらっていくと、遠くの木の上にしばりつけてしまいました。そうして、自分は瓜姫の着物を着て、瓜姫の部屋で、顔を隠して横になっていたのです。

あまのさぐめは、うまく瓜姫になりすまして、とうとう嫁入りの日を迎えました。お嫁さんは夕方、御輿に乗って守護代の家に行くのです。出発するとき、お供の人たちは、

「必ずまっすぐの道を行っておくれ。木の下を通る道を行ってはいけないよ。あの道は気味が悪いから」

と御輿の中から言われましたが、その声は老人のようなしわがれた声だったので、みんな不思議に思いながら出発しました。

だんだん暗くなってきました。一行は、姫君の言うとおりまっすぐに行こうとしたのですが、道を間違えて、木の下を通る道に踏み込んでしまいました。すると、上のほうから、人が何か言っているような、かわいらしく優しい鳥のさえずりが聞こえてきます。人々は立ち止まりました。

御輿の中の声は、「春の鳥のさえずりは、どのようにも聞こえるものですよ。はやく行きなさい」とせかします。

しかし、木の上の声は、やはり人の声のようです。耳をすますと、「瓜姫が乗るはずだったのよ、その御輿は。それなのに、あまのさぐめが乗っていく。ああ悲しい」と聞こえます。人々は、木の上をたいまつで照らしてみました。すると、なんと、木の上には美しい姫君がしばりつけられているではありませんか。

□ 御輿（みこし） 가마 　　　　　　　　□ せかす 재촉하다

□ さえずり 새의 지저귐 　　　　　　　□ たいまつ 횃불

□ しわがれた 목이 쉬다, 잠기다

452

「あれは瓜姫様！　これはどうしたことだろう」

　人々は驚いて瓜姫を木から下ろします。そして、御輿の中を見てみると、そこには恐ろしい姿をした老婆がいたので、人々はまた、びっくりしました。

　あまのさぐめは、御輿から引きずり出され、すすきの野原に連れていかれ、足や手を引き裂かれて捨てられ、そこで息絶えました。すすきの根本と穂の出始めの色が赤いのは、このときあまのさぐめが流した血に染まったからなのだそうですよ。あまのさぐめがいなくなったので、その後、世の中は平穏になりました。

　瓜姫は、無事に守護代の奥方になりました。おじいさんが心配したようなこともなく、守護代は瓜姫を大切にし、めでたく、若君も生まれました。おかげで、おじいさんとおばあさんも豊かに、幸せに暮らすことができるようになり、世間の人からうらやましがられるほどになりました。

　二人は、若いころから天の神様を深く信仰していたので、その神様の力のおかげで、瓜の中から姫君を授かったのだということです。こんなふうに、天の神様を信じると、いいことがあるのだそうですよ。

□ 息絶える　숨이 끊어지다, 죽다　　　　　　□ 授かる　내려주시다, 하사하다
□ 引きずり出される　끌려나오다
□ 根本　근본, 뿌리, 밑

p.14 〈가족 / 인생〉

1 1) 母, 祖父, 姉, 父, 親, 兄, 叔父
   2) 妹, 弟, 孫, 娘
2 1) 夫　2) 家　3) 親　4) 子
3 1) ③　2) ③　3) ④　4) ②　5) ④
   6) ④

p.21 〈집·건물 / 장소〉

1 1) 物理, 見物, 植物, 動物, 産物
   2) 書物, 作物, 荷物
2 1) 所　2) 館　3) 園　4) 場
3 1) ③　2) ③　3) ①　4) ④　5) ②

p.31 〈수 / 요일·시간〉

1 1) せんきゅうひゃくはちじゅうはちねん
     しがつじゅうよっか
   2) にせんねんくがつはつか
   3) せんにひゃくろくえん
   4) さんいちさんのいちごはちに
   5) はたち
2 1) 昨日 ― 今日 ― 明日
   2) 昨年 ― 今年 ― 来年
   3) 朝 ― 昼 ― 夕・夜・晩
   4) 過去 ― 現在 ― 未来
3 1) 三月, 正月
   2) 今月, 月末, 月曜日
   3) 月日
4 1) ④　2) ②　3) ①　4) ②　5) ①

p.36 〈날씨·계절〉

1 1) 気　2) 凍　3) 風
2 1) ④　2) ②　3) ④　4) ②　5) ①

p.45 〈반대〉

1 1) 深い　2) 低める　3) 難しい　4) 開く
   5) 短い　6) 弱まる　7) 古い　8) 減らす
   9) 貸す　10) 負ける

2 1) 大雨, 大勢, 大型
   2) 大切, 大会, 大量
   3) 大小, 大事, 大都市
3 1) ④　2) ④　3) ①　4) ③　5) ②
   6) ③
〈P.47 독해실력 UP〉 ④

p.54 〈위치·방향 / 순서〉

1 1) 以下, 部下, 廊下
   2) 下落, 上下, 下水道
2 1) 接　2) 置　3) 逆
3 1) ②　2) ③　3) ①　4) ④　5) ②

p.63 〈감정·사고 / 감각〉

1 1) 見所, 見本, 見事, 見送る
   2) 見学, 意見, 発見
2 1) a. 困って　2) a. 感謝　3) b. 考える
3 1) ②　2) ③　3) ①　4) ①　5) ④
   6) ②

p.68 〈의견·평가〉

1 1) 不（　ぶきよう　）　2) 未（みかいけつ）
   3) 不（　ふかのう　）　4) 非（ひじょうしき）
   5) 非（ひろんりてき）　6) 不（ふみんしょう）
2 1) 認　2) 断　3) 要
3 1) ②　2) ②　3) ③　4) ②　5) ②
   6) ④

p.74 〈신체〉

1 ① 頭・顔　② 目　③ 鼻　④ 耳
   ⑤ 首・喉　⑥ 腕　⑦ 胸　⑧ 背中
   ⑨ 手・指　⑩ 腹　⑪ 足
2 1) 何かが欲しくてたまらない様子
   2) 知り合いが多く、付き合いが広い
   3) 他人の成功や出世のじゃまをする
   4) 非常に困っている。悩む
   5) 技術や実力がつく。上手になる

p.82 〈사람 / 성격·특징 / 신분·계급〉

1 1) だんし 2) ちょうなん 3) じょせい
4) ろうにゃくなんにょ 5) なふだ
6) めいよ 7) ともだち 8) しんゆう

2 1) 人柄, 人波, 人手
2) 人口, 人類, 老人, 偉人
3) 人気, 人数, 人間

3 1) ④ 2) ③ 3) ② 4) ③ 5) ④

〈P.83 독해실력 UP〉 ①

p.89 〈인간관계〉

1 1) 関係者が集まって相談すること
2) 挨拶として、軽く頭を下げること
3) 同じ事をする人。同僚
4) 助けること。力を貸すこと
5) 老人、病人の日常生活を助け、面倒を見ること
6) 何かのために、お金を使うこと

2 1) ① 2) ④ 3) ③ 4) ④ 5) ③

3 1) 和 2) 相 3) 連

p.97 〈자세 / 행동〉

1 1) 泳いでいる 2) 返しに行く 3) 放す
4) 取る 5) 掛かっている
6) 切れている

2 1) たおれる / 面倒 2) になう / 担任
3) うつ / 打倒 4) おす / 押収
5) とぶ / 飛行機

3 1) ③ 2) ② 3) ① 4) ④ 5) ②

p.103 〈동물·벌레 / 식물〉

1 1) ワンワンほえる 2) 咲いている
3) ニャアニャアと鳴く 4) 木から落ちる
5) 実る 6) 刈る

2 1) 実 2) 草

3 1) ② 2) ① 3) ④ 4) ③ 5) ③

p.111 〈광물·토지 / 자연환경 / 농업·어업〉

1 1) 地域, 地下, 地図, 地方
2) 地味, 地震, 地元

2 1) 石 2) 景

3 1) ① 2) ① 3) ④

4 1) ④ 2) ② 3) ②

p.117 〈지역·마을 / 사회·정치〉

1 1) 治安, 治療, 法治, 統治
2) 退治, 政治

2 1) 世話 2) 栄養 3) 繁栄 4) 世辞

3 1) d. 公 2) a. 栄える 3) c. 港 4) a. 漁村
5) d. 要領 6) b. 権利

〈P.118 독해실력 UP〉 ③

p.123 〈법·범죄 / 전쟁·파괴〉

1 1) 害 2) 規 3) 証 4) 検

2 1) （ おかす ）（ はんにん ）
2) （ ちがう ）（ いはん ）
3) （ たたかう ）（ せんりゃく ）
4) （ やぶる ）（ はさん ）
5) （ あらそう ）（ きょうそう ）
6) （ こわす ）（ ほうかい ）

3 1) ③ 2) ① 3) ②

4 1) ① 2) ②

p.129 〈회사·일〉

1 1) 営んでいる 2) 就いている 3) 改めた
4) 務めている

2 a. 番組 b. 役割 c. 新聞配達
d. 成績が落ちて e. 応募 f. 発達
g. 失敗 h. 成功

3 1) ② 2) ① 3) ④ 4) ①

4 1) 勤めて 2) 努めて 3) 務めて

p.133 〈경제〉

1 1) 豊か 　2) 得する 　3) 収入

2 1) ④ 　2) ③ 　3) ③ 　4) ① 　5) ③

p.140 〈문화·예술 / 말·서적〉

1 1) タイトル 　2) 書く 　3) 辞退 　4) 技術
　5) ディスカッション

2 1) 画一的, 企画, 計画
　2) 画家, 画面, 漫画, 映画

3 1) 図 　2) 題 　3) 伝

4 1) ① 　2) ③ 　3) ①

5 1) ① 　2) ② 　3) ③

p.146 〈교통·이동 / 운송·배달〉

1 a. 交通費 　b. 乗って行きます 　c. 道路
　d. 渡る時 　e. 歩道 　f. 実行するの 　g. 通勤

2 1) a. 運ぶ 　2) a. 渡る 　3) b. 届ける
　4) a. 走る

3 1) ② 　2) ④ 　3) ③ 　4) ④ 　5) ②

〈P.148 독해실력 UP〉 ④

p.154 〈학교·학문〉

1 1) ちしき / 通知 　2) ぎもん / 問題
　3) きんべん / 勉強 　4) どうにゅう / 指導
　5) いくじ / 教育

2 1) 校 　2) 調

3 1) ② 　2) ③ 　3) ④ 　4) ② 　5) ③
　6) ④ 　7) ①

p.160 〈일상생활〉

1 1) 浴びる 　2) 選ぶ 　3) 消す 　4) 注ぐ
　5) 泊まる 　6) 留める

2 1) (きえる) (しょうひ)
　2) (のこす) (ざんぎょう)
　3) (はく) (そうじ)
　4) (もちいる) (しんよう)
　5) (ねむる) (すいみん)

6) (なれる) (しゅうかん)

3 1) ③ 　2) ② 　3) ③ 　4) ②

p.169 〈음식·음료 / 의복 / 취미〉

1 1) 乾 　2) 肉 　3) 布

2 1) 趣 　2) 湯 　3) 糸 　4) 帯 　5) 布
　6) 袋

3 1) ③ 　2) ③ 　3) ④ 　4) ④

4 1) ④ 　2) ① 　3) ③ 　4) ②

p.172 〈병원·건강〉

1 1) 傷 　2) 痛 　3) 痛 　4) 傷

2 1) 重傷 　2) 寿命 　3) 救助

3 1) ④ 　2) ② 　3) ① 　4) ④ 　5) ②

p.179 〈상품·장사 / 물건〉

1 1) うつわ / 그릇 　2) かん / 캔
　3) たま / 구슬 　4) たから / 보물
　5) はし / 젓가락

2 1) 価 　2) 器

3 1) ② 　2) ③ 　3) ④ 　4) ① 　5) ②

〈P.180 독해실력 UP〉 ①

p.186 〈모양 / 색깔·빛〉

1 1) 赤色, 色々
　2) 色彩, 景色, 色素
　3) 原色, 特色, 無色

2 1) 電 　2) 面 　3) 光 　4) 点

3 1) b. 細かい 　2) a. 太る 　3) b. 明るい
　4) a. 光る

4 1) ④ 　2) ① 　3) ③

p.193 〈상태〉

1 1) 職権や地位を利用して、不正な行為をすること
　2) 品物が倉庫にあること
　3) 病気の状態

4) 特にすぐれたところがないこと。特色がない
5) 地位が高くなること
2 1) 平日　　2) 汚い　　3) 解散　　4) 危険
5) 積極的　6) 上昇　　7) 集団
3 1) (　やすい　) (　あんぜん　)
2) (　あぶない　) (　きけん　)
3) (　けわしい　) (　ほけん　)
4) (　かたい　) (　こたい　)
5) (やわらかい) (じゅうなん)
6) (　ひらたい　) (　へいわ　)
4 1) ①　　2) ②　　3) ④　　4) ③
5 1) ④　　2) ③　　3) ①

p.201 〈정도 / 범위〉

1 1) 真夜中　　2) 真ん中　　3) 真夏
4) 真っ赤　　5) 真っ青　　6) 真ん丸
2 1) 率直, 引率, 率先
2) 確率, 能率, 比率, 効率
3 1) ④　　2) ②　　3) ③　　4) ②
4 1) ②　　2) ②　　3) ②　　4) ③　　5) ④

p.206 〈그 밖의 한자들〉

1 1) 見当　　2) 匹敵　　3) 束
2 1) ③　　2) ④　　3) ②　　4) ②　　5) ①
6) ③
3 1) 神　　2) 基　　3) 張
〈P.207 독해실력 UP〉 ③

p.217 〈가족 / 신분 / 생애〉

1 1) 正妻の産んだ子、その家を継ぐ人
2) 父、母の姉
3) 胎児を腹の中に持つこと
4) 生きている間
5) 死者をほうむる儀式
2 1) ②　　2) ④　　3) ①　　4) ③　　5) ③
6) ④
3 1) ④　　2) ③　　3) ①　　4) ②　　5) ③

p.226 〈신체 / 사람〉

1 1) 童　2) 衆　3) 児
2 1) ③　　2) ②　　3) ③　　4) ④
3 1) ③　　2) ②　　3) ①　　4) ④

p.234 〈집·건물 / 위치·방향·장소〉

1 1) 道路や建物などに使う土地
2) 内部に持っていること
3) 家にいながら、不在を装うこと
4) 他人の家に行くこと
5) 都市から遠く離れた地域
2 1) ④　　2) ①　　3) ③　　4) ③　　5) ①
6) ①
3 1) ③　　2) ④　　3) ①

p.241 〈수 / 반대〉

1 1) ③①②④　　2) ③④①②
2 1) ①　　2) ③　　3) ③　　4) ④　　5) ④
3 1) ①　　2) ③　　3) ②　　4) ①　　5) ④

p.251 〈태도·자세〉

1 1) ③②①④　　2) ①③②④　　3) ③①②④
2 1) ①　　2) ①　　3) ④　　4) ④　　5) ④
6) ②　　7) ①
3 1) ③　　2) ①　　3) ④　　4) ④　　5) ②
6) ①

p.263 〈행위·행동〉

1 1) 病人や負傷者を運ぶ道具
2) 名前を隠して言わないこと
2 1) ③　　2) ①　　3) ④　　4) ②　　5) ③
3 1) ③　　2) ②　　3) ①　　4) ④　　5) ①
6) ②

p.271 〈정신·종교 / 성격·특징〉

1 1) 頭が鋭く働く様子。利口だ
2) 現実にないことを心に思い浮かべること

457

3) 値段が安い
4) その年初めて神社にお参りすること
5) 災いと幸せ

2 1) ② 　 2) ① 　 3) ① 　 4) ② 　 5) ②
6) ①

3 1) ② 　 2) ② 　 3) ③ 　 4) ④ 　 5) ①

p.279 〈인간관계 / 존경 · 겸양〉

1 1) ②④①③ 　 2) ③①④② 　 3) ②①④③
2 1) ④ 　 2) ③ 　 3) ① 　 4) ④
3 1) ① 　 2) ③ 　 3) ② 　 4) ③ 　 5) ④
6) ④

p.291 〈감정 · 사고 / 감각〉

1 1) a. 嘆いて 　 2) b. 憧れて 　 3) a. 憤慨
4) a. 疲れ
2 1) ③ 　 2) ③ 　 3) ① 　 4) ② 　 5) ①
6) ④
3 1) ③ 　 2) ② 　 3) ③ 　 4) ① 　 5) ②
6) ④

p.298 〈의견 · 평가〉

1 1) a. 抵抗 　 2) b. 排出 　 3) a. 批判
4) a. 冗談 　 5) b. 撤回
2 1) ② 　 2) ① 　 3) ② 　 4) ① 　 5) ③
3 1) ③ 　 2) ① 　 3) ④ 　 4) ④

p.309 〈시간 / 날씨 · 기후〉

1 1) 湿気や水分がなくなること
2) これまでの学業、職業、資格などに関する事柄
3) すでに結婚していること
4) 自分が生まれた土地
5) 壊れた物が、元通りになること
2 1) ② 　 2) ④ 　 3) ③ 　 4) ①
3 1) ① 　 2) ④ 　 3) ②

p.318 〈동물 · 벌레 / 식물〉

1 1) 動物をかい、そだてる
2) 余計なもの
3) 人の行動を調べるために、気づかれないように あとをつけること
4) 性質が荒々しい動物
5) 鳥、虫などが住むところ
2 1) ④ 　 2) ② 　 3) ① 　 4) ① 　 5) ④
3 1) ① 　 2) ② 　 3) ② 　 4) ③

p.327 〈광물 · 토지 / 자연환경〉

1 1) 鉄 　 2) 露 　 3) 源
2 1) ② 　 2) ③ 　 3) ② 　 4) ③ 　 5) ②
6) ①
3 1) ③ 　 2) ④ 　 3) ② 　 4) ② 　 5) ④
6) ②

p.337 〈농업 · 어업 / 지역 / 사회 · 정치〉

1 1) 優れていること
2) アメリカとヨーロッパ
3) 大資本、大企業を支配する人。お金持ち
2 1) ③ 　 2) ④ 　 3) ② 　 4) ③
3 1) ② 　 2) ① 　 3) ③

p.349 〈전쟁 · 파괴 / 법률 · 범죄〉

1 1) 相手を落とそうと争うこと
2) 利益を得る目的でひそかに財物を贈ること
3) 万一に備えて注意すること
4) 物を壊すこと、物が壊れること
5) 他人を騙してお金や品物をとること
6) 目標物を攻めること
2 1) ② 　 2) ④ 　 3) ① 　 4) ② 　 5) ④
3 1) ③ 　 2) ③ 　 3) ② 　 4) ① 　 5) ②

p.361 〈회사 · 일 / 경제 · 돈〉

1 1) ④ 　 2) ③ 　 3) ③ 　 4) ② 　 5) ③
2 1) ③ 　 2) ③ 　 3) ②
3 1) ① 　 2) ④ 　 3) ③ 　 4) ②

p.370 〈문화 · 예술 / 말 · 서적〉

1 1) 陳   2) 討   3) 談
2 1) ④   2) ①   3) ④   4) ①   5) ②
3 1) ③   2) ③   3) ①   4) ②   5) ③

p.377 〈교통 · 운송 / 일상생활〉

1 1) 寄   2) 搬   3) 俗
2 1) ①   2) ④   3) ④   4) ②
3 1) ③   2) ④   3) ②   4) ①   5) ②

p.384 〈학교 · 교육 / 과학〉

1 1) ①   2) ④   3) ①   4) ②   5) ④
2 1) ②   2) ③   3) ②   4) ①   5) ④

p.391 〈운동 · 스포츠 / 병 · 건강〉

1 1) ③   2) ③   3) ④   4) ②   5) ③
2 1) ①   2) ②   3) ③   4) ④   5) ④

p.405 〈의복 / 요리 / 청결 · 아름다움〉

1 1) ④   2) ①   3) ②   4) ①   5) ④
2 1) ④   2) ①   3) ④
3 1) ②   2) ①   3) ③   4) ③

p.415 〈장사 / 물건 / 범위〉

1 1) ①   2) ③   3) ②   4) ①
2 1) ③   2) ②   3) ④   4) ②   5) ③
   6) ①   7) ④

p.422 〈모양 / 색 / 명암〉

1 1) 陰   2) 管   3) 模
2 1) ③   2) ④   3) ②   4) ③
3 1) ④   2) ③   3) ①   4) ③   5) ④

p.430 〈정도〉

1 1) ②①④③   2) ④②③①   3) ①④②③

2 1) ③   2) ③   3) ①   4) ①   5) ③
   6) ③
3 1) ②   2) ③   3) ①   4) ④

p.443 〈상태〉

1 1) a. 奇妙   2) a. 噴水   3) b. 偏食
   4) a. 混雑   5) a. 漂う
2 1) ④   2) ③   3) ②   4) ③   5) ①
   6) ①
3 1) ②   2) ②   3) ③   4) ①

ㄱ

佳 가 …………… 294
加 가 …………… 197
可 가 …………… 191
嫁 가 …………… 210
家 가 …………… 10
暇 가 …………… 42
架 가 …………… 257
歌 가 …………… 135
稼 가 …………… 374
苛 가 …………… 424
街 가 …………… 332
仮 가 …………… 438
価 가 …………… 175
刻 각 …………… 363
却 각 …………… 293
各 각 …………… 77
脚 각 …………… 408
角 각 …………… 143
閣 각 …………… 334
殼 각 …………… 399
覚 각 …………… 62
刊 간 …………… 366
墾 간 …………… 326
干 간 …………… 308
幹 간 …………… 315
懇 간 …………… 287
看 간 …………… 388
簡 간 …………… 195
肝 간 …………… 221
間 간 …………… 27
喝 갈 …………… 296
葛 갈 …………… 317
褐 갈 …………… 419
渇 갈 …………… 316
勘 감 …………… 284

堪 감 …………… 244
感 감 …………… 56
憾 감 …………… 286
敢 감 …………… 245
減 감 …………… 42
甘 감 …………… 162
監 감 …………… 386
紺 감 …………… 419
鑑 감 …………… 365
岬 갑 …………… 333
甲 갑 …………… 342
剛 강 …………… 425
岡 강 …………… 325
康 강 …………… 388
江 강 …………… 322
綱 강 …………… 410
講 강 …………… 150
鋼 강 …………… 320
降 강 …………… 144
強 강 …………… 38
介 개 …………… 87
個 개 …………… 76
慨 개 …………… 282
改 개 …………… 127
皆 개 …………… 76
箇 개 …………… 236
蓋 개 …………… 409
開 개 …………… 40
概 개 …………… 427
客 객 …………… 174
更 갱 …………… 428
坑 갱 …………… 321
去 거 …………… 28
居 거 …………… 228
巨 거 …………… 426
拒 거 …………… 293

据 거 …………… 243
距 거 …………… 372
裾 거 …………… 395
拠 거 …………… 344
挙 거 …………… 380
乾 건 …………… 35
件 건 …………… 119
健 건 …………… 171
巾 건 …………… 395
建 건 …………… 16
鍵 건 …………… 229
乞 걸 …………… 359
傑 걸 …………… 295
倹 검 …………… 375
剣 검 …………… 339
検 검 …………… 120
憩 게 …………… 374
掲 게 …………… 367
格 격 …………… 78
激 격 …………… 424
隔 격 …………… 426
撃 격 …………… 342
堅 견 …………… 432
犬 견 …………… 99
絹 견 …………… 396
繭 견 …………… 396
肩 견 …………… 220
見 견 …………… 61
遣 견 …………… 449
決 결 …………… 64
潔 결 …………… 403
結 결 …………… 13
欠 결 …………… 197
兼 겸 …………… 356
謙 겸 …………… 269
鎌 겸 …………… 410

京 경 …………… 114
傾 경 …………… 434
境 경 …………… 108
慶 경 …………… 281
憬 경 …………… 287
敬 경 …………… 86
景 경 …………… 106
梗 경 …………… 390
硬 경 …………… 432
競 경 …………… 87
耕 경 …………… 329
警 경 …………… 120
鏡 경 …………… 176
頃 경 …………… 28
驚 경 …………… 59
鯨 경 …………… 312
径 경 …………… 414
経 경 …………… 131
茎 경 …………… 315
軽 경 …………… 38
係 계 …………… 84
啓 계 …………… 379
契 계 …………… 127
季 계 …………… 34
戒 계 …………… 346
械 계 …………… 177
界 계 …………… 107
稽 계 …………… 365
系 계 …………… 412
渓 계 …………… 325
計 계 …………… 24
階 계 …………… 80
届 계 …………… 145
継 계 …………… 440
鶏 계 …………… 311
古 고 …………… 39

告 고 ·········· 139	科 과 ·········· 151	郊 교 ·········· 333	弓 궁 ·········· 386
固 고 ·········· 189	菓 과 ·········· 163	教 교 ·········· 149	窮 궁 ·········· 425
孤 고 ·········· 283	誇 과 ·········· 288	丘 구 ·········· 324	券 권 ·········· 176
尻 고 ·········· 222	課 과 ·········· 151	久 구 ·········· 29	拳 권 ·········· 220
庫 고 ·········· 17	過 과 ·········· 28	九 구 ·········· 24	勧 권 ·········· 67
拷 고 ·········· 343	鍋 과 ·········· 399	具 구 ·········· 176	圏 권 ·········· 333
故 고 ·········· 304	郭 곽 ·········· 333	勾 구 ·········· 348	巻 권 ·········· 366
枯 고 ·········· 316	串 관 ·········· 401	口 구 ·········· 71	権 권 ·········· 116
稿 고 ·········· 366	冠 관 ·········· 215	句 구 ·········· 137	机 궤 ·········· 177
考 고 ·········· 56	官 관 ·········· 81	拘 구 ·········· 348	潰 궤 ·········· 357
股 고 ·········· 222	慣 관 ·········· 158	救 구 ·········· 170	軌 궤 ·········· 372
苦 고 ·········· 59	棺 관 ·········· 410	構 구 ·········· 17	貴 귀 ·········· 80
錮 고 ·········· 348	款 관 ·········· 363	求 구 ·········· 67	鬼 귀 ·········· 265
雇 고 ·········· 356	管 관 ·········· 417	溝 구 ·········· 326	帰 귀 ·········· 142
顧 고 ·········· 284	貫 관 ·········· 426	球 구 ·········· 182	亀 귀 ·········· 311
高 고 ·········· 39	館 관 ·········· 19	究 구 ·········· 152	叫 규 ·········· 262
鼓 고 ·········· 408	寛 관 ·········· 270	臼 구 ·········· 400	糾 규 ·········· 295
曲 곡 ·········· 135	観 관 ·········· 61	購 구 ·········· 407	規 규 ·········· 119
穀 곡 ·········· 330	関 관 ·········· 84	駒 구 ·········· 311	均 균 ·········· 428
谷 곡 ·········· 323	缶 관 ·········· 177	区 구 ·········· 113	菌 균 ·········· 389
困 곤 ·········· 59	括 괄 ·········· 413	懼 구 ·········· 283	克 극 ·········· 249
昆 곤 ·········· 312	光 광 ·········· 185	旧 구 ·········· 304	劇 극 ·········· 365
骨 골 ·········· 73	狂 광 ·········· 438	欧 구 ·········· 333	極 극 ·········· 425
供 공 ·········· 265	広 광 ·········· 199	殴 구 ·········· 342	隙 극 ·········· 433
公 공 ·········· 115	鉱 광 ·········· 320	駆 구 ·········· 260	僅 근 ·········· 429
共 공 ·········· 85	掛 괘 ·········· 95	局 국 ·········· 19	勤 근 ·········· 125
功 공 ·········· 127	塊 괴 ·········· 440	菊 국 ·········· 102	斤 근 ·········· 236
孔 공 ·········· 219	怪 괴 ·········· 438	国 국 ·········· 115	根 근 ·········· 102
工 공 ·········· 127	拐 괴 ·········· 346	君 군 ·········· 75	筋 근 ·········· 223
恐 공 ·········· 282	壊 괴 ·········· 121	群 군 ·········· 273	謹 근 ·········· 284
恭 공 ·········· 274	交 교 ·········· 84	軍 군 ·········· 121	近 근 ·········· 39
控 공 ·········· 243	巧 교 ·········· 364	郡 군 ·········· 333	今 금 ·········· 29
攻 공 ·········· 342	校 교 ·········· 149	堀 굴 ·········· 325	金 금 ·········· 26
空 공 ·········· 43	橋 교 ·········· 113	屈 굴 ·········· 440	琴 금 ·········· 364
貢 공 ·········· 335	矯 교 ·········· 382	掘 굴 ·········· 320	禁 금 ·········· 120
寡 과 ·········· 428	絞 교 ·········· 258	窟 굴 ·········· 324	襟 금 ·········· 395
果 과 ·········· 164	較 교 ·········· 407	宮 궁 ·········· 332	錦 금 ·········· 396

及 급 ·············· 412
急 급 ·············· 191
扱 급 ·············· 175
級 급 ··············· 80
給 급 ·············· 127
肯 긍 ·············· 294
企 기 ·············· 127
伎 기 ·············· 365
器 기 ·············· 176
基 기 ·············· 203
埼 기 ·············· 445
奇 기 ·············· 438
寄 기 ·············· 373
岐 기 ·············· 373
崎 기 ·············· 325
己 기 ·············· 224
幾 기 ·············· 236
忌 기 ·············· 243
技 기 ·············· 134
旗 기 ·············· 409
期 기 ··············· 30
棋 기 ·············· 375
棄 기 ·············· 246
機 기 ·············· 177
欺 기 ·············· 346
汽 기 ·············· 372
畿 기 ·············· 445
碁 기 ·············· 375
祈 기 ··············· 58
紀 기 ·············· 304
肌 기 ·············· 221
記 기 ·············· 137
起 기 ·············· 156
飢 기 ·············· 360
騎 기 ·············· 387
既 기 ·············· 304
気 기 ··············· 33

緊 긴 ·············· 439
吉 길 ·············· 239
喫 끽 ·············· 398

ㄴ

那 나 ·············· 210
奈 나 ·············· 445
諾 낙 ·············· 294
暖 난 ··············· 33
難 난 ··············· 38
乱 난 ·············· 190
南 남 ··············· 49
男 남 ··············· 75
納 납 ·············· 359
娘 낭 ··············· 11
耐 내 ·············· 244
匂 내 ·············· 289
内 내 ··············· 49
女 녀 ··············· 75
年 년 ··············· 27
念 념 ··············· 57
捻 념 ·············· 260
寧 녕 ·············· 248
努 노 ·············· 355
奴 노 ·············· 214
怒 노 ··············· 59
濃 농 ·············· 419
農 농 ·············· 109
悩 뇌 ··············· 59
脳 뇌 ··············· 70
尿 뇨 ·············· 222
能 능 ··············· 78
尼 니 ·············· 265
泥 니 ·············· 320
匿 닉 ·············· 258
溺 닉 ·············· 437

ㄷ

多 다 ··············· 37
茶 다 ·············· 163
丹 단 ·············· 419
但 단 ·············· 447
壇 단 ·············· 381
旦 단 ·············· 305
段 단 ··············· 17
短 단 ··············· 37
端 단 ·············· 231
鍛 단 ·············· 386
単 단 ·············· 196
団 단 ·············· 188
断 단 ··············· 64
達 달 ·············· 128
担 담 ··············· 92
胆 담 ·············· 221
曇 담 ··············· 34
淡 담 ·············· 424
談 담 ·············· 367
答 답 ·············· 150
踏 답 ·············· 258
唐 당 ·············· 445
堂 당 ·············· 233
糖 당 ·············· 399
党 당 ·············· 334
当 당 ·············· 203
代 대 ·············· 204
大 대 ··············· 37
待 대 ··············· 87
戴 대 ·············· 277
袋 대 ·············· 166
貸 대 ··············· 43
隊 대 ·············· 341
対 대 ··············· 65
帯 대 ·············· 166

台 대 ·············· 177
徳 덕 ··············· 79
倒 도 ··············· 92
刀 도 ·············· 339
到 도 ·············· 143
塗 도 ·············· 363
導 도 ·············· 150
島 도 ·············· 114
度 도 ·············· 195
徒 도 ·············· 379
悼 도 ·············· 286
挑 도 ·············· 340
桃 도 ·············· 399
渡 도 ·············· 143
賭 도 ·············· 359
跳 도 ·············· 386
逃 도 ·············· 341
途 도 ·············· 372
道 도 ·············· 143
都 도 ·············· 114
陶 도 ·············· 363
図 도 ·············· 135
盗 도 ·············· 119
稲 도 ·············· 329
毒 독 ·············· 390
督 독 ·············· 386
篤 독 ·············· 426
独 독 ··············· 77
読 독 ·············· 136
豚 돈 ·············· 311
頓 돈 ·············· 442
突 돌 ··············· 95
冬 동 ··············· 34
凍 동 ··············· 35
動 동 ··············· 93
同 동 ··············· 41
憧 동 ·············· 287

東 동 ·············· 49
棟 동 ·············· 230
洞 동 ·············· 324
瞳 동 ·············· 219
童 동 ·············· 224
胴 동 ·············· 223
銅 동 ·············· 320
働 동 ·············· 126
斗 두 ·············· 236
痘 두 ·············· 389
豆 두 ·············· 109
頭 두 ·············· 70
屯 둔 ·············· 440
鈍 둔 ·············· 426
得 득 ·············· 132
登 등 ·············· 167
等 등 ·············· 237
藤 등 ·············· 315
謄 등 ·············· 369
騰 등 ·············· 436
灯 등 ·············· 228

ㄹ

羅 라 ·············· 412
裸 라 ·············· 221
絡 락 ·············· 275
落 락 ·············· 192
樂 락 ·············· 57
酪 락 ·············· 330
卵 란 ·············· 164
欄 란 ·············· 367
辣 랄 ·············· 425
嵐 람 ·············· 307
濫 람 ·············· 436
藍 람 ·············· 419
覽 람 ·············· 289
拉 랍 ·············· 346

廊 랑 ·············· 228
朗 랑 ·············· 268
浪 랑 ·············· 358
郎 랑 ·············· 210
来 래 ·············· 142
冷 랭 ·············· 35
略 략 ·············· 196
糧 량 ·············· 402
良 량 ·············· 66
量 량 ·············· 175
涼 량 ·············· 33
両 량 ·············· 41
侶 려 ·············· 273
呂 려 ·············· 156
慮 려 ·············· 284
旅 려 ·············· 167
麗 려 ·············· 295
励 려 ·············· 243
戻 려 ·············· 372
力 력 ·············· 70
暦 력 ·············· 305
歴 력 ·············· 305
錬 련 ·············· 387
練 련 ·············· 151
連 련 ·············· 88
列 렬 ·············· 203
劣 렬 ·············· 297
烈 렬 ·············· 424
裂 렬 ·············· 342
廉 렴 ·············· 269
猟 렵 ·············· 387
令 령 ·············· 204
鈴 령 ·············· 409
零 령 ·············· 266
領 령 ·············· 114
靈 령 ·············· 265
齢 령 ·············· 236

例 례 ·············· 152
隷 례 ·············· 214
礼 례 ·············· 86
老 로 ·············· 76
虜 로 ·············· 341
路 로 ·············· 143
露 로 ·············· 326
労 로 ·············· 126
炉 로 ·············· 229
鹿 록 ·············· 311
麓 록 ·············· 326
緑 록 ·············· 184
録 록 ·············· 137
論 론 ·············· 139
弄 롱 ·············· 245
籠 롱 ·············· 245
滝 롱 ·············· 323
賂 뢰 ·············· 347
雷 뢰 ·············· 307
瀬 뢰 ·············· 326
頼 뢰 ·············· 86
了 료 ·············· 380
僚 료 ·············· 355
寮 료 ·············· 379
料 료 ·············· 162
療 료 ·············· 388
瞭 료 ·············· 420
竜 룡 ·············· 312
漏 루 ·············· 436
累 루 ·············· 236
塁 루 ·············· 387
楼 루 ·············· 230
涙 루 ·············· 59
柳 류 ·············· 315
流 류 ·············· 189
瑠 류 ·············· 365
留 류 ·············· 159

硫 류 ·············· 383
類 류 ·············· 175
陸 륙 ·············· 323
倫 륜 ·············· 334
輪 륜 ·············· 417
律 률 ·············· 344
慄 률 ·············· 283
隆 륭 ·············· 355
陵 릉 ·············· 324
利 리 ·············· 132
厘 리 ·············· 237
吏 리 ·············· 213
履 리 ·············· 397
梨 리 ·············· 399
理 리 ·············· 115
璃 리 ·············· 365
痢 리 ·············· 389
裏 리 ·············· 41
里 리 ·············· 332
離 리 ·············· 84
隣 린 ·············· 88
林 림 ·············· 101
臨 림 ·············· 247
立 립 ·············· 91
粒 립 ·············· 417

ㅁ

摩 마 ·············· 258
磨 마 ·············· 158
馬 마 ·············· 99
魔 마 ·············· 266
麻 마 ·············· 316
幕 막 ·············· 411
漠 막 ·············· 428
膜 막 ·············· 219
万 만 ·············· 24
慢 만 ·············· 268

晩 만 ········· 28	冥 명 ········· 420	茂 무 ········· 316	剝 박 ········· 401
漫 만 ········· 365	名 명 ········· 76	貿 무 ········· 145	伴 반 ········· 273
湾 만 ········· 323	命 명 ········· 170	霧 무 ········· 307	半 반 ········· 196
満 만 ········· 42	明 명 ········· 185	墨 묵 ········· 411	反 반 ········· 65
蛮 만 ········· 268	皿 명 ········· 178	黙 묵 ········· 269	搬 반 ········· 373
抹 말 ········· 259	銘 명 ········· 247	問 문 ········· 149	斑 반 ········· 417
末 말 ········· 53	鳴 명 ········· 289	文 문 ········· 134	班 반 ········· 381
亡 망 ········· 44	侮 모 ········· 244	紋 문 ········· 396	畔 반 ········· 326
妄 망 ········· 282	冒 모 ········· 246	聞 문 ········· 61	盤 반 ········· 409
忘 망 ········· 57	募 모 ········· 125	蚊 문 ········· 312	般 반 ········· 199
忙 망 ········· 42	帽 모 ········· 395	門 문 ········· 16	返 반 ········· 94
望 망 ········· 58	慕 모 ········· 288	物 물 ········· 16	頒 반 ········· 259
網 망 ········· 330	暮 모 ········· 13	味 미 ········· 162	飯 반 ········· 163
埋 매 ········· 321	某 모 ········· 449	尾 미 ········· 312	勃 발 ········· 335
妹 매 ········· 11	模 모 ········· 418	微 미 ········· 434	鉢 발 ········· 317
媒 매 ········· 276	母 모 ········· 10	未 미 ········· 66	抜 발 ········· 258
昧 매 ········· 420	毛 모 ········· 72	眉 미 ········· 219	発 발 ········· 128
枚 매 ········· 137	矛 모 ········· 339	米 미 ········· 109	髪 발 ········· 70
梅 매 ········· 102	耗 모 ········· 448	美 미 ········· 66	倣 방 ········· 381
罵 매 ········· 244	謀 모 ········· 247	謎 미 ········· 448	傍 방 ········· 231
買 매 ········· 174	貌 모 ········· 223	迷 미 ········· 246	坊 방 ········· 266
魅 매 ········· 269	木 목 ········· 26	弥 미 ········· 445	妨 방 ········· 246
売 매 ········· 174	牧 목 ········· 330	敏 민 ········· 439	房 방 ········· 447
毎 매 ········· 29	目 목 ········· 70	民 민 ········· 80	放 방 ········· 95
脈 맥 ········· 324	睦 목 ········· 274	密 밀 ········· 433	方 방 ········· 50
麦 맥 ········· 329	没 몰 ········· 437	蜜 밀 ········· 399	紡 방 ········· 396
猛 맹 ········· 424	夢 몽 ········· 156		肪 방 ········· 223
盲 맹 ········· 390	墓 묘 ········· 216	**ㅂ**	芳 방 ········· 289
盟 맹 ········· 336	妙 묘 ········· 438	博 박 ········· 379	訪 방 ········· 229
免 면 ········· 204	描 묘 ········· 135	拍 박 ········· 364	邦 방 ········· 336
勉 면 ········· 149	猫 묘 ········· 99	撲 박 ········· 342	防 방 ········· 95
眠 면 ········· 156	苗 묘 ········· 329	朴 박 ········· 79	倍 배 ········· 197
綿 면 ········· 395	畝 묘 ········· 329	泊 박 ········· 159	俳 배 ········· 365
面 면 ········· 182	務 무 ········· 126	縛 박 ········· 341	培 배 ········· 315
麺 면 ········· 398	武 무 ········· 339	舶 박 ········· 330	排 배 ········· 293
滅 멸 ········· 122	無 무 ········· 39	薄 박 ········· 239	杯 배 ········· 163
蔑 멸 ········· 244	舞 무 ········· 375	迫 박 ········· 437	背 배 ········· 72

賠 배 ············ 248
輩 배 ············ 273
配 배 ············ 145
陪 배 ············ 261
拜 배 ············ 277
伯 백 ············ 210
白 백 ············ 184
百 백 ············ 24
煩 번 ············ 285
番 번 ············ 53
繁 번 ············ 407
藩 번 ············ 333
翻 번 ············ 366
伐 벌 ············ 316
罰 벌 ············ 346
閥 벌 ············ 335
凡 범 ············ 412
帆 범 ············ 331
氾 범 ············ 413
汎 범 ············ 413
犯 범 ············ 119
範 범 ············ 200
法 법 ············ 119
壁 벽 ············ 230
璧 벽 ············ 357
癖 벽 ············ 269
弁 변 ············ 368
変 변 ············ 190
辺 변 ············ 49
別 별 ············ 84
丙 병 ············ 305
兵 병 ············ 341
柄 병 ············ 441
病 병 ············ 170
並 병 ············ 50
塀 병 ············ 230
倂 병 ············ 441

瓶 병 ············ 408
餅 병 ············ 398
保 보 ············ 107
報 보 ············ 138
普 보 ············ 196
補 보 ············ 197
譜 보 ············ 364
宝 보 ············ 177
歩 보 ············ 143
伏 복 ············ 250
僕 복 ············ 224
復 복 ············ 197
服 복 ············ 165
福 복 ············ 57
腹 복 ············ 72
複 복 ············ 196
覆 복 ············ 413
本 본 ············ 136
俸 봉 ············ 357
奉 봉 ············ 261
封 봉 ············ 261
峰 봉 ············ 232
棒 봉 ············ 176
縫 봉 ············ 396
蜂 봉 ············ 312
不 부 ············ 65
付 부 ············ 158
剖 부 ············ 389
副 부 ············ 199
否 부 ············ 65
夫 부 ············ 10
婦 부 ············ 10
富 부 ············ 131
府 부 ············ 332
扶 부 ············ 274
敷 부 ············ 229
浮 부 ············ 239

父 부 ············ 10
符 부 ············ 411
簿 부 ············ 368
腐 부 ············ 401
膚 부 ············ 221
訃 부 ············ 215
負 부 ············ 43
賦 부 ············ 336
赴 부 ············ 356
部 부 ············ 126
釜 부 ············ 400
阜 부 ············ 445
附 부 ············ 230
北 북 ············ 49
分 분 ············ 80
噴 분 ············ 436
墳 분 ············ 216
奔 분 ············ 439
奮 분 ············ 281
憤 분 ············ 282
盆 분 ············ 449
粉 분 ············ 190
紛 분 ············ 340
雰 분 ············ 375
仏 불 ············ 265
払 불 ············ 132
崩 붕 ············ 342
棚 붕 ············ 17
備 비 ············ 17
卑 비 ············ 214
妃 비 ············ 212
悲 비 ············ 58
扉 비 ············ 229
批 비 ············ 293
比 비 ············ 152
沸 비 ············ 400
碑 비 ············ 216

秘 비 ············ 60
肥 비 ············ 434
費 비 ············ 132
非 비 ············ 66
飛 비 ············ 91
鼻 비 ············ 71
泌 비 ············ 390
浜 빈 ············ 325
貧 빈 ············ 131
賓 빈 ············ 407
頻 빈 ············ 427
氷 빙 ············ 190

ㅅ

事 사 ············ 125
仕 사 ············ 125
糸 사 ············ 166
伺 사 ············ 277
似 사 ············ 182
使 사 ············ 157
史 사 ············ 115
司 사 ············ 127
唆 사 ············ 247
嗣 사 ············ 211
四 사 ············ 23
士 사 ············ 81
寺 사 ············ 205
射 사 ············ 261
師 사 ············ 150
思 사 ············ 56
捨 사 ············ 44
斜 사 ············ 434
査 사 ············ 120
死 사 ············ 13
沙 사 ············ 447
砂 사 ············ 105
社 사 ············ 115

私 사 ·············· 75
蛇 사 ·············· 311
詐 사 ·············· 346
詞 사 ·············· 367
謝 사 ·············· 59
賜 사 ·············· 278
赦 사 ·············· 348
邪 사 ·············· 282
飼 사 ·············· 312
卸 사 ·············· 407
写 사 ·············· 167
舎 사 ·············· 233
辞 사 ·············· 139
削 삭 ·············· 414
傘 산 ·············· 178
山 산 ·············· 106
散 산 ·············· 191
産 산 ·············· 12
算 산 ·············· 25
酸 산 ·············· 383
殺 살 ·············· 119
三 삼 ·············· 23
杉 삼 ·············· 316
森 삼 ·············· 101
挿 삽 ·············· 259
渋 삽 ·············· 398
上 상 ·············· 48
傷 상 ·············· 171
像 상 ·············· 363
償 상 ·············· 345
商 상 ·············· 174
喪 상 ·············· 216
常 상 ·············· 29
床 상 ·············· 229
想 상 ·············· 56
桑 상 ·············· 315
爽 상 ·············· 281

相 상 ·············· 85
祥 상 ·············· 295
箱 상 ·············· 176
詳 상 ·············· 196
象 상 ·············· 99
賞 상 ·············· 153
霜 상 ·············· 307
尚 상 ·············· 448
状 상 ·············· 188
塞 새 ·············· 259
璽 새 ·············· 369
索 색 ·············· 380
色 색 ·············· 184
牲 생 ·············· 274
生 생 ·············· 12
序 서 ·············· 53
庶 서 ·············· 213
徐 서 ·············· 427
暑 서 ·············· 33
書 서 ·············· 136
署 서 ·············· 233
西 서 ·············· 49
誓 서 ·············· 248
逝 서 ·············· 215
婿 서 ·············· 210
叙 서 ·············· 367
緒 서 ·············· 85
夕 석 ·············· 28
席 석 ·············· 150
惜 석 ·············· 283
昔 석 ·············· 28
析 석 ·············· 380
潟 석 ·············· 326
石 석 ·············· 105
釈 석 ·············· 380
仙 선 ·············· 266
先 선 ·············· 53

善 선 ·············· 66
宣 선 ·············· 368
扇 선 ·············· 410
旋 선 ·············· 260
線 선 ·············· 181
繕 선 ·············· 396
羨 선 ·············· 288
腺 선 ·············· 223
膳 선 ·············· 398
船 선 ·············· 110
選 선 ·············· 158
鮮 선 ·············· 401
禅 선 ·············· 266
舌 설 ·············· 71
設 설 ·············· 17
雪 설 ·············· 34
説 설 ·············· 152
繊 섬 ·············· 397
摂 섭 ·············· 401
渉 섭 ·············· 335
城 성 ·············· 230
姓 성 ·············· 225
性 성 ·············· 78
成 성 ·············· 126
星 성 ·············· 107
盛 성 ·············· 240
省 성 ·············· 246
聖 성 ·············· 286
誠 성 ·············· 286
醒 성 ·············· 247
声 성 ·············· 61
世 세 ·············· 115
勢 세 ·············· 249
洗 세 ·············· 165
細 세 ·············· 181
歳 세 ·············· 76
税 세 ·············· 359

召 소 ·············· 278
塑 소 ·············· 363
宵 소 ·············· 305
小 소 ·············· 37
少 소 ·············· 37
所 소 ·············· 19
掃 소 ·············· 158
昭 소 ·············· 445
沼 소 ·············· 323
消 소 ·············· 158
疎 소 ·············· 275
笑 소 ·············· 58
素 소 ·············· 78
紹 소 ·············· 87
訴 소 ·············· 345
遡 소 ·············· 247
咲 소 ·············· 101
巣 소 ·············· 313
焼 소 ·············· 164
騒 소 ·············· 439
俗 속 ·············· 374
束 속 ·············· 204
速 속 ·············· 198
属 속 ·············· 355
続 속 ·············· 42
孫 손 ·············· 11
損 손 ·············· 132
遜 손 ·············· 269
率 솔 ·············· 197
松 송 ·············· 102
訟 송 ·············· 345
送 송 ·············· 145
刷 쇄 ·············· 366
鎖 쇄 ·············· 410
砕 쇄 ·············· 343
衰 쇠 ·············· 239
修 수 ·············· 379

受 수 ·············· 94
囚 수 ·············· 348
垂 수 ·············· 435
守 수 ·············· 107
帥 수 ·············· 213
愁 수 ·············· 285
手 수 ·············· 71
授 수 ·············· 379
樹 수 ·············· 315
殊 수 ·············· 428
水 수 ·············· 26
狩 수 ·············· 260
睡 수 ·············· 374
秀 수 ·············· 270
羞 수 ·············· 287
袖 수 ·············· 395
誰 수 ·············· 76
輸 수 ·············· 145
遂 수 ·············· 356
酬 수 ·············· 244
需 수 ·············· 359
須 수 ·············· 448
首 수 ·············· 71
收 수 ·············· 132
寿 수 ·············· 215
捜 수 ·············· 347
数 수 ·············· 25
獣 수 ·············· 313
痩 수 ·············· 441
穂 수 ·············· 329
粋 수 ·············· 404
随 수 ·············· 276
髄 수 ·············· 223
叔 숙 ·············· 210
塾 숙 ·············· 381
宿 숙 ·············· 381
淑 숙 ·············· 438

熟 숙 ·············· 381
粛 숙 ·············· 438
巡 순 ·············· 376
循 순 ·············· 441
旬 순 ·············· 305
殉 순 ·············· 249
唇 순 ·············· 220
盾 순 ·············· 339
瞬 순 ·············· 30
純 순 ·············· 403
順 순 ·············· 53
術 술 ·············· 134
述 술 ·············· 137
崇 숭 ·············· 249
膝 슬 ·············· 222
拾 습 ·············· 44
習 습 ·············· 149
襲 습 ·············· 343
湿 습 ·············· 35
僧 승 ·············· 265
勝 승 ·············· 43
升 승 ·············· 238
承 승 ·············· 278
昇 승 ·············· 192
乗 승 ·············· 144
縄 승 ·············· 409
侍 시 ·············· 213
始 시 ·············· 52
市 시 ·············· 113
施 시 ·············· 275
是 시 ·············· 295
時 시 ·············· 27
矢 시 ·············· 339
示 시 ·············· 65
視 시 ·············· 61
試 시 ·············· 149
詩 시 ·············· 136

柿 시 ·············· 399
式 식 ·············· 13
息 식 ·············· 170
拭 식 ·············· 403
植 식 ·············· 102
殖 식 ·············· 314
識 식 ·············· 150
食 식 ·············· 162
飾 식 ·············· 95
伸 신 ·············· 132
信 신 ·············· 86
娠 신 ·············· 215
新 신 ·············· 39
申 신 ·············· 277
神 신 ·············· 205
紳 신 ·············· 225
腎 신 ·············· 221
臣 신 ·············· 213
薪 신 ·············· 316
身 신 ·············· 80
辛 신 ·············· 162
迅 신 ·············· 427
慎 신 ·············· 285
失 실 ·············· 157
室 실 ·············· 20
実 실 ·············· 101
審 심 ·············· 246
尋 심 ·············· 260
心 심 ·············· 56
深 심 ·············· 44
甚 심 ·············· 425
芯 심 ·············· 408
十 십 ·············· 24
双 쌍 ·············· 224
氏 씨 ·············· 76

ㅇ

我 아 ·············· 225
牙 아 ·············· 220
芽 아 ·············· 101
雅 아 ·············· 295
餓 아 ·············· 360
亜 아 ·············· 334
児 아 ·············· 224
岳 악 ·············· 324
握 악 ·············· 94
顎 악 ·············· 219
悪 악 ·············· 67
安 안 ·············· 188
岸 안 ·············· 325
案 안 ·············· 204
眼 안 ·············· 219
顔 안 ·············· 70
謁 알 ·············· 277
岩 암 ·············· 105
暗 암 ·············· 185
闇 암 ·············· 420
押 압 ·············· 93
圧 압 ·············· 93
仰 앙 ·············· 249
央 앙 ·············· 50
哀 애 ·············· 285
崖 애 ·············· 324
愛 애 ·············· 58
曖 애 ·············· 246
涯 애 ·············· 216
挨 애 ·············· 273
厄 액 ·············· 267
液 액 ·············· 189
額 액 ·············· 219
桜 앵 ·············· 102
冶 야 ·············· 320

夜 야 …… 28	逆 역 …… 50	鋭 예 …… 426	要 요 …… 67
野 야 …… 106	訳 역 …… 138	芸 예 …… 134	摇 요 …… 436
弱 약 …… 38	駅 역 …… 113	五 오 …… 23	謡 요 …… 364
約 약 …… 196	宴 연 …… 374	傲 오 …… 268	欲 욕 …… 58
若 약 …… 76	延 연 …… 304	午 오 …… 28	浴 욕 …… 156
躍 약 …… 386	沿 연 …… 323	悟 오 …… 283	辱 욕 …… 244
薬 약 …… 170	演 연 …… 134	汚 오 …… 190	冗 용 …… 297
揚 양 …… 435	然 연 …… 106	誤 오 …… 296	勇 용 …… 245
洋 양 …… 332	恋 연 …… 58	呉 오 …… 448	容 용 …… 176
瘍 양 …… 390	煙 연 …… 164	奥 오 …… 231	庸 용 …… 287
羊 양 …… 99	燃 연 …… 441	娯 오 …… 281	湧 용 …… 436
陽 양 …… 185	軟 연 …… 424	屋 옥 …… 20	溶 용 …… 433
養 양 …… 379	鉛 연 …… 321	沃 옥 …… 326	用 용 …… 157
壤 양 …… 320	研 연 …… 152	獄 옥 …… 348	踊 용 …… 167
嬢 양 …… 210	縁 연 …… 273	玉 옥 …… 177	偶 우 …… 273
様 양 …… 182	熱 열 …… 198	穏 온 …… 439	優 우 …… 78
譲 양 …… 295	悦 열 …… 281	温 온 …… 198	又 우 …… 447
醸 양 …… 401	閲 열 …… 368	擁 옹 …… 249	友 우 …… 76
御 어 …… 278	染 염 …… 389	翁 옹 …… 225	右 우 …… 48
漁 어 …… 330	炎 염 …… 427	渦 와 …… 436	宇 우 …… 107
語 어 …… 138	艶 염 …… 269	瓦 와 …… 228	愚 우 …… 268
魚 어 …… 109	塩 염 …… 164	完 완 …… 196	憂 우 …… 286
億 억 …… 24	葉 엽 …… 102	宛 완 …… 373	牛 우 …… 99
憶 억 …… 284	影 영 …… 185	玩 완 …… 374	羽 우 …… 100
抑 억 …… 243	映 영 …… 134	緩 완 …… 427	芋 우 …… 399
臆 억 …… 268	永 영 …… 29	腕 완 …… 71	虞 우 …… 285
言 언 …… 138	泳 영 …… 93	頑 완 …… 426	遇 우 …… 273
俺 엄 …… 224	英 영 …… 151	往 왕 …… 144	郵 우 …… 145
厳 엄 …… 79	詠 영 …… 369	旺 왕 …… 355	隅 우 …… 231
業 입 …… 109	迎 영 …… 87	王 왕 …… 80	雨 우 …… 34
余 어 …… 192	営 영 …… 127	外 외 …… 49	運 운 …… 145
如 여 …… 448	栄 영 …… 115	畏 외 …… 283	雲 운 …… 35
与 여 …… 94	刈 예 …… 329	凹 요 …… 417	韻 운 …… 367
域 역 …… 114	詣 예 …… 267	妖 요 …… 267	鬱 울 …… 286
役 역 …… 128	予 예 …… 30	曜 요 …… 27	熊 웅 …… 313
易 역 …… 38	預 예 …… 358	窯 요 …… 411	雄 웅 …… 313
疫 역 …… 389	誉 예 …… 250	腰 요 …… 72	円 원 …… 181

元원 ············ 205	愉유 ············ 281	義의 ············ 65	ㅈ		
原원 ············ 107	有유 ············· 39	衣의 ············ 395	刺자 ············· 94		
員원 ············ 125	柔유 ············ 189	議의 ············ 139	姉자 ············· 11		
園원 ············· 19	油유 ············ 164	医의 ············ 170	姿자 ············· 91		
垣원 ············ 230	猶유 ············ 346	二이 ············· 23	子자 ············· 11		
媛원 ············ 225	由유 ············ 203	以이 ············ 199	字자 ············ 136		
怨원 ············ 282	癒유 ············ 390	異이 ············· 41	恣자 ············ 269		
援원 ············ 274	維유 ············ 344	移이 ············ 142	慈자 ············ 270		
源원 ············ 325	裕유 ············ 358	耳이 ············· 71	滋자 ············ 402		
猿원 ············· 99	誘유 ············· 67	餌이 ············ 313	煮자 ············ 400		
遠원 ············· 39	諭유 ············ 296	弍이 ············ 237	磁자 ············ 383		
院원 ············· 19	遊유 ············ 157	益익 ············ 132	紫자 ············ 419		
願원 ············· 58	遺유 ············ 257	翌익 ············· 29	者자 ············· 75		
月월 ············· 26	六육 ············· 23	翼익 ············ 313	自자 ············ 106		
越월 ············ 413	肉육 ············ 163	人인 ············· 75	茨자 ············ 316		
位위 ············· 50	育육 ············ 151	仁인 ············ 270	諮자 ············ 276		
偉위 ············ 296	潤윤 ············ 433	刃인 ············ 339	資자 ············ 131		
危위 ············ 188	融융 ············ 437	印인 ············ 136	雌자 ············ 313		
委위 ············ 275	恩은 ············· 86	咽인 ············ 220	作작 ············ 157		
威위 ············ 248	銀은 ············ 105	因인 ············ 204	昨작 ············· 29		
尉위 ············ 213	隱은 ············· 95	姻인 ············ 215	爵작 ············ 213		
慰위 ············ 274	乙을 ············ 225	引인 ············· 93	酌작 ············ 401		
緯위 ············ 333	吟음 ············ 369	忍인 ············ 244	棧잔 ············ 230		
胃위 ············· 73	淫음 ············ 245	認인 ············· 64	殘잔 ············ 158		
萎위 ············ 439	陰음 ············ 420	一일 ············· 23	蠶잠 ············ 396		
衛위 ············ 249	音음 ············· 61	日일 ············· 26	暫잠 ············ 305		
違위 ············ 120	飮음 ············ 162	逸일 ············ 261	潛잠 ············ 437		
僞위 ············ 297	泣읍 ············· 59	壹일 ············ 237	雜잡 ············ 190		
圍위 ············ 200	凝응 ············ 440	任임 ············ 127	丈장 ············ 189		
爲위 ············ 257	応응 ············ 125	妊임 ············ 215	匠장 ············ 364		
乳유 ············ 163	依의 ············ 275	賃임 ············ 356	場장 ············· 19		
儒유 ············ 381	儀의 ············· 13	入입 ············· 38	帳장 ············ 368		
唯유 ············ 237	宜의 ············ 295	剩잉 ············ 436	張장 ············ 203		
喩유 ············ 368	意의 ············· 64		掌장 ············ 220		
幼유 ············ 224	擬의 ············ 441		章장 ············ 137		
幽유 ············ 266	椅의 ············ 411		粧장 ············ 404		
悠유 ············ 439	疑의 ············· 60				

腸 장 ············ 221	積 적 ············ 191	井 정 ············ 323	剤 제 ············ 389
葬 장 ············ 216	笛 적 ············ 364	亭 정 ············ 233	斉 제 ············ 243
長 장 ············ 37	籍 적 ············ 366	停 정 ············ 372	済 제 ············ 131
障 장 ············ 293	績 적 ············ 356	偵 정 ············ 344	兆 조 ············ 24
装 장 ············ 395	賊 적 ············ 347	呈 정 ············ 277	助 조 ············ 85
壮 장 ············ 432	赤 적 ············ 184	定 정 ············ 64	嘲 조 ············ 245
奨 장 ············ 380	跡 적 ············ 374	庭 정 ············ 17	弔 조 ············ 216
将 장 ············ 30	適 적 ············ 191	廷 정 ············ 233	彫 조 ············ 363
臓 장 ············ 221	全 전 ············ 199	征 정 ············ 341	措 조 ············ 447
荘 장 ············ 432	典 전 ············ 138	情 정 ············ 56	操 조 ············ 257
蔵 장 ············ 228	前 전 ············ 52	政 정 ············ 116	早 조 ············ 40
再 재 ············ 197	展 전 ············ 128	整 정 ············ 403	曹 조 ············ 345
在 재 ············ 188	栓 전 ············ 408	晶 정 ············ 421	朝 조 ············ 27
宰 재 ············ 213	殿 전 ············ 213	正 정 ············ 65	槽 조 ············ 408
才 재 ············ 78	煎 전 ············ 400	町 정 ············ 113	潮 조 ············ 323
材 재 ············ 162	田 전 ············ 109	程 정 ············ 195	照 조 ············ 420
栽 재 ············ 315	箋 전 ············ 410	精 정 ············ 191	燥 조 ············ 307
災 재 ············ 108	詮 전 ············ 380	艇 정 ············ 373	爪 조 ············ 220
裁 재 ············ 345	電 전 ············ 185	訂 정 ············ 367	眺 조 ············ 290
財 재 ············ 131	伝 전 ············ 138	貞 정 ············ 270	祖 조 ············ 10
載 재 ············ 367	填 전 ············ 261	錠 정 ············ 229	租 조 ············ 359
斎 재 ············ 229	専 전 ············ 151	頂 정 ············ 232	粗 조 ············ 432
争 쟁 ············ 121	戦 전 ············ 121	丼 정 ············ 398	組 조 ············ 126
低 저 ············ 39	転 전 ············ 91	浄 정 ············ 403	繰 조 ············ 261
底 저 ············ 50	銭 전 ············ 359	静 정 ············ 192	藻 조 ············ 330
抵 저 ············ 293	切 절 ············ 94	制 제 ············ 120	詔 조 ············ 369
狙 저 ············ 248	折 절 ············ 94	堤 제 ············ 333	調 조 ············ 152
箸 저 ············ 178	節 절 ············ 34	帝 제 ············ 212	造 조 ············ 18
著 저 ············ 366	絶 절 ············ 94	弟 제 ············ 11	遭 조 ············ 345
貯 저 ············ 358	窃 절 ············ 347	提 제 ············ 96	釣 조 ············ 375
邸 저 ············ 229	占 점 ············ 412	祭 제 ············ 13	阻 조 ············ 293
嫡 적 ············ 211	店 점 ············ 174	第 제 ············ 53	鳥 조 ············ 99
寂 적 ············ 284	漸 점 ············ 427	製 제 ············ 174	条 조 ············ 344
摘 적 ············ 259	点 점 ············ 181	諸 제 ············ 236	族 족 ············ 10
敵 적 ············ 340	粘 점 ············ 433	除 제 ············ 200	足 족 ············ 72
滴 적 ············ 433	接 접 ············ 50	際 제 ············ 84	存 존 ············ 188
的 적 ············ 203	丁 정 ············ 248	題 제 ············ 136	尊 존 ············ 86

卒 졸	153	俊 준	270	直 직	182	着 착	165
拙 졸	297	准 준	336	織 직	397	錯 착	283
宗 종	266	準 준	428	職 직	125	贊 찬	65
種 종	101	遵 준	344	振 진	435	刹 찰	306
終 종	52	中 중	48	津 진	322	察 찰	120
腫 종	390	仲 중	85	珍 진	295	擦 찰	388
踪 종	346	衆 중	225	診 진	388	札 찰	358
鐘 종	408	重 중	37	進 진	41	捌 찰	274
從 종	249	即 즉	304	陣 진	341	斬 참	343
縱 종	231	汁 즙	398	陳 진	367	參 참	126
佐 좌	276	憎 증	296	震 진	435	慘 참	285
左 좌	48	曾 증	210	尽 진	425	倉 창	228
座 좌	91	症 증	390	真 진	195	創 창	281
挫 좌	388	蒸 증	400	鎮 진	390	唱 창	365
罪 죄	119	贈 증	87	叱 질	296	彰 창	382
主 주	195	增 증	42	嫉 질	287	窓 창	16
住 주	16	証 증	120	疾 질	388	債 채	359
呪 주	266	地 지	105	秩 질	334	彩 채	419
周 주	332	志 지	57	窒 질	383	採 채	260
奏 주	364	持 지	157	質 질	175	菜 채	163
宙 주	107	指 지	72	迭 질	357	采 채	447
州 주	332	摯 지	250	朕 짐	212	冊 책	137
朱 주	419	支 지	86	執 집	257	柵 책	230
柱 주	17	旨 지	287	集 집	167	策 책	116
株 주	355	枝 지	102	懲 징	345	責 책	296
注 주	158	止 지	42	澄 징	403	凄 처	425
珠 주	397	池 지	322	徵 징	78	妻 처	10
舟 주	110	漬 지	400			処 처	357
走 주	143	知 지	150	**ㅊ**		尺 척	236
週 주	27	祉 지	335	且 차	447	戚 척	211
酎 주	401	紙 지	176	借 차	43	拓 척	258
酒 주	163	肢 지	222	差 차	185	斥 척	294
駐 주	372	脂 지	222	次 차	53	脊 척	223
肘 주	222	至 지	428	車 차	143	隻 척	238
昼 주	27	芝 지	326	遮 차	261	捗 척	355
鋳 주	410	誌 지	136	捉 착	259	千 천	24
竹 죽	102	遅 지	40	搾 착	259	天 천	33

川 천 ·············· 106
泉 천 ·············· 322
薦 천 ·············· 294
遷 천 ·············· 335
浅 천 ··············· 43
践 천 ·············· 259
凸 철 ·············· 417
哲 철 ·············· 381
徹 철 ·············· 261
撤 철 ·············· 294
鉄 철 ·············· 320
添 첨 ·············· 428
貼 첨 ·············· 260
畳 첩 ··············· 16
晴 청 ··············· 34
請 청 ·············· 294
庁 청 ·············· 233
清 청 ··············· 44
聴 청 ··············· 61
青 청 ·············· 184
替 체 ·············· 376
体 체 ··············· 70
締 체 ·············· 258
諦 체 ·············· 246
逮 체 ·············· 347
滞 체 ·············· 441
逓 체 ·············· 373
初 초 ··············· 52
抄 초 ·············· 369
招 초 ··············· 87
焦 초 ·············· 247
硝 초 ·············· 383
礁 초 ·············· 330
礎 초 ·············· 379
秒 초 ··············· 27
肖 초 ·············· 441
草 초 ·············· 101

超 초 ·············· 412
酢 초 ·············· 383
促 촉 ·············· 247
嘱 촉 ·············· 275
触 촉 ··············· 62
寸 촌 ·············· 429
村 촌 ·············· 113
塚 총 ·············· 216
銃 총 ·············· 340
総 총 ·············· 413
撮 촬 ·············· 167
催 최 ·············· 260
最 최 ·············· 195
墜 추 ·············· 437
抽 추 ·············· 449
推 추 ·············· 294
椎 추 ·············· 223
秋 추 ··············· 34
追 추 ··············· 96
醜 추 ·············· 296
枢 추 ·············· 427
畜 축 ·············· 313
祝 축 ··············· 87
築 축 ··············· 18
縮 축 ·············· 240
蓄 축 ·············· 358
蹴 축 ·············· 386
軸 축 ·············· 414
逐 축 ·············· 343
春 춘 ··············· 33
出 출 ··············· 38
充 충 ·············· 197
虫 충 ·············· 100
忠 충 ·············· 287
沖 충 ·············· 322
衝 충 ·············· 437
衷 충 ·············· 286

取 취 ··············· 93
吹 취 ··············· 35
就 취 ·············· 125
炊 취 ·············· 400
臭 취 ·············· 289
趣 취 ·············· 167
酔 취 ·············· 163
側 측 ··············· 49
測 측 ·············· 237
層 층 ·············· 214
値 치 ·············· 175
恥 치 ··············· 60
治 치 ·············· 116
痴 치 ·············· 268
稚 치 ·············· 224
緻 치 ·············· 426
置 치 ··············· 50
致 치 ·············· 277
歯 치 ··············· 71
則 칙 ·············· 344
勅 칙 ·············· 369
親 친 ··············· 11
七 칠 ··············· 23
漆 칠 ·············· 363
侵 침 ·············· 245
枕 침 ·············· 411
沈 침 ·············· 239
浸 침 ·············· 433
針 침 ·············· 166
寝 침 ·············· 156
称 칭 ·············· 275

ㅋ

快 쾌 ··············· 57

ㅌ

他 타 ··············· 77

唾 타 ·············· 220
妥 타 ·············· 356
惰 타 ·············· 270
打 타 ··············· 95
堕 타 ·············· 437
卓 탁 ·············· 270
濁 탁 ··············· 44
濯 탁 ·············· 165
託 탁 ·············· 275
嘆 탄 ·············· 285
炭 탄 ·············· 321
綻 탄 ·············· 343
誕 탄 ··············· 12
弾 탄 ·············· 440
奪 탈 ·············· 347
脱 탈 ·············· 165
探 탐 ·············· 152
貪 탐 ·············· 288
塔 탑 ·············· 228
搭 탑 ·············· 373
湯 탕 ·············· 164
太 태 ·············· 181
怠 태 ·············· 269
態 태 ·············· 188
汰 태 ·············· 447
泰 태 ·············· 434
胎 태 ·············· 215
駄 태 ·············· 297
択 택 ·············· 375
沢 택 ·············· 440
宅 택 ··············· 16
吐 토 ·············· 375
土 토 ··············· 26
討 토 ·············· 368
痛 통 ·············· 171
筒 통 ·············· 409
統 통 ·············· 116

通 통 ············ 142	弊 폐 ············ 278	必 필 ············ 67	該 해 ············ 414
堆 퇴 ············ 329	肺 폐 ············ 221	筆 필 ············ 137	諧 해 ············ 369
退 퇴 ············ 41	蔽 폐 ············ 248	乏 핍 ············ 360	骸 해 ············ 223
妬 투 ············ 287	閉 폐 ············ 40		劾 핵 ············ 335
投 투 ············ 386	陛 폐 ············ 212	**ㅎ**	核 핵 ············ 339
透 투 ············ 433	廢 폐 ············ 336	下 하 ············ 48	幸 행 ············ 57
鬪 투 ············ 340	包 포 ············ 95	何 하 ············ 175	行 행 ············ 142
特 특 ············ 78	哺 포 ············ 311	夏 하 ············ 34	享 향 ············ 449
	布 포 ············ 166	河 하 ············ 322	向 향 ············ 51
ㅍ	怖 포 ············ 60	荷 하 ············ 408	響 향 ············ 62
婆 파 ············ 225	抱 포 ············ 257	賀 하 ············ 281	香 향 ············ 62
把 파 ············ 380	捕 포 ············ 348	嚇 하 ············ 282	鄕 향 ············ 332
波 파 ············ 106	泡 포 ············ 417	虐 학 ············ 244	許 허 ············ 67
派 파 ············ 334	浦 포 ············ 322	鶴 학 ············ 312	虛 허 ············ 284
破 파 ············ 121	砲 포 ············ 340	學 학 ············ 149	憲 헌 ············ 344
罷 파 ············ 357	胞 포 ············ 222	寒 한 ············ 33	軒 헌 ············ 228
判 판 ············ 64	褒 포 ············ 294	恨 한 ············ 282	獻 헌 ············ 335
坂 판 ············ 324	飽 포 ············ 440	汗 한 ············ 73	險 험 ············ 188
板 판 ············ 409	舖 포 ············ 407	漢 한 ············ 334	驗 험 ············ 149
版 판 ············ 366	幅 폭 ············ 200	閑 한 ············ 439	革 혁 ············ 165
販 판 ············ 174	暴 폭 ············ 121	限 한 ············ 200	弦 현 ············ 409
阪 판 ············ 446	爆 폭 ············ 121	韓 한 ············ 334	懸 현 ············ 248
八 팔 ············ 24	標 표 ············ 356	割 할 ············ 200	玄 현 ············ 448
唄 패 ············ 364	漂 표 ············ 435	轄 할 ············ 336	現 현 ············ 29
敗 패 ············ 121	票 표 ············ 116	含 함 ············ 200	舷 현 ············ 331
覇 패 ············ 343	表 표 ············ 41	艦 함 ············ 341	賢 현 ············ 268
貝 패 ············ 109	俵 표 ············ 411	陷 함 ············ 437	縣 현 ············ 113
膨 팽 ············ 240	品 품 ············ 174	合 합 ············ 200	顯 현 ············ 426
便 편 ············ 145	豊 풍 ············ 131	恒 항 ············ 305	穴 혈 ············ 448
偏 편 ············ 435	風 풍 ············ 35	抗 항 ············ 293	血 혈 ············ 73
片 편 ············ 41	彼 피 ············ 75	港 항 ············ 113	嫌 혐 ············ 66
編 편 ············ 396	披 피 ············ 250	航 항 ············ 373	協 협 ············ 85
遍 편 ············ 412	疲 피 ············ 290	項 항 ············ 380	脅 협 ············ 245
坪 평 ············ 238	皮 피 ············ 399	害 해 ············ 119	脇 협 ············ 220
平 평 ············ 191	被 피 ············ 345	楷 해 ············ 368	峽 협 ············ 323
評 평 ············ 64	避 피 ············ 243	海 해 ············ 106	挾 협 ············ 231
幣 폐 ············ 358	匹 필 ············ 204	解 해 ············ 152	狹 협 ············ 199

473

頰협 ·············· 219
兄형 ·············· 11
刑형 ·············· 346
型형 ·············· 183
形형 ·············· 182
衡형 ·············· 435
螢형 ·············· 312
桁형 ·············· 237
惠혜 ·············· 150
互호 ·············· 85
呼호 ·············· 137
好호 ·············· 66
弧호 ·············· 417
湖호 ·············· 322
虎호 ·············· 311
護호 ·············· 107
豪호 ·············· 270
号호 ·············· 25
戸호 ·············· 16
惑혹 ·············· 285
酷혹 ·············· 425
婚혼 ·············· 12
混혼 ·············· 434
魂혼 ·············· 265
洪홍 ·············· 325
紅홍 ·············· 185
虹홍 ·············· 325
化화 ·············· 134
和화 ·············· 85
火화 ·············· 26
禍화 ·············· 267
花화 ·············· 101
華화 ·············· 439
話화 ·············· 138
貨화 ·············· 358
靴화 ·············· 165
画화 ·············· 135

確확 ·············· 196
穫확 ·············· 330
拡확 ·············· 199
丸환 ·············· 181
喚환 ·············· 262
幻환 ·············· 266
患환 ·············· 388
換환 ·············· 376
環환 ·············· 107
還환 ·············· 260
歓환 ·············· 57
活활 ·············· 156
滑활 ·············· 250
慌황 ·············· 283
況황 ·············· 442
皇황 ·············· 212
荒황 ·············· 424
黄황 ·············· 184
回회 ·············· 93
悔회 ·············· 286
灰회 ·············· 190
賄회 ·············· 347
栃회 ·············· 445
会회 ·············· 84
懐회 ·············· 284
絵회 ·············· 135
獲획 ·············· 356
横횡 ·············· 231
孝효 ·············· 274
酵효 ·············· 383
効효 ·············· 170
暁효 ·············· 305
侯후 ·············· 212
候후 ·············· 307
厚후 ·············· 239
后후 ·············· 212
喉후 ·············· 71

嗅후 ·············· 289
後후 ·············· 52
朽후 ·············· 434
訓훈 ·············· 151
勲훈 ·············· 335
薫훈 ·············· 289
毀훼 ·············· 342
彙휘 ·············· 368
揮휘 ·············· 355
輝휘 ·············· 420
休휴 ·············· 157
携휴 ·············· 374
凶흉 ·············· 239
胸흉 ·············· 72
黒흑 ·············· 184
痕흔 ·············· 389
吸흡 ·············· 171
興흥 ·············· 44
喜희 ·············· 57
希희 ·············· 58
姬희 ·············· 212
戯희 ·············· 262
犠희 ·············· 274
詰힐 ·············· 438

峠 일본한자 ······· 324
込 일본한자 ······· 448
畑 일본한자 ······· 109
枠 일본한자 ······· 409

MEMO

MEMO

■ 김지연

인하대학교를 졸업하고 2004년부터 현재까지 시사일본어학원에서 일본어를 가르치고 있다. 다양한 레벨의 수업을 맡아오며, 학생들이 가장 어려워하는 한자를 좀더 일기 쉽고 재미있게 알려주고자 하는 마음에서 책 집필에 이르렀다.

현재는 일본어를 가르치는 강사로서 그리고 일본문학을 알리는 번역가로서 다양한 활동을 하고 있다.

착! 붙는 일본어

상용한자
2136

초판발행	2024년 3월 5일
1판 2쇄	2024년 5월 30일

저자	김지연
책임 편집	조은형, 김성은, 오은정, 무라야마 토시오
펴낸이	엄태상
디자인	권진희, 이건화
콘텐츠 제작	김선웅, 장형진
마케팅	이승욱, 왕성석, 노원준, 조성민, 이선민
경영기획	조성근, 최성훈, 김다미, 최수진, 오희연
물류	정종진, 윤덕현, 신승진, 구윤주

펴낸곳	시사일본어사(시사북스)
주소	서울시 종로구 자하문로 300 시사빌딩
주문 및 교재 문의	1588-1582
팩스	0502-989-9592
홈페이지	www.sisabooks.com
이메일	book_japanese@sisadream.com
등록일자	1977년 12월 24일
등록번호	제 300-2014-31호

ISBN 978-89-402-9393-5 13730

착! 붙는 일본어

상용한자
2136

쓰기 노트

시사일본어사

一	一	一	一			
한 일						

右	乍 ナ 才 右 右					
오른쪽 우	右	右				

雨	雨 雨 雨 雨 雨 雨 雨 雨					
비 우	雨	雨				

円	円 円 円 円					
둥글 원	円	円				

王	王 王 王 王					
임금 왕	王	王				

音	音 音 音 音 音 音 音 音 音					
소리 음	音	音				

下	下 下 下					
아래 하	下	下				

火	火 火 火 火					
불 화	火	火				

花 꽃 화	花花花花花花花	花	花			
貝 조개 패	貝 貝 貝 貝 貝 貝 貝	貝	貝			
学 배울 학	学 学 学 学 学 学 学 学	学	学			
気 기운 기	気 気 気 気 気 気	気	気			
九 아홉 구	九 九	九	九			
休 쉴 휴	休 休 什 什 休 休	休	休			
玉 구슬 옥	玉 玉 玉 玉 玉	玉	玉			
金 성금/쇠금	金 金 金 金 全 金 金 金	金	金			

空 빌 공	空空空空空空空空				
	空	空			

月 달 월	月月月月				
	月	月			

犬 개 견	犬犬犬犬				
	犬	犬			

見 볼 견	見見見見見見見				
	見	見			

五 다섯 오	五五五五				
	五	五			

口 입 구	口口口				
	口	口			

校 학교 교	校校校校校校校校校校				
	校	校			

左 왼 좌	左左左左左				
	左	左			

三 석 삼	三 三 三					

山 메 산	山 山 山					

子 아들 자	子 子 子					

四 넉 사	四 四 四 四 四					

糸 실 사	糸 糸 糸 糸 糸 糸					

字 글자 자	字 字 字 字 字 字					

耳 귀 이	耳 耳 耳 耳 耳 耳					

七 일곱 칠	七 七					

車					
수레 거 / 수레 차	車車市車車車車				

車 車

手					
손 수	手手手手				

手 手

十					
열 십	十 十				

十 十

出					
날 출	出 出 出 出 出				

出 出

女					
계집 녀	女 女 女				

女 女

小					
작을 소	小 小 小				

小 小

上					
위 상	上 上 上				

上 上

森					
숲 삼	森森森森森森森森森森森森				

森 森

人	人人					
사람 인	人	人				

水	水水水水					
물 수	水	水				

正	正正正正正					
바를 정	正	正				

生	生生生生生					
날 생	生	生				

青	青青青青青青青青					
푸를 청	青	青				

夕	クタタ					
저녁 석	夕	夕				

石	石石石石石					
돌 석	石	石				

赤	赤赤赤赤赤赤赤					
붉을 적	赤	赤				

千	千千千					
일천 천	千	千				

川	川川川					
내 천	川	川				

先	先先先先先先					
먼저 선	先	先				

早	早早早早早早					
일찍 조	早	早				

草	草草草草草草草草草草					
풀 초	草	草				

足	足足足足足足足					
발 족	足	足				

村	村村村村村村村					
마을 촌	村	村				

大	大大大					
클 대	大	大				

男
사내 남

男男男男男男男

男　男

竹
대 죽

竹竹竹竹竹竹

竹　竹

中
가운데 중

中中中中

中　中

虫
벌레 충

虫虫虫虫虫虫

虫　虫

町
밭두둑 정

町町町町町町町

町　町

天
하늘 천

天天天天

天　天

田
밭 전

田田田田田

田　田

土
흙 토

土土土

土　土

二 두 이	二 二					
	二	二				

日 날 일	日 冂 日 日					
	日	日				

入 들 입	入 入					
	入	入				

年 해 년(연)	年 年 年 年 年 年					
	年	年				

白 흰 백	白 白 白 白 白					
	白	白				

八 여덟 팔	八 八					
	八	八				

百 일백 백	百 百 百 百 百 百					
	百	百				

文 글월 문	文 文 文 文					
	文	文				

木	
나무 목	

一 十 才 木

本	
근본 본	

一 十 才 木 本

名	
이름 명	

夕 夕 夕 名 名 名

目	
눈 목	

日 冂 月 月 目

立	
설 립	

立 立 立 立 立

力	
힘 력	

フ カ

林	
수풀 림	

林 林 林 林 村 村 林 林

六	
여섯 륙(육)	

六 六 六 六

引 끌 인	引 引 引 引 引 引				

羽 깃 우	羽 羽 羽 羽 羽 羽 羽 羽				

雲 구름 운	雲 雲 雲 雲 雲 雲 雲 雲 雲 雲 雲 雲 雲 雲				

園 동산 원	園 園 園 園 園 園 園 園 園 園 園 園 園 園 園				

遠 멀 원	遠 遠 遠 遠 遠 遠 遠 遠 遠 遠 遠 遠 遠 遠				

何 어찌 하	何 何 何 何 何 何 何 何 何				

科 과목 과	科 科 科 科 科 科 科 科 科 科 科				

夏 여름 하	夏 夏 夏 夏 夏 夏 夏 夏 夏 夏 夏 夏				

家 家 家 宋 宋 宇 穿 家 家 家
家 집 가
家 家

歌 歌 歌 歌 歌 歌 歌 歌 歌 歌 歌 歌 歌 歌
歌 노래 가
歌 歌

画 画 币 币 面 面 画 画
画 그림 화 / 그을 획
画 画

回 冂 冋 冋 回 回
回 돌아올 회
回 回

会 会 会 会 会 会
会 모을 회
会 会

海 海 海 海 海 海 海 海 海
海 바다 해
海 海

絵 絵 絵 絵 絵 絵 絵 絵 絵 絵 絵
絵 그림 회
絵 絵

外 夕 夕 外 外
外 바깥 외
外 外

角 뿔 각	角角角角角角角 角 角				
楽 즐길 락	楽楽楽楽楽楽楽楽楽楽楽楽楽 楽 楽				
活 살릴 활 / 살 활	活活活活活活活活活 活 活				
間 사이 간	間間間間間間間間間間間間 間 間				
丸 둥글 환	九九丸 丸 丸				
岩 바위 암	岩岩岩岩岩岩岩岩 岩 岩				
顔 얼굴 안	顔顔顔顔顔顔顔顔顔顔顔顔顔顔顔顔顔 顔 顔				
汽 김 기	汽汽汽汽汽汽汽 汽 汽				

記				
記記記記記記記記記				

記 기록할 기

帰				
帰帰帰帰帰帰帰帰				

帰 돌아갈 귀

弓				
弓弓弓				

弓 활 궁

牛				
牛牛牛牛				

牛 소 우

魚				
魚魚魚魚魚魚魚魚魚魚魚				

魚 물고기 어

京				
京京京京京京京京				

京 서울 경

強				
強強強強強強強強強				

強 굳셀 강

教				
教教教教教教教教教教				

教 가르칠 교

近	近近近近近近近					
가까울 근	近	近				

兄	兄兄兄兄兄					
맏 형	兄	兄				

形	形形形形形形形					
형상 형	形	形				

計	計計計計計計計計計					
셀 계	計	計				

元	元元元元					
으뜸 원	元	元				

言	言言言言言言言					
말씀 언	言	言				

原	原原原原原原原原原原					
근원 원	原	原				

戶	戶戶戶戶					
집 호	戶	戶				

古	古 古 古 古 古				
옛 고	古	古			

午	午 午 午 午				
낮 오	午	午			

後	後 後 後 後 後 後 後 後 後				
뒤 후	後	後			

語	語 語 語 語 語 語 語 語 語 語 語 語 語 語				
말씀 어	語	語			

工	工 工 工				
장인 공	工	工			

公	公 公 公 公				
공평할 공	公	公			

広	広 広 広 広 広				
넓을 광	広	広			

交	交 交 交 交 交 交				
사귈 교	交	交			

光	光光光光光光					
빛 광	光	光				

考	考考考考考考					
생각할 고	考	考				

行	行行行行行行					
다닐 행	行	行				

高	高高高高高高高高高高					
높을 고	高	高				

黃	黃黃黃黃黃苗苗苗苗黄黄					
누를 황	黃	黃				

合	合合合合合合					
합할 합	合	合				

谷	谷谷谷父父谷谷					
골 곡	谷	谷				

国	国国国国国国国国					
나라 국	国	国				

黑 검을 흑	黑 黑 里 里 里 里 里 里 黑 黑 黑					
	黑	黑				

今 이제 금	今 今 今 今					
	今	今				

才 재주 재	才 才 才					
	才	才				

細 가늘 세	細 細 細 細 細 細 細 細 細 細 細					
	細	細				

作 지을 작	作 作 作 作 作 作 作					
	作	作				

算 셈할 산	算 算 算 算 算 算 算 算 算 算 算 算 算 算					
	算	算				

止 그칠 지	止 止 止 止					
	止	止				

市 저자 시	市 市 市 市 市					
	市	市				

矢 화살 시	矢 矢 矢 矢 矢					
	矢	矢				

姉 누이 자	姉 姉 姉 姉 姉 姉 姉 姉					
	姉	姉				

思 생각할 사	思 思 思 思 思 思 思 思 思					
	思	思				

紙 종이 지	紙 紙 紙 紙 紙 紙 紙 紙 紙					
	紙	紙				

寺 절 사	寺 寺 寺 寺 寺 寺					
	寺	寺				

自 스스로 자	自 自 自 自 自 自					
	自	自				

時 때 시	時 時 時 時 時 時 時 時 時					
	時	時				

室 집 실	室 室 室 室 室 室 室 室 室					
	室	室				

社
모일 사

社社社社社社社

社　社

弱
약할 약

弱弱弱弱弱弱弱弱弱弱

弱　弱

首
머리 수

首首首首首首首首首

首　首

秋
가을 추

秋秋秋秋秋秋秋秋秋

秋　秋

週
둘 주 / 주일 주

週週週週週週週週週週

週　週

春
봄 춘

春春春春春春春春春

春　春

書
글 서

書書書書書書書書書書

書　書

少
적을 소

少少少少

少　少

場 마당 장	場場場場場場場場場場場場					
	場	場				

色 빛 색	色色色色色色色					
	色	色				

食 밥 식	食食食食食食食食食					
	食	食				

心 마음 심	心心心心					
	心	心				

新 새 신	新新新新新新新新新新新新新					
	新	新				

親 친할 친	親親親親親親親親親親親親親親親親					
	親	親				

図 그림 도	図図図図図図図					
	図	図				

数 셀 수	数数数数数数数数数数数数数					
	数	数				

西
서녘 서

声
소리 성

星
갤 성

晴
맑을 청

切
끊을 절 / 온통 체

雪
눈 설

船
배 선

線
줄 선

前 앞 전	前前前前前前前前前
	前　前

組 짤 조	組組組組組組組組組組
	組　組

走 달릴 주	走走走走走走走
	走　走

多 많을 다	多多多多多多
	多　多

太 클 태	太大大太
	太　太

体 몸 체	体体体体体体体
	体　体

台 돈대 대	台台台台台
	台　台

地 땅 지	地地地地地地
	地　地

池池池池池池

池
못 지

知知知知矢知知知

知
알 지

茶茶茶艹艻茶茶茶茶

茶
차 다

昼昼昼尸尺尽昼昼昼

昼
낮 주

長長長長長長長長

長
길 장

鳥鳥鳥鳥鳥鳥鳥鳥鳥鳥鳥

鳥
새 조

朝朝朝朝朝朝朝朝朝朝朝

朝
아침 조

直直直市有直直

直
곧을 직

| 通 통할 통 | 通通通通通通通通通通 |
| | 通 通 |

| 弟 아우 제 | 弟弟弟弟弟弟弟 |
| | 弟 弟 |

| 店 가게 점 | 店店店店店店店店 |
| | 店 店 |

| 点 점 점 | 点点点点点点点点点 |
| | 点 点 |

| 電 번개 전 | 電電電電電電電電電電電電電 |
| | 電 電 |

| 刀 칼 도 | 刀刀 |
| | 刀 刀 |

| 冬 겨울 동 | 冬冬冬冬冬 |
| | 冬 冬 |

| 当 마땅할 당 | 当当当当当当 |
| | 当 当 |

東 동녘 동	東	東				
答 대답할 답	答	答				
頭 머리 두	頭	頭				
同 한가지 동	同	同				
道 길 도	道	道				
読 읽을 독	読	読				
内 안 내	内	内				
南 남녘 남	南	南				

肉 고기 육	内 冂 内 内 肉 肉	肉	肉				
馬 말 마	厂 厂 厂 厂 馬 馬 馬 馬 馬 馬	馬	馬				
売 팔 매	売 売 売 売 売 売 売	売	売				
買 살 매	買 買 買 買 買 買 買 買 買 買 買 買	買	買				
麦 보리 맥	麦 麦 麦 麦 麦 麦 麦	麦	麦				
半 절반 반	半 半 半 半 半	半	半				
番 차례 번	番 番 番 番 番 平 采 番 番 番 番	番	番				
父 아비 부	父 父 父 父	父	父				

風	風風風風風風風風風					
바람 풍	風	風				

分	分分分分					
나눌 분	分	分				

聞	聞聞聞聞門門門門門門門門聞聞					
들을 문	聞	聞				

米	米米米米半米米					
쌀 미	米	米				

歩	歩歩歩歩半半米歩					
걸음 보	歩	歩				

母	母母母母母					
어미 모	母	母				

方	方方方方					
모 방	方	方				

北	北北北北北					
북녘 북	北	北				

每					
매양 매	每每每每每每				

每 每

妹					
손아랫누이 매	妹妹妹妹妹妹妹妹				

妹 妹

万					
일만 만	万万万				

万 万

明					
밝을 명	明明明明明明明明				

明 明

鳴					
울 명	鳴鳴鳴鳴鳴鳴鳴鳴鳴鳴鳴鳴鳴鳴				

鳴 鳴

毛					
털 모	毛毛毛毛				

毛 毛

門					
문 문	門門門門門門門門				

門 門

夜					
밤 야	夜夜夜夜夜夜夜夜				

夜 夜

野					
들 야					

野野野野甲甲野野野野野

| 野 | 野 | | | | |

友					
벗 우					

友ナ方友

| 友 | 友 | | | | |

用					
쓸 용					

用月月月用

| 用 | 用 | | | | |

曜					
빛날 요					

曜曜曜曜曜曜曜曜曜曜曜曜曜曜曜曜曜曜

| 曜 | 曜 | | | | |

来					
올 래					

来来来来来来来

| 来 | 来 | | | | |

里					
마을 리					

里里里里甲里里

| 里 | 里 | | | | |

理					
다스릴 리					

理理理理理理理理理理

| 理 | 理 | | | | |

話					
이야기 화					

話話話話話話話話話話話話

| 話 | 話 | | | | |

| 悪 | 悪悪悪悪悪悪悪悪悪悪悪 | | | | |
| 악할 악 / 미워할 오 | 悪 | 悪 | | | |

| 安 | 安安安安安安 | | | | |
| 편안할 안 | 安 | 安 | | | |

| 暗 | 暗暗暗暗暗暗暗暗暗暗暗暗暗 | | | | |
| 어두울 암 | 暗 | 暗 | | | |

| 医 | 医医医医医医医 | | | | |
| 의원 의 | 医 | 医 | | | |

| 委 | 委委委委委委委委 | | | | |
| 맡길 위 | 委 | 委 | | | |

| 意 | 意意意意意意意意意意意意意 | | | | |
| 뜻 의 | 意 | 意 | | | |

| 育 | 育育育育育育育育 | | | | |
| 기를 육 | 育 | 育 | | | |

| 員 | 員員員員員員員員員員 | | | | |
| 인원 원 | 員 | 員 | | | |

院院院院院院院院院院
| 院 | 院 | | | | |

院
집 원

飲飲飲飲飲飲飲飲飲飲飲飲
| 飲 | 飲 | | | | |

飲
마실 음

運運運運運運運軍軍運運
| 運 | 運 | | | | |

運
옮길 운

泳泳泳泳泳泳泳泳
| 泳 | 泳 | | | | |

泳
헤엄칠 영

駅駅駅駅駅駅馬馬馬馬駅駅駅駅
| 駅 | 駅 | | | | |

駅
역참 역

央央央央央
| 央 | 央 | | | | |

央
가운데 앙

横横横横横横横横横横横横横横
| 横 | 横 | | | | |

横
가로 횡

屋屋屋屋屋屋屋屋
| 屋 | 屋 | | | | |

屋
집 옥

温 따뜻할 온	溫溫溫溫溫溫溫溫溫溫溫溫				
	温	温			

化 변할 화	化化化化				
	化	化			

荷 짐 하	荷荷荷荷荷荷荷荷荷荷				
	荷	荷			

界 지경 계	界界界界界界界界界				
	界	界			

開 열 개	開開開開開門門門門開開開				
	開	開			

階 섬돌 계	階階階階階階階階階階階				
	階	階			

寒 찰 한	寒寒寒寒寒寒寒寒寒寒寒寒				
	寒	寒			

感 느낄 감	感感感感感感感感感感感感				
	感	感			

| 漢 | 漢漢漢漢漢漢漢漢漢漢漢漢漢 | | | | | |
| 한나라 한 | 漢 | 漢 | | | | |

| 館 | 館館館館館館館館館館館館館館館 | | | | | |
| 집 관 | 館 | 館 | | | | |

| 岸 | 岸岸岸岸岸岸岸岸 | | | | | |
| 언덕 안 | 岸 | 岸 | | | | |

| 起 | 起起起起起起起起起起 | | | | | |
| 일어날 기 | 起 | 起 | | | | |

| 期 | 期期期期期期期期期期期期 | | | | | |
| 기약할 기 | 期 | 期 | | | | |

| 客 | 客客客客客客客客客 | | | | | |
| 손님 객 | 客 | 客 | | | | |

| 究 | 究究究究究究究 | | | | | |
| 연구할 구 | 究 | 究 | | | | |

| 急 | 急急急急急急急急急 | | | | | |
| 급할 급 | 急 | 急 | | | | |

級	級級級級級級級級級				
등급 급	級 級				

宮	宮宮宮宮宮宮宮宮宮宮				
집궁/궁전궁	宮 宮				

球	球球球球球球球球球球球				
공 구	球 球				

去	去去去去去				
갈 거	去 去				

橋	橋橋橋橋橋橋橋橋橋橋橋橋橋橋橋				
다리 교	橋 橋				

業	業業業業業業業業業業業業業				
업 업	業 業				

曲	曲曲曲曲曲曲				
굽을 곡	曲 曲				

局	局局局局局局局				
판 국	局 局				

銀				
은 은				

銀銀銀銀銀銀銀銀釾鈤鈤鉅銀銀

区				
구역 구				

区区又区

苦				
쓸 고				

苦苦苦苦苦苦苦苦

具				
갖출 구				

具具具具具具具具

君				
임금 군				

君君君君君君君

係				
맬 계				

係係係係係係係係

軽				
가벼울 경				

軽軽軽軽軽軽軽軽軽軽軽軽

血				
피 혈				

血血血血血血

決 결단할 결	決決決決決決決
	決 決

研 갈 연	研研研研研研研研
	研 研

県 고을 현	県県県県県県県県
	県 県

庫 곳집 고	庫庫庫庫庫庫庫庫庫庫
	庫 庫

湖 호수 호	湖湖湖湖湖湖湖湖湖湖湖湖
	湖 湖

向 향할 향	向向向向向向
	向 向

幸 다행 행	幸幸幸幸幸幸幸幸
	幸 幸

港 항구 항	港港港港港港港港港港港港
	港 港

号
부르짖을 호

号号号号号

号　号

根
뿌리 근

根根根根根根根根根根

根　根

祭
제사 제

祭祭祭祭祭祭祭祭祭祭祭

祭　祭

皿
그릇 명

皿皿皿皿皿

皿　皿

仕
벼슬 사

仕仕仕仕仕

仕　仕

死
죽을 사

死死死死死死

死　死

使
하여금 사 / 부릴 사

使使使使使使使使

使　使

始
비로소 시 / 시작할 시

始始始始始始始始

始　始

指 손가락 지	指指指指指指指指	指	指			
齒 이 치	齒齒齒齒齒齒齒齒齒齒齒	齒	齒			
詩 시 시	詩詩詩詩詩詩詩詩詩詩詩詩	詩	詩			
次 버금 차	次次次次次次	次	次			
事 일 사	事事事事事事事事	事	事			
持 가질 지	持持持持持持持持持	持	持			
式 법 식	式式式式式式	式	式			
実 열매 실	実実実実実実実実	実	実			

写					
베낄 사					

者					
놈 자					

主					
주인 주 / 임금 주					

守					
지킬 수					

取					
가질 취					

酒					
술 주					

受					
받을 수					

州					
고을 주					

拾	拾拾拾拾拾拾拾拾拾					
주을 습	拾	拾				

終	終終終終終終終終終終					
마칠 종	終	終				

習	習習習習習習習習習習習					
익힐 습	習	習				

集	集集集集集集集集集集集集					
모을 집	集	集				

住	住住住住住住住					
살 주	住	住				

重	重重重重重重重重重					
무거울 중	重	重				

宿	宿宿宿宿宿宿宿宿宿宿宿					
묵을 숙	宿	宿				

所	所所所所所所所所					
바 소	所	所				

| 暑 | | | | | |
| 더울 서 | | | | | |

| 助 | | | | | |
| 도울 조 | | | | | |

| 昭 | | | | | |
| 밝을 소 | | | | | |

| 消 | | | | | |
| 사라질 소 | | | | | |

| 商 | | | | | |
| 장사 상 | | | | | |

| 章 | | | | | |
| 글 장 | | | | | |

| 勝 | | | | | |
| 이길 승 | | | | | |

| 乗 | | | | | |
| 탈 승 | | | | | |

植 심을 식	植植植植植植植植植植植植 植　植
申 거듭 신 / 말할 신	申申申申申 申　申
身 몸 신	身身身身身身身 身　身
神 귀신 신	神神神神神神神神神 神　神
真 참 진	真真真真真真真真真真 真　真
深 깊을 심	深深深深深深深深深深深 深　深
進 나아갈 진	進進進進進進進進進進進 進　進
世 인간 세	世世世世世 世　世

整	整整整整東東東整整敕整整整整整				
가지런할 정	整	整			

昔	昔昔昔昔昔昔昔昔				
옛 석	昔	昔			

全	全全全全全全				
온전할 전	全	全			

相	相相相相相相相相相				
서로 상	相	相			

送	送送送送送送送送送				
보낼 송	送	送			

想	想想想想想想想想想想想想想				
생각할 상	想	想			

息	息息息息息息息息息息				
숨쉴 식	息	息			

速	速速速速束束速速速速				
빠를 속	速	速			

族	族族族族族族族族族族族				
겨레 족	族	族			

他	他他他他他				
다를 타	他	他			

打	打打打打打				
칠 타	打	打			

対	対対対対対対対				
대할 대	対	対			

待	待待待待待待待待待				
기다릴 대	待	待			

代	代代代代代				
대신할 대	代	代			

第	第第第第第第第第第第第				
차례 제	第	第			

題	題題題題題題題題題題題題題題題題				
제목 제	題	題			

炭 炭 炭 炭 炭 炭 炭 炭 炭

| 炭 | 炭 | | | | |

炭 숯 탄

短 短 短 短 短 短 短 短 短 短 短 短

| 短 | 短 | | | | |

短 짧을 단

談 談 談 談 談 談 談 談 談 談 談 談 談 談 談

| 談 | 談 | | | | |

談 말씀 담

着 着 着 着 着 着 着 着 着 着 着 着

| 着 | 着 | | | | |

着 붙을 착

注 注 注 注 注 注 注 注

| 注 | 注 | | | | |

注 부을 주

柱 柱 柱 柱 柱 柱 柱 柱 柱 柱

| 柱 | 柱 | | | | |

柱 기둥 주

丁 丁

| 丁 | 丁 | | | | |

丁 장정 정 / 고무래 정

帳 帳 帳 帳 帳 帳 帳 帳 帳 帳

| 帳 | 帳 | | | | |

帳 장막 장

調		調調調調調調調調調調調調調調				
調 고를 조	調	調				

追		追追追追追追追追追				
追 따를 추	追	追				

定		定定定定定定定定				
定 정할 정	定	定				

庭		庭庭庭庭庭庭庭庭庭庭				
庭 뜰 정	庭	庭				

笛		笛笛笛笛笛笛笛笛笛笛笛				
笛 피리 적	笛	笛				

鉄		鉄鉄鉄鉄鉄鉄鉄鉄鉄鉄鉄鉄鉄				
鉄 쇠 철	鉄	鉄				

転		転転転転転転転転転転				
転 구를 전	転	転				

都		都都都都都都都都都都都				
都 도읍 도	都	都				

| 度
법도 도 | 度度庄庄庄度度度度 |
| 度 | 度 |

| 投
던질 투 | 投投投投投投投 |
| 投 | 投 |

| 豆
콩 두 | 豆豆豆豆豆豆豆 |
| 豆 | 豆 |

| 島
섬 도 | 島島島島島島島島島島 |
| 島 | 島 |

| 湯
끓일 탕 | 湯湯湯湯湯湯湯湯湯湯湯湯 |
| 湯 | 湯 |

| 登
오를 등 | 登登登登登登登登登登登登 |
| 登 | 登 |

| 等
등급 등 | 等等等等等等等等等等等等 |
| 等 | 等 |

| 動
움직일 동 | 動動動動動動動動動動動 |
| 動 | 動 |

童	童童童童童童童童童童童童
아이 동	童 童

農	農農農農農農農農農農農農農
농사 농	農 農

波	波波波波波波波波
물결 파	波 波

配	配配配配配配配配配配
짝 배	配 配

倍	倍倍倍倍倍倍倍倍倍倍
곱 배	倍 倍

箱	箱箱箱箱箱箱箱箱箱箱箱箱箱箱
상자 상	箱 箱

畑	畑畑畑畑畑畑畑畑
밭 전	畑 畑

発	発発発発発発発発発
쏠 발	発 発

反	反 反 反 反				
돌이킬 반	反	反			

坂	坂 坂 坂 圻 坂 坂 坂				
언덕 판	坂	坂			

板	板 板 板 板 板 板 板 板				
널판지 판	板	板			

皮	反 厂 皮 皮 皮				
가죽 피	皮	皮			

悲	悲 非 非 非 非 非 非 非 悲 悲				
슬플 비	悲	悲			

美	美 美 美 羊 羊 美 美 美				
아름다울 미	美	美			

鼻	鼻 自 自 自 自 自 鳥 鳥 鳥 島 鼻 鼻				
코 비	鼻	鼻			

筆	筆 筆 筆 筆 筆 筆 筆 筆 筆 筆 筆				
붓 필	筆	筆			

氷 얼음 빙	氷 氷 氷 氷 氷
	氷	氷				

表 겉 표	表 表 表 表 表 表 表 表
	表	表				

秒 분초 초	秒 秒 秒 秒 秒 秒 秒 秒 秒
	秒	秒				

病 병들 병	病 病 病 病 病 病 病 病 病 病
	病	病				

品 물건 품	品 品 品 品 品 品 品 品 品
	品	品				

負 질 부	負 負 負 負 負 負 負 負 負
	負	負				

部 떼 부	部 部 部 部 部 部 部 部 部 部 部
	部	部				

服 옷 복	服 服 服 服 服 服 服
	服	服				

福					
복 복	福福福福福福福福福福福福福				
	福	福			

物					
물건 물	物物物物物物物物				
	物	物			

平					
평평할 평	平平平平平				
	平	平			

返					
돌이킬 반	返返反反返返返				
	返	返			

勉					
힘쓸 면	勉勉勉免勉免免免勉勉				
	勉	勉			

放					
놓을 방	放放放放放放放放				
	放	放			

味					
맛 미	味味味味味味味味				
	味	味			

命					
목숨 명	命命命命命命命命				
	命	命			

面	面面面面面面面面面
낯 면	面　面

問	問問問問門門門門問問
물을 문	問　問

役	役役役役役役役
부릴 역	役　役

藥	藥藥藥藥藥藥藥藥藥藥藥藥藥藥藥藥
약 약	藥　藥

由	由由由由由
까닭 유	由　由

油	油油油油油油油油
기름 유	油　油

有	有有有有有有
있을 유	有　有

遊	遊遊遊遊遊遊遊遊遊遊遊遊
놀 유	遊　遊

予 미리 예

予 予 予 予

羊 양 양

羊 羊 羊 羊 羊 羊

洋 큰바다 양

洋 洋 洋 洋 洋 洋 洋 洋 洋

葉 잎사귀 엽

葉 葉 葉 葉 葉 葉 葉 葉 葉 葉 葉 葉

陽 볕 양

陽 陽 陽 陽 陽 陽 陽 陽 陽 陽 陽 陽

樣 모양 양

樣 樣 樣 樣 樣 樣 樣 樣 樣 樣 樣 樣 樣 樣

落 떨어질 락(낙)

落 落 落 落 落 落 落 落 落 落 落 落

流 흐를 류

流 流 流 流 流 流 流 流 流 流

旅		旅旅旅旅旅旅旅旅旅旅				
나그네 려(여)		旅	旅			

両		両両両両両両				
두 량		両	両			

緑		緑緑緑緑緑緑緑緑緑緑緑緑緑緑				
푸를 록		緑	緑			

礼		礼礼礼礼礼				
예도 례		礼	礼			

列		列列列列列列				
벌일 렬(열)		列	列			

練		練練練練練練練練練練練練練				
익힐 련(연)		練	練			

路		路路路路路路路路路路路路路				
길 로		路	路			

和		和和和和和和和和				
화목할 화		和	和			

4학년 (총 200자)

愛 사랑 애	愛愛愛愛愛愛愛愛愛愛愛愛	愛	愛				
案 책상 안	案案案案安安案案案案	案	案				
以 써 이	以以以以以	以	以				
衣 옷 의	衣衣衣衣衣衣	衣	衣				
位 자리 위	位位位位位位位	位	位				
圍 둘레 위	圍圍圍圍圍圍圍	圍	圍				
胃 밥통 위	胃胃胃胃胃胃胃胃胃	胃	胃				
印 도장 인	印印印印印印	印	印				

57

| 英 꽃부리 영 | 英英英英英英英英 |
| 英 | 英 |

| 栄 영화 영 | 栄栄栄栄栄栄栄栄 |
| 栄 | 栄 |

| 塩 소금 염 | 塩塩塩塩塩塩塩塩塩塩塩塩塩 |
| 塩 | 塩 |

| 億 억 억 | 億億億億億億億億億億億億億 |
| 億 | 億 |

| 加 더할 가 | 加加加加加 |
| 加 | 加 |

| 果 과실 과 | 果果果果果果果果 |
| 果 | 果 |

| 貨 재화 화 | 貨貨貨貨貨貨貨貨貨貨貨 |
| 貨 | 貨 |

| 課 부과할 과 | 課課課課課課課課課課課課課課課 |
| 課 | 課 |

芽	芽芽芽芽芽芽芽芽				
싹 아	芽	芽			

改	改改改改改改改				
고칠 개	改	改			

械	械械械械械械械械械械械				
기계 계	械	械			

害	害害害害害害害害害害				
해할 해	害	害			

街	街街街街街街街街街街街街				
거리 가	街	街			

各	各各各各各各				
각각 각	各	各			

覚	覚覚覚覚覚覚覚覚覚覚覚覚				
깨달을 각	覚	覚			

完	完完完完完完完				
완전할 완	完	完			

官	官官官官官官官官
벼슬 관	官 官

管	管管管管管管管管管管管管管管
대롱 관	管 管

関	関関関関関門門関関関関関関関
관계할 관	関 関

観	観観観観観観観観観観観観観観観観観観
볼 관	観 観

願	願願願願願願願願願願願願願願願願願
원할 원	願 願

希	希希希希希希希
바랄 희	希 希

季	季季季季季季季季
계절 계	季 季

紀	紀紀紀紀紀紀紀紀紀
벼리 기	紀 紀

喜 기쁠 희	喜十十声吉吉喜喜喜喜喜喜				
	喜	喜			

旗 기 기	旗旗旗旗旗旗旗旗旗旗旗旗旗				
	旗	旗			

器 그릇 기	器器器器器器器器器器器器器器器				
	器	器			

機 기계 기	機機機機機機機機機機機機機機機機				
	機	機			

議 의논할 의	議議議議議議議議議議議議議議議議議議議議				
	議	議			

求 구할 구	求求求求求求求				
	求	求			

泣 울 읍	泣泣泣泣泣泣泣泣				
	泣	泣			

救 구원할 구	救救救救救救救救救救救				
	救	救			

給	給給給給給給給給給給給				
줄 급	給	給			

擧	擧擧擧擧擧擧擧擧擧擧				
들 거	擧	擧			

漁	漁漁漁漁漁漁漁漁漁漁漁漁漁漁				
고기잡을 어	漁	漁			

共	共共共共共共				
함께 공	共	共			

協	協協協協協協協協				
도울 협	協	協			

鏡	鏡鏡鏡鏡鏡鏡鏡鏡鏡鏡鏡鏡鏡鏡鏡鏡鏡鏡鏡				
거울 경	鏡	鏡			

競	競競競競競競競競競競競競競競競競競競競競				
다툴 경	競	競			

極	極極極極極極極極極極極極				
지극할 극	極	極			

訓	訓訓訓訓訓訓訓訓訓				
가르칠 훈	訓	訓			

軍	軍軍軍軍軍軍軍軍軍				
군사 군	軍	軍			

郡	郡郡郡郡郡郡郡郡郡郡				
고을 군	郡	郡			

径	径径径径径径径径				
지름길 경	径	径			

型	型型型型型型型型型				
모양 형	型	型			

景	景景景景景景景景景景景景				
볕 경	景	景			

芸	芸芸芸芸芸芸芸				
재주 예	芸	芸			

欠	欠欠欠欠				
모자랄 결	欠	欠			

結 맺을 결	結結結結結結結結結結結 結　結				
建 세울 건	建建建建建建建建建 建　建				
健 건강할 건	健健健健健健健健健健健 健　健				
驗 시험할 험	驗驗驗驗驗驗驗驗驗驗驗驗驗驗驗驗驗 驗　驗				
固 굳을 고	固固固固固固固固 固　固				
功 공 공	功功功功功 功　功				
好 좋을 호	好好好好好好 好　好				
候 철 후	候候候候候候候候候候 候　候				

航				
배 항				

航 航 航 航 航 航 航 航 航 航

康				
편안할 강				

康 康 庆 庐 庐 庐 庐 康 康 康

告				
고할 고				

告 告 告 告 告 告

差				
어긋날 차				

差 差 差 差 差 差 差 差 差

菜				
나물 채				

菜 菜 菜 菜 菜 菜 菜 菜 菜 菜

最				
가장 최				

最 最 最 最 最 最 最 最 最 最 最 最

材				
재목 재				

材 材 材 材 村 村 材

昨				
어제 작				

昨 昨 昨 日 昨 昨 昨 昨

札	札札札札札				
편지 찰	札	札			

刷	刷刷刷刷刷刷刷刷				
인쇄할 쇄	刷	刷			

殺	殺殺殺殺殺殺殺殺殺殺				
죽일 살	殺	殺			

察	察察察察察察察察察察察察				
살필 찰	察	察			

參	參參參參參參參參				
참여할 참	參	參			

産	産産産産産産産産産産産				
낳을 산	産	産			

散	散散散散散散散散散散散				
흩을 산	散	散			

殘	殘殘殘殘殘殘殘殘殘殘				
남을 잔	殘	殘			

士 선비 사	士	士			
氏 성 씨	氏	氏			
史 역사 사	史	史			
司 맡을 사	司	司			
試 시험할 시	試	試			
児 아이 아	児	児			
治 다스릴 치	治	治			
辞 말 사	辞	辞			

失				
失失失失失

失	失				

잃을 실

借借借借借借借借借

借	借				

빌릴 차

種種種種種種種種種種種種種種

種	種				

씨 종

周周周周周周周周

周	周				

두루 주

祝祝祝祝祝祝祝祝祝

祝	祝				

빌 축

順順順順順順順順順順

順	順				

순할 순

初初初初初初初

初	初				

처음 초

松松松松松松松松

松	松				

소나무 송

笑	笑笑笑笑笑笑笑笑笑笑				
웃을 소	笑	笑			

唱	唱唱唱唱唱唱唱唱唱唱唱				
노래 창	唱	唱			

焼	焼焼焼焼焼焼焼焼焼焼焼焼				
불사를 소	焼	焼			

象	象象象象象象象象象象象象				
코끼리 상	象	象			

照	照照照照照照照照照照照照照				
비출 조	照	照			

賞	賞賞賞賞賞賞賞賞賞賞賞賞賞賞賞				
상줄 상	賞	賞			

臣	臣臣臣臣臣臣臣				
신하 신	臣	臣			

信	信信信信信信信信信				
믿을 신	信	信			

成	成成成成成成				
이룰 성	成	成			

省	省省省省省省省省省				
살필 성 / 덜 생	省	省			

清	清清清清清清清清清清清				
맑을 청	清	清			

静	静静静静静静静静静静静静静静静				
고요할 정	静	静			

席	席席席席席席席席席席				
자리 석	席	席			

積	積積積積積積積積積積積積積積積積				
쌓을 적	積	積			

折	折折折折折折折				
꺾을 절	折	折			

節	節節節節節節節節節節節節節				
마디 절	節	節			

說 말씀 설

浅 얕을 천

戦 싸울 전

選 가릴 선

然 그러할 연

争 다툴 쟁

倉 곳간 창

巢 새집 소

束	束束束束束束束				
묶을 속	束	束			

側	側側側側側側側側側側側				
곁 측	側	側			

続	続続続続続続続続続続続続続				
이을 속	続	続			

卒	卒卒卒卒卒卒卒卒				
마칠 졸	卒	卒			

孫	孫孫孫孫孫孫孫孫孫孫				
손자 손	孫	孫			

帶	帶帶帶帶帶帶帶帶帶帶				
띠 대	帶	帶			

隊	隊隊隊隊隊隊隊隊隊隊隊隊				
무리 대	隊	隊			

達	達達達達達達達達達達達達				
통달할 달	達	達			

単
홑 단

単 単

置
둘 치

置 置

仲
버금 중

仲 仲

貯
쌓을 저

貯 貯

兆
조 조

兆 兆

腸
창자 장

腸 腸

低
낮을 저

低 低

底
밑 저

底 底

停 머무를 정	停停停停停停停停停停停	停	停			

的 과녁 적	的的的的的的的的	的	的			

典 법 전	典典典典典典典典	典	典			

伝 전할 전	伝伝伝伝伝伝	伝	伝			

徒 무리 도	徒徒徒徒徒徒徒徒徒徒	徒	徒			

努 힘쓸 노	努努努努努努努	努	努			

灯 등잔 등	灯灯灯灯灯灯	灯	灯			

堂 집 당	堂堂堂堂堂堂堂堂堂堂堂	堂	堂			

働	働働働働働働働働働働働				
노동 동	働	働			

特	特特特特特特特特特特				
유다를 특	特	特			

得	得得得得得得得得得得				
얻을 득	得	得			

毒	毒毒毒毒毒毒毒毒				
독할 독	毒	毒			

熱	熱熱熱熱熱熱熱熱熱熱熱熱熱熱熱				
더울 열	熱	熱			

念	念念念念念念念念				
생각 념(염)	念	念			

敗	敗敗敗敗敗敗敗敗敗敗敗				
패할 패	敗	敗			

梅	梅梅梅梅梅梅梅梅梅梅				
매화 매	梅	梅			

博	博博博博博博博博博博博					
넓을 박	博 博					

飯	飯飯飯飯飯飯飯飯飯飯飯飯					
밥 반	飯 飯					

飛	飛飛飛飛飛飛飛飛					
날 비	飛 飛					

費	費費費費費費費費費費費費					
소비할 비	費 費					

必	必必必必必					
반드시 필	必 必					

票	票票票票票票票票票票票					
쪽지 표	票 票					

標	標標標標標標標標標標標標標					
표할 표	標 標					

不	不不不不					
아닐 부 / 아닐 불	不 不					

夫
사내 부

夫 夫 夫 夫

| 夫 | 夫 | | | | |

付
줄 부

付 付 付 付 付

| 付 | 付 | | | | |

府
마을 부

府 府 府 府 府 府 府

| 府 | 府 | | | | |

副
버금 부

副 副 副 副 副 副 副 副 副 副

| 副 | 副 | | | | |

粉
가루 분

粉 粉 粉 粉 粉 粉 粉 粉 粉 粉

| 粉 | 粉 | | | | |

兵
군사 병

兵 兵 兵 兵 兵 兵 兵

| 兵 | 兵 | | | | |

別
나눌 별

別 別 別 別 別 別 別

| 別 | 別 | | | | |

辺
가 변

辺 辺 辺 辺 辺

| 辺 | 辺 | | | | |

変	変変変変変変変変変				
변할 변	変	変			

便	便便便便便便便便便				
편할 편	便	便			

包	包勹勹匂包				
쌀 포	包	包			

法	法法法法法法法法				
법 법	法	法			

望	望望望切切切玥望望望望				
바랄 망	望	望			

牧	牧牧牧牧牧牧牧牧				
칠 목	牧	牧			

末	末末末末末				
끝 말	末	末			

満	満満満満満満満満満満満満				
찰 만	満	満			

| 未 | 未 未 丰 未 未 |
| 아닐 미 | 未 | 未 |

| 脈 | 脈 脈 朏 脈 脈 脈 脈 脈 脈 |
| 맥 맥 | 脈 | 脈 |

| 民 | 民 民 民 民 民 |
| 백성 민 | 民 | 民 |

| 無 | 無 無 ⺋ 無 無 無 無 無 無 無 無 |
| 없을 무 | 無 | 無 |

| 約 | 約 約 約 約 約 約 約 約 約 |
| 약속할 약 | 約 | 約 |

| 勇 | 勇 勇 勇 勇 甬 勇 勇 勇 勇 |
| 날랠 용 | 勇 | 勇 |

| 要 | 要 要 要 要 要 要 要 要 要 |
| 중요할 요 | 要 | 要 |

| 養 | 養 養 养 养 养 養 养 养 养 养 養 養 養 養 養 |
| 기를 양 | 養 | 養 |

浴	浴浴浴浴浴浴浴浴浴浴				
목욕 욕	浴	浴			

利	利利利利利利利				
이로울 리	利	利			

陸	陸陸陸陸陸陸陸陸陸陸陸				
뭍 륙	陸	陸			

良	良良良良良良良				
어질 량(양)	良	良			

料	料料料料料料料料料料				
헤아릴 료(요)	料	料			

量	量量量量量量量量量量量				
헤아릴 량	量	量			

輪	輪輪輪輪輪輪輪輪輪輪輪輪輪輪輪				
바퀴 륜	輪	輪			

類	類類類類類類類類類類類類類類類類類類				
무리 류	類	類			

令
하여금 령

冷
찰 랭

例
법식 례(예) / 보기 예

歷
지낼 력

連
이을 련(연)

老
늙을 로

勞
일할 로

録
기록할 록

| 圧
누를 압 | 圧圧圧圧圧 | | | | | |
| | 圧 | 圧 | | | | |

| 移
옮길 이 | 移移移移移移移移移移移 | | | | | |
| | 移 | 移 | | | | |

| 因
인할 인 | 因因因因因因 | | | | | |
| | 因 | 因 | | | | |

| 永
길 영 | 永永永永永 | | | | | |
| | 永 | 永 | | | | |

| 営
경영할 영 | 営営営営営営営営営営営営 | | | | | |
| | 営 | 営 | | | | |

| 衛
호위할 위 | 衛衛衛衛衛衛衛衛衛衛衛衛衛衛衛 | | | | | |
| | 衛 | 衛 | | | | |

| 易
쉬울 이 / 바꿀 역 | 易易易易易易易易 | | | | | |
| | 易 | 易 | | | | |

| 益
더할 익 | 益益益益益益益益益益 | | | | | |
| | 益 | 益 | | | | |

| 液
진 액 | 液液液液液液液液液液液 | | | | |
| 液 | 液 | | | | |

| 演
펼 연 | 演演演演演演演演演演演演演演 | | | | |
| 演 | 演 | | | | |

| 応
응할 응 | 応応広広応応応 | | | | |
| 応 | 応 | | | | |

| 往
갈 왕 | 往往往往往行往往 | | | | |
| 往 | 往 | | | | |

| 桜
앵두 앵 | 桜桜桜桜桜桜桜桜桜桜 | | | | |
| 桜 | 桜 | | | | |

| 恩
은혜 은 | 恩门月因因因恩恩恩 | | | | |
| 恩 | 恩 | | | | |

| 可
옳을 가 | 可可可可可 | | | | |
| 可 | 可 | | | | |

| 仮
거짓 가 | 仮仮仮仮仮仮 | | | | |
| 仮 | 仮 | | | | |

価 값 가	価価価価価価価				
	価	価			

河 물 하	河河河河河河河河				
	河	河			

過 지날 과	過過過過過過過過過過過過				
	過	過			

賀 하례할 하	賀賀賀賀賀賀賀賀賀賀賀賀				
	賀	賀			

快 쾌할 쾌	快快快快快快快				
	快	快			

解 풀 해	解解解解解解解解解解解解				
	解	解			

格 격식 격	格格格格格格格格格格				
	格	格			

確 확신할 확	確確確確確確確確確確確確確確				
	確	確			

額 額 額 額 夠 夠 客 客 額 額 額 額 額 額 額 額

額	額				

額
이마 액

刊 刊 刊 刊 刊

刊	刊				

刊
책 펴낼 간

幹 幹 幹 南 南 南 直 車 軴 幹 幹 幹 幹

幹	幹				

幹
줄기 간

慣 慣 慣 慣 慣 慣 慣 慣 慣 慣 慣 慣 慣 慣

慣	慣				

慣
익숙할 관

眼 眼 眼 眼 眼 眼 眼 眼 眼 眼

眼	眼				

眼
눈 안

基 基 基 基 基 其 其 其 基 基

基	基				

基
터 기

寄 寄 寄 寄 宇 宇 宝 突 寄 寄 寄

寄	寄				

寄
부칠 기

規 規 規 規 規 規 規 規 規 規

規	規				

規
법 규

技 재주 기

技 技 技 技 技 技 技

技 技

義 옳을 의

義 義 義 義 義 義 義 義 義 義 義 義

義 義

逆 거스를 역

逆 逆 逆 逆 逆 逆 逆 逆 逆

逆 逆

久 오랠 구

久 久 久

久 久

旧 옛 구

旧 旧 旧 旧 旧

旧 旧

居 살 거

居 居 居 居 居 居 居 居

居 居

許 허락할 허

許 許 許 許 許 許 許 許 許 許 許

許 許

境 경계 경

境 境 境 境 境 境 境 境 境 境 境 境 境 境

境 境

均 均 均 均 均 均 均

| 均 | | | | | |

均 고를 균

| 均 | 均 | | | | |

禁 禁 禁 禁 禁 禁 禁 禁 禁 禁 禁 禁 禁

禁 금할 금

| 禁 | 禁 | | | | |

句 句 句 句 句

句 글귀 구

| 句 | 句 | | | | |

群 群 群 群 群 君 君 君 君 群 群 群 群

群 무리 군

| 群 | 群 | | | | |

経 経 経 経 経 経 紀 紀 経 経 経

経 지날 경

| 経 | 経 | | | | |

潔 潔 潔 潔 潔 潔 潔 潔 潔 潔 潔 潔 潔 潔 潔

潔 맑을 결

| 潔 | 潔 | | | | |

件 件 件 件 件 件

件 일 건

| 件 | 件 | | | | |

券 券 券 券 券 券 券 券

券 문서 권

| 券 | 券 | | | | |

險	險險險險險險險險險險險				
험할 험	險 險				

檢	檢檢檢檢檢檢檢檢檢檢檢				
검사할 검	檢 檢				

限	限限限限限限限限限				
한정 한	限 限				

現	現現現現現現現現現現現				
나타날 현	現 現				

減	減減減減減減減減減減減				
덜 감	減 減				

故	故故故故故故故故故				
연고 고	故 故				

個	個個個個個個個個個個				
낱 개	個 個				

護	護護護護護護護護護護護護護護護護護護護				
보호할 호	護 護				

効 본받을 효	効効効効効効効効				
厚 두터울 후	厚厚厚厚厚厚厚厚厚				
耕 밭갈 경	耕耕耕耕耕耕耕耕耕耕				
鉱 쇳돌 광	鉱鉱鉱鉱鉱鉱鉱鉱鉱鉱鉱鉱				
構 얽을 구	構構構構構構構構構構構構構構				
興 흥할 흥	興興興興興興興興興興興興興興興興				
講 익힐 강	講講講講講講講講講講講講講講講講講				
混 섞일 혼	混混混混混混混混混混混				

査 조사할 사	查查查查查查查查查	査	査			
再 두 재	再再再再再再	再	再			
災 재앙 재	災災災災災災災	災	災			
妻 아내 처	妻妻妻妻妻妻妻妻	妻	妻			
採 캘 채	採採採採採採採採採採採	採	採			
際 즈음 제	際際際際際際際際際際際際際際	際	際			
在 있을 재	在在在在在在	在	在			
財 재물 재	財財財財財財財財財財	財	財			

| 罪 허물 죄 | 罪 罪 罪 罪 罪 罪 罪 罪 罪 罪 罪 罪 罪 |
| 罪 | 罪 | | | | |

| 雜 섞일 잡 | 雜 雜 雜 雜 雜 雜 雜 雜 雜 雜 雜 雜 雜 雜 |
| 雜 | 雜 | | | | |

| 酸 초 산 | 酸 酸 酸 酸 酸 酸 酸 酸 酸 酸 酸 酸 酸 |
| 酸 | 酸 | | | | |

| 贊 도울 찬 | 贊 贊 贊 贊 贊 贊 贊 贊 贊 贊 贊 贊 贊 贊 |
| 贊 | 贊 | | | | |

| 支 지탱할 지 | 支 支 支 支 |
| 支 | 支 | | | | |

| 志 뜻 지 | 志 志 志 志 志 志 志 |
| 志 | 志 | | | | |

| 枝 가지 지 | 枝 枝 枝 枝 枝 枝 枝 枝 |
| 枝 | 枝 | | | | |

| 師 스승 사 | 師 師 師 師 師 師 師 師 師 師 |
| 師 | 師 | | | | |

資 재물 자	資資資資資資資資資資資資資 資
飼 기를 사	飼飼飼飼飼飼飼飼飼飼飼飼飼 飼
示 보일 시	示示示示示 示
似 같을 사	似似似似似似似 似
識 알 식	識識識識識識識識識識識識識識識識識識 識
質 바탕 질	質質質質質質質質質質質質質質質 質
舍 집 사	舍舍舍舍舍舍舍舍 舍
謝 사례할 사	謝謝謝謝謝謝謝謝謝謝謝謝謝謝謝謝謝 謝

授				
授 授 授 授 授 授 授 授 授 授 授				

줄 수

授	授			

修				
修 修 修 修 修 修 修 修 修 修				

닦을 수

修	修			

述				
述 述 述 述 述 述 述 述				

지을 술

述	述			

術				
術 術 術 術 術 術 術 術 術 術 術				

재주 술

術	術			

準				
準 準 準 準 準 準 準 準 準 準 準 準 準				

법도 준

準	準			

序				
序 序 序 序 序 序 序				

차례 서

序	序			

招				
招 招 招 招 招 招 招 招				

부를 초

招	招			

承				
承 承 承 承 承 承 承 承				

이을 승

承	承			

証 증거 증	証 証 証 証 証 証 証 証 証 証 証	証	証			
条 조목 조	条 条 条 条 条 条 条	条	条			
状 형상 상 / 문서 장	状 状 状 状 状 状	状	状			
常 항상 상	常 常 常 常 常 常 常 常 常 常 常	常	常			
情 뜻 정	情 情 情 情 情 情 情 情 情 情	情	情			
織 짤 직	織 織 織 織 織 織 織 織 織 織 織 織 織 織 織 織 織	織	織			
職 직분 직	職 職 職 職 職 職 職 職 職 職 職 職 職 職 職 職 職 職	職	職			
制 절제할 제 / 만들 제	制 制 制 制 制 制 制 制	制	制			

性 性 性 性 性 性 性 性

性	性				

性
성품 성

政 政 政 政 政 政 政 政

政	政				

政
정사 정

勢 勢 勢 勢 勢 勢 勢 勢 勢 勢 勢 勢

勢	勢				

勢
기세 세

精 精 精 精 精 精 精 精 精 精 精 精 精

精	精				

精
정미할 정

製 製 製 製 製 製 製 製 製 製 製 製 製 製

製	製				

製
만들 제

税 税 税 税 税 税 税 税 税 税 税 税

税	税				

税
세금 세

責 責 責 責 責 責 責 責 責 責 責

責	責				

責
꾸짖을 책

績 績 績 績 績 績 績 績 績 績 績 績 績 績 績

績	績				

績
길쌈할 적

接			
이을 접			

接接接接接接接接接接

接	接				

設			
베풀 설			

設設設設設設設設設設設

設	設				

舌			
혀 설			

舌舌舌舌舌舌

舌	舌				

絶			
끊을 절			

絶絶絶絶絶絶絶絶絶絶絶

絶	絶				

錢			
돈 전			

錢錢錢錢錢錢錢錢錢錢錢錢錢

錢	錢				

祖			
할아비 조			

祖祖祖祖祖祖祖祖

祖	祖				

素			
흴 소 / 본디 소			

素素素素素素素素素

素	素				

総			
거느릴 총			

総総総総総総総総総総総総

総	総				

96

| 造 지을 조 | 造近造造生告告告造造 | 造 | 造 | | | |

| 像 형상 상 | 像像像像像像像像像像像像 | 像 | 像 | | | |

| 増 더할 증 | 増増増増増増増増増増増増 | 増 | 増 | | | |

| 則 법 칙 | 刂刂刂刂目貝貝則則 | 則 | 則 | | | |

| 測 헤아릴 측 | 測測測測測測測測測測測測 | 測 | 測 | | | |

| 属 붙을 속 | 属属属属属属属属属属属属 | 属 | 属 | | | |

| 率 비율 률(율) / 거느릴 솔 | 率率率率率率率率率率 | 率 | 率 | | | |

| 損 덜 손 | 損損損損損損損損損損損 | 損 | 損 | | | |

退	退退退退退退退退退					
물러날 퇴	退	退				

貸	貸貸貸代代代貸貸貸貸貸貸					
빌릴 대	貸	貸				

態	態態態態態能能能能能態態態					
태도 태	態	態				

団	団団団団団団					
둥글 단	団	団				

断	断断断断断断断断断断断					
끊을 단	断	断				

築	築築築築築築築築築築築築築築築					
쌓을 축	築	築				

張	張張張張張張張張張張					
베풀 장	張	張				

提	提提提提提提提提提提提					
들 제	提	提				

| 程 | 程程程程程程程程程程程程 | | | | |
| 한도 정 | 程 | 程 | | | |

| 適 | 適適適適产产育商商商商滴滴適 | | | | |
| 알맞을 적 | 適 | 適 | | | |

| 敵 | 敵敵敵敵敵产育商商商商敵敵敵 | | | | |
| 원수 적 | 敵 | 敵 | | | |

| 統 | 統統統統統統統統統統統統 | | | | |
| 거느릴 통 | 統 | 統 | | | |

| 銅 | 銅銅銅銅銅銅銅銅銅銅銅銅銅銅 | | | | |
| 구리 동 | 銅 | 銅 | | | |

| 導 | 導導導導产产首首首首道道道導導 | | | | |
| 인도할 도 | 導 | 導 | | | |

| 德 | 德德德德德德德德德德德德德德 | | | | |
| 큰 덕 | 德 | 德 | | | |

| 独 | 独独独独独独独独独 | | | | |
| 홀로 독 | 独 | 独 | | | |

任					
맡길 임					

任任任任任任

任	任				

燃					
탈 연					

燃燃燃燃燃燃燃燃燃燃燃燃燃燃燃燃

燃	燃				

能					
능할 능					

能能能能能能能能能能

能	能				

破					
깨뜨릴 파					

破破破破破破破破破破

破	破				

犯					
범할 범					

犯犯犯犯犯

犯	犯				

判					
판단할 판					

判判判判判判判

判	判				

版					
판목 판					

版版版版版版版版

版	版				

比					
견줄 비					

比比比比

比	比				

肥 살찔 비	肥 肥 肥 肥 肥 肥 肥 肥 肥 肥				

非 아닐 비	非 非 非 非 非 非 非 非 非 非				

備 갖출 비	備 備 備 備 備 備 備 備 備 備 備 備 備				

俵 나누어줄 표	俵 俵 俵 俵 俵 俵 俵 俵 俵 俵 俵				

評 평론할 평	評 評 評 評 評 評 評 評 評 評 評 評 評				

貧 가난할 빈	貧 貧 貧 貧 貧 貧 貧 貧 貧 貧 貧 貧 貧				

布 베 포	布 布 布 布 布 布 布				

婦 며느리 부	婦 婦 婦 婦 婦 婦 婦 婦 婦 婦 婦 婦 婦				

| 富
부할 부 | 富富富富富富富富富富富富 |
| | 富　富 |

| 武
호반 무 | 武武武武武武武武 |
| | 武　武 |

| 復
회복할 복 / 다시 부 | 復復復復復復復復復復復復 |
| | 復　復 |

| 複
겹칠 복 | 複複複複複複複複複複複複複複 |
| | 複　複 |

| 仏
부처 불 | 仏仏仏仏 |
| | 仏　仏 |

| 編
엮을 편 | 編編編編編編編編編編編編編編編 |
| | 編　編 |

| 弁
꼬깔 변 | 弁弁弁弁弁 |
| | 弁　弁 |

| 保
보호할 보 | 保保保保保保保保保 |
| | 保　保 |

墓
무덤 묘

報
알릴 보 / 갚을 보

豊
풍년들 풍

防
막을 방

貿
무역할 무

暴
사나울 폭

務
힘쓸 무

夢
꿈 몽

迷	迷迷迷迷迷迷迷迷迷					
미혹할 미	迷	迷				

綿	綿綿綿綿綿綿綿綿綿綿綿綿綿綿					
솜 면	綿	綿				

輸	輸輸輸輸輸輸輸輸輸輸輸輸輸輸輸輸					
보낼 수	輸	輸				

余	余余余余余余余					
남을 여	余	余				

預	預預預預預預預預預預預預預					
미리 예	預	預				

容	容容容容容容容容容容					
얼굴 용	容	容				

略	略略略略略略略略略略略					
간략할 략(약)	略	略				

留	留留留留留留留留留留					
머무를 류	留	留				

領
차지할 령(영)

領 領 領 領 領 領 領 領 領 領 領 領 領 領

領 領

異	異異異異異異異異異異異				
다를 이	異	異			

遺	遺遺遺遺遺遺遺遺遺遺遺遺遺遺				
남길 유	遺	遺			

域	域域域域域域域域域域域				
지경 역	域	域			

宇	宇宇宇宇宇宇				
집 우	宇	宇			

映	映映映映映映映映映				
비칠 영	映	映			

延	延延延延延延延延				
끌 연	延	延			

沿	沿沿沿沿沿沿沿沿				
따를 연	沿	沿			

我	我我我我我我我				
나 아	我	我			

灰 재 회	灰灰灰灰灰灰				
拡 넓힐 확	拡拡拡拡拡拡拡拡				
革 가죽 혁	革革革革革革革革革				
閣 누각 각	閣閣閣閣閣閣閣閣閣閣閣閣閣閣				
割 나눌 할	割割割割割割割割割割割割				
株 그루 주	株株株株株株株株株株				
干 방패 간	干干干				
巻 책 권	巻巻巻巻巻巻巻巻巻				

看 볼 간	看看看看看看看看看					
	看	看				

簡 편지 간	簡簡簡簡簡簡簡簡簡簡簡簡簡簡簡簡簡					
	簡	簡				

危 위태할 위	危危危危危危					
	危	危				

机 책상 궤	机机机机机机					
	机	机				

揮 휘두를 휘	揮揮揮揮揮揮揮揮揮揮揮揮					
	揮	揮				

貴 귀할 귀	貴貴貴貴貴貴貴貴貴貴貴貴					
	貴	貴				

疑 의심할 의	疑疑疑疑疑疑疑疑疑疑疑疑疑疑					
	疑	疑				

吸 숨 들이쉴 흡	吸吸吸吸吸吸					
	吸	吸				

供供供供供供供供

供	供			

供 이바지할 공

胸胸胸胸胸胸胸胸胸胸

胸	胸			

胸 가슴 흉

鄉鄉鄉鄉鄉鄉鄉鄉鄉鄉

鄉	鄉			

鄉 시골 향

勤勤勤勤勤勤勤勤勤勤勤勤

勤	勤			

勤 부지런할 근

筋筋筋筋筋筋筋筋筋筋筋筋

筋	筋			

筋 힘줄 근

系系系系系系系

系	系			

系 맬 계

敬敬敬敬敬敬敬敬敬敬敬敬

敬	敬			

敬 공경할 경

警警警警警警警警警警警警警警警警警警警

警	警			

警 경계할 경

| 劇 | 劇劇劇劇劇劇劇劇劇劇劇劇劇劇劇 | | | | |
| 연극 극 | 劇 | 劇 | | | |

| 激 | 激激激激激激激激激激激激激激激激 | | | | |
| 과격할 격 | 激 | 激 | | | |

| 穴 | 穴穴穴穴穴 | | | | |
| 구멍 혈 | 穴 | 穴 | | | |

| 絹 | 絹絹絹絹絹絹絹絹絹絹絹絹絹 | | | | |
| 비단 견 | 絹 | 絹 | | | |

| 權 | 權權權權權權權權權權權權權權權 | | | | |
| 권세 권 | 權 | 權 | | | |

| 憲 | 憲憲憲憲憲憲憲憲憲憲憲憲憲憲憲憲 | | | | |
| 법 헌 | 憲 | 憲 | | | |

| 源 | 源源源源源源源源源源源源源 | | | | |
| 근원 원 | 源 | 源 | | | |

| 嚴 | 嚴嚴嚴嚴嚴嚴嚴嚴嚴嚴嚴嚴嚴嚴嚴嚴 | | | | |
| 엄할 엄 | 嚴 | 嚴 | | | |

己 己 己

己 己

己
몸 기

呼 呼 呼 呼 呼 呼 呼 呼

呼 呼

呼
부를 호

誤 誤 誤 誤 誤 誤 誤 誤 誤 誤 誤 誤 誤 誤

誤 誤

誤
그르칠 오

后 后 后 后 后 后

后 后

后
왕비 후

孝 孝 孝 孝 孝 孝 孝

孝 孝

孝
효도 효

皇 皇 皇 皇 皇 皇 皇 皇 皇

皇 皇

皇
임금 황

紅 紅 紅 紅 紅 紅 紅 紅 紅

紅 紅

紅
붉을 홍

降 降 降 降 降 降 降 降 降

降 降

降
내릴 강 / 항복할 강

鋼 강철 강	鋼鋼鋼鋼鋼鋼鋼鋼鋼鋼鋼鋼鋼鋼鋼鋼				
	鋼	鋼			

刻 새길 각	刻刻刻刻刻刻刻刻				
	刻	刻			

穀 곡식 곡	穀穀穀穀穀穀穀穀穀穀穀穀穀穀穀				
	穀	穀			

骨 뼈 골	骨骨骨骨骨骨骨骨骨骨				
	骨	骨			

困 곤란할 곤	困困困困困困困				
	困	困			

砂 모래 사	砂砂砂砂砂砂砂砂砂				
	砂	砂			

座 자리 좌	座座座座座座座座座座				
	座	座			

済 건널 제	済済済済済済済済済済済				
	済	済			

| 裁 마를 재 | 裁裁裁裁裁裁裁裁裁裁裁 |
| 裁 | 裁 |

| 策 꾀 책 | 策策策策策策策策策第策策 |
| 策 | 策 |

| 冊 책 책 | 冊冊冊冊冊 |
| 冊 | 冊 |

| 蚕 누에 잠 | 蚕蚕蚕蚕蚕蚕蚕蚕蚕蚕 |
| 蚕 | 蚕 |

| 至 이를 지 | 至至至至至至 |
| 至 | 至 |

| 私 사사 사 | 私私私私私私私 |
| 私 | 私 |

| 姿 맵시 자 | 姿姿姿姿姿姿姿姿姿 |
| 姿 | 姿 |

| 視 볼 시 | 視視視視視視視視視視 |
| 視 | 視 |

詞 말 사	詞詞詞詞詞詞詞詞詞詞詞詞				
	詞	詞			

誌 기록할 지	誌誌誌誌誌誌誌誌誌誌誌誌誌				
	誌	誌			

磁 자석 자	磁磁磁磁磁磁磁磁磁磁磁磁磁				
	磁	磁			

射 쏠 사	射射射射射身身身射射				
	射	射			

捨 버릴 사	捨捨捨捨捨捨捨捨捨捨捨				
	捨	捨			

尺 자 척	尺尺尺尺				
	尺	尺			

若 같을 약	若若若芳芥若若若				
	若	若			

樹 나무 수	樹樹樹樹樹樹樹樹樹樹樹樹樹樹樹樹				
	樹	樹			

114

収		収収収				
거둘 수	収	収				

宗		宗宗宗宗宗字宗宗				
으뜸 종	宗	宗				

就		就就就就就京就京就就就				
나아갈 취	就	就				

衆		衆衆衆衆衆衆衆衆身衆衆				
무리 중	衆	衆				

従		従従従従従従従従従				
좇을 종	従	従				

縦		縦縦縦縦糸糸糸糸糸紵紵紵縦縦				
세로 종	縦	縦				

縮		縮縮縮縮縮縮縮縮縮縮縮縮縮縮縮				
오그라들 축	縮	縮				

熟		熟熟熟熟熟熟享享執執熟熟熟熟				
익을 숙	熟	熟				

純	純純純純純純純純純純				
순수할 순	純	純			

処	処処処処処				
곳 처 / 처리할 처	処	処			

署	署署署署署署署署署署署署署				
관청 서	署	署			

諸	諸諸諸諸諸諸諸諸諸諸諸諸諸諸				
모두 제	諸	諸			

除	除除除除除除除除除				
덜 제	除	除			

将	将将将将将将将将				
장수 장	将	将			

傷	傷傷傷傷傷傷傷傷傷傷傷傷				
상처 상	傷	傷			

障	障障障障障障障障障障障障				
막힐 장	障	障			

城					
성 성

城城城城城城城城城

蒸					
찔 증

蒸蒸蒸蒸芋茅莱蒸蒸蒸蒸蒸

針					
바늘 침

針針針針針針針針針針

仁					
어질 인

仁仁仁仁

垂					
드리울 수

垂垂垂垂垂垂垂垂

推					
밀 추

推推推推推推推推推推

寸					
마디 촌

寸寸寸

盛					
성할 성

盛盛盛成成成成盛盛盛盛

聖 성인 성	聖聖聖聖聖耳耵聖聖聖聖聖				
	聖	聖			

誠 정성 성	誠誠誠誠誠誠誠誠誠誠誠誠誠				
	誠	誠			

宣 베풀 선	宣宣宣宣宣宣宣宣宣				
	宣	宣			

專 오로지 전	專專專專專專專專專				
	專	專			

泉 샘 천	泉泉泉泉泉泉泉泉泉				
	泉	泉			

洗 씻을 세	洗洗洗洗洗洗洗洗洗				
	洗	洗			

染 물들일 염	染染染染染染染染染				
	染	染			

善 착할 선	善善善善善善善善善善善				
	善	善			

奏
연주할 주

奏奏奏奏夫夫表秦奏奏
奏 奏

窓
창 창

窓窓窓窓窓窓窓窓窓窓
窓 窓

創
비롯할 창

創創創今今今倉倉倉創創
創 創

裝
장식할 장

裝裝裝裝裝裝裝裝裝裝裝
裝 裝

層
층 층

層層層層層層層層層層層層
層 層

操
잡을 조

操操操操操操操操操操操操操
操 操

蔵
곳집 장

蔵蔵蔵蔵蔵蔵蔵蔵蔵蔵蔵蔵蔵蔵
蔵 蔵

臟
오장 장

臟臟臟臟臟臟臟臟臟臟臟臟臟臟臟臟臟臟臟
臟 臟

| 存 | 存存存存存存 | | | | |
| 있을 존 | 存 | 存 | | | |

| 尊 | 尊尊尊尊尊尊尊尊尊尊尊尊 | | | | |
| 높을 존 | 尊 | 尊 | | | |

| 宅 | 宅宅宅宅宅宅 | | | | |
| 집 택 | 宅 | 宅 | | | |

| 担 | 担担担担担担担担 | | | | |
| 멜 담 | 担 | 担 | | | |

| 探 | 探探探探探探探探探探探 | | | | |
| 찾을 탐 | 探 | 探 | | | |

| 誕 | 誕誕誕誕誕誕誕誕誕誕誕誕誕誕 | | | | |
| 태어날 탄 | 誕 | 誕 | | | |

| 段 | 段段段段段段段段段 | | | | |
| 층계 단 | 段 | 段 | | | |

| 暖 | 暖暖暖暖暖暖暖暖暖暖暖暖暖 | | | | |
| 따뜻할 난 | 暖 | 暖 | | | |

値 値 値 値 値 値 値 値 値

| 値 | 값 치 | 値 | 値 | | | |

宙 宙 宙 宙 宙 宙 宙

| 宙 | 집 주 | 宙 | 宙 | | | |

忠 忠 忠 忠 忠 忠 忠 忠

| 忠 | 충성 충 | 忠 | 忠 | | | |

著 著 著 著 著 著 著 著 著 著 著

| 著 | 지을 저 | 著 | 著 | | | |

庁 庁 庁 庁 庁

| 庁 | 관청 청 | 庁 | 庁 | | | |

頂 頂 頂 頂 頂 頂 頂 頂 頂 頂 頂

| 頂 | 꼭대기 정 | 頂 | 頂 | | | |

潮 潮 潮 潮 潮 潮 潮 潮 潮 潮 潮 潮 潮 潮 潮

| 潮 | 조수 조 | 潮 | 潮 | | | |

賃 賃 賃 賃 賃 賃 賃 賃 賃 賃 賃 賃 賃

| 賃 | 품팔이 임 | 賃 | 賃 | | | |

| 痛 아플 통 | 痛痛疒疒疒疒疒痝痛痛痛痛 |
| | 痛 痛 |

| 展 펼 전 | 展展展展展展展展展展 |
| | 展 展 |

| 討 칠 토 | 討討討討討討討討討討 |
| | 討 討 |

| 党 무리 당 | 党党党党党党党党党党 |
| | 党 党 |

| 糖 사탕 당 | 糖糖糖糖糖糖糖糖糖糖糖糖糖糖糖糖 |
| | 糖 糖 |

| 届 이를 계 | 届届届届届届届届 |
| | 届 届 |

| 難 어려울 난 | 難難難難難難難難難難難難難難難難難 |
| | 難 難 |

| 乳 젖 유 | 乳乳乳乳乳乳乳乳 |
| | 乳 乳 |

認 認認認認認認認認認認認認認
認 認
알 인

納 納納納納納納納納納納
納 納
들일 납

脳 脳脳脳脳脳脳脳脳脳脳
脳 脳
뇌 뇌

派 派派派派派派派派派
派 派
물갈래 파

拝 拝拝拝拝拝拝拝拝
拝 拝
절 배

背 背背背背背背背背背
背 背
등 배

肺 肺肺肺肺肺肺肺肺肺
肺 肺
허파 폐

俳 俳俳俳俳俳俳俳俳俳
俳 俳
배우 배

班					
나눌 반					

班班班班班班班班班

晩					
늦을 만					

晩晩晩晩晩晩晩晩晩晩晩

否					
아닐 부 / 막힐 비					

否否否否否否否

批					
비평할 비					

批批批批批批批

秘					
숨길 비					

秘秘秘秘秘秘秘秘秘秘

腹					
배 복					

腹腹腹腹腹腹腹腹腹腹腹腹

奮					
떨칠 분					

奮奮奮奮奮奮奮奮奮奮奮奮奮奮奮

並					
나란할 병					

並並並並並並並並

陛					
대궐 섬돌 폐					

陛陛陛陛陛陛陛陛

閉					
닫을 폐					

閉閉閉閉閉門門門閉閉閉

片					
조각 편					

片片片片

補					
기울 보					

補補補補補補補補補補補補

暮					
저물 모					

暮暮暮暮暮暮暮莫莫莫莫暮暮暮

宝					
보배 보					

宝宝宝宝宝宝宝宝

訪					
찾을 방					

訪訪訪訪訪訪訪訪訪訪

亡					
망할 망					

亡亡亡

忘	忘忘忘忘忘忘忘					
잊을 망	忘	忘				

棒	棒棒棒棒棒棒棒棒棒棒棒棒					
몽둥이 봉	棒	棒				

枚	枚枚枚枚枚枚枚枚					
낱 매	枚	枚				

幕	幕幕幕幕幕幕幕幕幕幕幕幕幕幕					
막 막	幕	幕				

密	密密密密密密密密密密密					
빽빽할 밀	密	密				

盟	盟盟盟盟盟盟盟盟盟盟盟盟盟					
맹세할 맹	盟	盟				

模	模模模模模模模模模模模模模模					
본뜰 모	模	模				

訳	訳訳訳訳訳訳訳訳訳訳訳					
통변할 역	訳	訳				

郵					
우편 우	郵	郵			

優					
넉넉할 우	優	優			

幼					
어릴 유	幼	幼			

欲					
하고자 할 욕	欲	欲			

翌					
이튿날 익	翌	翌			

乱					
어지러울 란(난)	乱	乱			

卵					
알 란(난)	卵	卵			

覧					
볼 람	覧	覧			

裏 속 리	裏 裏 裏 裏 裏 裏 裏 裏 裏 裏 裏 裏				
	裏	裏			

律 법 률	律 律 律 律 律 律 律 律				
	律	律			

臨 임할 림(임)	臨 臨 臨 臨 臨 臨 臨 臨 臨 臨 臨 臨 臨 臨 臨 臨 臨 臨				
	臨	臨			

朗 밝을 랑(낭)	朗 朗 朗 朗 朗 朗 朗 朗 朗 朗				
	朗	朗			

論 논할 론(논)	論 論 論 論 論 論 論 論 論 論 論 論 論 論 論				
	論	論